Human Behavior and
Social Environment

인간행동과 사회환경

이기원 · 정혜선 · 남미예 · 전영신 · 임채윤 · 오함초롬 공저

양 성 원

머리말

인간행동과 사회환경은 사회복지실천이 개인, 가족, 집단, 조직, 지역사회, 문화 등과 밀접하게 연관되어 이루어지기 때문에 사회복지사가 익혀야 할 중요한 기초 지식이다. 다시 말해 인간행동과 사회환경은 인간의 생물학적 · 심리정서적 · 사회적 맥락을 다루는 사회복지 분야에서 꼭 필요한 주요과목이다. 따라서 사회복지사는 인간행동과 사회환경 교과목에서 다루는 내용을 통해 환경속의 인간을 기본적으로 이해하고 나아가 이를 바탕으로 사회복지실천을 위한 구체적 방법과 기술을 응용할 수 있는 능력을 함양해야 한다.

따라서 본 책은 사회복지 전문직을 준비하는 학생들에게 인간행동과 사회환경을 기본적으로 이해하는 데 도움을 주고자 하는 목적이 있으며, 이를 위해 총 3부 14장으로 구성하였다.

구체적으로 1부 인간발달과 사회복지실천에서는 6개의 장으로 구성하였는데, 1장 인간행동과 사회환경에 대한 이해에서는 인간발달의 이해, 인간행동의 이해 및 사회환경의 이해에 대해 소개하였고, 2장 태내기와 영아기에서는 태내기 발달, 영아기 발달, 태내기와 영아기 및 사회복지실천에 대해 기술하였고, 3장 유아기와 아동기에서는 유아기 발달, 아동기 발달, 유아기와 아동기 및 사회복지실천에 대해 소개하였고, 4장 청소년기에서는 청소년 발달, 청소년 비행, 청소년 정신질환, 청소년 자살, 청소년과 대중매체 및 청소년과 사회복지실천에 대해 기술하였고, 5장 성인기에서는 성인 전기, 성인 중기, 성인 후기 및 성인기와 사회복지실천에 대해 소개하였고, 6장 노인기에서는 노인의 정의 및 현황, 노인기 발달, 노인기와 정신질환, 임종과 죽음 및 노인과 사회복지실천에 대해 기술하였다.

2부 성격과 사회복지실천에서는 4개의 장으로 구성하였는데, 7장 정신분석 이론에서는 프로이트의 정신분석 이론, 에릭슨의 사회적 정신역동 이론, 아들러의 개인심리 이론, 융의 분석심리 이론, 정신분석 치료 및 정신분석 이론과 사회복지실천에 대해 소개하였고, 8장 행동주의 이론에서는 고전적 조건형성, 조작적 조건형성, 사회학습 이론, 행동치료 및 행동주의 이론과 사회복지실천에 대해 기술하였고, 9장 인지주의 이론에서는 피아제의 인지발달 이론, 비고츠키의 사회 · 문화적 이론, 인지적 행동치료, 합리적 정서치료 및 인지주의 이론과 사회복지실천에 대해 소개하였고, 10장 인본주의 이론에서는 매슬로우의 욕구위계설, 로저스의 인간중심상담 이론, 인본주의적 심리치료 및 인본주의적 이론과 사회복지실천에 대해 기술하였다.

3부 사회환경과 사회복지실천에서는 4개의 장으로 구성하였는데, 11장 사회환경 관련 이론에서는 체계 이론, 사회교환 이론, 생태체계 이론 및 사회환경 이론과 사회복지실천에 대해 소개하였고, 12장 가족과 집단에서는 가족, 집단 및 가족과 집단 및 사회복지실천에 대해 기술하였고, 13장 조직과 지역사회에서는 조직, 지역사회, 조직과 지역사회 및 사회복지실천에 대해 기술하였고, 14장 문화와 다문화에서는 문화와 다문화, 다문화사회로의 이행, 다문화 현황 및 다문화사회와 사회복지실천에 대해 자세하게 기술하였다.

본 책을 학습함으로써 사회복지실천 현장에서 사회복지사가 갖추어야 하는 이론과 지식을 얻는 데 도움이 되기를 기대하며, 아울러 사회복지사 1급을 준비하는 수험생들이 성공적으로 자격증을 취득하는 데 도움이 되기를 희망해 본다.

끝으로 이 책의 출판을 허락해 주시고 좋은 책이 될 수 있도록 편집에 힘을 써 주신 양성원 출판사의 강철원 사장님을 비롯해 임직원 여러분들께도 깊은 감사의 마음을 전한다.

2023년 2월

저자 일동

차례

PART

2 성격과 사회복지실천

PART 1

인간발달과 사회복지실천

Chapter 01

인간행동과 사회환경에 대한 이해

배울내용

1. 인간발달의 이해
2. 인간행동의 이해
3. 사회환경의 이해

학습목표

1. 인간발달의 개념, 원리 및 발달단계를 파악한다.
2. 인간행동의 이해방법을 숙지한다.
3. 인간행동을 설명하는 체계 이론과 생태 이론을 숙지한다.

1. 인간발달의 이해

1) 인간발달의 개념

발달(development)은 인간의 신체에서 정자와 난자가 결합하여 수정되는 순간부터 일생을 마칠 때까지 개인차에 따라 서서히 혹은 빠르게 진행되는 모든 시기에서의 변화양상과 과정을 의미한다. 즉, 발달에는 근본적으로 서로 다른 두 가지 과정인 양적인 변화과정과 질적인 변화과정이 있다. 대체로 양적인 변화과정은 크기에 있어서 작은 것에서부터 보다 큰 것으로 나아가는 것이고, 질적인 변화과정은 기능과 구조에 있어서 미성숙한 수준에서 성숙한 수준으로 나아가는 변화과정이다. 예를 들어, 양적인 변화는 일정 기간 동안 연령이 증가할수록 신장과 체중이 증가하는 것이고, 질적인 변화는 신체 전체를 움직이는 대근육 운동에서부터 점차적으로 섬세하고 미세한 근육만을 사용하는 소근육 운동으로 변화하는 과정을 의미한다(김미영, 2013). 이러한 발달과 관계가 있는 개념으로는 성장, 성숙, 학습이라는 것이 있다〈그림 1-1〉.

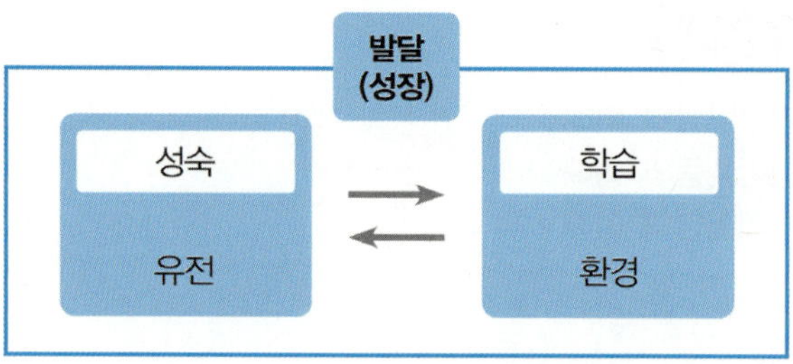

그림 1-1. **발달과 관련된 개념들**

성장(growth)은 신장, 체중, 골격 등과 같이 신체적 크기나 기능의 양적인 변화를 의미한다. 이에 비하여 성숙(maturation)은 연습이나 훈련과 같은 환경적 영향이라기보다는 선천적으로 타고나는 유전적 영향에 의해 발달적 변화들이 통제되는 생물학적 변화

과정을 의미한다. 대표적으로 사춘기의 2차 성징과 같은 변화들은 성숙에 의한 것이다. 그리고 학습(learning)은 연습이나 훈련과 같은 직접적 또는 간접적 경험에 의해 나타나는 발달적 변화과정을 의미한다. 예를 들어, 인간은 인간과의 상호작용을 통하여 인간 개개인의 가치, 신념, 사고방식 등의 학습이 이루어진다.

따라서 인간의 발달은 어느 특정한 개념인 성장, 성숙, 학습의 하나로만 설명하기는 어려우며, 그것들이 서로 공존의 과정을 통해 상호작용할 때 이루어지는 것이라고 할 수 있다.

2) 인간발달의 원리

일반적으로 발달은 수정에서부터 시작되는 보편적인 순서와 방향에 따라 지속적으로 진행된다. 따라서 발달은 〈그림 1-2〉와 같이, 발달의 순서성, 발달의 방향성, 발달의 연속성, 발달의 개인차, 발달영역의 상호연계성 및 발달의 민감기와 같은 원리에 의하여 이루어진다고 할 수 있다(강문희 외, 2006; 강순희 외, 2022; 김미영, 2013; 김이영 외, 2020; 박영아, 2013; 손혜숙 외, 2019; 정옥분, 2005).

그림 1-2. **발달의 원리**

(1) 발달의 순서성

발달은 일정한 순서에 따라 이루어진다. 예를 들어, 인지발달의 경우 처음에는 반사적 행동을 나타내지만 순차적으로 감각과 동작이 협응되는 능력이 나타나게 된다. 그리고 언어나 놀이를 통하여 상징적 사고가 이루어진 후 구체적 대상에 대해 논리적으로 사고할 수 있다. 그런 다음 추상적인 문제와 가설적인 상황에 대하여 논리적으로 사고할 수 있다. 언어발달의 경우 처음에는 의사소통이 울음을 통하여 이루어진다. 그러다가 6주 정도 되면 '우우, 아아' 등과 같은 모음의 소리내기(쿠잉)를 한 다음, 4~5개월경이 되면 '다다다, 우우우' 등과 같은 자음과 모음(옹알이)의 소리를 낸다. 이때 주로 하게 되는 옹알이는 즐거울 때 나타난다. 8~12개월경이 되면 비언어적인 표현인 몸짓을 하게 된다. 그리고 첫돌경에는 한 단어 문장을 사용하고 두 돌 정도 되면 두 단어 문장으로 의사소통을 하게 된다. 이처럼 인간의 인지발달과 언어발달은 일정한 순서에 의해 이루어지게 되는 것이다.

(2) 발달의 방향성

발달은 일정한 방향에 의하여 이루어진다〈그림 1-3〉. 첫째, 발달은 신체의 위에서 아래로 이루어지는 두미발달의 원칙에 의해 이루어진다. 예를 들어, 먼저 신체의 머리 부분이 발달하고 난 이후 몸통이나 팔다리가 발달한다는 것이다. 둘째, 발달은 신체의 중심에서 말초 부분으로 이루어지는 근원발달의 원칙에 의해 이루어진다. 예를 들어, 신체의 중심부에서 가까운 어깨로부터 팔, 손목, 손 그리고 손가락의 말초신경 쪽으로 이루어진다. 셋째, 발달은 신체의 일반적인 것(대근육 발달)에서 세밀한 것(소근육 발달)으로 이루어지는 세분화 발달의 원칙에 의해 이루어진다. 예를 들어, 자신이 잡으려는 물체가 있으면 처음에는 몸 전체를 사용하여 잡으려고 한다. 그러다가 아이는 물체를 잡기 위해 점차적으로 손바닥을 사용하고 나중에는 주로 엄지손가락과 집게손가락을 사용하게 된다.

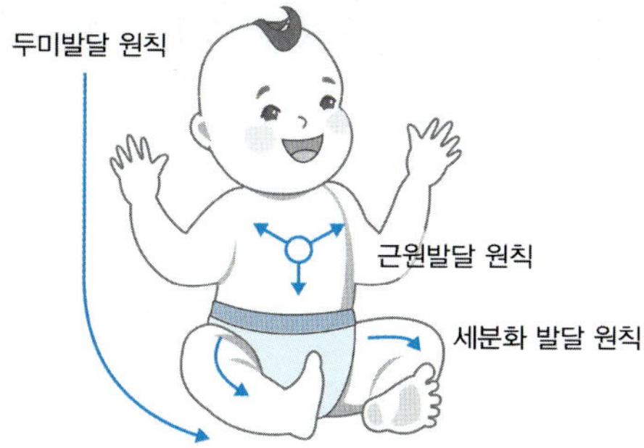

그림 1-3. **발달의 방향성**

(3) 발달의 연속성

발달은 연속적인 과정으로서 이전 단계의 변화에 근거하여 다음 단계의 변화가 이루어지게 된다. 그리고 발달이 이루어지는 시기는 발달영역에 따라 다르게 나타나지만 발달은 끊임없이 이루어진다. 예를 들어, 신장 및 체중과 같은 신체적 성장은 영아기와 사춘기에 급속도로 이루어지지만 생식기관의 발달은 아동기에는 매우 느리게 이루어진다. 특히 유아기에는 어휘력이 폭발적으로 증가하는 것과 같은 언어능력이 발달한다. 또한 영아의 대근육 발달에서 5개월경 목을 조절하는 것은 앉기의 기초가 되며, 8개월경 기어 다니기는 걷기의 기초가 되는 것이 연속적인 변화과정의 예이다.

(4) 발달의 개인차

일반적으로 발달은 발달 순서에 따라 이루어지지만 발달의 속도와 양상은 개인에 따라 각각 다르게 나타난다. 예를 들어, 10개월 정도 되면 걷기 시작하는 아이가 있는가 하면, 14개월이 되어도 걷지 못하는 아이가 있다. 아이는 신장, 몸무게, 언어능력, 정서적 반응 그리고 에너지 수준 등에 있어서도 각각 차이가 나타난다. 심지어 일란성 쌍생아인 경우에도 개인차가 드러난다. 이러한 차이는 태어날 때부터 나타나기도 하지만 각각의 개인을 둘러싼 환경이 다르기 때문에 나타나는 것으로도 볼 수 있다. 한편 한 개인안에서조차도 발달영역에 따라 차이가 나타난다. 즉, 모든 발달영역이 동일한 속도로 발달이 이루어지지 않기 때문에 동일한 연령의 아이와 비교했을 때 키와 몸무게 같은 신체발달은 앞서 있지만 의사소통과 같은 인지능력에 있어서는 뒤쳐질 수 있는 것이다.

(5) 발달영역의 상호연계성

신체운동과 같은 생물학적 발달, 감각운동 및 의사소통과 같은 인지적 발달 그리고 정서·사회적 발달은 서로 연관되어 있어서 영향을 주고받는다〈그림 1-4〉. 예를 들어, 신체의 크기, 신체의 비율, 감각 및 지각의 운동능력 등과 같은 생물학적 발달은 주의집중, 기억, 문제해결, 창의성, 언어발달 등의 지적능력 변화인 인지적 발달에 영향을 미친다. 그리고 인지적 발달은 자기이해, 대인관계기술, 또래관계, 도덕적 추론 등과 같은 사회·정서적 발달에 영향을 미친다. 즉, 각각의 발달영역은 서로 간의 발달을 촉진시키거나 지체시키면서 서로 영향을 주고받는다.

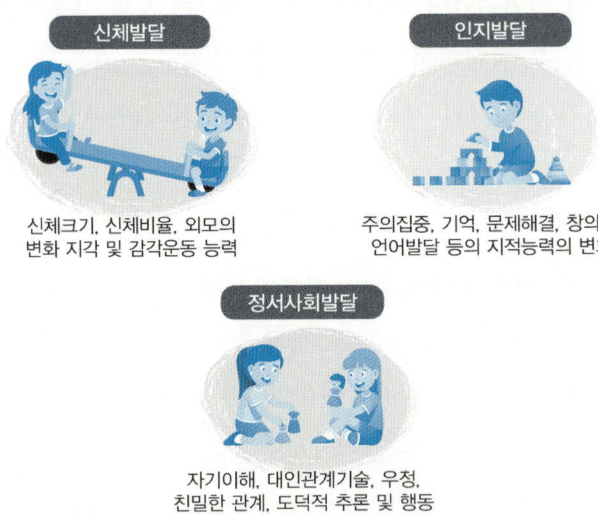

그림 1-4. **발달영역의 상호작용**

출처: Berk, L. E.(2000). Child development(5th ed.). Boston, MA: Allyn & Bacon.

(6) 발달의 민감기

발달은 전 생애에 걸쳐 지속적으로 이루어지는 연속적인 과정이지만 특정시기에 발달이 최적화되는 민감기가 존재한다. 예를 들어, 영아기는 애착형성의 중요한 시기로, 이 시기에 적절한 애착을 형성하지 못할 경우, 이후 발달에서 회복하기 힘들다고 보는 것이다. 대부분 발달적 민감기는 주로 영아기에 집중되어 있다. 린네베르그(Lenneberg, 1967)는 언어를 학습하는 데 결정적 시기(critical period)가 있다고 주장하였다. 그가 주장한 언어발달의 결정적 시기는 2세부터 사춘기까지로 이 시기에 언어를 쉽게, 그리고 빨리 익힌다는 것이다. 하지만 이 시기에 언어를 습득하지 못하면 추후 언어를 습득하는 것이 불가능할 수 있다고 주장한다.

3) 인간발달의 단계

인간의 발달단계에 대한 구분은 기억, 언어, 성격, 사회인지 등의 각 영역에서의 발달이 어떻게 이루어지는가에 따라 구분하거나, 성장시기나 연령별로 구분하기도 하는 등 학자들마다 다른 접근법을 취하기도 한다. 이처럼 인간의 발달단계를 어떻게 나누느냐는 학자에 따라 차이가 있다. 그럼에도 불구하고 대체로 발달단계를 구분할 때 사용되는 수단은 연령이다. 하지만 연령에 의하여 인간의 발달 특징을 분류하는 것은 단순하지 않다. 왜냐하면 개인의 발달과정이 동일하지 않기 때문이다. 이런 어려움에도 불구하고 일반적으로 생물학적 연령을 기준으로 인간의 발달을 8단계, 즉 태내기, 영아기, 유아기, 아동기, 청소년기, 성인기, 중년기 및 노년기로 구분하고 있다〈그림 1-5〉.

그림 1-5. 인간발달의 단계

(1) 태내기(Prenatal period)

정자와 난자가 만나는 순간부터 출생의 시기이며, 어머니의 자궁내에서 태아의 신체 조직이 발달하고 신체성장이 가장 큰 폭으로 일어나는 시기이다. 인간의 개인적 차이는 환경뿐 아니라 유전에 의해서 영향을 받는다. 따라서 태아에게 유전적 요인과 환경적 요인 등이 영향을 미치기 때문에 각별히 조심해야 하는 시기이다.

(2) 영아기(Infancy: 0~24개월)

출생 후 약 2~4주 간의 기간을 신생아기라고 하며, 24개월까지를 영아기로 부른다. 이 기간의 가장 큰 특징은 성장속도가 매우 빠르다는 것이다. 영아기는 독립적으로 생활할 수 없으므로 신체적 · 심리적으로 성인에게 의존하며, 부모나 형제자매 등 돌보는 사람에게 애착행동을 보이게 된다. 영아기의 가장 큰 변화는 일어서서 이동하는 능력을 나타내는 것이다. 또한 감각운동의 시기이며, 한두 단어를 사용할 수 있게 된다.

(3) 유아기(Early childhood: 만2~6세)

유아기는 대개 만2세부터 6세가량의 기간을 말한다. 이 시기의 아동은 자기주장과 지배에 대한 욕구가 매우 강하다. 이는 개인으로서의 자신을 의식하기 시작하는 데서 비롯된 것으로 반항과 고집, 자기주장이 나타나기 시작한다. 이 시기의 아동이 경험하는 긴장은 아이의 행동을 제한하고 규제하려는 환경의 요구에서 비롯된다. 따라서 유아는 자신의 행동에 타인의 요구를 고려해야 한다는 것을 배우게 된다. 이러한 과정을 통해 초기에는 타인과의 상호관계를 고려하지 않는 자기중심적 존재로부터 타인과의 상호관계를 고려하는 존재로 성장해 간다.

(4) 아동기(Middle & late childhood: 만6~12세)

아동기에는 학교 경험이 시작됨으로써 유아기보다 복잡한 사회적 영향을 받게 된다. 아동기 이전의 시기인 학령 전기까지 아동은 거의 전적으로 가족의 영향에 놓여 있다. 학교는 아동에게 가족 외의 외부로부터의 평가, 성공과 실패의 기회, 또래집단과의 경험 등을 제공하는 중요한 영향력의 원천이 된다. 아동기는 대략 아동이 일반적으로 유아교육기관에 들어가는 연령인 6세부터 초등학교를 졸업하는 12세 정도까지의 시기이다. 실제로 유아교육기관과 초등학교의 경험은 매우 다르다. 유아교육기관은 사실상 학교교육을 받는 시기라고 보기 어려우며, 가족 외의 사회적 영향력이 새롭게 등장한다는 점에서 이전의 시기와 구별된다. 따라서 아동기를 유아교육기관을 이용하는 시기에 해당하는 아동기 전기와 초등학교 시기에 해당하는 아동기 후기로 구분하기도 한다.

(5) 청소년기(Adolescence: 만12~24세)

청소년기는 아동에서 성인기로 전환하는 시기이다. 연령적으로는 대략 만12~24세이며, 12~18세의 청소년 전기와 18~24세의 청소년 후기로 구분할 수 있다. 청소년 전기에는 급속한 신체적 변화와 인지적 발달을 경험하며, 청소년 후기는 자아정체감 확립과 더불어 성인생활을 준비하기 위한 여러 가지 과제에 집중하는 시기이다.

청소년기의 가장 중요한 과업은 자아정체감을 형성하는 것이다. 자아정체감이란 자신의 독특성에 대한 비교적 안정된 느낌을 말한다. 자아정체감은 개별성, 통합성, 연속성(또는 계속성)의 차원을 갖는다.

자아정체감 형성은 아동기 때부터 시작되는 것으로 볼 수 있으나 청소년 후기에 가장 중요한 인생과업으로 등장한다. 자아정체감 형성을 위해서는 자신의 신념, 가치관 등에 대한 고통스러운 의문 제시가 선행되어야 하며, 따라서 일종의 위기를 경험하게 된다. 자신이 경험한 많은 요소들을 모아 통합된 명확한 자기정의를 내리는 것은 어려운 일이므로 자아정체감을 형성하는 과정에서 누구나 혼란과 우울증을 경험할 수 있다.

(6) 성인기(Early adulthood: 만24~40세)

성인기로 들어가는 것은 일생에서 주요한 전환이다. 즉, 이전의 모든 발달은 성인기를 준비하는 시기라고 볼 수 있으며, 성인기 이후는 이제까지 준비해 온 것을 실현하고 구체화시키는 시기이다. 성인기는 대략 24세에서 40세까지로 잡는다.

성인기는 신체적 · 지적 측면에서 가장 정점에 있는 시기라고 할 수 있다. 그리고 사회적 측면에서는 다른 사람을 사랑하고 보살피는 능력이 심화되는 시기이다. 즉, 이전의 시기에 자아정체감을 형성한 사람은 이제 타인과의 상호관계에 집중할 수 있게 된다. 이러한 맥락에서 성인기에 경험하는 가장 큰 변화는 직업을 갖고 결혼을 하는 것이다. 발달에 대한 잠재력은 전 생애에 걸쳐 존재하지만 성인기 이후의 발달은 아동기나 청소년기와는 그 성격이 다르다. 다시 말해 성인기 이후의 발달은 새로운 신체적 기능이나 인지적 능력의 획득에 의해 일어나기보다는 주로 사회적 · 문화적 요소에 의해 주도된다.

(7) 중년기(Middle adulthood: 만40~65세)

중년기는 경제적 · 직업적으로 비교적 안정되는 기간이기도 하지만, 새로운 위기가 시작되는 기간이기도 하다. 중년기에 들어서면서 지혜를 통하여 문제를 해결하려고 시도하고, 대인관계를 이성보다는 사회적인 관계를 받아들이며, 감정의 대상을 다양화하고, 새로운 사고에 대하여 수용적이어야 건강하다고 할 수 있다. 이 시기는 사회적 관점에서 빈둥지 시기(empty nest)라고 한다. 이는 자녀가 성장함에 따라 집을 떠나게 되어 부부만 남게 되는 것을 말한다. 따라서 이 시기는 남성보다는 여성에게, 특히 어머니의 역할에 집중을 하고 살아온 전업주부는 심리적으로 공허감이나 우울감을 느끼게 되어 부적응적 양상이 나타날 수 있는데, 이를 '빈둥지 증후군(empty nest syndrome)'이라고 한다. 이러한 현상에 잘 대처하기 위해서는 원만한 부부관계를 유지하기 위한 노력이 필요하며, 다양한 사회적 활동에 참여하는 것이 도움이 된다.

(8) 노년기(Late adulthood: 만65세 이상)

노년기에는 자녀양육의 책임으로부터 벗어나 부부관계에 보다 초점을 둘 수 있게 되고 또한 자녀들이 성인이 되는 등, 중년기까지의 자신의 삶이 결혼생활과 자녀양육에서 그리고 직업 등에서 성공했는지 실패했는지를 평가할 수 있는 증거가 축적된다. 따라서 노년기에는 지나온 삶에 대한 평가를 하게 되는데, 이 과정에서 자신의 성취한계를 깨닫고 어느 정도의 실망을 하게 된다. 문제는 이것을 어떻게 받아들이는가인데, 어떤 경우에는 지나온 삶을 돌아보면서 극도의 우울감에 빠져 현재의 어떤 경험도 그 우울감을 보상하지 못하는 경우가 있는가 하면, 어떤 경우에는 지나온 삶에 대한 평가를 지나치게 긍정적으로 합리화하여 극도의 자신감을 표현하는 경우도 있다.

2. 인간행동의 이해

사회복지는 인간이 행복한 삶을 살아갈 수 있도록 인간의 행동과 사회환경 변화를 꾀하는 실천적 활동으로 인간에 대한 이해를 필수로 한다. 그러나 인간을 깊이 있게 이해하는 것은 매우 힘든 일이기 때문에 사회복지사는 미시적인 방법과 거시적인 방법을 통해 인간을 이해하기 위한 노력을 지속해야 한다. 인간행동을 이해하기 위한 방법으로는 〈그림 1-6〉과 〈표 1-1〉과 같이, 생물학적, 심리적, 사회구조적, 문화적 방법이 있다(김경은 외, 2020; 김윤정, 2015).

그림 1-6. **인간행동의 이해방법**

표 1-1. **인간행동의 이해방법**

구분	내용
생물학적 이해방법	생물학적 이해방법은 인간의 행동 및 정신활동을 인간의 신경계 및 내분비계의 작용으로 이해하려는 것이다. 즉, 인간의 행동을 신경계 및 생리적 활동으로 설명할 수 있다고 본다. 인간의 뇌는 수많은 신경세포로 이루어져 있다. 또한 이들은 아주 복잡한 신경연결 구조를 가지고 있다. 생물학적인 방법으로 인간을 이해하려는 방법은 인간의 행동과 심리적인 상태를 신체 내부(특히 뇌와 신경계통)에서 일어나는 전기·화학적 작용을 중시하는 신경생리학적 기제로 설명하려는 방법이다. 구체적으로 생물학적 이해방법으로 기질이나 지능, 신체적 특성이나 장애유무와 같이 유전적, 신체적 요인들이 인간행동의 일부분을 결정짓는다. 기질이 까다로운 아이는 순한 아이와 달리 학교에서 적응이 쉽지 않거나, 지능이 낮은

구분	내용
	아동이 언어나 사회적인 행동을 습득하는 것이 느린 것은 타고난 요인에 기반한다고 보는 것이다.
심리적 이해방법	심리학적 이해방법으로는 심리학적 이론에 근거하여 인간을 이해하는 방법이다. 즉, 인간행동을 정신분석적 이론, 행동주의적 이론, 인지주의 및 인본주의 이론에 근거하여 이해하고자 하는 것이다. 예를 들어, 인본주의 이론의 현상학적 관점은 인간이 어떻게 지각하고 해석하느냐에 따라 같은 사건과 상황에 대한 개인의 반응과 행동이 달라진다고 본다. 구체적으로 구직에 실패한 경우, 우울감과 스트레스를 많이 받고 있는 사람은 다시 도전하기보다 심각하고 극단적인 행동으로 이어질 수 있는 반면, 긍정적인 마음을 가진 경우 자신의 부족한 점을 성찰하거나 다음의 도전을 준비하게 된다는 것이다.
사회구조적 이해방법	사회구조적 이해방법은 인간의 행동을 사회구조적 요인으로 설명하려는 것이다. 사회구조적 요인으로 인간의 행동은 거시적 차원들에 의해 좌우된다. 예를 들어, 정치, 경제, 종교 등과 같은 사회구조적 여건들은 인간이 사회적 상호작용을 하는 형태를 결정짓기도 하며, 인간행동을 통제하거나 가능하게 하는 역할을 하게 된다. 또한 교통 관련 법규들은 신호체계를 준수하고 음주운전을 금하도록 하며, 치솟는 물가는 합리적인 소비를 할 수 있도록 자극하기도 한다.
문화적 이해방법	문화적 이해방법은 인간행동을 문화적인 요인으로 설명하려는 것이다. 즉, 문화적 요인으로 문화란 여러 세대를 걸쳐 축적되고 보존되어 온 가치나 생활양식, 물질적 유산과 기술까지 포함하는 것으로 사람들의 사고나 행동을 안내하거나 혹은 제한하게 된다는 것이다. 문화는 각 나라, 지역, 그리고 집단마다 다르며 서로 다른 문화는 그 문화에 속한 사람들의 행동양식을 결정짓는 중요한 요소가 된다. 예를 들어, 문화권에 따라 인사하는 법이 다르기 때문에 인사하는 행동도 달라진다고 보는 것이다.

이처럼 인간의 행동은 개인적이고 미시적인 차원의 생물학적 요인과 심리적 요인, 개인이 속한 사회와 문화와 같은 인간을 둘러싼 환경적 요인에 의한 결과물로, 네 가지 요인은 각각 분리되지 않고 복합적으로 작용하면서 전 생애에 걸쳐 인간의 행동에 영향을 미치므로 인간의 발달 및 사회환경에 대한 이해가 필요하다.

인간의 행동을 이해하는 것은 인간의 부적응행동(maladaptive behavior)을 이해하는 것도 포함한다. 부적응행동이란 사회 · 문화적 규범에서 벗어나는 행동, 이상적(理想的) 인간행동 유형에서 벗어나는 행동, 통계적으로 보통 사람의 평균적 특성에서 벗어나는 행동, 환경의 요구에 순응하거나 환경을 변화시키는 환경과의 적응능력을 저하시키는 행동, 개인에게 불편감, 고통 또는 심리적 갈등을 유발하는 행동 등과 같은 부적응적 심리특성을 의미한다. 이러한 이상행동은 인간의 다양한 심리적 측면에서 개인의 부적응을 초래하는 특성을 포함한다(권중돈, 2014). 특히 유전적 요인과 삶의 과정에서 겪게 되는 불행한 경험들로 인해 더 악화된 이상행동과 정신장애는 당사자뿐만 아니라 가족, 배우자, 주변사람과 더불어 가정폭력, 범죄, 자살, 도박중독 등과 같은 고통과 불행을 초래한다. 예를 들어, 조현병 스펙트럼 및 기타 정신병적 장애는 망상, 환각, 사고 및 언어혼란, 의욕상실, 감정둔화, 비사회적 행동의 주요 증상을 나타내는 장애로 살인과 같은 범죄의 원인이 되기도 한다(김경은 외, 2020).

3. 사회환경의 이해

인간은 자연적 환경과 인위적 환경의 요구에 순응하거나 자연적 환경을 자신이 생활하기에 적합하게 바꿈으로써 환경에 적응해 간다. 물리적 환경이 인간의 생존을 좌우하는 필요조건이라고 한다면, 물리적 환경의 기초 위에 형성된 사회환경은 다양한 인간의 삶이 펼쳐질 수 있게 하는 충분조건이라고 할 수 있다. 사회환경이란 인간의 삶과 행동에 직접 혹은 간접적인 영향을 미치는 조건, 상황 그리고 인간 존재 간의 상호관계를 의미한다(Zastrow & Kirst-Ashman, 2007). 이러한 사회환경에는 미시체계인 개인이 접촉하는 타인, 가족, 집단, 조직, 이웃 등의 중간체계와 국가 및 문화 등의 거시체계가 포함된다. 개인을 둘러싸고 있는 사회환경, 즉 다양한 수준의 사회체계는 인간의 삶과 행동에 직접 또는 간접적인 영향을 미치며 인간으로부터 영향을 받기도 한다(권중돈, 2014).

인간은 그들이 속한 사회환경과의 상호작용을 통해 발달이 이루어지고 행동특성이 형성되는 한편 환경을 변화시키기도 하는 능동적이고 적극적인 존재이다. 이와 같은 인간관을 토대로 사회복지실천은 '환경 속의 인간'이라는 기본틀의 전제하에 개인에 대한 접근 혹은 사회환경에 대한 접근으로 구분하지 않은 채 인간과 환경 간의 상호작용에 초점을 두고 있다(이인정 외, 2012). 즉, 상호작용하는 사회체계내에서 성장, 발달하는 개인과 사회환경 간에 역동적 균형을 이룰 수 있도록 돕고 개인과 사회환경의 불균형에서 비롯되는 문제들을 다루기 위해서는 인간을 환경과 분리된 실체가 아니라 하나의 통합된 총체로 이해하는 것이 무엇보다도 중요하다(김경은 외, 2020).

따라서 사회복지사는 개인에 한정되지 않는 광의의 시각으로 인간행동을 이해하고 포괄적인 접근으로 인간이 사회환경과 상호작용하는 과정에서 적응적 균형을 달성하도록 도와야 한다. 이때 적응(adaptation)이란 개인과 환경이 지속적으로 상호작용하는 과정에서 적합성(goodness of fit)을 획득하는 과정이라 할 수 있으며, 신체, 심리, 사회적 측면에서 성공적으로 발달적 전이를 하는 것은 또 다른 측면의 적응이다. 환경에 대한 지배력 또는 적응력은 스트레스, 위기 그리고 대처의 개념들과 직접 연결되어 있다.

사회복지실천의 상당 부분이 위기상태에 처한 내담자(체계)와의 관계를 형성하는 것이기 때문에 개인이 환경을 지배하고 적응하는 능력을 어떻게 발달시키는가를 이해하는 것은 매우 중요하다. 카로프(Caroff, 1982)는 스트레스를 경감시킬 수 있는 수단을 발견하고, 대처자원을 강화하고 적응능력을 표출하게 함으로써 사회복지 개입전략을 수립할 수 있는 기반을 갖출 수 있다고 하였다. 내담자의 대처능력을 고양시키는 것, 즉 스트레스를 해결하고 각 발달단계의 도전에 대한 새로운 해결책을 만들어 내기 위해 적극적인 노력을 기울이는 것이 사회복지실천의 핵심이다(권중돈, 2014).

환경속의 인간이라는 개념에 기초하여 인간을 변화시키기 위한 실천방식은 체계 이론과 생태 이론의 영향에서 비롯되었다(심의보 외, 2016). 첫째, 체계 이론은 인간과 환경 간의 상호작용과 상호의존성을 설명해 주고, 변화하는 주변환경과의 상호작용을 통하여 인간행동이 어떻게 변화하고 안정화되면서 체계를 유지시키는가를 설명한다. 다시 말해 전체 사회는 크고 작은 하위체계로 구성되어 있고, 이들은 서로 연결되어 있으며, 사회는 이들이 상호작용하는 부분들의 합으로서, 또 하나의 전체로서 살아 있는 개방체계를 이루고 있다고 보는 것이다. 이러한 체계의 특징은 〈표 1-2〉와 같다.

표 1-2. **체계의 특징**

- 전체로서의 체계는 부분의 단순 종합과는 질적으로 다른 상위체계이다.
- 체계 전체는 일정한 조정과 적응과정을 거치면서 새로운 균형 상태에 도달한다.
- 모든 체계는 다른 체계와 구분되는 독자적 영역을 가지며, 이를 가르는 기준이 경계이다.
- 체계는 개방체계로 존재한다. 내부 구성원들의 관계만이 아닌 외부 환경과의 상호교환 관계를 통해 유지된다.

둘째, 생태 이론은 개인과 개인을 둘러싼 여러 환경체계들이 끊임없이 상호교류를 하면서 자신들이 접하는 물리적, 사회적 환경을 변화시키기도 하고 환경과의 지속적인 상호적응 과정을 통하여 인간이 변화하기도 하는 상호영향력을 설명한다. 다시 말해 생태 이론은 인간이 환경과 상호작용하면서 환경에 적응하면서도 환경을 변화시키려고 끊임없이 노력하는 역동적인 존재임을 가정하며, 인간과 그를 둘러싼 사회환경을 별개가 아닌 하나의 거대한 생태계로 이해한다. 이 이론은 사회속에서 경쟁, 지배, 집중화, 계승, 분리 등의 개념을 통해 사회환경의 변천과정을 역동적으로 설명하는 데 유용한 이론이다. 환경과의 적응정도, 상호교류 등을 지지하거나 방해하는 요소를 중요하게 생각한다. 즉, 하나의 사회적 생태계내에서 어떠한 인구집단들이 어떠한 자원의 쟁취를 위해 경쟁하는지, 공간적인 점유나 분포는 어떻게 이루어져 있는지, 상품과 서비스가 어떻게 분배되고 있는지, 인구의 분포와 이동은 어떤 변화과정을 경험하는지 등을 파악할 수 있는 이론이다. 따라서 생태 이론은 가족, 지역사회, 문화 등 인간이 몸담고 있는 생태환경을 보다 체계적으로 구조화하고 이들 환경과 개인의 발달 사이의 관계(환경속 인간)를 파악하고자 하는 것으로, 생태체계 이론에서의 다섯 가지 체계 수준은 〈표 1-3〉과 같다.

표 1-3. **생태체계 이론에서의 체계 수준**

수준	내용
미시체계	가족, 친구, 학교, 직장, 동네 등을 말한다.
중위체계	미시체계들 사이의 관계를 말한다. 예를 들어, '나는 회사원이면서 엄마다'라고 할 때, 직장이라는 미시체계와 가족이라는 미시체계가 연결된다.
외부체계	미시체계의 바로 밖에서 작동하는 체계로 개인이 직접 경험하지는 못하지만 다른 미시체계와의 상호작용을 통해 개인의 삶에 영향을 미친다. 예를 들어, '나는 맞벌이 부부로 생활하고 있는데, 남편의 근무시간이 오후 근무로 바뀌었다'고 할 때, 남편의 근무시간 변동과 같이 나의 미시체계는 아니지만 나에게 영향을 주는 것이 외부체계이다.
거시체계	문화, 관습, 정부 정책 등을 이르는 개념이다.
시간체계	전 생애에 걸쳐 일어난 변화와 사회 · 역사적인 환경을 의미한다.

지금까지 살펴본 두 이론, 즉 체계 이론과 생태 이론은 개인행동을 이루는 개인들이 서로 상호작용하는 사회환경의 부분들인 다양한 요소들의 상호관련성에 관심이 있고, 또한 적응이 개인만을 변화시키는 것이 아니라 환경을 변화시키는 것까지 포함한다. 즉, 인간행동의 원인과 결과를 단선적으로 이해하는 것이 아니라 인간이 갖고 있는 문제를 해결하기 위하여 문제의 출발, 문제를 해결하기 위한 자원, 개입해야 할 체계 등을 종합적으로 파악하고 전문적으로 지원한다. 반면 두 관점의 차이는 체계 이론이 변화하는 체계의 능력을 강조하고, 생태 이론은 환경과 협상하는 개인의 능력에 초점을 둔다는 것이다(이인정 외, 2012).

Chapter 02

태내기와 영아기

배울내용

1. 태내기 발달
2. 영아기 발달
3. 태내기와 영아기 및 사회복지실천

학습목표

1. 태내기 발달 특성을 이해한다.
2. 영아기 발달 특성을 이해한다.
3. 태내기 발달과 영아기 발달을 위한 사회복지실천을 이해하고 지원방안을 모색해 본다.

1. 태내기 발달

1) 임신

모든 동물은 자신의 종(species)을 유지하고 싶은 본능을 지니고 있다. 이런 본능을 충족하는 것이 임신(pregnancy)이며, 우리의 인체는 임신을 촉진하도록 구성되어 있다. 임신이란 남녀의 성세포의 결합으로 이루어지는데, 이 결합 상태를 수정이라 한다. 난자와 수정되는 정자는 성교할 때 사정된 수억 마리의 정자 중 단 한 마리이다. 수정된 난자는 세포분열을 시작하는데, 분열에 의해 늘어나는 세포 하나하나에는 난자와 정자가 갖고 있는 유전질이 모두 포함되어 있으며, 이때 이미 남녀 성별도 결정되어 있다.

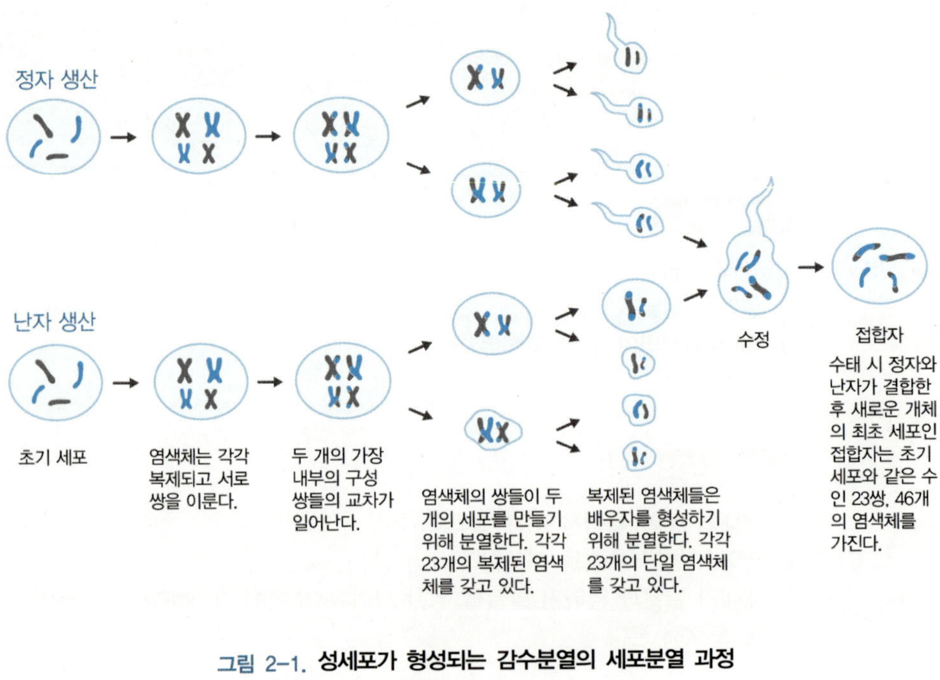

그림 2-1. 성세포가 형성되는 감수분열의 세포분열 과정

출처: 이사라 외(2013). 영아발달. 파워북.

정자와 난자의 수정 이후 세포분열이 이루어지면서 자궁을 향해 이동을 시작하고, 이어 이동한 수정란은 상실배(morula)에서부터 배포체(blastocyst)로 변해 자궁내막에 도달한다. 배포체는 다시 자궁내막에 들어가 내막속의 혈관에 달라붙는데 이것을 착상이라고 하며, 일반적으로 임신이 되었다고 하는 것이다. 배란, 사정, 수정, 착상의 4단계 및 임신의 전반적인 과정을 살펴보면 〈표 2-1〉과 같다(강순희 외, 2022; 정옥분, 2014).

표 2-1. 임신의 과정

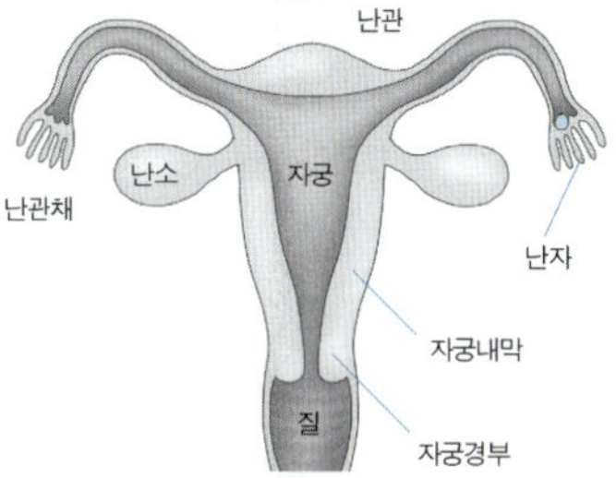 배란	여성의 양쪽 난소에서는 한 달에 한 번씩 교대로 난자를 배출하는데, 이를 배란이라고 한다. 여성의 배란은 평생 동안 약 400회 이루어지며 1년 동안 임신가능기간은 약 30일 정도이다. 난관은 난소에서 만들어진 난자와 자궁 안에 들어온 정자가 지나가는 통로이며, 자궁 양쪽에 1개씩 붙어 있다. 난관의 체액이 난자를 둘러싸고 있는 영양세포를 제거해 주는 역할을 한다.
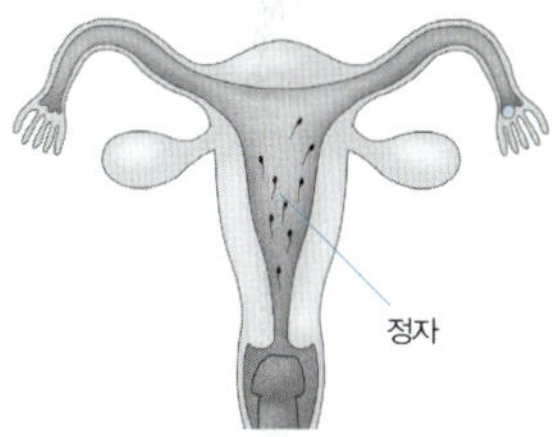 사정	단 하나의 난자를 만나기 위해 한 번의 사정으로 방출된 수천만~2억 개의 정자들이 숨가쁜 경주를 벌이지만 난자가 있는 곳에 이르기 전에 많은 정자는 죽게 된다. 최종적으로 300개에서 500개의 정자만이 난자에 이르게 되고 그중 한 개의 정자만이 난자와 결합하여 새 생명체를 이루게 된다.
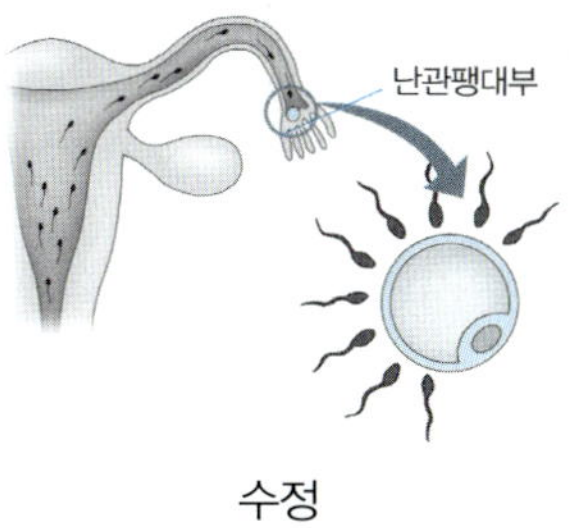 수정	정자는 난자속으로 들어가려고 효소를 내뿜으며 난막을 공격한다. 이때 단 하나의 정자만이 꼬리를 2만여 차례 움직인 끝에 난막을 뚫고 들어가는 데 성공한다. 정자의 머리 부분이 난막을 통과하면 난자의 화학 구성이 변해 다른 정자는 들어오지 못하게 된다.

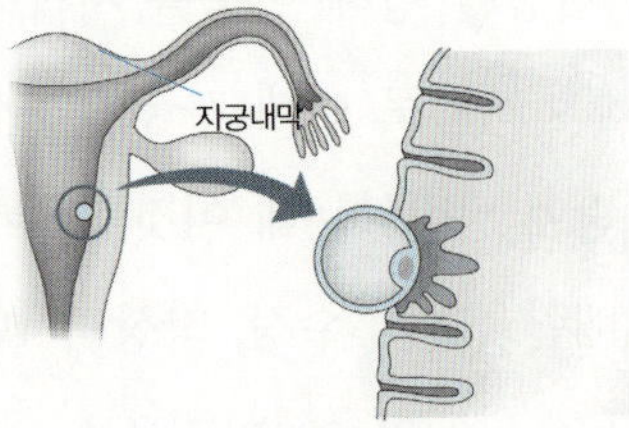

착상

수정란은 세포분열을 계속하면서 자궁으로 이동하다가 마침 내 열 달 동안의 안식처인 자궁내막에 자리를 잡는다. 세포 덩어리가 자궁 내막을 뚫어 자리를 잡고 바깥층인 영양 배엽이 내막 안으로 파고든다.

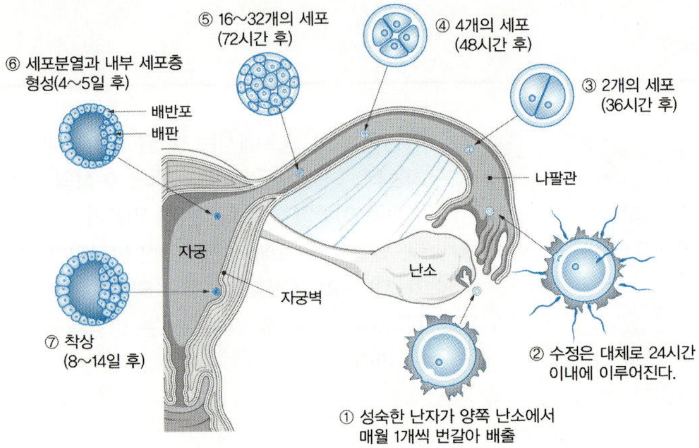

2) 태아의 발달

정자와 난자가 만나는 순간부터 출생의 시작이며, 어머니의 자궁내에서 태아의 신체 조직이 발달하고 신체 성장이 가장 큰 폭으로 일어나게 된다. 인간의 개인적 차이는 환경뿐 아니라 유전에 의해서 영향을 받는다. 따라서 태아에게 유전적 요인과 환경적 요인 등이 영향을 미치기 때문에 각별히 조심해야 하는 시기이다. 수정 후 40주, 약 280일 동안 태아는 모체내에서 자라게 된다. 이 기간 동안 태아의 신체기관이 형성되고 각 기관이 기능하기 시작하며 기관의 크기와 무게가 급속하게 증가하게 된다. 태내 발달은 가소성이 가장 큰 시기로서 환경의 영향을 크게 받는다. 정상적인 태아 발달을 살펴보면 다음과 같다(권화숙 외, 2020).

(1) 임신 초기(임신~3개월)

뇌의 기본적인 3층 구조가 형성되고 뇌세포의 대부분이 완성되는데, 이 기간 엄마의 입덧은 태아의 뇌를 보호하기 위한 하나의 방법이다. 왜냐하면 태아 자신에게 맞지 않는 음식이 들어오는 것을 방지하기 위해 모체에게 음식을 조심하라는 신호를 보내는 것이기 때문이다. 태아의 주요한 내·외부 신체 기관, 즉 내장이나 근육조직, 눈꺼풀, 코, 귀, 얼굴의 형태를 갖춘다. 3개월이 되면 성별의 구분이 가능하고, 심장 뛰는 소리를 들을 수 있으며, 양수속에서 움직이는 모습을 관찰할 수 있다. 임신 초기의 특징은 〈표 2-2〉와 같다.

표 2-2. **임신 초기의 특징**

구분	내용
1개월(만0~3주)	• 수정란이 자궁벽에 착상한다. • 신경, 혈관, 순환계의 기초조직이 완성된다. • 태아가 형성되기 시작한다.
2개월(만4~7주)	• 3주 말쯤에 심장박동이 시작된다. • 눈, 귀, 입이 생긴다. • 손가락과 발가락이 생기기 시작한다. • 뇌가 급속도로 발달한다. • 태반의 기초가 만들어진다.
3개월(만8~11주)	• 치아가 생기기 시작한다. • 성별의 구분이 가능하다. • 심장 뛰는 소리를 들을 수 있다. • 양수속에서 움직인다.

(2) 임신 중기(4~7개월)

안정기에 접어든 임신 중기에 태아는 급속한 성장을 하게 된다. 심장박동 소리가 강해지고, 움직임을 조절하게 되면서 활발하게 태동을 하게 된다. 뇌가 발달하면서 엄마의 감정을 그대로 느낄 수 있고, 외부에서 들려오는 소리도 구분할 수 있으며, 빛의 명암도 느끼게 된다. 임신 중기의 특징은 〈표 2-3〉과 같다.

표 2-3. **임신 중기의 특징**

구분	내용
4개월(만12~15주)	• 태반이 완성된다. • 장기의 기능이 좋아진다. • 외관이 발달한다.
5개월(만16~19주)	• 양수속을 힘차게 돌아다닌다. • 몸에 지방이 생기기 시작한다. • 손발과 전신운동이 활발해진다. • 손발을 구부렸다 폈다 하면서 양수속에서 힘차게 돌아다닌다.
6개월(만20~23주)	• 소화기 계통이 기능을 발휘한다. • 태지의 분비가 이루어진다. • 태아의 심음을 들을 수 있다.
7개월(만24~27주)	• 호흡동작을 시작한다. • 뇌의 사고력이 발달하기 시작한다. • 주름투성이의 얼굴에 안구운동을 시작한다.

(3) 임신 후기(8~10개월)

이미 형성된 신경계통이 성숙하고 감각기관도 완전히 발달하며 뱃속 아기는 살도 통통하게 오르게 된다. 기본적인 조직이 다 형성되어 태아가 출생에 대해 준비를 하는 시기이다. 10개월이 되면 몸의 균형이 잡히고 4등신의 형태가 되며, 머리뼈도 굳어져 머릿속을 보호하게 되고 대부분의 태아가 머리를 아래로 향한 자세로 위치가 고정되어 골반 안으로 들어가게 된다. 임신 후기의 특징은 〈표 2-4〉와 같다.

표 2-4. **임신 후기의 특징**

구분	내용
8개월(만28~31주)	• 방광에서 소변을 내보낸다. • 폐와 소화기관이 거의 완성된다. • 머리를 아래로 향하는 자세를 취한다. • 청각이 거의 완성된다.

구분	내용
9개월(만32~35주)	• 신생아다운 모습을 갖춘다. • 폐 · 신장 기능이 성숙된다. • 특별한 주의가 필요한 시기이다.
10개월(만36~39주)	• 몸의 균형이 잡히고 4등신이 된다. • 머리 부분이 골반 안으로 들어간다. • 병에 대한 면역력을 갖게 된다. • 항공기 이용이 제한된다.

3) 태내발달에 영향을 미치는 요인

태아가 성장해 나가는 데 있어 영향을 미치는 요인으로는 어머니의 영양상태, 연령, 질병, 정서상태, 흡연, 음주 및 약물복용 등이 있다(강순희 외, 2022).

(1) 어머니의 영양상태

태아는 성장에 필요한 영양분을 모두 어머니로부터 제공받기 때문에, 어머니의 영양상태는 태아의 발달과 성장에 중요한 영향을 미친다. 만약 어머니의 영양상태가 충분하지 못하게 되면 유산과 사산의 가능성이 높아지고, 특히 태아의 뇌발달이 이루어지는 임신 초기의 영양 부족은 큰 지장을 주게 된다. 임신 중에는 각종 무기질 섭취가 필요한데, 무기질의 결핍은 뇌형성의 장애 요인이 된다. 또한 철분은 어머니의 몸에 저장량이 적으므로 철분 제재를 복용하여 보충하여 주는 것이 좋다.

태아의 출생 시 체중은 어머니의 임신 중의 체중과 관련이 있는데 임신 5개월까지 산모는 매달 1kg 정도 증가하고, 5개월에서 임신 말기까지는 2kg 정도 증가하여 분만 시에는 최소 9kg에서 이상적으로는 12kg 증가하는 것이 바람직하다.

(2) 어머니의 연령

임신하기에 적절한 연령은 23~34세 사이로 알려져 있다. 반면 17세 미만의 임산부는 20대 임산부에 비해 태아의 사망률이 2배 이상 높고, 저체중아나 미숙아를 출산할 가능성도 높다. 또한 35세 이상의 초산부의 경우, 의학적으로 이를 노산이라고 하는데, 자연유산, 임신중독증, 난산, 미숙아 출산, 다운증후군(Down's syndrome)의 비율의 증가 등의 문제가 나타난다〈그림 2-2〉. 특히 다운증후군은 여성 호르몬인 에스트로겐의 수준과 관련이 있는데, 호르몬 분비의 부족은 21번 염색체 이상을 초래하기 때문이다. 다운증후군은 양수검사(amniocen-tesis)로 알 수 있다.

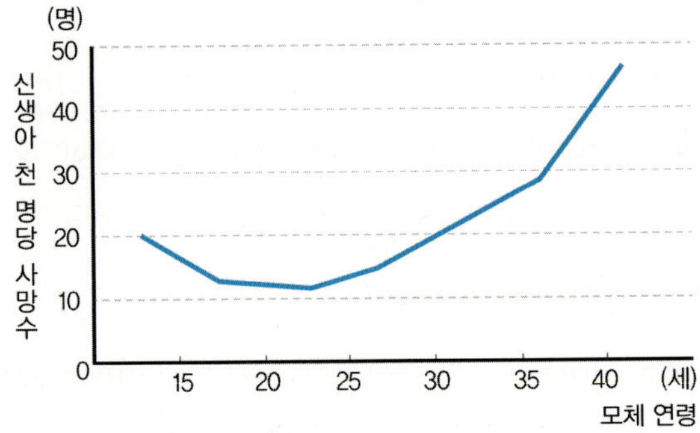

그림 2-2. **모체의 연령별 태아사망률**

출처: 이사라 외(2013). 영아발달. 파워북.

(3) 어머니의 질병

어머니의 질병이 태아에게 영향을 미치는데, 당뇨병, 고혈압, 풍진 및 매독 등이 그 예이다. 산모가 당뇨가 있을 경우, 거대아를 출산할 가능성이 높으며, 거대아를 분만하는 과정에서 난산으로 태아가 뇌손상을 입거나 사망할 수도 있다. 고혈압의 경우도 태아의 발달지체나 자궁내 사망을 초래할 가능성이 높으며, 각종 합병증을 유발할 수 있다. 또한 바이러스, 박테리아, 기생충 등에 감염이 될 경우는 태아의 발달을 저해하거나 선천성 기형 등의 문제를 유발할 수 있다.

(4) 어머니의 정서상태

어머니의 정서상태가 태아의 발달과 이후 영·유아기와 아동기에 여러 가지 장애를 일으킬 수 있는 원인이 될 수 있다. 예를 들어, 임산부가 정서장애를 가지고 있거나 임신 당시에 정서적으로 불안정하였을 경우, 태어난 아이는 지나치게 활동적이거나 많이 울거나 잠을 잘 자지 않는 등의 문제를 보일 수 있다. 이러한 영아의 행동특성은 어머니의 양육을 어렵게 만드는 요인이 되어, 부모-자녀관계에도 부정적인 영향을 미치게 된다. 또한 어머니의 불안은 신진대사율을 증가시켜 저체중아의 출산을 야기하거나, 불안을 극복하기 위해 이들 호르몬의 분비를 촉진시킴으로써 조산을 유발하는 요인이 되기도 한다(Azar, 1999).

(5) 흡연과 음주 및 약물복용

임신 중 산모의 흡연으로 인한 가장 큰 문제는 조산인데, 비흡연자보다 조산의 비율이 3.3배나 높다. 또한 자연유산율은 비흡연자보다 1.5배 정도 높다. 흡연을 통해 산모

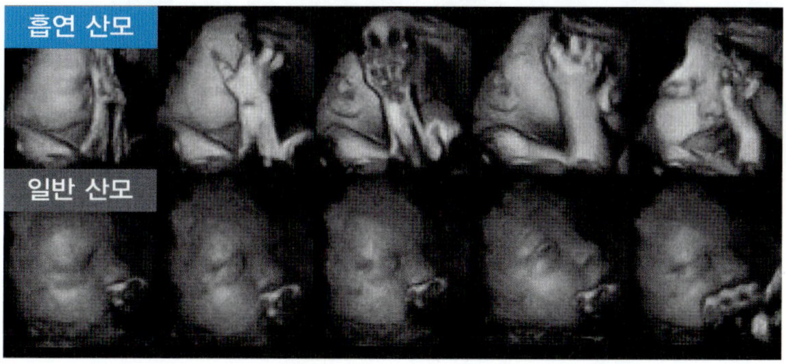

흡연 산모의 태아는 입을 심하게 움직이고 팔로 얼굴 부위를 계속 만지고 괴로워하는 모습을 보이며, 일반 산모의 태아는 움직임이 훨씬 적고 평온한 모습을 보임.

그림 2-3. **흡연 산모와 일반 산모의 태아**

출처: YTN(2015). 영국 더럼 대학의 나자 레이슬란드 교수: 임신 중 흡연, 태아 중추신경계 발달 저하 유발.

의 몸 안으로 들어간 니코틴은 모세혈관을 수축시키는데, 이는 모체와 태아를 연결시키는 태반이나 탯줄의 혈관도 수축시켜 태아에게 필요한 영양분과 산소의 공급을 방해하여 정상적인 발육이 이루어지지 않는다. 그리고 니코틴은 태아의 뇌의 호흡을 관장하는 부분의 발달을 저해하여 태어난 아기에게 호흡장애를 일으키게 한다. 미숙아가 태어날 비율도 비흡연자보다 2배 가까이 높다.

임신 중의 음주는 태아의 혈액에 알코올이 순환하게 되어 태아의 발육장애, 성장지연, 구순열, 안면형성기형, 지적장애 등을 일으키며, 유산의 비율을 증가시킨다. 또한 임신 중 산모가 알코올을 많이 섭취한 경우에는 태아알코올증후군(Fatal Alcohol Syndrome: FAS)을 보이는 아기를 출산할 가능성이 높다. 이런 아기는 몸집이 비정상적으로 작고, 특히 머리 크기가 비정상적으로 작고 얼굴이 기형인 경우가 많다. 그리고 이런 아기는 뇌가 제대로 발달하지 못해 지적장애나 학습장애아가 될 가능성이 높다.

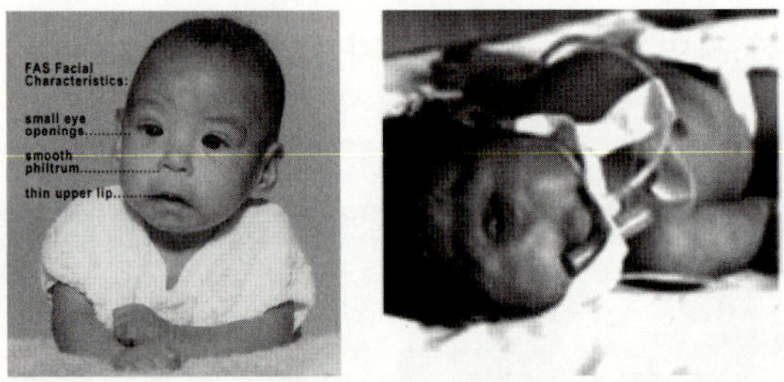

태아알코올증후군의 특징으로는 몸, 머리 크기 및 눈이 비정상적으로 작고, 코 밑의 인중이 뚜렷하지 않으며, 윗입술이 매우 가늘고 미간이 짧음. 또한 뇌의 기능 저하로 학습장애, 주의산만, 사고력 저하, 성격장애가 나타날 가능성이 높으며, 오른쪽 사진처럼 한 쪽 눈을 가지고 태어나는 경우도 있음.

그림 2-4. 태아알코올증후군

출처: 네이버 블로그(https://blog.naver.com/seoulx6/221317425780).
강순희 외(2022). 영유아발달. 수양재.

산모가 약물을 복용하게 되면 기형아를 낳을 확률이 높다. 특히 임신 초기인 5주에서 10주 사이는 태아의 신체와 장기가 형성되는 시기인데, 이때 임신 사실을 모르고 약물을 복용하게 되면 기형아를 낳을 가능성이 높다. 임신 중 약물복용이 태아에게 치명적인 것으로 널리 알려진 것은 1960년대 유럽에서 임산부가 복용한 탈리도마이드(Thalidomide) 진정제이다. 불면증과 입덧 증세를 완화하기 위해 배아기 때 이 약물을 복용한 임산부의 아기들에서 사지발달의 지체가 나타났다〈그림 2-5〉.

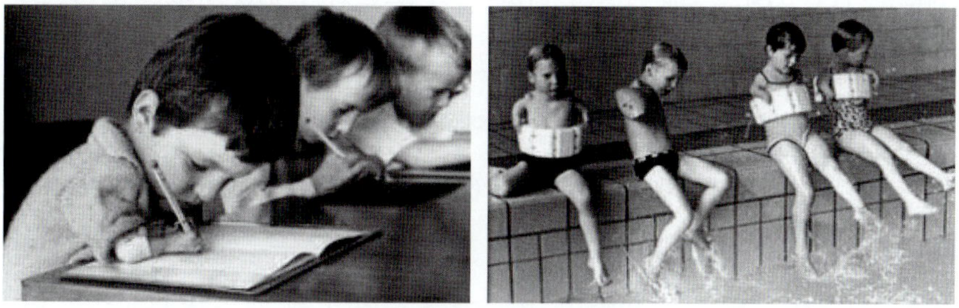

그림 2-5. 탈리도마이드 약물복용의 부작용

2. 영아기 발달

출생 후 약 2주 간의 기간을 신생아기라고 하며, 24개월까지를 영아기로 부른다. 이 기간의 가장 큰 특징은 성장속도가 매우 빠르다는 것이다. 영아기는 독립적으로 생활할 수 없으므로 신체적 · 심리적으로 성인에게 의존하며, 부모나 형제자매 등 돌보는 사람에게 애착행동을 보이게 된다. 영아기의 가장 큰 변화는 일어서서 이동하는 능력을 나타내는 것이다. 또한 감각운동의 시기이며, 한두 단어를 사용할 수 있게 된다.

1) 신체발달

(1) 신체발달의 특징

영아의 신장과 체중의 변화에서, 신생아의 평균 신장은 약 50cm이며, 1년 후 출생 시의 약 1.5배가 되며, 2년 후에는 성인 신장의 약 1/2로 성장한다. 체중은 약 3~3.5kg 이며, 체중은 1년 후에는 3배, 2년이 되면 성인 몸무게의 20% 정도가 된다. 즉, 2세가 되면 11~12kg으로 출생 시의 약 4배가 되고 1년에 평균 2.7kg씩 증가한다. 신체비율의 변화는 신생아 시기에는 머리 크기가 신체에서 차지하는 비율이 1/4이고, 생후 2년 무렵에는 신체의 1/5이 되며, 성인이 되면 1/6~1/8이 된다. 치아의 발달로, 치아는 유치(젖니)와 영구치가 있다. 유치는 20개이고, 영구치는 모두 32개이다. 유치란 영구치가 나기 전 6~7세까지 나는 이를 말하며, 영구치는 성인이 될 때까지 사용하게 되며 유치가 빠지면서 나기 시작한다. 생후 6개월경에 유치가 아래 앞니부터 나기 시작하여 1년이 되면 6~8개의 앞니가 난다.

표 2-5. **성별에 따른 한국 소아 발육 표준치**

표준신장(cm)

남자		여자
50.1	출생 시	49.4
67.6	5~6개월	66.3
76.0	11~12개월	74.8
81.2	15~18개월	79.9
86.2	21~24개월	85.0

표준체중(kg)

남자		여자
3.4	출생 시	3.3
8.0	5~6개월	7.5
9.9	11~12개월	9.4
11.1	15~18개월	10.5
12.3	21~24개월	11.7

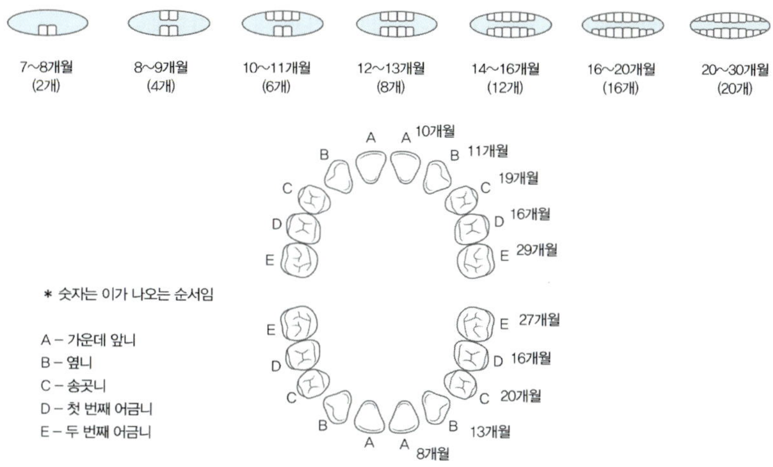

그림 2-6. **치아의 발달**

(2) 생리기능적 발달

신생아는 하루 중 16~20시간 동안 잠을 자며, 밤과 낮의 구분이 없다가 6개월이 되면 대부분의 영아들은 점차 밤에는 자고 낮에는 깨어 있는 성인의 수면 양상을 보이게 된다. 그래도 하루에 3~4회 정도는 낮잠을 자는 것이 일반적이다. 영아기 동안 수면시간도 극적으로 감소하는데, 생후 1개월간 하루 18시간의 수면에서 2세가 되면 12시간으로 감소한다. 생후 7개월쯤 된 아기들이 밥을 먹을 때는 대개 한 번에 큰 숟가락으로 두 숟가락 이상 먹지 못하고, 생후 9~10개월이 되어도 두 숟가락에서 멈추는 아기들이 대부분이다. 밥을 먹는 시기는 아기마다 차이가 있으며, 일반적으로 돌을 지나서 밥을 먹는 것이 좋다. 그러나 밥을 잘 먹는 아기가 모유나 분유도 충분히 먹고 소화도 잘 시키고 반찬도 골고루 먹을 수 있다면 생후 9개월 된 아기라도 굳이 밥을 끊을 필요는 없다. 현재 밥을 잘 먹고 양도 조금씩 늘고 있다면 밥을 약간 질게 해서 먹이고 고기와 야채와 다른 반찬도 골고루 먹이면 된다. 대변은 13~15개월, 소변은 20개월 정도 지나야 가릴 수 있다. 대소변 가리기는 영아의 건강 상태나 정서 상태에 따라 차이가 나기 때문에 무리하게 강요해서는 안된다. 아이가 태어난 후 1년 정도가 지나면 배변훈련을 받는다. 물론 부모에 따라서 배변훈련 양상도 다르게 나타난다.

(3) 운동기능의 발달

생후 시간이 지남에 따라 자연스럽게 아이가 해낼 수 있는 운동기능도 발달하게 된다. 하지만 부모에게 있어서는 이 자연스러운 현상이 그렇게 당연하게 받아들여지지 않는다. '우리 아이가 기기 시작했어', '우리 아이가 걷기 시작했어' 하면서 자랑스럽고 흥분된 목소리로 주변사람들에게 자랑하는 것을 흔히 볼 수 있다. 이것은 아마도 생후 몇 년 동안의 운동발달은 신체적 성장과 더불어 뼈, 근육 및 신경조직이 성숙하면서 이루어지기 때문에 정상적인 발달은 신경계의 정상성을 나타내는 중요한 지표가 되기 때문으로도 이해할 수 있으며, 이것이 곧 아이가 건강하게 잘 자라고 있다는 것을 증명받는 순간으로 이해할 수 있다.

운동기능은 근육의 크기와 신체부위에 따라 대근육 운동과 소근육 운동으로 나누어진다. 대근육 운동은 기기, 서기, 뛰뛰기, 걷기, 달리기, 계단 오르내리기, 공 던지기와 같은 팔, 다리, 몸통과 같은 대근육을 사용하는 운동을 말한다. 소근육 운동은 물건 잡기, 손가락으로 물건 집기, 글씨 쓰기, 가위로 오리기, 단추 채우기 등의 몸의 소근육을 사용하는 운동을 말한다. 영아의 운동기능 발달을 연령에 따라 구분하여 살펴보면 〈표 2-6〉, 〈표 2-7〉과 같다.

표 2-6. 대근육 운동 발달

구분	내용
4주 이전	엎어 놓으면 머리를 들려고 한다. 누워 있을 때에는 머리를 한쪽으로 돌리고 있다.
4주	손은 주먹을 쥔 상태이고 팔다리는 펴는 자세일 때가 많다. 목은 아직 잘 못 든다.
16주	엎어 놓으면 머리를 90도로 들 수 있고 머리를 가눌 수 있다. 반듯이 누워 있으며 몸을 약간 자유로이 움직일 수 있다.
28주	앞으로 기울이면서 앉을 수 있고, 세우면 다리를 껑충껑충 뛰고 뒤집을 수 있다.
40주	혼자 앉고, 기어 다니고, 붙잡고 일어선다.

구분	내용
12개월	혼자 서고, 한 손 잡고 걷는다.
15개월	혼자 걷고, 계단을 기어 올라가고, 공을 발로 찰 수 있다.
18개월	혼자 잘 걷는다. 한 손으로 잡고 층계를 걸어 올라간다. 조금씩 뛸 수가 있다. 서랍을 연다.
2세	넘어지지 않고 잘 뛴다. 발로 큰 공을 찰 수 있다. 계단을 혼자 오르내린다.

표 2-7. **소근육 운동 발달**

구분	내용
4주 이전	움직이는 물체나 소리에 반응한다.
4주	움직이는 물체를 중앙선까지 따라가며 볼 수 있다.
16주	천천히 움직이는 물체를 따라서 주시할 수 있다. 장난감을 보면 잡으려고 손을 옴지락거린다. 물체를 주면 쥘 수도 있다.
28주	한 손으로 장난감을 잡을 수 있고, 잡은 장난감을 다른 손으로 옮겨 쥘 수도 있으며, 장난감을 흔들 수도 있다.
40주	숨겨진 장난감을 찾을 수 있고, 2개의 장난감을 쥐고 맞부딪쳐 소리를 내기도 하며, 미세한 동작도 약간 가능해 작은 물체를 엄지와 집게손가락으로 집을 수도 있다.
12개월	음식을 엄지와 집게손가락으로 정확히 집어서 먹을 수 있다. 장난감을 달라고 하면 주기도 한다. 공을 던질 수도 있다.
15개월	크레용으로 선을 그리는 시늉을 한다. 2개의 정육면체를 쌓을 수가 있다. 그리고 작은 조각들을 병에 담을 수도 있다.
18개월	3개의 정육면체를 쌓을 수 있고 크레용으로 종이 위에 마구 그을 수 있다.
2세	6개의 입방체를 쌓을 수 있다. 수평선을 그리고 원을 그리는 흉내를 낸다.

운동발달에는 개인차가 있어서 어떤 아이는 평균보다 더 빨리 발달하기도 하고 어떤 아이는 늦게 발달하는 경우도 있으므로 몇 개월 정도의 차이는 정상적인 것으로 본다. 그리고 아이의 운동기능이 발달하면서 그만큼 사고의 위험에 노출될 가능성도 높아진다. 따라서 아이가 기거나 걷기 시작한다면 그에 따라 주변의 위험환경으로부터 보호해 줄 필요가 있다. 그렇지만 유아기에 운동기능을 연습할 충분한 기회가 없다든지 부모가 다칠 것을 두려워하여 운동을 못하게 하면 운동발달이 지체될 수도 있으므로 적절한 운동과 적절한 보호가 모두 필요하다.

2) 뇌와 인지발달

(1) 뇌의 발달

아기의 두뇌형성과 발달은 우주의 탄생처럼 신비롭다. 두뇌의 발달은 영유아기 동안 급속하게 이루어지며 2세경에는 성인 두뇌크기의 75%, 5세경에는 성인의 90%까지 성장한다〈그림 2-7〉. 뇌의 각 부위의 발달을 시기별로 살펴보면 출생 시에는 각성, 반사기능, 소화, 배설 등 주로 생물학적인 기능을 담당하는 뇌간과 중뇌가 먼저 발달한다. 6개월경에는 대뇌 피질부의 감각 영역과 운동 영역의 발달이 이루어지는데, 이는 출생 후 2년내에 성인의 수준에 도달한다〈그림 2-8〉. 이 발달들로 인해 의도적인 운동이 가능해지면서 생득적인 반사기능이 사라지게 된다. 시상, 소뇌, 해마 등 뇌의 다른 부위는 출생 시에도 기능을 하지만 출생 후 계속 발달하고 재편성된다.

복잡한 인지기능을 관장하는 대뇌피질은 출생 시 가장 덜 발달된 부위이다. 뇌의 피질부는 좌반구와 우반구로 구분되는데 좌반구는 주로 언어 이해 기능을 담당하며 우반구는 시공간적 정보 및 비언어적 소리 정보를 처리한다. 이와 같은 좌·우반구의 기능분화는 매우 일찍 시작되어 3세경에는 대부분 완성된다.

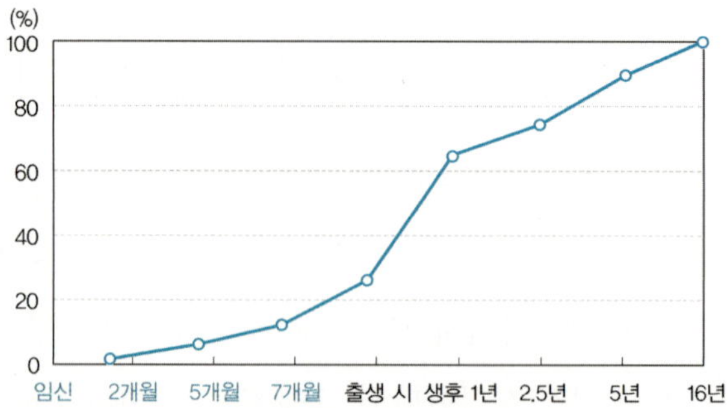

그림 2-7. **연령에 따른 두뇌 무게의 비율(%)**

출처: 이사라 외(2013). 영아발달. 파워북.

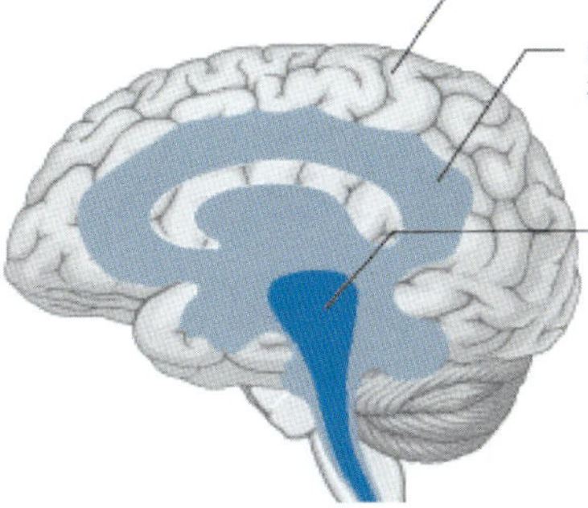

그림 2-8. **뇌의 3중 구조**

출처: 이시형(2010). 세레토닌하라. 중앙books.

영아기의 뇌의 발달은 전적으로 생물학적인 원인에 의한 것이 아니고 환경의 영향에도 민감하게 작용한다. 영아기 동안 영양실조나 학대와 같은 해로운 경험을 한다면 뉴런의 수와 크기, 구조, 시냅스의 형성에 영향을 미치고 심각한 뇌손상을 초래할 수도 있다. 건강한 아이와 학대 받은 아이의 양전자단층 촬영 결과, 시설(고아원)에서 받은 학대로 인하여 아이의 뇌는 감각기관으로부터의 자극을 수용하고 감정 조절 기능을 하는 측두엽이 거의 활동을 하지 않고 있는 것으로 나타났다. 즉, 이런 아이들은 정서, 인지 발달에 문제가 발생한다. 최근 관심이 되고 있는 '흔들어진 아이 증후군(Shaking Baby Syndrom)'은 아이가 칭얼대거나 울 때 심하게 흔든다거나 난폭한 취급을 받게 되면 뇌손상을 입거나 사망할 수도 있다는 증후군이다. 유아들은 5세가 될 때까지 이런 증후군에 취약하며 2~4개월 때 특히 위험하다고 한다. 그래서 영유아기에 있는 아이의 두뇌는 신주단지 모시듯 해야 하는 것이다.

(2) 인지발달

① 감각운동기 사고

피아제(Piaget)는 구성주의 관점에서 아동의 인지발달의 단계를 감각운동기(0~2세), 전조작기(2~7세), 구체적 조작기(7~11세), 형식적 조작기(11~15세)로 설명하고 있다. 그는 아동의 인지발달을 설명하기 위해 적응(adaptation)과 평형(equitibration)의 두 가지 개념을 주장하였다. 적응은 아동이 어떤 상황에서 보다 효율적으로 기능해 가는 과정을 의미한다. 아동은 외부 환경을 이해하고 거기에 적응하기 위해 동화(assimitation)와 조절(accommodation)의 두 가지 전략을 사용한다. 동화는 자신의 인지구조를 가지고 새로운 정보를 이해하는 과정을 의미한다. 반면 조절은 새로운 정보에 맞게 자신의 인지구조를 변화시키는 과정을 의미한다. 피아제는 영아기에 해당되는 0~2세의 인지발달 단계를 감각운동기로 정의하였다.

영아기에 해당하는 감각운동기는 태아기 이후 첫 급성장이 이루어지는 시기이므로 다시 6단계로 세분하여 영아의 인지발달을 설명하고 있다. 즉, 인간이 다른 동물과 현저하게 다른 표현 형질적 특징인 직립보행이 시작되는 시기이고, 유전적 경향이 깊은 언어 획득이 시작되는 시기이며, 감각 기능과 두뇌 성장이 급속도로 발달하는 시기로서 감각운동기를 6단계로 나누어 인지발달을 설명하고 있다. 이 시기의 영아가 가지는 지식은 생득적 능력과 반사행동과 감각기관으로부터 들어온 정보를 선택·조직·해석하는 과정에서 형성된 지각에 크게 의존하고 자신의 의도적 사고가 시작되는 지각에서 인지로 바뀌는 시기로 볼 수 있다. 피아제의 감각운동기 하부 6단계 인지발달을 정리하면 〈표 2-8〉, 〈그림 2-9〉와 같다.

표 2-8. 영아의 감각운동기 인지발달

단계	단계	개월	인지발달
1단계	반사기	0~1	이 시기의 영아의 행동은 대개 선천적으로 타고난 무의식적 반사행동이 주를 이룬다. 그러나 이 시기의 후반부 영아들은 서서히 반사행동들을 통제하기 시작하여 자신의 행동을 통제하는 방식을 습득하게 된다.
2단계	1차 순환반응기	1~4	이 시기의 영아는 우연히 처음 하게 된 행동에서 재미를 느낄 경우 그 행동을 반복하게 된다. 예를 들어, 우연히 자신의 손가락을 빠는 행동을 했을 때 그 행동이 재미있다고 느끼면 손가락 빨기 행동을 되풀이한다. 그리고 이 시기의 행동들은 환경에 대한 행동의 영향보다는 영아 자신의 신체를 중심으로 이루어진다.
3단계	2차 순환반응기	4~8	이 시기의 영아는 자신의 신체가 아닌 대상에 흥미를 느끼게 된다. 그리고 재미있는 결과를 가져오는 행동을 반복함으로써 자신의 재미있는 경험을 지속시키려 한다. 예를 들어, 딸랑이를 흔들어 재미있는 소리가 나는 것을 경험하면 딸랑이를 흔드는 행동을 반복한다. 이처럼 이 시기의 행동들은 의도적이기는 하지만 목적지향적이지는 않다.
4단계	2차 도식협응기	8~12	영아들은 이전에 배운 다양한 도식들을 협응하여 더욱 정교하고 복잡하며 목적지향적인 행동을 하게 된다. 따라서 이 시기의 영아들은 특정 목적을 달성하기 위해 도식들을 다양하게 조합할 수 있으며, 행동에 대한 결과를 기대하거나 예상할 수 있다.
5단계	3차 순환반응기	12~18	이 시기의 영아는 원하는 결과를 달성하기 위해 자신의 행동을 목적에 따라 의도적으로 변화시켜 다양하고 창의적인 행동을 하게 되며, 적극적으로 세상을 탐색한다. 그리고 새로운 행동을 시도하며 문제를 해결하는 과정에서 시행착오를 거치게 된다. 영아들은 시행착오를 통해 자신이 원하는 결과에 도달하는 가장 좋은 방법을 찾아 문제를 해결하는 방식을 습득한다.
6단계	정신적 결합기	18~24	이 시기의 영아는 자신이 기억하는 사람, 사물, 사건이나 상황 등을 정신적 이미지로 그려내는 표상능력을 갖게 된다. 표상능력에 기초한 상징적 사고가 가능하기 때문에 이 시기의 영아는 행동적 시행착오 없이 행동 이전의 사건에 대해 생각하고 그 결과를 예상하는 사고과정을 통해 문제해결방법을 찾아낼 수 있게 된다. 또한 상징적 사고능력과 기억력의 증가로 인해 지연모방과 가상놀이가 가능해진다.

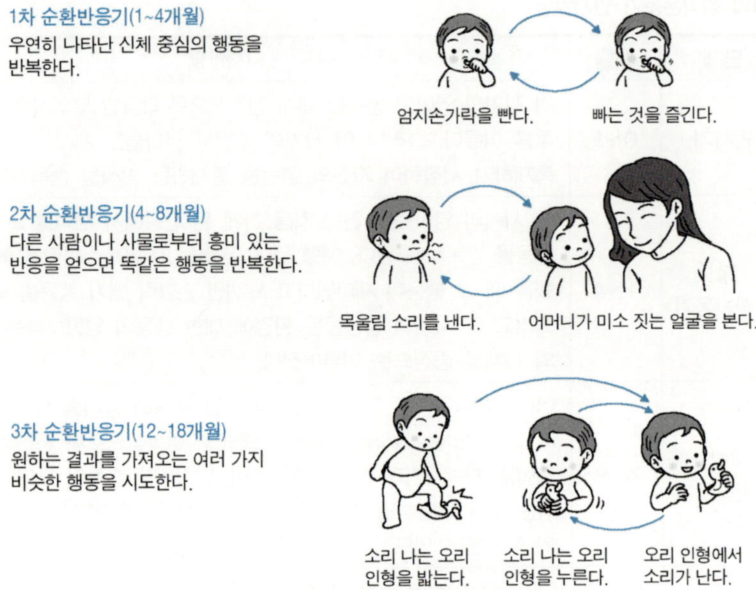

그림 2-9. 1, 2, 3차 순환반응기

출처: 이사라 외(2013). 영아발달. 파워북.

② 대상영속성 개념의 발달

감각운동기에 획득하게 되는 중요한 능력 중의 하나는 대상영속성의 개념이다. 대상영속성은 물체가 눈에 보이지 않거나 소리가 들리지 않더라도 그 물체가 계속 존재한다는 것을 아는 것이다. 대상영속성 개념은 인지발달 단계와 병행하여 발달하는데, 이 개념을 획득하기 위해서는 자신의 주변 세계와 분리된 독립된 존재라는 사고를 할 수 있어야 한다. 피아제는 다음과 같이 감각운동기의 하위단계별로 대상영속성 개념의 발달을 〈표 2-9〉와 같이 설명하고 있다.

표 2-9. **감각운동기 하위단계별 대상영속성 개념의 발달**

감각운동기 하위단계	대상영속성의 개념 발달
반사기	대상영속성의 개념이 전혀 없다. 바라보고 있던 물체가 사라져도 아무런 반응을 보이지 않는다.
1찬 순환반응기	대상영속성의 개념이 어렴풋이 나타난다. 바라보고 있던 물체가 사라지면, 물체가 있던 자리만 응시한다.
2차 순환반응기	물체가 보이지 않아도 어딘가 존재한다는 것을 어렴풋이 안다. 물체를 반쯤 덮어 놓으면 찾아내지만, 완전히 가려 놓으면 찾지 않는다. 대상영속성 개념이 완전히 발달하지 못한 것으로 해석할 수 있다.
2차 도식협응기	물체가 완전히 덮여 있어도 찾아낼 수 있다. 그러나 영아가 보는 앞에서 그 물건을 다른 곳으로 옮겨도 여전히 처음 감추었던 장소에서 그 물체를 찾는다.
3차 순환반응기	영아가 보고 있는 상태에서 물건이 이동되면 찾을 수 있으나, 보고 있지 않은 상태에서 이동을 하면 찾지 못한다. 물건의 이동을 시각적으로 추적하는 것은 가능하나 정신적으로 추적하지는 못한다.
정신적 결합기	대상영속성의 개념이 완전하게 발달한다. 영아는 물건이 보이지 않는 곳으로 이동해도 예상되는 장소를 탐색한다. 정신적 추적이 가능해진다.

3) 언어발달

어른이 돼서 말을 새로 배우기란 몹시 힘들지만 아기들은 굳이 애쓰지 않아도 쉽게 말을 익힌다. 유아는 소변을 가리기 훨씬 전부터 소리에 의미를 부여하며 신발끈을 맬 수 있기 전부터 문법의 분석에 나선다. 그리고 대다수의 유아들이 3세쯤이 되면 자연스럽게 말을 하게 된다. 언어로의 여행은 자궁에서부터 시작되며 태아는 자궁에서 엄마 목소리를 계속해서 듣는다. 신생아들도 생후 4일이면 서로 다른 언어를 구분할 수 있다고 하는데, 프랑스 신생아들은 러시아어를 들을 때보다 프랑스어를 들을 때 더욱 힘 있게 엄마의 젖을 빨았다고 한다(정옥분, 2002). 단어나 문장을 습득하는 시기에는 개인차가 있지만 대부분의 아동은 언어습득에 있어 동일한 발달단계를 거치게 된다.

(1) 생후 2개월 이전

아기는 언어를 사용하기 이전부터 울음, 표정, 몸짓 등 비언어적 행동으로 의사를 표현한다. 배가 고프거나 아프면 울음으로 표현하고, 큰 소리로 말하면 행동을 멈추기도 한다. 언어발달의 첫 단계는 울음이다. 처음에는 울음의 분화가 이루어지지 않지만 점차 울음은 분화되어 배가 고픈지, 잠이 오는지, 화가 났는지, 아픈지를 알 수 있다. 이것은 우는 소리의 패턴이나 고저, 강도에 따라 달라진다. 울음의 분화를 가장 잘 알아차리는 사람은 아기의 곁에 항상 같이 있는 부모일 것이다. 놀랍게도 엄마는 아기의 울음소리만 듣고도 아이가 원하는 것이 무엇인지를 금방 알아차린다.

(2) 생후 2~12개월

언어발달은 뇌의 발달과 밀접한 관련이 있다. 생후 2~3개월 이내에 영아의 신경세포는 출생 시의 20배에 달하는 10,000개의 연합이 이루어진다. 8~9개월이 되면 뇌는 거의 제 기능을 다하게 된다. 언어발달의 기반을 형성하는 옹알이는 생후 2~3개월부터 시작된다. 옹알이는 아기가 만족스러운 상황에서 가장 빈번하게 나타나며 처음에는 소리를 내는 즐거움 그 자체를 위해 옹알이를 하지만 점차 자신의 옹알이가 환경에 주는 영향 때문에 옹알이를 한다. 즉, 자신이 옹알이를 하면 주변의 사람들이 받아 주고 즐거워하는 것을 느끼기 때문이다. 만약 옹알이에 반응을 보여 주지 않으면 빈도가 점차 줄어들고 반응을 많이 할수록 빈도는 늘어난다. 농아인 아기도 이 시기에는 옹알이를 한다.

전 세계적으로 생후 1년내에 하는 옹알이는 거의 동일하다. 이것은 모든 아기가 어떤 언어라도 습득할 수 있다는 잠재력을 가지고 있음을 보여 준다. 그러나 자라면서 점차 모국어와 유사한 음에 대해 강화를 받으면서 모국어를 익히게 되고 강화받지 못한 발음은 점차로 사라지게 된다. 예를 들어, 아기가 '무—우'라는 발음의 옹알이를 할 때 엄마는 '아기가 물이라고 했어' 하며 좋아한다. 이러한 반응들이 아기에게는 곧 강화가 된다.

옹알이가 거의 끝나는 생후 6개월경에는 자기 스스로 소리를 만들어 반복하는 자기 소리 모방이 시작되고 9개월경에는 주변 사람들의 말소리를 의식적으로 모방하기 시작한다. 이 시기의 아기와의 상호작용 방법은 〈표 2-10〉과 같다.

표 2-10. **생후 2~12개월 아이와의 상호작용 방법**

- 아기와 이야기할 때는 기쁜 표정과 부드러운 목소리, 간단하고 명확한 언어를 사용한다.
- 얼굴을 쳐다보며 이야기한다.
- 옹알이 같은 발성이나 몸짓에 반갑게 반응해 준다.
- 아기의 발성을 따라 해 주거나 간단한 말로 의사소통을 시도한다.
- 옹알이를 하면 칭찬도 해 준다.
- 무릎에 앉히고 영아용 책을 보여 주며 이야기를 들려준다.

(3) 생후 1년~2년

생후 1년이 되면 영아는 하나의 단어나 어휘로 자신의 의사를 표현하게 된다. 하지만 아직 성인의 발음과는 차이가 있다. 이때 하나의 단어로 자신의 의사를 표현해야 하므로 얼굴표정이나 몸짓을 함께 사용하게 된다. 자음 하나와 모음 하나가 합쳐진 말의 반복이 대부분이며 사물이나 사건을 지칭하거나 자신의 기분이나 욕구를 표현하기 위해 주로 사용된다.

생후 2년이 되면 두 개의 단어를 사용하여 문장을 만들게 되는데, 이 시기의 영아가 사용하는 언어는 '엄마, 맘마'와 같이 조사나 접속사가 생략된 핵심적 단어로 구성되는 것이 특징이다. 한 단어 문장에 비해 보다 정교하고 명료하며 두 단어 가운데 강세의 위치가 어디에 있는가에 따라 자신이 원하는 바를 강조하기도 한다. 보편적으로 50개의 단어를 말할 수 있을 때 두 단어를 결합시키는 것이 가능하다고 한다.

생후 15개월경의 영아는 상당히 친숙한 단어를 인식하는 데에도 1초 이상의 시간이 필요하지만 24개월경에는 0.6초내에 인식할 수 있다. 이러한 변화는 언어를 관장하는 뇌의 부분이 뇌의 양반구에서 좌반구로 이동하여 관장하기 때문에 가능해진다고 본다.

이 시기의 아기와의 상호작용 방법은 〈표 2-11〉과 같다.

표 2-11. **생후 1년~2년 아이와의 상호작용 방법**

- '이게 뭐야'와 같은 질문의 의도를 파악하여 간결하고 정확하며 즐겁게 대답해 준다.
- 큰 그림책을 보여 주며 자연스럽게 사물의 이름을 말해 준다.
- 다양한 상황에서 서툴지만 자신의 생각을 말할 기회를 만들어 준다. 명사를 외우게 반복하는 것보다는 자기가 생각하고 있는 것을 간단하게라도 표현하는 것이 중요하다.
- 유아가 단순하게 유아어로 표현할 때 부모는 이를 확장시켜 주도록 한다. 부모가 먼저 유아어를 사용하는 것은 바람직하지 않다.
- 큰 종이와 크레파스나 유아용 수성 매직을 준비해 주어 유아가 마음대로 낙서해 보도록 한다.

4) 사회 · 정서발달

(1) 정서의 발달

정서란 생리적이고 행동적인 변화를 수반하는 개인의 경험에 대한 주관적 반응으로 정의된다. 인간은 누구나 정서를 느끼며 이에 반응하며 살아간다. 정서는 태어나면서부터 존재하지만 덜 분화된 상태로 있다가 시간이 지나면서 점차 다양화되고 복잡하게 발달된다. 이자드(Izard, 1994)는 인간의 정서는 긍정적 정서인 기쁨, 사랑, 열광 등과 부정적 정서인 불안, 분노, 슬픔 등이 있으며 세계 모든 문화권의 영아에게서도 볼 수 있으므로 일차 정서 또는 기본 정서라 불렀다. 영아는 첫돌이 되기 전에 기쁨(약 6주), 분노(약 4~6개월), 슬픔(약 5~7개월) 그리고 두려움(약 6~12개월)으로 분화된다(박경자 외, 2010). 흔히 우리가 경험하는 기쁨, 분노, 공포 및 슬픔의 정서와 같은 인간의 정서를 기본 정서라 하고 시간이 지남에 따라 사람들과의 관계속에서 형성되는 자부심, 수치심, 죄책감 등의 이차 정서가 있는데 일차 정서와 이차 정서는 거의 영아기에 발달하게 된다.

(2) 기질의 발달

영아들은 태어나면서 서로 다른 모습을 하고 있듯이 서로 다른 성격을 보인다. 자주 울고 보채는 아기가 있는 반면, 자주 미소 지으며 웃음 짓는 아이, 곤히 잠자고 있는 아이, 깨어 있지만 움직임이 느린 아기도 있다. 출생 초기부터 보이는 이러한 개인차를 기질(temperature)이라고 한다. 기질은 성격(personality)과 구별되는 개념으로 성격은 한 개인의 신체적, 정서적 및 사회적 특성의 총합으로 정의되며 다른 사람과 구별되는 개인의 독특한 특성을 포함한다. 따라서 성격은 정적인 것이 아니라 여러 해에 걸쳐 형성되는 특징이 있으나 기질은 성격과 행동의 기초가 되며 행동을 조절하는 기능을 하는 비교적 일관성 있는 선천적 · 개별적 성향이지만 항상 외부의 자극, 기대, 또는 요구에 대한 반응으로 표현되는 것이며 발달과정에서 환경적인 요인에 의해 영향을 받아 변화할 수 있는 성격적 특징이다(장휘숙, 2013). 기질은 〈표 2-12〉와 같이 순한 기질(easy temperature), 까다로운 기질(difficult temperature), 느린 기질(slow to warm up temperature)로 구분할 수 있다.

표 2-12. **기질의 종류와 특징**

구분	특징
순한 기질	순한 기질을 지닌 영유아는 장난감을 혼자 잘 가지고 놀며 규칙적인 수면과 수유 및 배변 등의 일상생활 습관이 대체적으로 규칙적으로 이루어지며 낯선 사람에게도 미소를 보이는 등 쉽게 당황하기보다 안정된 반응을 보이는 등 새로운 환경적 자극에 노출되었을 때 쉽게 적응하며 온화한 정서를 지녀 새로운 환경에 순응적이다. 연구대상 영유아의 40%가 순한 기질을 지닌 것으로 나타났다.
까다로운 기질	까다로운 기질의 영유아는 일상생활 중 생활습관이 불규칙적이어서 예측하기 어렵고 환경으로부터의 자극이나 욕구좌절 상황에서 강하게 반응한다. 또한 새로운 상황이나 낯선 사람에게 적응하는 데 시간이 오래 걸리며 거부하거나 의심을 보이는 등의 불안행동을 나타내며 식습관도 까다로운 편이다. 예를 들어, 잠을 깨기 전부터 보챈다든지 욕구가 좌절되는 상황에서 적대적이거나 심한 스트레스를 받아 부정적인 기분을 신경질적으로 격하게 드러내므로 양육자로 하여금 달래는 데 어려움을 겪게 한다. 연구대상 영유아의 10%가 이러한 기질을 지니고 있는 것으로 나타났다.

구분	특징
느린 기질	반응이 느린 영유아는 생활습관이 까다로운 기질 유아보다는 규칙적이지만 순한 기질 유아보다는 불규칙적이고 수동적이며 소극적인 행동을 보이며 새로운 상황에 대해 움츠러드는 등 변화에 적응하는 데 시간이 오래 걸리며 느리게 반응한다. 낯선 상황이나 사물에 대해서 부정적인 반응을 보이는 성향은 까다로운 영아와 유사하나 활동량이 적고 느리게 반응한다는 측면에서 다르다. 일상생활의 규칙성은 순한 영아와 까다로운 영아의 중간 정도 수준이며 연구대상 영아의 15%가 이러한 기질을 지니고 있는 것으로 나타났다.

토마스와 체스(Thomas & Chess, 1956)는 위의 세 가지 기질 중 까다로운 기질을 가진 유아를 종단연구한 결과, 까다로운 기질 중 70%가 정서장애로 발달하였으며 순한 기질은 19%만이 해당되고, 까다로운 기질의 유아가 행동장애와 정서장애로 발달할 가능성이 높은 위험군이라고 하였다(Gordon, 1981).

(3) 애착발달

보살핌을 통해 영아 초기에 이루어지는 양육자와 영유아와의 심리적·애정적 관계를 애착이라고 한다. 특별한 사람에게 느끼는 애정적 유대관계를 말하는데 이러한 유대관계가 안정적일 때 영아는 편안함을 느끼고 환경을 탐색하게 된다. 생후 6개월경부터 영아는 자신의 욕구를 만족시켜 주는 친숙한 사람에게 애착을 느끼게 되며 프로이트는 어머니와 영아와의 정서적 결속감이 후기에 나타나는 모든 인간관계의 기초가 된다고 주장하였다(박낭자 외, 2007). 일반적으로 안정적으로 애착관계가 형성된 영아는 이후 발달과정에서 자신감, 호기심, 친구관계 등에서 신뢰감을 지닌 긍정적인 성향을 보이는 반면, 애착발달이 불안정할 경우 이후에 문제행동과 상관관계가 높은 것으로 알려져 있다.

① 애착의 초기이론들

애착에 대한 초기이론에는 정신분석 이론, 학습 이론 그리고 인지발달 이론이 있다.

정신분석학자인 프로이트(Freud)와 에릭슨(Erikson)은 수유를 통한 구강만족을 제공하는 대상에게 애착을 형성한다고 본다. 어머니는 영아에게 음식물을 제공하는 주된 역할을 하기 때문에 대부분의 영아에게 어머니는 가장 중요한 애착대상이 된다. 학습이론에서도 수유가 애착의 발달에 중요한 요인이 된다고 하지만 그 이유는 다르다. 즉, 어머니는 영아의 배고픔을 해결해 줌으로써 어머니는 배고픔의 해소와 짝 지어진다. 뿐만 아니라 수유 동안 신체적 접촉을 통해 따뜻하고 부드러운 느낌이나 청각적 자극 등을 제공해 준다. 이런 경험이 반복되면서 영아는 어머니와 좋은 감정을 연결짓게 되고, 이로 인해 어머니는 이차적 강화인(secondary reinforcer)의 지위를 획득하게 됨으로써 영아는 어머니에게 애착을 형성하게 된다. 이차적 강화인이란 처음에는 중립적이던 것이 다른 강화와 짝 지어져 강화인의 지위를 얻게 되는 것을 말한다. 정신분석이론과 마찬가지로 학습 이론에서도 일차적인 욕구충족을 통해 발달한 긍정적인 정서적 유대관계를 애착이라는 개념보다는 의존성과 관련된 개념을 설명하고 있다(Sears, 1972). 인지발달 이론에서는 애착은 영아의 인지발달수준에 의존하므로, 영아의 지적발달이 선행되어야 애착을 형성할 수 있다고 본다(Schaffer & Emerson, 1964). 즉, 애착을 형성하기 위해서는 기본적으로 친숙한 사람과 낯선 사람을 구분할 수 있어야 하며, 애착대상이 영속적으로 존재한다는 것을 인지할 수 있는 대상영속성 개념 또한 획득해야 한다. 영아가 최초로 애착형성을 하는 시기가 생후 6~8개월경이라는 것은 애착형성이 대상영속성의 발달에 기초한다는 것을 의미한다.

② 동물행동학적 이론

보울비(Bowlby, 1973)의 동물행동학적 이론에 의하면, 애착의 발달은 근본적으로 생존유지 및 보호를 위한 본능적인 반응의 결과로 이미 생태적으로 계획되어 있다고 한다. 즉, 양육자에 대한 애착행동은 영아의 생존가능성을 증가시키므로 진화되었다는 것이다.

보울비에 의하면, 양육자와의 접촉은 영아의 음식물 섭취를 보장하기는 하지만 음식물이 애착형성의 기초는 되지 못한다. 그 대신 애착유대는 생물학적인 것으로 종의 생존을 증가시키는 진화의 틀내에서 가장 잘 이해될 수 있다. 애착은 격리되어 양육되지 않는 모든 종에서 나타나며 환경적 변이에 의해 거의 영향을 받지 않는 진화된 행동으로 스스로 보살핌을 이끌어내는 영아와 어머니 사이의 상호관계내에서 형성된다(장휘숙, 2001).

음식물이 어머니와 아기를 연결하는 중요한 맥락이기는 하지만 애착의 형성요인은 아니다. 할로우와 짐머만(Harlow & Zimmerman, 1959)의 실험은 애착형성요인이 수유나 음식물이 아니라 접촉이 결정적이라는 것을 보여 준다〈그림 2-10〉.

그림 2-10. **대리모 실험**

이들의 실험에서 어린 원숭이들은 철사로 만든 어미 원숭이와 부드러운 천으로 만든 어미 원숭이에 의해 양육되었다. 어린 원숭이들은 철사로 만든 엄마와 천으로 만든 엄마에게 각각 절반씩 수유를 받았다. 실험결과, 어린 원숭이들은 어느 엄마에게서 수유를 받던 상관없이 천으로 만든 엄마를 더 좋아하였으며, 공포자극이 나타났을 때도 모두 천으로 만든 엄마에게 매달렸다. 심지어는 철사로 만든 엄마에게만 우유병이 매달려 있을 때도 몸을 천으로 만든 엄마에게 부착시킨 채 우유를 먹었다. 이러한 결과는 애착형성에 중요한 요인이 수유나 배고픔의 해소가 아니라 접촉위안(contact comfort)이라는 것을 보여 준다.

부모의 양육의 질은 애착에 영향을 미치는 주된 요인 중의 하나이다. 부모가 자녀의 신호나 요구에 대해 민감하게 반응할 뿐 아니라 일관성 있으면서도 적절하게 반응하며 부드럽고 애정적인 접촉을 할 때 긍정적, 안정적인 애착관계가 형성된다. 따라서 안정 애착아로 성장하도록 하기 위해서는 양육자가 자녀를 긍정적인 상호작용 대상자로서 인식하고 민감하게 반응해 주어야 한다. 그리고 영아의 기질적 특성(순한 아이, 까다로운 아이, 느린 아이)도 양육자의 양육행동에 영향을 미치게 된다. 까다롭고 불안한 성향을 지닌 영아는 부모의 민감한 태도에도 불구하고 양육자에게 까다롭게 반응하므로, 나중에 불안정한 애착으로 발달할 가능성이 높아진다. 또한 미숙아나 출생 시 합병증 등의 장애를 지니고 출생한 경우 양육에 스트레스를 야기하게 되고 궁극적으로 안정된 애착을 형성하는 데 어려움을 가져오게 된다. 따라서 애착은 아기의 기질과 그 기질에 따른 양육과의 조화로운 관계속에서 발달하게 되는 것이다.

3. 태내기와 영아기 및 사회복지실천

1) 태내기 발달과 사회복지실천

건강한 태아의 발달을 위해 사회복지사는 예비 부모들에게 다음과 같은 내용들에 대한 교육 및 지지를 해 주어야 한다(권화숙 외, 2020).

(1) 임신에 대한 긍정적 태도

임신을 하면 호르몬의 영향 때문에 혹은 육체적으로나 정서적으로 조절해야 할 일이 많기 때문에 감정의 기복이 심해지면서 일상생활의 모든 면에서 영향을 받게 된다.

임신을 했다는 것을 알면 처음에는 갈망했던 아기를 가지게 되었다는 기쁨과 임신을 해냈다는 성취감을 느끼게 된다. 또한 남편에 대한 애정도 더욱 커지게 된다. 아기를 임신한 것이 결국은 남편과의 육체적인 결합의 결과이기 때문이다. 그러나 임신이 큰 문제로 느껴질 수도 있다. 특히 아기를 가질 마음의 준비가 되지 않은 상태에서 임신을 하게 되면, 당연히 걱정스럽거나 당황스러울 것이다.

아기를 출산하기까지 기다려야 하는 9개월이 영원한 것처럼 길게 느껴질 수도 있지만, 이 기간은 임신부의 몸에서 일어나는 큰 변화에 적응할 시간을 준다. 임신부는 이 기간을 통해 몸에서 일어나는 호르몬 효과에 익숙해질 뿐만 아니라 달라진 생활방식에 적응할 수도 있다. 자기 몸속에 있는 작은 생명을 보호하기 위해 자신의 안전을 돌보는 것이 갑자기 그 어느 때보다 더 중요하게 느껴질 것이다. 그래서 운전을 할 때도 사고를 피하기 위해 평소보다 더 조심스럽게 운전을 하고, 식습관에도 변화를 일으키고, 술을 자제하고, 담배를 끊을 것이다. 심지어 사교 활동까지도 달라질 것이다.

생각과 행동의 이런 변화는 자신을 전혀 다른 사람처럼 느끼게 한다. 태어날 아기를 떠올리며 엄마가 될 준비를 하면서 시간을 보내면 정체성의 이런 새로운 면을 받아들이는 데 도움이 된다.

(2) 태내교육

일반적으로 같은 부모에게 태어나고 같은 유전자를 지닌 형제라도 태어날 때부터 성격 등 개성이 상당히 다른 경우가 많이 있다. 이것은 어머니의 체내에 있던 태아기에 어떤 자극을 받는 방식의 차이에 의한 것일 수 있다. 태아는 바깥으로부터의 소리에 귀를 기울이기도 하도, 환경의 변화를 피부로 느끼기도 하고, 또한 그러한 것을 기억하고 있다. 이러한 태아의 학습능력에 작용하여, 태아의 풍부한 가능성을 신장시키는 것이 태아교육이다. 따라서 사회복지사는 건강한 태아를 위해 〈표 2-13〉과 같이 부모들을 지원해야 한다.

표 2-13. **태아기의 부모역할 지원**

구분	내용
임신초기 (임신~3개월)	아직 배가 부르지 않아 활동에 지장은 없지만 유산하기 쉬운 시기이므로 몸에 무리가 가지 않도록 신경을 써야 한다. 임신 초기에는 입덧으로 고생할 수 있고, 움직임을 조심해야 한다는 생각에 엄마는 불안과 스트레스를 경험할 수 있는데, 이때 배우자가 기쁨과 감사를 표현하고 부인을 더욱 배려하고 애정스러운 모습을 보여 준다면 산모와 태아에게 긍정적인 영향을 줄 수 있다.
임신 중기 (4~7개월)	이 시기에 엄마 자신에게 즐거움을 줄 수 있는 활동을 찾아서 하고 활기차게 생활하는 것이 태아에게 건강한 자극이 될 수 있다. 청각이 발달하여 부모가 싸우는 소리까지 듣게 되며, 엄마의 기분을 똑같이 느끼게 됨으로 아빠의 영향이 커질 수밖에 없다. 몸이 붓는 아내를 위해 마사지를 해 주거나, 태담으로 아빠의 일상 이야기를 들려주고 그림책을 읽어 줌으로써 태아와 아내의 정서적 안정과 행복감을 높여 줄 수 있다.
임신 후기 (8~10개월)	이 시기에 부모도 출산에 대해 미리 준비해야 한다. 출산용품을 구비하는 것은 물론, 언제라도 출산의 징후가 나타날 수 있으므로 출산 신호나 출산의 과정을 미리 알아 두는 것이 좋다. 부모 자신은 물론 태아도 세상에 나오는 과정이 편하지만은 않다. 곧 만나서 품에 안을 날을 기약하며 태아와 이야기를 나누는 것이 태아와 부모 모두에게 두려움과 긴장을 극복할 수 있도록 용기를 줄 수 있다. 이때 아빠가 엄마의 배를 쓰다듬으며 이야기를 해 준다면 아이가 촉감으로도 느낄 수 있어 더욱 좋다.
교육적인 태내환경	• 태아는 6개월부터 보고 들을 수 있기 때문에 산모는 소음과 현란한 불빛을 피하는 것이 좋다. • 남성의 저음은 자궁벽을 통과해 태아에게 잘 전달되므로 아버지의 음성을 자주 들려주는 것이 좋다. • 임신 5개월이 되면 임산부는 태아에게 산소 및 영양의 원활한 공급을 위해 왼쪽으로 비스듬히 눕는 것이 좋다. • 뇌의 활성화를 촉진시키기 위해 임산부는 잔잔한 음악이나 자연의 소리를 즐겨 듣는 것이 좋다. • 임산부는 가능한 한 스트레스를 줄여야 한다. • 태아의 생활리듬을 유지하기 위해 임산부는 규칙적인 생활을 하는 것이 좋다. • 임산부는 배를 부드럽게 쓰다듬어 주어야 한다.

출처: 중앙육아종합지원센터(2015). 존중받는 아이 함께 크는 부모(영아편).

(3) 아버지의 적극적인 참여

임신기간 중 대부분의 남편들은 정서적 위안을 필요로 하는 아내에 대해 적극적인 반응을 보이며, 사소한 문제에서 아내의 의견에 순응하는 타협적인 태도를 갖게 된다.

이러한 남편의 정서적 지지는 아내로 하여금 임신과정에 잘 적응해 나가고 임신을 즐겁게 받아들이게 하는 것으로 나타났다. 또한 남편이 아내의 임신 사실을 행복해하면 할수록 아내의 만족도 높아지게 된다(정옥분, 정순화, 2016). 뿐만 아니라 아버지가 자녀 출산에 대해 준비하고 분만과정에 참여하는 것은 아버지 자신에게 중요한 변화를 초래하며, 이후의 부모-자녀관계에도 큰 영향을 미친다. 아버지가 분만과정에 직접 참여했거나 어머니가 병원에 있는 동안 영아와 충분한 접촉을 시도한 아버지는 이후의 자녀양육에도 적극적으로 참여하며 자녀와 많은 접촉을 시도하는 것으로 나타났다(Parke, 1995).

이런 이유로 최근 우리나라에서 가족 분만이 늘어나고 있는 추세이다. 가족 분만은 가족이 함께 참여하는 분만법으로 가족이 분만의 전 과정을 함께할 수 있기 때문에 임산부가 심리적으로 안정된 상태에서 아이를 출산할 수 있다는 장점을 지닌다.

2) 영아기 발달과 사회복지실천

영아기의 건강한 발달을 위해 사회복지사는 다음과 같은 내용을 교육하거나 지지해 주어야 한다(권화숙 외, 2020).

(1) 발달 영역별 지원 역할

영아기 때 건강한 발달을 위해 사회복지사는 〈표 2-14〉와 같은 내용으로 부모들의 역할을 지원해야 한다.

표 2-14. **발달 영역별 부모지원**

구분	내용
신체발달	• 태어나 1년 동안은 생애에서 가장 급격하게 성장하는 시기로 출생 시 몸무게의 3배, 키는 1.5배 정도 성장하게 된다. 뒤집기를 하고, 앉고 기고 서는 등 운동 능력 또한 놀라게 발달하게 된다. 발달은 보편적인 순서를 따르지만 과업을 이루는 시기는 아이마다 차이가 있으므로 월령을 절대적인 기준으로 삼기보다는 순서와 과정을 위주로 참고하는 것이 좋다. • 불안정하게 뒤뚱뒤뚱 걷던 아이들은 좀 더 균형 잡힌 걸음으로 걷고 뛸 수 있게 된다. 그러나 주변을 주의 깊게 살피거나 속도나 방향을 순발력 있게 조절하는 것은 어려우므로 부모는 이 점에 유의해서 보살펴야 한다. • 이 시기는 눈과 손의 협응 능력이 점차 발달하여 2세 정도가 되면 서툴지만 혼자 숟가락을 사용하려고 시도하는 등 일상생활에 필요한 여러 가지 행동을 할 수 있다. 아이는 스스로 할 수 있는데 부모가 옆에서 일일이 다 해 주는 경우가 많다. 부모 입장에서는 입으로 들어가는 것보다 흘리는 양이 더 많아서, 고사리 손으로 애쓰는 모습이 안쓰러워서, 시간이 오래 걸리고 결국 다시 해야 하는 경우가 많아서 등의 이유를 든다. 그러나 아이들은 자발적인 반복을 통해서 근육의 기능과 운동능력을 익혀 나가는 것이므로 스스로 할 기회를 마련해 주는 것이 중요하다.
인지발달	• 물고 빠는 것을 가르쳐 주지 않아도 영아들은 열심히 입에 넣고 탐색을 한다. 영아기는 감각을 통해 주변세계를 인식해 나가는 시기이기 때문이다. 기어 다니고, 붙잡고 서서 돌아다니고 손에 닿는 대로 잡고 흔드는 것 등 모든 신체운동 능력의 발달은 인지발달로 이어진다. 오감을 충분히 활용할 수 있는 환경을 마련해 주고, 탐색활동을 제한하기보다는 안전한 환경에서 탐색할 수 있도록 위험 요소를 제거해 주어야 한다. • 누워만 있던 아기들이 스스로 움직일 수 있게 되고, 말을 하게 되는 것은 모두 뇌와 관련이 있다. 인간은 많은 뇌세포를 갖고 태어나지만 뇌세포 간의 연결이 되어 있지 않기 때문에 태어나 할 수 있는 것이 제한적이다. 아이의 이름을 불러 주고, 노래를 들려주고, 부드럽게 마사지를 해 주는 등 아이와 상호작용하는 모든 것은 아이의 뇌에 불을 밝히는 자극이 된다. 보고, 듣고, 만지고, 맛보고, 냄새 맡는 등의 감각적인 경험을 제공하고 애정을 담아 아이와 교감을 나누는 것이 아이 두뇌를 건강하고 똑똑하게 자라도록 도와준다. • 아이들은 스스로 호기심을 갖고 탐색하는 활동을 통해 성인이 가르쳐주는 것보다 훨씬 많은 것을 배워 간다. 무조건 양만 늘리는 것이 아니라 반복을 통해 지식을 탄탄하게 하는 것이 좋다. 따라서 놀이를 통해 자연스럽게 반복을 즐기고 확장할 수 있도록 환경을 마련해 주어야 한다.
언어발달	• 아기들이 단어를 말하지는 못하지만 여러 방식으로 자신의 의사를 전달할 수 있다. 울음은 최초의 언어이며, 발성기관이 발달하면서 옹알이가 나타난다. 옹알이는 말하기 준비운동이라 할 수 있는데, 영아에게는 일종의 발성놀이이다. 따라서 아이가 옹알이를 할 때 눈을 맞추고 풍부한 표정으로 감정을 표현하면서 이야기를 들려주고 상호작용해 주는 것

구분	내용
	이 좋다. • 돌을 전후로 의미 있는 단어를 말하기 시작하면서 본격적으로 언어발달이 시작된다. 한 단어로 말하지만 아기가 사용하는 한 단어는 여러 다양한 의미를 담고 있다. 따라서 상황과 맥락에 따라 아이가 말하는 단어를 문장으로 확장해서 다시 들려주면 표현 방식을 배우는 데 도움이 된다. • 첫 말을 떼고 나서도 어휘가 늘어나는 속도가 크게 느껴지지 않다가 18개월을 전후하여 급격하게 표현 어휘가 증가하고 두 돌 즈음이면 두 단어를 이어서 표현하기 시작한다. 아이의 질문에 눈높이를 맞춰 친절하게 설명해 주고, 리듬감 있는 언어를 많이 담고 있는 그림책을 읽어 주거나 동요를 들려줌으로써 말의 재미를 느끼게 되면 아이의 언어발달에 좋은 자극이 된다.
사회 · 정서 발달	• 아기들은 귀여운 모습으로써 자신들에게 가장 중요하고 필요한 것이 돌봐 주고 아껴 주는 손길이라고 메시지를 던지고 있다. 이러한 영아의 요구에 부모가 민감하게 반응하며, 애정적인 양육태도로 안정감을 주었을 때 아이는 부모와 긴밀한 유대감, 즉 애착을 형성하게 된다. 이 시기 안정적인 애착형성은 이후의 정서발달이나 성격, 사회성, 성취에도 지속적으로 영향을 미치게 된다. 미소 띤 얼굴로 따뜻하게 바라보고, 부드럽게 안아 주는 등 정서적, 신체적 스킨십을 많이 해 주는 것이 도움이 된다. • 보통 이 시기에 배변훈련을 시작하는 경우가 많은데, 이때 부모가 지나치게 통제하며 부정적인 피드백과 스트레스를 주거나 아이 스스로 시도하는 과정에서 실패가 거듭되면 아이는 자신의 부족한 조절 능력에 대해 수치감과 회의감을 갖게 된다. 따라서 충분히 성숙한 상태에서 대소변가리기를 시작하는 것이 필요하며, 실수를 하더라도 따뜻하게 수용해 주어 아이가 자기통제력에 대한 자신감을 형성할 수 있도록 해 주는 것이 필요하다.

출처: 중앙육아종합지원센터(2015). 존중받는 아이 함께 크는 부모(영아편).

(2) 정기검진과 안전사고 점검

영아를 적절히 보호하기 위해서는 가정의 경제적 안정이 필수적이나 동시에 각별한 관심과 주의가 필요하다. 무지와 무관심에 의해 질병에 걸리거나 사고를 당하여 치명적인 손상을 입게 되는 경우가 많기 때문이다. 따라서 아동의 발달단계와 가정의 제반 여건을 고려하여 의 · 식 · 주 생활을 적절하게 영위할 수 있도록 하고, 정기검진과 가정 주위의 환경위생 및 안전사고의 위험에 대해 수시로 점검해야 한다.

(3) 자극자로서의 역할 지원

영아는 자기 신체를 조정할 수 있는 능력이 생기면서부터 의존적인 상태에서 벗어나 점차 독립적인 힘을 가지게 된다. 이때 영아가 할 수 있는 일을 하게 되면 매우 즐거워하게 되고, 이것이 성취감의 기초가 되고, 자신감이 생기면 능동적으로 학습경험에 참여한다. 따라서 영아들이 직접적인 상호작용을 통해 감각기관을 자극시킬 수 있는 다양한 형태의 시각적 자극과 대화나 노래 등을 통한 음성적 자극, 그리고 신체적 접촉을 통한 감각적 자극과 눈과 손의 협응을 통한 음성적 자극 등을 제공하여 영아들이 정상적인 발달단계를 거쳐 가도록 도와주어야 한다.

Chapter 03

유아기와 아동기

배울내용

1. 유아기 발달
2. 아동기 발달
3. 유아기와 아동기 및 사회복지실천

학습목표

1. 유아기 발달 특성을 이해한다.
2. 아동기 발달 특성을 이해한다.
3. 유아기와 아동기 발달을 위한 사회복지실천을 이해하고 지원방안을 모색해 본다.

1. 유아기 발달

유아기는 대개 만2세부터 6세까지의 기간을 말한다. 이 시기의 아동은 자기주장과 지배에 대한 욕구가 매우 강하다. 이는 개인으로서의 자신을 의식하기 시작하는 데서 비롯된 것으로 반항과 고집, 자기주장이 나타나기 시작한다. 이 시기의 아동이 경험하는 긴장은 아이의 행동을 제한하고 규제하려는 환경의 요구에서 비롯된다. 따라서 유아는 자신의 행동에 타인의 요구를 고려해야 한다는 것을 배우게 된다.

1) 신체발달

(1) 신체적 성장

유아기인 만2세에서 6세까지는 신장과 체중에서 급격한 변화를 보이게 된다. 예를 들어, 2세 이후 신체성장 속도는 완만해지고, 6세경에 신장은 출생 시의 약 2배가 되어 100~120cm 정도 자라게 되며 매년 7cm 정도씩 증가한다. 체중은 20~22kg으로 출생 시의 약 6배가 되고 체중은 1년에 평균 2.7kg씩 증가한다. 10세 전까지는 남아가 여아보다 크지만 11~13세까지는 여아가 남아보다 더 크게 된다. 유아기에는 하체의 길이가 길어지면서 가늘어진다. 여전히 머리가 신체에 비해 큰 편이지만 유아기 말이 되면 머리가 무겁고 커 보이는 모습에서 벗어나게 된다. 유아기에는 체지방도 꾸준히 감소하게 된다. 유아는 통통하던 영아의 모습에서 벗어나 팔다리가 급속히 성장하고 머리의 비율이 작아져 신체의 비율이 어른과 유사해진다(김나영 외, 2007).

6세경이 되면 젖니가 한두 개씩 빠지기 시작해 아동기 동안 젖니는 계속 빠지게 된다. 1년에 약 4개씩 젖니가 영구치로 대치되는데, 첫 번째 어금니는 6세경에 나고, 두 번째 어금니는 13세경, 세 번째 어금니, 즉 사랑니는 20세경에 나게 된다. 특히 4세경에는 영구치의 어금니가 나기 시작한다. 이 시기에 충치가 생기면 평생에 걸쳐 손상을 줄 수 있기 때문에 충치 예방에 각별히 신경을 써야 한다. 따라서 충치를 예방하기 위해서는 올바른 식사 습관과 칫솔질을 통해 치아를 관리하는 습관을 가지도록 하는 것이 중요하다. 특히 취학 전까지는 정확한 칫솔질보다는 칫솔질하는 습관을 갖도록 하는 것이 중요하며, 스스로 칫솔질을 잘할 때까지 보호자가 수시로 점검하면서 치아를 닦아 주는 것이 좋다.

표 3-1. 성별에 따른 한국 소아 발육 표준치

표준신장(cm)

남자		여자
93.1	2.5~3세	91.9
100.3	3.5~4세	99.2
107.2	4.5~5세	106.1
113.6	5.5~6세	112.5
119.5	6.5~7세	118.3

표준체중(kg)

남자		여자
14.0	2.5~3세	13.4
15.9	3.5~4세	15.3
18.1	4.5~5세	17.4
20.4	5.5~6세	19.6
22.9	6.5~7세	22.0

(2) 생리기능의 발달

유아기의 건강에 영향을 미치는 요인 중 하나가 수면과 휴식이다. 수면은 피로를 회복하고 에너지를 재충전하는 데 필요한 생리적 기제이다. 일반적으로 2~3세 유아의 경우 하루에 12~15시간, 4~5세 유아의 경우 10~12시간의 수면이 필요하다. 또한 유아들의 경우 재미있는 일에 몰두하게 되면 피곤한 것도 잊어버리고 노는 경우가 있기 때문에 부모나 교사는 피곤할 때나 놀이 후에는 적절한 휴식을 취하여야 한다는 것을 유아들이 이해하고 실천할 수 있도록 도와주어야 한다.

그리고 유아의 식습관에 영향을 미치는 양육자의 행동에 주의를 기울일 필요가 있다. 초등학교에 입학하기 전 유아는 에너지 사용량이 많기 때문에 성인에 비해 자주 먹어야 한다. 아침과 점심 사이, 점심과 저녁 사이의 시간은 활발하게 움직이는 유아에게는 긴 시간이다. 그래서 유아는 오전과 오후에 간식을 먹는 것이 좋다. 이러한 간식 시간에는 단 음식을 피하는 것이 좋다. 또한 유아기의 영양 섭취는 성장에 있어서 중요한 영향을 미친다. 유아는 음식물을 씹고 삼킬 수 있는 다양한 형태의 능력이 발달된다. 그러나 치아의 발달이 아직 이루어지지 않아서 음식물을 씹는 능력이 부족하다. 그것으로 인하여 소화능력이 원활하지 못하고 음식물을 섭취하는 양도 제한적일 수밖에 없다.

(3) 운동기능의 발달

생의 초기 2년 간의 운동발달을 지배하는 동일한 원리가 유아기 동안에도 계속 작용한다. 유아들은 이전에 습득한 능력을 보다 복잡하고 역동적인 행동체계에 통합시킨다. 유아들은 신체가 더 크고, 강하게 자라고, 중추신경조직이 발달하고, 환경의 새로운 목표를 제시하고, 지각능력과 인지능력의 도움으로 새로운 목표를 성취하려는 시도를 함에 따라 각각의 새로운 기술들을 습득하거나 교정하게 된다(박낭자 외, 2007). 이와 같이 모든 유아가 동일하게 자라지는 않지만 유아기의 일반적인 성장패턴을 보이기도 한다. 유아기의 일반적인 대근육 발달〈표 3-2〉과 소근육 발달〈표 3-3〉을 살펴보면 다음과 같다.

표 3-2. **대근육 발달**

구분	내용
2세	넘어지지 않고 잘 뛴다. 발로 큰 공을 찰 수 있다. 계단을 혼자 오르내린다.
5세	계속 달리면서 방향을 바꿀 수 있으며 갑자기 멈추어도 넘어지지 않는다. 멀리뛰기를 한다. 공을 던지고 잡는 것이 가능하다.
6세	줄넘기를 할 수 있고 두발자전거를 탈 수 있다.

표 3-3. **소근육 발달**

구분	내용
2세	6개의 입방체를 쌓을 수 있다. 수평선을 그리고 원을 그리는 흉내를 낸다.
3세	숟가락과 젓가락을 사용하는 것이 가능하다.
4세	블록으로 탑을 높이 쌓고 신발 끈을 맬 수 있고 가위질을 한다. 혼자 옷을 벗고 입을 수 있다.
5세	블록으로 의도한 완성된 건물을 만들 수 있고 종이를 반으로 또는 1/4로 접을 수 있다. 글자나 숫자를 베낄 수 있고 크레용으로 색칠을 할 수 있다.
7~8세	숟가락, 젓가락 사용을 자유자재로 할 수 있다.

2) 뇌와 인지발달

(1) 뇌의 발달

뇌발달이 3세까지는 영역별로 골고루 발달하지만 3세 이후부터는 부위별로 발달이 집중된다. 즉, 발달양상에 차이를 보이는데, 3~6세 사이에는 사고와 인간성을 담당하는 전두엽이 발달하게 되고, 7~12세는 뇌회로가 입체와 공간을 지각하는 두정엽과 소리를 담당하는 측두엽이 발달하고 12세 이후에는 시각을 담당하는 후두엽이 발달하게 된다〈그림 3-1〉.

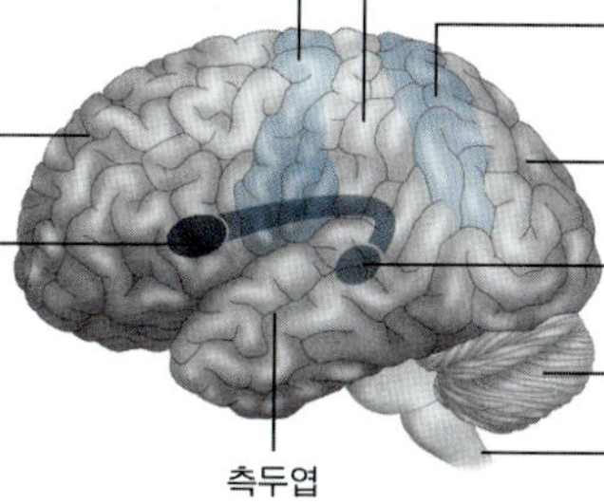

그림 3-1. **대뇌 피질**

대뇌피질 이외에 뇌의 다른 부분들도 유아기에 크게 발달하게 된다. 뇌의 뒷부분 아래쪽에 있는 소뇌(cerebellum)는 신체 움직임과 균형과 조정을 돕는 뇌의 구조이다. 소뇌의 무게는 130g 정도로 대뇌의 10% 정도 차지하지만 표면적은 약 25%에 해당된다. 대뇌와 소뇌를 연결하는 섬유질은 출생 이후 성장하고 수초화된다. 그러나 이 과정은 4세경이 되어야 완성된다. 이러한 변화로 인해 운동조정능력은 극적으로 증대되어 유아기 말기가 되면 유아들은 그네 타기, 공 던지기 활동을 할 수 있게 된다. 망상체(reticular formation)는 민첩성과 의식을 유지하는 뇌간 안에 있는 조직으로 유아기를 지나 청소년기에 이를 때까지 시냅스를 생성하고 수초화된다〈그림 3-2〉. 망상체 안에 있는 뉴런들은 뇌의 다른 부분으로 신경섬유들을 내보낸다. 많은 신경섬유들이 대뇌피질의 전두엽으로 가서 주의력을 유지하고 조절하는 능력을 증진시키게 된다(박낭자 외, 2007).

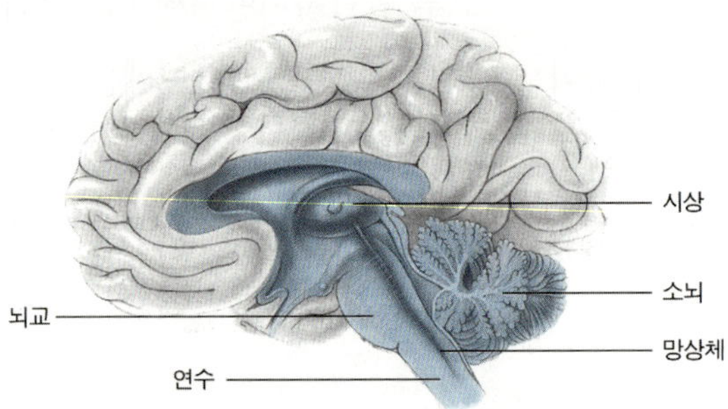

그림 3-2. **소뇌와 망상체**

(2) 인지발달

피아제의 인지발달 이론에 따르면, 유아기는 인지발달의 제2단계인 전조작기에 해당된다. 즉, 두 번째 단계는 전조작기(peroperational stage)로서 2세에서 7세까지이다. 이 단계에서는 논리적인 조작이 불가능하기 때문에 전조작기라 부른다. 조작이란 과거에 일어났던 사건들을 내면화시켜 서로 관련지을 수 있는, 즉 논리적인 관계를 지을 수 있는 것을 뜻한다. 이 시기의 사고의 특징은 상징놀이, 자기중심적 사고, 물활론, 직관적 사고를 하는 것 등이다. 피아제는 전조작기를 다시 2세부터 4세까지를 전개념적 사고기(preconceptual period), 4세부터 7세까지를 직관적 사고기(intutive period)로 나누었다.

① 전개념적 사고기

개념이란 사물의 특징이나 관계, 속성에 대한 생각으로 정의할 수 있는데, 어떤 대상에 대한 정확한 개념만 가지고 있다면, 그것이 어떻게 변하든 동일한 대상으로 인식할 수 있다. 이 단계에서의 유아는 대상을 내면화시키는 과정에서 성숙한 개념을 발달시키지 못하므로, 전개념적 사고기라고 한다. 전개념적 사고의 특징은 상징적 사고, 자기중심적 사고, 물활론적 사고, 인공론적 사고, 전환적 추론을 하는 것 등이다.

가. 상징적 사고

감각운동기의 말기가 되면 정신적 표상, 지연모방, 상징놀이 등의 정신능력이 나타나기 시작하는데, 이러한 능력은 언어를 습득하고 상상력이 풍부해지는 전조작기에 와서 확대된다. 상징은 어떤 대상을 나타내는 징표를 말한다. 상징의 사용은 문제해결의 속도를 증가시키고, 시행착오를 감소시킨다. 상징적 사고능력은 유아로 하여금 '지금 여기'의 한계를 벗어나 정신적으로 과거와 미래를 넘나들게 해 준다. 상징적 사고의 가장 중요한 결과 중의 하나는 가상놀이다. 가상놀이란 가상적인 사물이나 상황을 실제 사물이나 상황으로 상징화하는 놀이로서 전조작기 유아의 표상적 발달을 보여 준다. 소꿉놀이, 병원놀이, 기차놀이 등이 가상놀이의 예이다. 유아기 동안 가상놀이는 점점 더 빈번해지고, 연령이 증가함에 따라 점점 더 복잡해진다.

가상놀이는 다음과 같은 중요한 기능을 한다. 첫째, 표상적 도식을 연습하고 유아의 공포와 좌절을 해소시키는 역할을 하며, 둘째, 유아에게 자신과 더 큰 사회 간의 연결성에 대한 통찰을 제공하는 역할을 하며, 마지막으로 아동의 인지적·사회적 기술을 반영할 뿐 아니라 이 기술들의 발달에 기여한다.

나. 자기중심적 사고

유아는 모든 주변 환경에서의 현상을 자기중심적으로 생각한다. 유아는 타인도 자신과 같이 느끼고, 사고하고 행동한다고 생각한다. 자기중심적 사고는 다른 사람의 관점을 고려하지 못한 데에 기인한다. 이것은 유아가 일부러 타인의 입장을 생각하지 않는 것이 아니라, 타인의 관점을 이해하지 못하는 것을 의미한다. 유아의 자아중심적 사고를 보여 주는 실험으로 피아제와 인헬더(Piaget & Inhelder, 1956)의 '세 개의 산 실험(three mountains experiment)'이 있다〈그림 3-3〉.

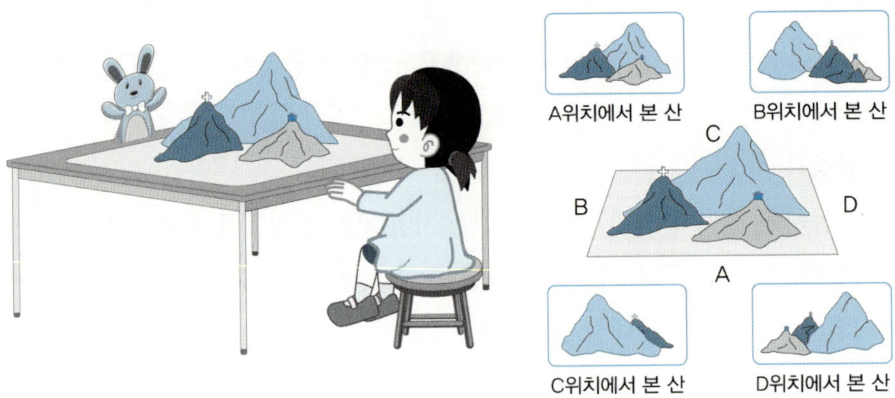

그림 3-3. **세 개의 산 실험**

세 개의 산 실험은 서로 다른 세 개의 산 모형을 탁자 위에 올려놓고, 유아에게 탁자 주위를 돌아보게 한다. 유아를 한쪽 의자에 앉히고, 맞은편이나 옆에 인형을 앉힌다. 몇 장의 사진을 보여 준 후 자신이 본 것과 똑같은 사진을 찾아내게 하면 잘 고르는지만, 인형이 본 것을 찾으라고 하면 역시 자신이 본 것과 같은 사진을 선택한다. 유아의 자기중심성은 언어에서도 잘 드러난다. 자기중심적 언어는 상대방이 자신의 말을 이해하든 못하든 관계없이 자기 생각만을 전달하는 것을 말한다.

다. 물활론적 사고

전조작기의 또 다른 특징은 물활론적 사고인데, 이는 무생물이 살아 있다고 생각하는 것이다. 즉, 생명이 없는 대상이 사람처럼 감정이나 의도를 가지고 있다고 생각한다. 예를 들어, 공을 차면 아플 것이라고 생각하고, 돌에 걸려 넘어진 아이는 돌에게 야단을 치거나 화를 내기도 한다. 또한 가지고 노는 인형에게 음식을 먹이기도 한다. 이러한 물활론적 사고는 4~6세의 유아는 모든 대상물이 살아 있다고 여기고, 6~8세의 아동은 움직이는 대상물만 살아 있다고 생각하며, 8세가 지나면 생물과 무생물을 완전히 구별할 수가 있다.

라. 인공론적 사고

물활론적 사고와 관련이 있는 것이 인공론적 사고이다. 물활론(animism)과 인공론(artificialism)은 자기중심성의 특별한 형태이다. 유아는 세상의 사물이나 자연현상이 사람의 필요에 의해서 만들어진 것이라고 믿는다. 유아는 사람들이 해와 달을 만들었다고 생각하고, 바닷물이 파란 이유는 누군가가 파란색 물감을 풀어 놓았기 때문이라고 믿는다.

마. 전환적 추론

인과개념은 어떤 현상의 원인과 결과 간의 관계를 추론하는 능력을 말한다. 유아는 전개념적 사고의 한계 때문에 귀납적 추론이나 연역적 추론을 하지 못하고 대신 전환적 추론(transductive reasoning)을 하게 된다. 전환적 추론의 특징은 한 사건으로부터 다른 특정 사건을 추론하는 것인데, 예를 들어 아침을 먹지 못한 유아가 오후가 되어서도 자신이 아침을 먹지 않았기 때문에 시간이 아직 아침이라고 말하는 것이다. 이는 유아가 '아침 밥'이라는 사건이 '아침'이라는 특정 사건을 결정짓는 원인이 되는 것으로 생각하기 때문이다.

② 직관적 사고기

직관적 사고란 어떤 사물을 볼 때, 그 사물의 두드러진 속성을 바탕으로 사고하는 것을 말한다. 판단이 직관에 의존하기 때문에 전체와 부분의 관계를 정확하게 파악할 수 없으며, 과제에 대한 이해나 처리방식이 그때그때의 직관에 의해 좌우되기 쉽다.

가. 보존개념

보존개념(conservation)이란 사물의 외형이 변한다고 할지라도 그것의 길이, 양, 크기, 무게 등의 속성이 바뀌지 않는다는 것을 이해하는 능력이다. 피아제에 의하면 전조작기에는 보존개념이 획득되지 않는다고 한다. 예를 들어, 〈그림 3-4〉와 같이 전조작기의 유아에게 같은 양의 물을 보여 주고, 폭이 좁고 긴 컵과 폭이 넓고 짧은 컵에 각각 부었을 때, 대부분의 경우 폭이 좁고 긴 컵의 물이 더 많다고 대답한다. 이러한 것은 양에 대한 보존개념이 형성되지 않았다는 것을 보여 주는 것이다.

그림 3-4. **보존개념 실험**

수, 길이, 부피 등의 보존개념도 이와 유사한 결과가 나온다. 보존개념이 획득되는 연령은 각각의 과제에 따라 다른 것으로 보이는데, 수의 보존개념은 5~6세, 길이의 보존개념은 6~7세, 무게, 액체, 면적의 보존개념은 7~8세, 부피의 보존개념은 11~12세에 획득되는 것으로 보고되고 있다.

나. 유목포함

유목포함(class inclusion)은 상위유목과 하위유목 간의 관계, 즉 전체와 부분의 관계를 이해하는 능력을 말한다. 피아제에 의하면 전조작기의 유아는 상위유목과 하위유목을 동시에 고려할 수 없기 때문에 과제를 위계적으로 분류하지 못한다. 유목포함 과제로 10개의 백합과 5개의 장미를 사용하였을 때, 유아들은 백합이 장미보다 더 많다는 것을 알 수 있다. 하지만 백합이 더 많은지 꽃이 더 많은지에 대해 물으면, 여전히 백합이 더 많다고 대답을 하는데, 이는 백합과 장미가 모두 꽃이라는 범주에 속한다는 것, 즉 전체(꽃)와 부분(백합과 장미)이라는 관계를 모르기 때문이다.

다. 서열화

서열(seriation)이란 사물의 특성을 양적 차원에 따라 차례로 배열하는 능력을 말한다. 유아에게 길이가 다른 여러 개의 막대기를 주고 짧은 것에서부터 긴 것까지 배열하게 하면, 3~4세의 유아는 차례대로 배열하지 못하고, 5~6세가 되면 일부는 순서대로 나열할 수 있지만, 전체적으로는 하지 못한다. 구체적 조작기에 이르면, 서열화의 개념을 완전히 획득하게 된다.

3) 언어발달

(1) 2~4세

이 무렵에는 세 단어 이상을 사용하는 시기에 들어간다. 3세 말까지 유아들은 의도적으로 문법을 가르치지 않아도 문장의 기본 구조를 자연스럽게 습득하여 문법에 맞게 표현하게 된다. 이 시기의 아이와의 상호작용 방법은 〈표 3-4〉와 같다.

표 3-4. **2~4세 아이와의 상호작용 방법**

- 유아가 사용한 낱말이나 불완전한 문장에 덧붙여 대답해 주거나 자연스럽게 적합한 단어를 말해 주는 등의 방법으로 유아의 말을 확장해서 이야기해 준다: 유아가 '이거 누나 가'라고 말하면 '이거 누나한테 갖다 주고 싶니?'라고 정확하게 유아의 의도를 다시 말해 준다. '와, 물강 봐'는 '어디, 음... 강물이 보이는구나' 하며 유아가 사용한 낱말을 정확히 사용해 준다.
- 자신의 생각을 유아 나름의 언어로 표현하도록 격려하고 때로는 유아의 생각을 글로 받아 적어 준다.
- 유아의 표현이 미숙하거나 조리 없고 장황하더라도 재촉하거나 성급하게 단정 짓기보다는 잘 듣고 유아가 의도하는 것을 이해해 준다.
- 다른 사람이 이야기할 때 바르게 듣는 태도를 알려 주고 모범을 보인다.
- 같은 이야기를 반복해서 읽는 것을 좋아하므로 유아가 원하면 읽어 주고 유아 자신이 읽는 것처럼 꾸며 말하는 기회를 준다.
- 긁적거리며 쓰는 것처럼 하는 행동은 장려하지만 정확한 글자를 쓰도록 강요하지 않는다.
- 유아가 언제든지 꺼내 쓸 수 있는 곳에 커다란 종이와 크레파스, 수성펜 등을 준비해 주어 원할 때마다 긁적거릴 수 있도록 한다.
- 유아가 말로 표현한다 해도 모두 이해하고 있는 것은 아니므로 때때로 질문하여 의미를 알고 사용하는지를 파악한다.

(2) 4세 이후

4세 이후에는 6~8개의 단어로 결합된 완전한 문장을 구사할 수 있게 되고 복잡한 구문도 정확하게 사용할 수 있게 된다. 이 시기의 아이와의 상호작용 방법은 〈표 3-5〉와 같다.

표 3-5. **4세 이후 아이와의 상호작용 방법**

- 말하고 듣고, 읽고 쓰기에 관심을 보이는 시기이므로 자연스러운 생활속에서 언어 생활을 하도록 격려하고, 학습지를 통해 읽고 쓰는 것을 강요하지 않도록 한다.
- 글자를 틀리게 쓰는 경우 정확하게 쓰도록 강요하면 오히려 쓰기 싫어하는 현상이 나타나므로 주의한다.
- 유아의 읽고 쓰기 능력을 평가하여 상/벌을 주게 되면 읽기와 쓰기를 즐기기보다는 어렵고 지겨운 것으로 받아들이게 되므로 유의한다.
- 읽고 쓰는 것은 개인차가 있으므로 지나치게 서두르지 않도록 하며, 놀이를 통해 언어와 관련된 경험을 제공해 준다.
- 매일 부모님이 책을 읽어 주는 것은 유아의 읽기, 쓰기 발달과 언어 표현 및 사고력 발달에 효과적이다.

- 일상의 의미 있는 경험을 통해 기본적인 언어 능력이 발달하도록 돕는다: 과자 봉지의 글씨 살펴보기, 할머니께 편지 보내기, 동화 지어 보기, 가족 회의 내용 적어서 벽에 붙여 주기 등
- 다른 사람과 이야기 나눌 때의 적절한 언어 예절을 지도한다: 존댓말을 적절히 사용하기, 다른 사람이 말할 때 잘 듣기, 너무 큰 소리로 말하지 않기, 부드럽고 정확한 목소리로 말하기 등

4) 사회 · 정서발달

(1) 놀이

유아의 하루는 놀이의 연속이며, 그들이 하는 거의 모든 활동은 놀이가 된다. 성인의 시각에서 보면 놀이는 시간을 없애는 무의미한 것일 수 있지만 놀이는 유아의 성장과 발달에 영향을 미치는 중요한 활동이며, 그들의 일이다. 유아는 자신의 생각과 감정을 쉽게 언어화 할 수 없으므로 언어보다는 놀이에 의해 이를 더 적절하게 표현할 수 있으며, 놀이를 통해 새로운 지식을 획득하게 된다. 그 외에도 놀이는 또래와의 관계를 확장시키고 신체발달을 돕는 다양한 기능을 갖고 있다.

(2) 정서표현

유아기가 되면 정서이해 능력이 빠르게 발달한다. 유아들은 정서를 표현하는 단어를 사용하거나 슬픔, 기쁨과 같은 정서를 야기시키는 원인과 결과 그리고 행동적 표현을 언급할 수 있으며, 정서표현에 대한 그들의 이해는 더 정확해지고 복잡해진다. 하지만 유아는 아직까지 사람들이 실제로 경험하는 정서와 표현하는 정서를 확실하게 구분하지 못하는데, 그 이유는 아직까지 사물의 실제 모습과 겉으로 보여지는 모습의 차이를 이해하지 못하기 때문이다. 따라서 행복한 표정과 슬픈 표정은 구분할 수 있지만, 슬픔을 느끼는 사람이 행복한 표정을 짓거나, 기쁜 상황에서 기쁜 표정을 짓지 않으면 유아는 혼란을 느낀다(Friend & Davis, 1993).

덴햄(Denham, 1986)은 유아기의 정서이해 능력과 또래관계에 관한 연구에서, 유아는

또래가 표현하는 각기 다른 정서에 다른 반응을 보인다고 하였다. 즉, 행복한 표정을 짓고 있는 아이에게는 자기도 행복한 표정을 지어 보였고, 슬프거나 화난 표정을 짓고 있는 아이에게는 못 본 척하거나 그 자리를 떠나는 반응을 보였다. 이러한 결과는 발달된 정서이해 능력은 유아를 또래들과 잘 지낼 수 있도록 하고 사회성의 발달에 기여한다는 것을 보여 준다.

(3) 자아개념의 발달

자아개념(self-concept)은 자신의 특성, 즉 신체적 특징, 정서적 특징, 가치관, 태도, 능력 등에 대해 가지고 있는 내재화된 스스로에 대한 생각을 의미한다. 영아기의 자기개념은 아주 피상적이지만, 유아기에서의 자기개념은 아주 구체적이 된다. 영아기에는 대부분 자신을 표현해 보라고 하면, '인형을 가지고 논다'와 같은 자신이 좋아하는 행동으로 표현을 하지만, 유아기의 아기는 자신의 이름, 소유물, 활동 등을 통해 자신을 묘사한다. 이와 같이 자아개념은 연령이 증가함에 따라 점차 안정적이고, 추상적인 개념을 사용하여 자신을 기술한다. 유아기에는 주로 신체적 특징이나 소유물 등으로 자신을 설명하지만, 아동기가 되면 자신의 능력이나 심리적 특성, 타인과의 관계 등으로 자신을 묘사하게 된다(Montemayor & Eisen, 1977).

자아개념에 영향을 주는 요인으로는, 첫째, 발달된 인지능력이 자아개념에 영향을 미치는데, 이는 인지능력의 발달로 인해 자신의 여러 특성을 잘 통합할 수 있게 되고, 개인의 특성을 더 잘 이해할 수 있게 되기 때문이다(Yuill & Pearson, 1998). 둘째, 자기의 주변인물들로부터 주어지는 피드백의 영향을 받는다. 사회학자인 미드(Mead, 1934)는 개인의 자아개념은 중요한 타인(significant others)과의 상호작용을 통해 형성된다고 주장하였다. 학령기 이전에는 부모로부터의 피드백이 많은 영향을 주지만, 아동이 학교에 들어가면서부터는 또래의 피드백에 의해 더 많은 영향을 받게 된다(Oosterwegel & Oppenheimer, 1993).

(4) 자아존중감의 발달

자아존중감(self-esteem)이란 자기가치에 대한 판단으로 긍정적 또는 부정적 판단을 말한다. 자아개념이 자신에 대한 인지적 개념이라면, 자아존중감은 자신에 대한 감정적인 느낌이라고 할 수 있다(Simmons & Blyth, 1987). 자아존중감은 인간의 기본욕구로서 정신건강에 매우 중요한 역할을 하고, 개인의 심리적 적응을 알기 위해서는 개인의 자아존중감을 알아야 한다(Branden, 1969). 매슬로우(Maslow)는 자아존중감을 충족시킨 사람은 스스로를 능력이 뛰어나고 가치 있는 사람이라고 생각하는 반면, 자아존중감을 충족시키지 못한 사람은 인생에 있어 열등감과 자신을 무가치한 사람이라고 생각한다고 하였다.

자아존중감은 크게 세 가지로 구분이 되는데, 학업적 자아존중감, 사회적 자아존중감, 신체적 자아존중감이 그것이며, 이는 연령이 증가할수록 각각 세분화된다(Marsh, 1990). 하터(Harter, 1998)는 이러한 분리된 자아존중감이 먼저 형성되고, 아동기 동안 전반적 자아존중감으로 통합이 된다고 하였다. 자아존중감은 연령의 증가에 따라 그 수준이 변화한다. 일반적으로 유아기에 자아존중감이 가장 높고, 아동기가 되면서 현실적인 수준으로 맞춰진다. 이는 아동이 또래들과 어울리게 되면서 자신의 외모, 능력, 행동 등 여러 영역에 걸쳐 타인과 비교하는 사회적 비교(social comparisons) 때문이다.

유아의 자아존중감 발달에 영향을 주는 요인은, 첫째, 부모의 양육태도이다. 일반적으로 부모가 온정적이고, 수용적인 태도를 가진 자녀들은 높은 자아존중감을 보이지만, 부정적이고, 거부적이며, 무시하는 태도를 가지는 부모들의 자녀들은 낮은 자아존중감을 보인다(Bishop & Ingersoll, 1989).

둘째, 유아의 자아존중감은 또래, 교사, 중요한 타인 등으로부터 받는 피드백이 중요한 영향을 미친다. 주변 사람들로부터 긍정적인 피드백을 받는 유아는 자아존중감이 높은 반면, 그렇지 못한 유아는 낮은 자아존중감을 가진다. 특히 또래로부터의 피드백은 연령이 증가할수록 그 영향은 더욱 커진다(Thorne & Michaelieu, 1996). 이 외에도 자아존중감에 영향을 미치는 요인으로는 유아의 출생순위와 가정의 사회·경제적 지위 등이 있다. 출생순위를 보면 일반적으로 맏이나 외동의 아이가 자아존중감이 높았으며, 사회·경제적 지위에 있어서는 지위가 높은 집단에 비해 낮은 집단의 유아가 낮은 자아존중감을 보였다.

2. 아동기 발달

일반적으로 아동은 유아교육기관에 들어가는 연령인 6세부터 초등학교를 졸업하는 12세 정도까지의 시기를 의미하며, 아동은 유아교육기관과 학교경험이 시작되기 때문에 유아들보다 사회적 영향을 더 많이 받게 된다. 즉, 유아는 전적으로 가족의 영향을 받지만 아동은 가족 이외의 타인으로부터의 평가, 성공과 실패, 또래 집단과의 경험에 의해 영향을 받게 되는 시기이다. 아동의 심리적 특성을 신체 및 운동발달, 뇌와 인지발달, 언어발달, 사회성발달 및 정서발달로 구분하여 살펴보면 다음과 같다.

1) 신체 및 운동발달

아동기에 이르면 신체의 다른 부분이 빨리 성장하기 때문에 신체의 비율에 변화를 가져온다. 즉, 팔다리의 성장은 몸통의 성장보다 빨라서 아동기의 전형적인 특징인 팔다리가 가늘어지고 기다란 형태를 보이게 된다. 머리는 아직까지 체격에 비해 약간 큰 편이지만 얼굴의 크기가 전체면적에 비해 10% 정도 줄고 머리는 성인의 약 95%까지 발달한다. 그리고 코와 입이 커지고 넓어져 전체적인 얼굴 모습도 변화된다. 신장은 남녀 구별 없이 유아기와 비슷하게 1년에 5~6cm 정도 자라며 11세경에는 147cm 정도가 된다. 체중은 1년에 평균적으로 2.7kg 정도 늘어나며 11세경에는 40kg 정도가 된다. 일반적으로 출생 시의 체중이 두 배가 되는 데는 6개월 정도 걸리지만, 6세 아동의 체중이 두 배가 되려면 6년 정도 걸린다는 것은 아동기의 신체발달의 진행 속도가 영아기에 비하면 매우 느리다는 것을 보여 준다.

아동기에는 유아기에 획득되었던 운동기술이 더욱 세련되고 정교하게 협응하는 시기이다. 즉, 연령이 증가함에 따라 원하는 대로 신체를 자유롭게 움직이고, 공을 멀리 던지고 잘 받을 수 있게 되며, 위로 뛰어오르거나 멀리뛰기를 더욱 잘하게 된다(박영아, 2010). 아동기의 운동기능의 발달은 신체적, 지적, 정서적, 사회적 발달과 밀접한 관계가 있으며, 유아기에 비하여 아동기의 운동기능은 속도, 정확성, 안전성, 호응성, 역량 등이 더욱 발달된다(강문희 외, 2011). 또한 학령기가 시작되는 시기인 아동기에는 대근육과 소근육의 기본적인 운동기능이 거의 발달할 뿐만 아니라 운동의 속도와 강도도 증가한다.

대근육 운동기능의 발달로 이 시기 대부분의 아동은 유아기에는 잘 수행하지 못했던 수영, 줄넘기, 스케이팅, 구기종목, 자전거 타기 등의 운동기능을 수행할 수 있다. 아동은 대근육을 사용하는 운동을 하면서 운동의 기본적인 기술뿐만 아니라 또래와 함께 하는 놀이와 스포츠 게임 규칙을 준수하는 방법을 터득하게 된다(조성연 외, 2009).

아동기에는 중추신경계의 수초화가 증가하면서 아동기의 소근육 운동기능도 더 빨리 전달되게 해 주고 근육을 더 잘 통제하게 만든다(정옥분, 2005). 즉, 손과 손가락을 사용하는 소근육 운동의 증가로 인하여 아동은 6세경에는 스스로 신발끈을 묶고 옷을 여밀 수 있으며, 7세경에는 비교적 손의 움직임이 안정되어지고 머리 손질도 잘 할 수 있으며, 8세경에는 쥐는 힘이 강해지면서 망치와 같은 도구를 사용하고 먼지 털기와 쓸기와 같은 집안일을 도울 수 있으며, 9세경에는 손을 사용하는 기술이 더욱 발달하여 원활해지며 글자의 크기가 더 작아지고 일정해지며, 10세경에는 여아가 남아보다 소근육을 사용하는 기술이 앞서 나가면서 음식을 만들 수 있고 유용한 물건이나 도구를 만들 수 있으며, 11세경에는 자신의 머리를 스스로 감을 수 있으며 정교한 공예품을 만들 수 있다.

2) 뇌와 인지발달

(1) 뇌의 발달

인지발달과 관련해서 최근 많은 관심을 가지고 연구가 진행되고 있는 것이 뇌발달이다. 6세경이 되면 뇌의 무게가 거의 성인 수준에 이르기 때문에 아동기에서의 뇌의 성장은 매우 느린 편이다. 그러나 뇌의 편측성 현상은 아동기에도 지속적으로 일어난다. 뇌의 편측성이라는 것은 뇌의 좌반구와 우반구가 완전히 대칭적이지는 않지만 뇌의 좌반구와 우반구가 각각 다른 기능을 담당하는 하는 것을 말한다. 따라서 아동기에 한쪽 반구의 기능만을 강화시키는 활동보다는 양쪽 반구가 모두 발달할 수 있도록 여러 활동을 지원해야 한다.

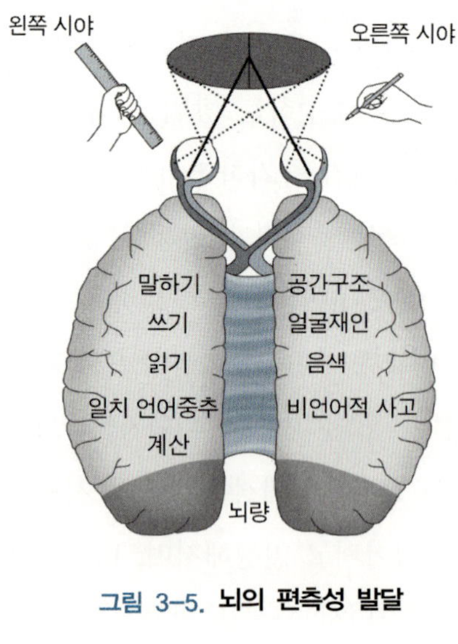

그림 3-5. **뇌의 편측성 발달**

(2) 인지발달

인지(cognition)란 인간의 정신적 사고과정을 의미하는 광범위한 개념으로, 사고력, 기억, 추론, 문제해결, 창조적 사고 등을 포함하는 인간의 모든 정신활동을 의미하며, 인지발달의 대표적인 학자인 피아제(1954)는 인지발달을 유기체와 환경과의 상호작용으로 이루어지는 적응과정으로 정의하면서, 인지발달을 네 개의 단계(감각운동기－전조작기－구체적 조작기－형식적 조작기)로 구분하였다. 아동기는 피아제의 인지발달 단계 중 세 번째 단계인 구체적 조작기(7~12세)에 해당된다. 이 시기의 아동은 전조작기 사고의 제한된 특성에서 벗어나 논리적인 사고가 시작되고, 추리능력도 정확해지며 복잡하고 융통성을 갖게 된다. 또한 아동의 사고가 자신이 직접 경험한 구체적인 세계에 한정되고 추상적이고 가설적인 문제의 해결에는 아직까지 어려움을 보이기 때문에 구체적 조작기(concrete operational stage)라 부른다.

구체적 조작기에서 보이는 사고의 특성은 보존개념, 조망수용능력, 유목화, 서열화 개념 등을 습득할 수 있다는 것이다.

① 보존개념

전조작기와 구체적 조작기의 중요한 차이점은 아동이 문제해결과정에서 직관보다는 논리적 조작이나 규칙을 적용하기 시작한다는 것이다. 이러한 사고의 변화를 보여 주기 위해 피아제가 사용한 대표적 과제 중 하나는 보존개념이다. 보존개념(conservation)이란 사물의 외형이 변한다고 할지라도 그것의 길이, 양, 크기, 무게 등의 속성이 바뀌지 않는다는 것을 이해하는 능력이다〈그림 3-4 참조〉. 아동기가 되면 보존개념을 형성하게 되는데, 일반적으로 보존개념은 수에 대한 보존개념이 가장 먼저 획득되고, 길이, 면적, 양, 무게 그리고 부피의 순서로 획득하게 된다.

② 조망수용

아동은 자기중심적인 사고에서 벗어나 타인의 입장, 감정, 인지 등을 추론할 수 있는 조망수용(perspective taking)능력을 습득하게 된다. 피아제의 '세 개의 산' 실험<그림 3-3 참조>은 서로 다른 세 개의 산 모형을 탁자 위에 올려놓고, 아이에게 탁자 주위를 돌아보게 한다. 아이를 한쪽 의자에 앉히고, 맞은편이나 옆에 인형을 앉힌다. 그런 다음 자신과 인형이 본 것을 찾으라고 한다. 이 시기의 아동은 인형이 보는 산 모양, 즉 타인의 위치에서 보는 공간적 시각을 추론할 수 있다.

③ 유목화

유아기에는 사물을 일정한 규칙에 따라 분류하지 못하고, 전체와 부분에 대한 개념도 가지고 있지 않다. 그러나 구체적 조작기의 아동은 대상물이 지니고 있는 공통적인 속성에 따라 물체를 분류할 수 있다. 즉, 물체를 한 가지 속성에 따라 분류하는 단순 유목화(simple classification), 물체를 두 가지 속성에 따라 분류하는 다중 유목화(multiple classification)의 개념이나 상위유목과 하위유목 간의 관계를 이해하는 유목포함(class inclusion)의 개념을 습득하게 된다(정옥분, 2002). 예를 들어, 아동에게 백합꽃 10개와 장미꽃 5개를 보여 주고 꽃이 많은지 백합꽃이 많은지 질문하면 꽃이 많다고 답하게 된다(유아들은 백합꽃이 많다고 대답할 확률이 높다). 유목화는 10세 정도가 되면 완전한 분류능력이 획득된다(장휘숙, 2001).

④ 서열화

구체적 조작기의 또 다른 특성은 사물을 영역별로 차례대로 배열할 수 있는 능력을 획득하는 것이다. 아동기에는 특정한 속성에 따라 유목으로 나누면서, 동시에 거의 시행착오 없이 상호관계에 따라 순서대로 배열하는 것이 가능하다. 아동은 한 가지 속성에 따라 대상을 비교하면서 순서대로 배열하는 단순 서열화(simple seriation)뿐만 아니라 두 가지 이상의 속성에 따라 대상을 비교해서 순서대로 배열하는 다중 서열화

(multiple seriation)도 가능하다. 서열화의 개념은 산수를 배우는 데 필수적이다(정옥분, 2002).

3) 언어발달

유아기는 상당히 많은 언어능력을 획득하지만 언어적 유능성을 판가름하는 중요한 발달은 보통 아동기에 이루어진다(Shaffer, 1999). 아동은 타인의 말을 듣고 이해하는 수용언어능력과 자신의 생각이나 지식, 의견 등을 문자, 구어, 수화 등의 체계가 있는 상징적인 기호로 표현하고 대화의 상대나 상황에 따라 적절하게 이야기할 수 있는 표현능력이 급격히 발달하는 시기이다. 또한 학교교육의 결과로 문자언어, 발표력, 문법력, 독해력의 발달이 이루어진다.

4) 사회성발달

아동은 자신의 에너지를 내면화하여 사회 · 문화적 기술을 익히는 데 사용하게 되며 자신에 대한 개념을 형성하게 된다. 또한 아동의 활동범위가 가정을 벗어나게 됨에 따라 부모나 형제뿐만 아니라 또래집단이나 주위환경이 사회성발달에 영향을 미치게 된다. 아동의 사회성발달에 가장 영향을 미치는 요소는 또래관계의 형성과 학교생활이다.

또래관계는 성인의 지시나 주도에 의하여 일방적으로 형성되는 수직적인 관계가 아니라 또래끼리 서로의 의견을 자유롭게 표현하는 수평적인 관계를 의미하며, 아이들은 또래와 효율적으로 관계를 형성하고 유지하는 능력을 익히는 것이 매우 중요하다. 왜냐하면 아이들은 이러한 또래와의 상호작용을 통해 많은 지식과 기술을 습득하고 또래로부터 여러 가지 사회적 지원을 제공받기 때문이다. 그 외에도 아이들은 또래와의 관계에서 사회적 역할과 규범을 배우고 사회적 조망능력을 발달시키며 사회적 기술을 습득하게 된다(문혁준 외, 2013). 다시 말해 아이들은 또래와의 상호작용을 통하여 자기중심성에서 벗어나 또래와의 관계를 이해하게 되고, 또래와의 관계에서 나타나는 다양한 문제를 해결할 수 있는 능력을 발달시킬 수 있게 된다. 더불어 아이는 자신감도 형성하게 된다(Perry & Bussey, 1984).

학교는 가정과 더불어 가장 중요한 사회화 기관이다. 우리는 흔히 학교를 공부하는 곳으로만 생각하기 쉽지만, 학교는 아동들에게 매우 중요한 사회적 활동의 장이기도 하다. 오늘날 학교의 영향은 전 세대에 비해 더 크다고 할 수 있다. 즉, 현대사회에 접어들면서 가정의 교육적 기능이 약화됨에 따라 학교는 아동의 사회화 과정에서 매우 중요한 역할을 하게 되었다.

5) 정서발달

아동기가 되면 정서표현이 외부의 기준에 의한 것뿐 아니라 스스로의 규준에 의한 표현이 가능해진다. 즉, 자신이 잘한 일에 대해서는 스스로 자랑스러움을 느끼게 되는 반면, 잘못한 일에 대해서는 죄책감 혹은 수치심을 느끼게 된다. 또한 아동기가 되면 사람들이 실제로 경험하는 정서와 표현하는 정서가 다를 수 있다는 것을 이해하게 되며(Gnepp, 1983), 사람이 동일한 상황에서 한 가지 이상의 정서를 경험할 수 있다는 것을 이해하게 된다. 즉, 사람들은 동시에 긍정적인 정서와 부정적인 정서를 경험할 수 있으며, 그 강도가 다를 수 있다는 것을 인식한다(Wintre & Vallence, 1994).

또한 아동기가 되면 정서규제능력이 급격하게 발달을 하게 되는데, 이는 목표를 달성하기 위해 순간적인 충동이나 욕구, 행동을 스스로 억제할 수 있는 자기통제능력을 말한다(정옥분, 2002). 하터(1990)는 자기통제능력은 상당히 안정적인 특성일 뿐만 아니라 자아존중감을 예측해 주는 인지적 능력, 사회적 기술, 자신감 등의 특성과 관련이 있다고 하였다.

3. 유아기와 아동기 및 사회복지실천

1) 유아기 발달과 사회복지실천

유아는 자신이 부모나 다른 성인에 비해 너무 작고, 힘이 약하고 유능하지 못하다는 것을 깨닫게 됨으로써 발달적 열등감을 형성하게 되며, 이러한 열등감은 초등학교 초기까지 계속되지만 병리적인 것이 아니라 발달에 원동력이 될 수 있다. 따라서 사회복지사는 영아기의 건강한 발달을 위해 다음과 같은 내용을 교육하거나 지지해 주어야 한다.

(1) 정상적인 발달의 조력자 역할

유아기 특히 3~5세 유아들의 신체발달, 인지발달, 언어발달 및 사회·정서발달의 특성에 맞도록 조력해야 한다.

표 3-6. 영역별 발달에 대한 조력 내용

구분	내용
신체발달	이 시기의 아이들은 가위질을 하거나 모양을 따라 그리는 것, 정교한 블록 형태를 만드는 것, 젓가락질 등의 활동이 가능할 정도로 소근육이 발달하게 된다. 뿐만 아니라 골격과 근육이 발달하면서 힘도 세지고 속도를 조절하거나 몸의 균형을 잡는 것도 잘하게 된다. 이 시기 신체운동 능력이 잘 발달한 아이들은 또래와의 놀이에 더 잘 참여하게 되고 그 과정에서 다양한 사회적 경험을 하게 되며, 친구 관계나 사회성발달에도 영향을 미쳐 더욱 중요하게 된다. 게임이나 스마트 기기에만 몰두하는 놀이가 아닌, 바깥활동을 하며 에너지를 발산하고 체력과 운동능력을 키울 수 있는 놀이 환경을 제공해 주는 것이 좋다.
인지발달	인지와 사고가 점차 발달하여 감각에 의존하는 것이 줄어들게 된다. 겉으로 보이는 특성을 기준으로 판단하거나 자기중심적으로 사고하는 경향이 강하다가 점차 속성을 이해하고 다른 사람의 입장이나 관점에서 이해하는 능력이 생긴다. 그러나 여전히 머릿속으로만 생각하고 이해하는 것에는 한계가 있으므로 구체적인 실체를 관찰하고 만지고 직접 부딪치는 경험을 통해 배우는 것이 필요하다. 수의 보존이나 분류 등의 어려운 개념도

구분	내용
	아이들 자신에게 익숙한 물건이나 상황을 통해 접근하면 훨씬 더 잘 받아들이게 된다. 실제적이고 맥락적인 상황에서 생각과 느낌을 나누며 이야기를 하는 것이 아이의 논리적인 사고 발달이나 도덕적 사고 발달을 돕는다.
언어발달	연령이 증가하면서 사용하는 어휘가 많아지고, 어른의 말도 금세 흡수하여 상황에 적절하게 적용하고 사용할 수 있으며 문법적인 오류도 점차 줄어들게 된다. 이 시기는 자기중심성이 강하고 참을성이 부족하여 다른 사람과 의사소통하는 기술이 부족할 수 있다. 말하는 사람의 이야기를 귀 기울여 듣고, 대화의 순서를 기다리고, 상대에 따라 언어 표현을 조정할 수 있도록 알려 주어야 한다. 평상시에 부모와 자녀 사이에 많은 대화를 나누는 경험이 영향을 미치게 된다. 아이에게 다양한 주제의 책을 읽어 주고 아이의 시선이 머무는 곳에 함께 주의를 기울이면서 내용이나 인물, 인상 깊은 장면 등에 관한 이야기를 나누는 것이 가장 자연스럽게 풍부한 대화를 끌어내는 방법이다. 책을 통해 문자에도 관심을 갖게 되므로 이후 언어발달을 돕는 환경도 저절로 마련된다.
사회 · 정서발달	아이는 부모에게 의존하는 경향이 줄고, 점차 독립적이 되어 다른 사람과의 관계에 관심을 확장하게 된다. 특히 보다 수평적인 또래 관계에서 강한 끌림을 느끼고 영향을 받게 된다. 아이는 또래와의 놀이 경험을 통해 욕구를 조절하고 협력하는 것을 배우는 등 사회적 문제해결 기술을 연습할 기회를 얻게 된다. 유아교육기관은 물론 그 외의 시간에도 자유롭게 또래와 놀이를 할 수 있는 환경을 마련해 주어야 한다. 그리고 이 시기는 주도성이 증가하여 자기주장이 강해진다. 이때 부모의 권위로 억압하려 하거나 대화나 협의 없이 부모의 계획대로 따르도록 강요하는 것은 아이를 반항적으로 만드는 것이며, 아이가 자신을 무가치한 존재로 느낄 수 있다. 자신에게 긍정적인 가치를 부여할 수 있도록 아이의 의견을 경청하고 존중하는 모습을 보여 주어야 한다. 아이 스스로 어떠한 일을 계획하고 완수할 수 있도록 자유 시간을 충분히 보장해 주는 것이 필요하다.

출처: 중앙육아종합지원센터(2015). 존중받는 아이 함께 크는 부모(유아편).

(2) 처벌

유아기는 부모가 행동의 옳고 그름을 구체적으로 가르치며 자녀가 바른 행동 습관을 익히도록 적절한 통제를 가해야 하는 시기이다. 유아기에 적절한 행동 규범을 익힌 자녀는 아동기로 커 갈수록 오히려 통제를 줄이더라도 자신을 제대로 관리하는 능력이 유지되고 커진다(Byrd & Warren, 1989). 따라서 부모와 교사는 유아의 바람직한 행동에 대해서는 즉각적으로 자주 보상을 하고 나쁜 행동에 대해서는 우연이라도 보상을 하지 말아야 한다. 유아의 행동에 대한 문제가 발생했을 때 부모와 교사는 서로 충분한 대화를 통해 유아에 대해 바라는 행동과 바라지 않는 행동에 대한 목표와 기준을 일치시킨 후 사랑으로 유아를 가르쳐야 한다. 이 시기에는 식사습관, 배변훈련, 수면습관 등 자신의 신변처리와 관련된 바람직한 습관 형성을 위해 훈육이 필요하다.

훈육과정에서 유아에게 가끔 벌을 사용하게 되는데, 유아에게 벌을 사용하는 것은 바람직하지 않지만 불가피하게 벌을 사용할 때 주의해야 할 점은 먼저 가혹한 처벌은 절대 피해야 하는데, 그 이유는 아이가 적개심을 가질 수 있기 때문이다. 다음으로 부모와 교사의 감정에 따라 처벌하지 말아야 한다. 기분이 좋을 때에는 봐주던 행동을 기분이 나쁠 때는 가혹하게 처벌한다면 일관성이 없으므로 아동의 행동수정에 전혀 도움이 되지 않는다. 마지막으로 나쁜 행동에 대해 처벌해야지 아이 자체를 처벌해서는 안된다. 아이들의 나쁜 행동을 제재하는 방법 중 대표적인 것을 살펴보면 〈표 3-7〉과 같다.

표 3-7. **처벌의 종류와 내용**

구분	내용
체벌	평균적으로 31% 정도의 부모가 이따금 자녀를 체벌한다고 한다. 하지만 전문가들은 체벌을 피해야 한다고 충고한다. 그 이유는 체벌과 완력은 아이를 즉각 순종하게 만들지만 아이의 마음속에 적개심, 분노 그리고 부모에 대한 두려움 등이 쌓이게 되기 때문이라고 한다. 어떤 연구는 체벌이 절대 효과적이지 않다고 한 결과도 있다.
타임아웃 (time out)	타임아웃은 체벌에 대한 '인도적' 대안으로 고집 센 아이를 다루는 데 주효한 방법이다. 타임아웃이란 아이에게 정해진 시간 동안 아무 것도 하지 못하도록 하며 격리되고 조용한 장소에 일정 시간 동안 있도록 하는 일종의 벌이다. 움직임이 많은 아이들로서는 무거운 벌에 해당한다. 이에 대해서 전문가들은 타임아웃을 남용해서는 안되며 타임아웃이 끝나면 항상 아이의 잘못된 행동이 왜 나쁜 행동인지를 설명해야 하고 아이가 미워서가 아니라 나쁜 버릇을 고치기 위한 것이라고 꼭 말해 주어야 하며, 특히 이해력이 부족한 영유아에게는 타임아웃을 사용하지 말 것을 권고한다. 이들은 옳고 그름을 판단할 능력이 없기 때문이다. 타임아웃의 시간은 5분에서 10분 정도가 적절하다.
움직이지 못하게 잡기	이 방법은 다른 아이를 때리는 등의 행동을 계속하는 7~14개월의 아이를 목표로 한 것이다. 처음에는 경고를 하고 다음 번에는 아이의 팔과 어깨를 꽉 잡고 얼굴을 마주 보면서 무릎 사이에 아이를 가둔다. 1분쯤 지난 후 아이를 풀어 주고 올바르지 않은 행동에 대해 설명해 준다.

(3) 모델링

사회학습 이론가들은 인간이나 동물의 학습에 강력한 영향을 주는 것이 관찰이라고 하였다. 옳고 그른 것에 대한 판단력이 부족한 아이들은 타인의 행동을 관찰하고 어떤 행동을 한 후에 칭찬을 받게 되면 그 행동을 따라 할 가능성이 높으며, 어떤 행동 후에 야단을 맞는 것을 보게 되면 그 행동을 하지 않을 가능성이 높다는 것이다. 아이의 곁에 항상 가까이 있는 부모와 가족 및 교사의 행동이 그래서 중요하다는 것인데, 아이에게 있어 행동을 배우게 되는 모델이 되는 것이다.

유아는 성인들과의 관계를 통해 알게 모르게 성인들의 행동뿐만 아니라 태도나 가치관, 흥미 그리고 대인관계의 태도를 보고 배우게 된다. 따라서 성인들은 지나치게 강요하거나 강압적으로 무엇을 가르치려고 하지 말고 유아의 능력수준과 흥미 범위내에서 풍부한 지적 자극을 주어 유아의 지적 능력과 문제해결능력을 향상시키는 역할을 수행해야 한다. 또한 사회는 모든 사람들이 함께 살아가는 공간이므로 누구나 쾌적한 생활을 영위하기 위해서는 반드시 지켜야 할 질서가 있음을 어릴 적부터 인식시켜야 한다.

(4) 학습기회 및 지적 자극의 제공

유아기는 신체적, 사회적, 지적으로 왕성한 성장을 이루는 시기이다. 유아의 학습은 자신이 처해 있는 환경과 경험을 통해서 이루어지므로 유아들에게 다양한 놀이 및 환경과의 상호작용을 할 수 있는 기회를 충분히 제공해 주어야 한다. 일반적으로 유아기에는 놀이를 통해 많은 지적 자극을 받아들이게 된다.

유아는 놀이과정에서 사회생활에 필요한 제반 지식과 기술을 획득하게 되며, 2~3세에는 혼자놀이나 평행놀이를 더 많이 하지만 4~5세에는 연합놀이 혹은 협동놀이에 참여하게 된다. 유아는 자신이 또래집단의 유아들에 비해 신체적으로 작다고 느낄 때 일종의 압도감과 위협감을 느껴 상호작용을 기피할 수 있으며, 또한 집단활동 경험에 낯설거나 가정과 같은 친숙한 환경이 아니면 편안함을 느끼지 못하기 때문에 다른 유아와 상호작용을 하지 못할 수도 있다. 따라서 부모는 자연스럽게 모여 놀 수 있는 활동을 제공함으로써 또래 간의 활동에 참여할 기회를 갖도록 한다. 사회적 놀이에 참여하지 않고 혼자놀이를 장기간 동안 즐기게 되면 협동과 타협 등 사회적 기술과 태도가 미숙하게 될 수 있다. 따라서 유아가 놀이집단에서 놀 수 있는 기회와 놀이재료를 충분히 제공해 주는 것이 필요하다. 또한 놀잇감은 반드시 상품으로 만들어진 것일 필요는 없으며, 주변의 생활용품이나 폐품, 자연에서 얻을 수 있는 모든 것이 가능하다.

2) 아동기 발달과 사회복지실천

아동기에는 학업적 성취나 또래와의 상호작용, 학교생활을 통해 근면성을 발달시켜 나가며, 이러한 과정에서 여러 가지 문제행동을 보이기도 한다. 그러므로 사회복지사는 아동이 보다 성공적인 경험을 할 수 있도록 배려해 주고, 문제행동에 대해서도 적절한 지도가 필요하다.

(1) 근면성 발달의 지원

에릭슨(1963)에 의하면, 인간은 전 생애 동안 일련의 정서적 과업을 수행하면서 발달해 나가는데 이러한 과업을 8단계로 설명하고 있다. 각 단계는 중심이 되는 긍정적 정서과업과 부정적 정서과업이 있으며, 이 두 정서 간에 일어나는 갈등을 해결해 나가는 과정을 발달과정으로 보았다. 모든 아동은 각 단계에서 어느 정도 양극단을 경험하지만 긍정적인 비율이 좀 더 높을 때 최적의 발달을 이루게 된다.

6~12세경의 아동은 무엇인가 만들고 성인들이 하는 것과 유사한 과업을 하려고 한다. 또한 이들은 타인과 협력하고 사회에 기여하는 것에 더 많은 관심을 가지며 자신을 유능하고 능력 있는 존재로 생각하는지 아니면 노력해도 소용없는 존재인지와 같은

정서적 문제를 경험하게 된다(박경자 외, 2010). 이 시기는 형식적 교육을 시작하게 되면서 학업적 성취뿐 아니라 미래의 직업을 위해 준비를 하면서 성취감과 실패를 경험하게 된다.

에릭슨에 의하면, 초등학교에 입학하게 되는 시기인 아동기는 근면성 대 열등감의 과업을 겪게 되는 시기이다. 근면성은 양육자가 아동의 성공을 인정하고 칭찬해 주며 다양한 영역에서 자신의 기술을 탐색하도록 격려할 때, 현실적인 목표를 갖도록 도와주며 성취할 수 있는 과업을 제시할 때 발달한다. 반면에 자신의 노력에 대해 비관적으로 생각하고 자신이 일을 잘할 수 있는 능력이 부족하다거나 기대에 못 미칠 것이라는 부정적 생각은 열등감을 갖게 한다. 따라서 노력했지만 실패한 아동에게는 지도해 주고 지지해 줌으로써 아동의 스트레스를 줄여 주고 자신감을 갖고 재도전 할 수 있도록 도와주어야 한다.

(2) 또래와의 상호작용 지원

아동기에 또래집단에 참여하는 것은 사회화의 중요한 근원이다. 이 시기의 아동은 가족에 속하고 싶은 마음과 동시에 가족으로부터 떠나고 싶은 두 가지 마음이 존재한다. 아동의 사회적인 고립은 유아적인 성격 특성이나 지나치게 이기적이고 고집이 세고 자기 마음대로 하는 성격 특성의 원인이 될 수도 있지만, 외모나 옷차림, 신체적인 특징이나 부모의 양육태도가 그 원인이 되기도 한다. 따라서 거부되는 아동에게는 또래 간에 지켜야 할 규율이 있음을 이해시키고 자신의 주장을 관철시키기 위해 의사소통을 하는 방법을 가르쳐 주어야 하고 무시되는 아동은 대상 아동보다 어린 집단에서 함께 놀도록 하고, 소집단에서 시작하여 점차 집단 구성원의 수를 늘려 가는 것이 바람직하다.

아동이 또래와 문제가 있는 경우 이 문제에 대해 말하도록 격려하고 적극적으로 경청해 주는 것이 효과적이다. 또한 또래관계에서 수용이나 거부를 결정짓는 가장 중요한 시점은 첫 번째 상호작용이라는 점을 고려해야 하는데, 새로운 집단과의 첫 만남에서 잘 어울리는 아동은 이후에도 또래집단에서 인기가 있다.

(3) 학교생활의 지도

학교를 간다는 것은 많은 낯선 사람과 생활해야 하며, 외적인 기준으로 평가를 받는다는 점에서 아동의 생활에서 커다란 변화이다. 학령기 아동의 주된 적응은 학교와 관련된 것으로 정해진 시간에 학교에 보내고 숙제를 하고 교사와 또래집단에 적응하는 문제에 대해 적절한 지도와 통제가 필요하다. 학생으로서 이 시기의 아동은 협응의 장이며 성취의 장인 학교생활을 즐길 수 있도록 지원해야 한다.

(4) TV 시청 지도하기

휴대폰과 더불어 아이의 발달에 영향을 미치는 대중매체 요인 중의 하나가 TV이다. 어떤 부모는 조기교육을 목적으로 영어 동영상을 틀어 놓고 아이가 TV에 집중하고 있을 때 흐뭇함을 느끼는 경우도 있다. 그러나 너무 이른 나이의 아이가 TV에 장시간 노출될 경우 그 부작용이 만만치 않는 것으로 보고되고 있다. 최근까지도 TV 시청의 영향이 부정적이냐, 긍정적이냐에 대한 논의가 많이 되고 있지만 어떻게 할 것인가에 대해서는 스스로 결정하도록 하는 것이 바람직하다.

TV가 아이들에게 미치는 영향을 종합해 보면, 폭력적인 장면은 아이들의 공격적인 행동학습에 영향을 미치게 됨으로써 부정적인 효과를 가져오는 것으로 분석되었으나, 반면 다른 아동과의 협동이나 타인의 기분을 이해하며 객관적인 입장에서 자신 및 타인을 지각하게 된다는 친사회성의 행동습득도 또한 가능하다는 것이다. 즉, 사고 및 인지기능에 도움을 주게 된다는 것이다. 따라서 중요한 과제는 아동의 TV 시청에 대한 지도방법인 것이다. 올바른 TV 시청 지도를 위한 역할을 살펴보면 다음과 같다.

첫째, 아이들의 TV 프로그램의 내용을 먼저 이해하기 위해 이들을 직접 시청해 보는 노력이 필요하다. 그 후 아이들에게 프로그램을 선택해서 보도록 유도하는 것이 바람직하다. 둘째, 아이들은 현실과 환상의 구별이 어려우므로 아이들이 이에 대한 갈등을 나타낼 때는 이에 관해서 성인의 재해석이 요청된다. TV 시청 뒤 "특정인물이 왜 이러한 행동을 보였을까?"라든지 "너라면 어떻게 하였을까?" 등의 짧은 질문을 통해 잠시 아이들이 갈등상황을 같이 이야기하는 기회가 주어질 때 도덕적 또는 윤리적인 상황판단을 아동 스스로가 하게 될 것이다. 셋째, 좋은 TV 시청 습관은 가능하면 조기에 형성시켜 주는 것이 바람직하다. 마지막으로 아이들의 올바른 가치관 형성을 돕기 위해서는 필요시 TV의 비교육적인 내용에 대해(살인, 폭력 장면) 자신의 의견, 즉 이러이러한 행동은 도저히 수용하거나 승인할 수 없는 것이라는 분명한 태도를 보이는 것이 중요하다. 이러한 서로 간의 짧은 대화를 통해 아이들의 올바른 가치관을 형성하게 되며 나아가 상황에 따른 대안적인 행동까지 고려할 수 있는 보다 윤리적인 상황판단력이나 문제해결능력을 습득하게 되는 것이다.

Chapter 04

청소년기

배울내용

1. 청소년 발달
2. 청소년 비행
3. 청소년 정신질환
4. 청소년 자살
5. 청소년과 대중매체
6. 청소년과 사회복지실천

학습목표

1. 청소년 발달을 이해한다.
2. 청소년 비행의 개념 및 유형을 파악한다.
3. 청소년 정신질환의 종류에 대한 이해와 개입방안을 모색해 본다.
4. 청소년 자살에 대한 현황을 파악하고 예방법을 모색해 본다.
5. 청소년과 대중매체의 불이익을 파악하고 개선방안을 모색해 본다.
6. 청소년의 건강한 발달을 위한 사회복지실천 기술을 숙지하고 활용방안을 모색해 본다.

1. 청소년 발달

청소년기는 아동에서 성인기로 전환하는 시기이다. 연령적으로 만12~24세이며, 12~18세의 청소년기 전기와 18~24세의 청소년기 후기로 구분할 수 있다. 청소년기 전기에는 급속한 신체적 변화와 인지적 발달을 경험하며, 청소년기 후기는 자아정체감 확립과 더불어 성인생활을 준비하기 위한 여러 가지 과제에 집중하는 시기이다.

1) 청소년의 정의

청소년이란 아동기에서 성인기로 넘어가는 발달적 과정으로 신체적 · 인지적 · 정서적 · 사회적 · 영적으로 가장 큰 변화를 겪는 시기를 의미한다. 그리고 청소년기 시기를 발달적 과도기(developmental transition)라고 말하는데, 왜냐하면 청소년은 이 시기 동안 신체적 및 심리 · 사회적으로 급격한 혼란과 변화를 맞이하면서 자아정체감을 형성해 나가기 때문이다. 또한 청소년은 자의식이 높아지는 한편 기성세대와 사회에 대한 불만과 반항심을 갖게 되기도 하는데, 이때 타인은 이해할 수 없는 자신만의 고독, 불안, 심한 정서적 갈등, 혼란, 좌절 등을 경험하기도 한다. 청소년기라는 용어를 처음 사용한 홀(Hall, 1904)은 이와 같은 다양한 경험을 하게 되는 청소년기를 '질풍노도(storm and stress)의 시기'라고 규정하였다.

인간의 발달단계에서 청소년기를 결정하는 기준은 일반적으로 연령이나 신체적인 성장, 심리적 성숙 등을 기준으로 나누고 있지만 청소년이 속한 사회와 문화, 정책에 따라 다양하게 결정되기도 한다. 하지만 일반적으로 청소년기는 생물학적인 변화로 시작되어 청소년이 속한 사회 · 문화적인 기대와 기준을 따르는 것으로 청소년기가 끝난다고 본다(정옥분, 2015).

따라서 청소년기는 미성숙한 상태에서 성숙한 상태로 발달해 가는 것으로 볼 수 있으며, 이러한 시기는 전 생애적 발달과정에서 볼 때 다른 시기에 비해 독특한 특성을 가지고 있다. 특히 청소년기에는 다양한 정신적 · 신체적 문제행동들이 발현되기도 한다.

2) 청소년의 영역별 발달특성

청소년기의 발달은 생물학적 발달, 인지적 발달, 사회 · 정서적 발달 및 자아정체감 발달의 네 가지 영역을 통해서 이루어진다고 할 수 있다. 이 중 어느 하나가 중요한 것이 아니라 네 가지 영역이 서로 상호작용을 하며 발달을 하게 한다. 청소년기 발달특성에 대해 구체적으로 살펴보면 다음과 같다.

(1) 생물학적 발달

생물학적인 발달은 신체크기, 신체비율, 외모, 지각 및 감각운동능력 등을 말하며, 이러한 발달은 개인 차이가 크며 신체발달의 정도에 따라 자신의 가치감 형성에 영향을 미치게 된다. 이때 성호르몬의 발달에 의해 2차 성징이 나타나고, 증가되는 테스토스테론은 남자 청소년의 신체발달뿐만 아니라 성과 공격성에도 영향을 미치게 된다.

① 호르몬의 변화

남자는 안드로겐과 테스토스테론으로 인해 외부 생식기 및 신장의 증가 및 음성(목소리)이 변화하게 되고, 여자는 에스트로겐과 프로게스테론으로 인해 자궁과 가슴의 발달, 뼈대가 변화하게 된다.

② 신장과 체중의 변화

영아기 이후 인간의 발달단계에서 가장 왕성한 신체적 발육이 일어나는 시기이다.

이것을 제2차 성장급등기라고 한다. 이 시기에는 여자 청소년이 남자 청소년에 비해 2~3년 빠르다.

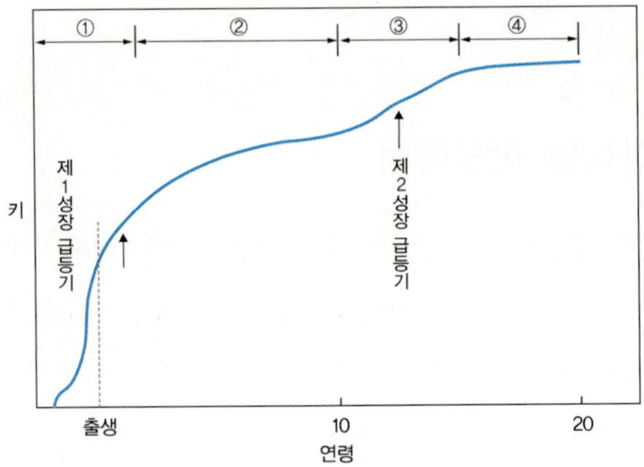

① 제1성장 급증기(growth spurt): 아이가 엄마 뱃속에서 만2세까지 급속하게 성장하는 시기
② 성장 완만기: 만2세부터 사춘기까지로 성장이 완만하게 일어나는 시기
③ 제2성장 급증기(adolescent growth spurt): 사춘기부터 15~16세까지로 급속하게 성장하는 시기
④ 성장 감속기: 성장 속도가 감소되는 시기로 보통 여아가 남아보다 빨리 찾아옴

그림 4-1. **성장곡선**

출처: 보건복지부, 육아정책연구소(2013). 영유아 문제행동지도를 위한 어린이집 보육교사 지침서.

③ 성적 성숙

개인차는 있지만 성적으로 성숙해지는 연령이 점차 낮아지면서 아동기 말에 사춘기를 경험하는 경우가 점차 늘어나고 있다. 대체로 여아는 9세부터 16세 사이, 남아는 10세부터 18세 사이에 성적 성숙이 이루어진다. 이처럼 성숙의 가속화 현상은 양질의 영양섭취와 성적인 자극에 쉽게 노출될 수 있는 환경적 요인의 영향으로 간주하고 있다. 또한 사춘기는 호르몬의 변화로 인하여 급격한 신체적 · 성적 성숙이 이루어지는 시기로 2차 성징이 나타난다. 1차 성징이 출생 시에 생식기의 형태의 차이에 의한 성적 특징이라면, 2차 성징은 사춘기의 성호르몬의 분비에 의해 나타나는 신체상의 형태적 · 기능적 성적 특징을 의미한다〈그림 4-2〉. 이 시기의 남아는 남성호르몬의 분비로 인하여 고환에서 정자가 만들어지고 이것이 점액과 함께 음경을 통해 방출되는 사정을 한다. 또한 남아는 꿈속에서 성적 자극을 받아 잠든 사이에 사정하는 몽정이라는 것을 경험하게 된다. 이 시기에 남아는 어깨와 가슴이 벌어지고 근육이 발달하며 턱수염이 나고 성기와 겨드랑이에 털이 나고 음성이 변한다. 한편 여아는 여성호르몬의 분비가 증가되어 가슴이 발달하고 골반이 커진다. 여아는 피하지방의 축적으로 엉덩이가 둥글어지고 성기와 겨드랑이에 털이 나고 초경이 시작된다(조성연 외, 2009).

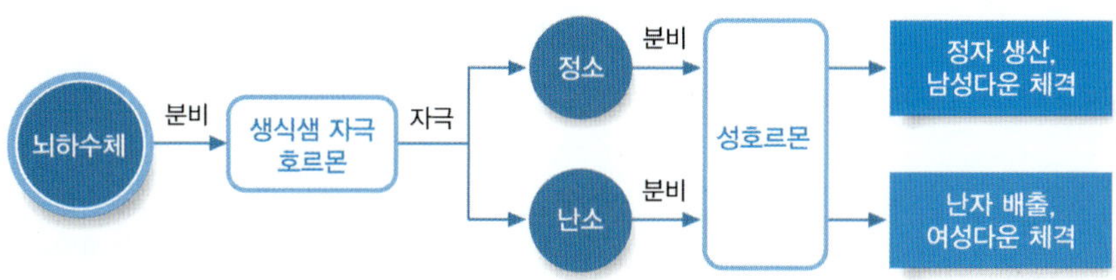

그림 4-2. **2차 성징과 성적 성숙**

청소년기에는 성인과 같은 생식능력을 가지게 되며, 남녀를 구별할 수 있는 중요한 요인, 즉 2차 성징의 발달이 나타나게 된다. 남자들은 가끔 음경이 단단해지고 커지는 경우가 있는데, 이것을 발기라고 한다. 이는 건강한 청소년에게 나타나는 자연스러운 현상이다. 청소년기가 되면 고환에서 정자가 만들어지기 시작한다. 정자가 정액과 함께 발기된 음경 안의 요도를 통해 몸 밖으로 배출되는 현상을 사정이라고 한다. 사정 시 배출되는 정액의 양은 3~5mL 정도이며, 그 속에는 약 2억~3억 개의 정자가 들어 있다. 몽정은 잠을 자는 동안에 무의식적으로 일어나는 사정 현상을 말한다. 청소년 대부분은 몽정의 형태로 사정을 경험한다.

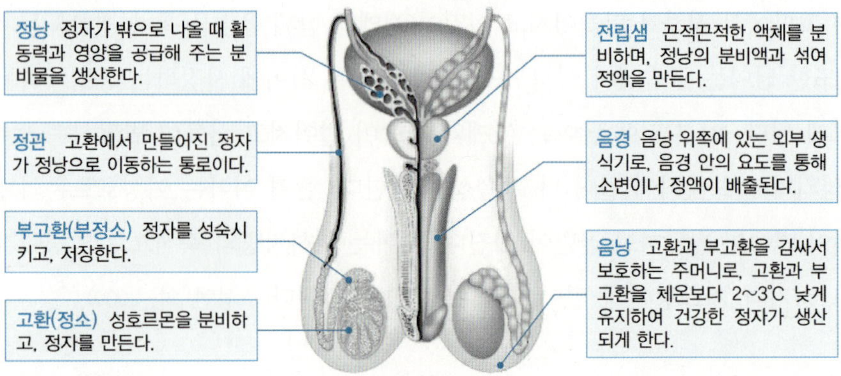

그림 4-3. **남성의 생식기관**

그림 4-4. **정자와 난자의 비교**

여성의 난소에는 태어날 때부터 수많은 미성숙한 난자가 들어 있다. 사춘기에 난소의 기능이 활발해지면서 한 달에 한 개씩 성숙한 난자가 좌우 난소에서 교대로 배출되는데, 이를 배란이라고 한다. 배란이 시작될 시기에는 난자가 정자를 만나 자궁에 자리 잡을 수 있도록 자궁 내막에 혈액이 고이면서 두꺼워진다. 그러나 배란된 난자가 정자를 만나지 못하면 두꺼워진 자궁 내막의 모세 혈관이 파열되면서 혈액이 질을 통해 몸 밖으로 나오는데, 이를 월경이라고 한다. 월경은 배란이 된 후 약 14일 후에 시작되어 3~7일 정도 지속된다. 첫 월경을 초경이라고 하며, 대체로 12~13세경에 경험한다. 월경을 한다는 것은 성적 성숙이 정상적으로 이루어지고 있다는 건강함을 뜻하므로, 이를 기쁘고 감사하게 받아들여야 한다.

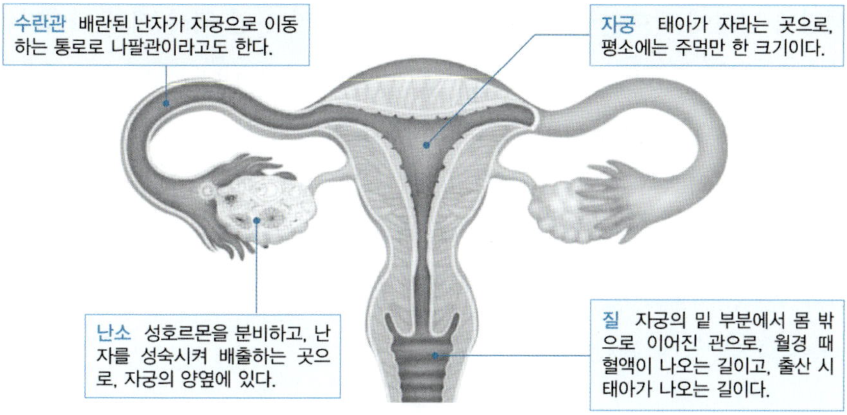

그림 4-5. **여성의 생식기관**

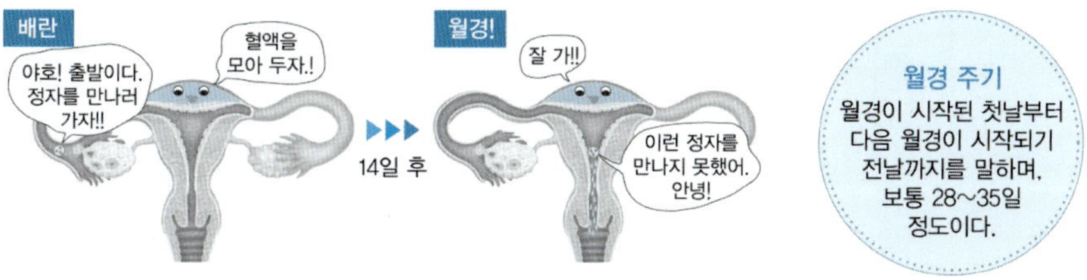

그림 4-6. **배란과 월경**

④ 신체적 특성의 변화가 미치는 영향

청소년기에는 자신의 신체에 대해 관심을 많이 가지게 된다. 그래서 연예인들의 외모를 따라 하려고 하기도 하며, 과도한 다이어트를 하기도 한다. 또한 주변 친구들과 자신의 신체변화를 비교하기 시작한다. 이러한 자신의 신체에 대한 평가는 청소년의 성격, 자아존중감, 대인관계 형성에 중요한 역할을 한다.

(2) 인지적 발달

인지적 발달은 주의집중, 기억, 문제해결, 창의성, 언어발달 등을 들 수 있으며, 청소년들의 지능은 12~14세까지 대체로 급상승하다가 그 이후에 발달속도가 완만해지며,

17~18세경에 정점에 달한다〈그림 4-7〉. 이러한 지능의 우열 역시 개인 차이가 있으며 지능 발달이 지체되면 학습적으로 열등감을 가질 수 있게 된다. 또한 청소년은 피아제의 인지발달 단계에 따라 형식적 조작의 사고가 가능해지는 단계로 구체적인 사물에 의존하지 않고 연역적 또는 가설적 사고를 할 수 있게 된다. 이는 자신에 대한 깊은 추리나 탐색이 가능해진다는 것을 뜻하며, 스스로 자기 상상의 늪에 빠져 현실을 망각하여 비합리적인 사고를 하게 되기도 한다. 이후 청소년 후기가 되면서 현실적 · 합리적 사고를 할 수 있게 된다.

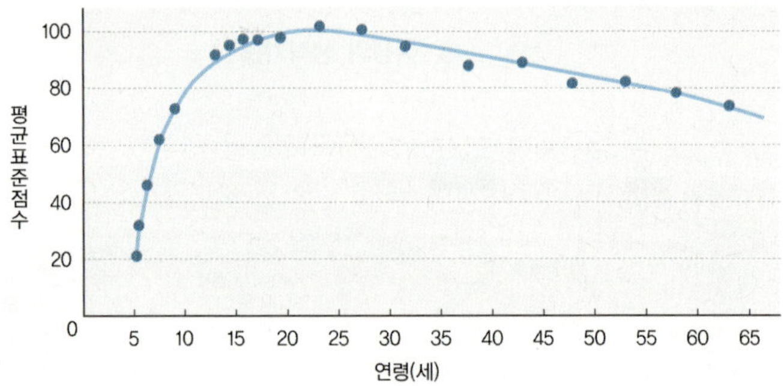

그림 4-7. **지능의 발달곡선**

출처: 강순희 외(2022). 영유아발달. 수양재.

표 4-1. **청소년기 인지발달의 특성**

구분	단계	내용
 피아제[1]	형식적 조작기	인지발달의 마지막 단계는 형식적 조작기(formal operational stage)로 11~15세까지이다. 이 시기가 되면, 논리적 사고뿐만 아니라 죽음, 자유, 종교 등과 같은 추상적 개념들에 대해서도 사고할 수 있다. 이러한 능력으로 세상에 대한 일반적인 법칙을 형성할 수 있고, 가능한 일들에 대한 검증이 가능해진다. 형식적 조작기의 특징은 시간을 초월하여 문제를 다루고, 문제해결을 위해 계획을 세우고, 체계적인 해결을 해 나가는 과학적 사고가 가능하며, 추상적인 개념도

1) 피아제의 인지발달은 질적으로 다른 네 단계가 있으며, 이 단계들은 정해진 순서(감각운동기, 전조작기, 구체적 조작기, 형식적 조작기)대로 진행되며, 단계가 높아질수록 복잡성이 증가하는 것으로 보았다.

구분	단계	내용
		이해가 가능하다는 것이다. 또한 이 시기의 청소년들은 이상적인 사고를 하는 것이 특징인데, 이로 인해 자신이 생각한 결과와 현실이 일치하지 않는 경우가 많고, 현실을 자기의 이상과 부합하도록 변화시키려는 노력을 하게 된다.
 프로이트	생식기	사춘기가 시작되면서 무의식에 억압되었던 성적 특성이 의식세계로 이동하면서 정신에너지의 재분배가 이루어진다. 사춘기에는 생식기관이 발달하고 2차 성징이 나타난다. 사춘기 초기에는 부모로부터 자유로워지는 것을 개인의 주요 과제라고 보았다. 남아의 경우 아버지와의 경쟁심을 버리고 아버지의 지배로부터 자유로워져야 한다. 여아도 마찬가지이다. 생식기에는 새롭게 나타난 성적 에너지가 동성 친구에게로 향했다가 점차 이성 관계, 결혼, 가족형성, 직업에 대한 관심으로 바뀐다. 프로이트는 잠복기 이전에는 자기 애착적인 경향을 보이며, 사춘기 이후에는 이성 애착적인 경향을 보여 타인인 이성으로부터 성적 욕구를 만족시키려고 한다고 보았다. 또한 이 시기에 자아와 초자아는 부적절하게 발달할 경우 이상행동이나 비행을 야기시킨다고 보았다.
 에릭슨[2)]	자아정체감 대 자아정체감 위기	청소년기에 해당되는 이 시기(12~20세)의 핵심적인 발달과제는 자아정체성(ego identity)을 형성하는 일이다. 자아정체성이란 자신이 누구이며 자신의 삶에서 진정으로 가치 있고 중요한 것은 무엇인지에 대해 스스로 규정하는 신념체계를 말한다. 청소년기에 형성되는 자아정체성은 그 이후 진로와 직업을 선택하고 배우자를 만나 가정을 이루는 등, 자신의 생애 전체를 이끌어 나가는 과정에서 매우 중요한 역할을 하는 핵심 요소가 된다. 그러나 여러 측면에서 아직 미성숙한 청소년이 자기 자신과 자신의 삶을 제대로 바라보는 일은 쉬운 일이 아니기 때문에 그들은 자기 자신을 찾아 나선 길고 험한 여정에서 혼란과 시행착오로 인해 절망하고 방황하기도 하는데, 에릭슨은 이를 심리적 유예(psychological moratorium)라고 명명하였다.

2) 에릭슨의 정신분석학적 관점에 따라 인간 발달을 영아기(신뢰 대 불신)에서 노년기(자아통합 대 절망)까지 총 여덟 단계로 구분한 고전적 발달단계 이론으로 프로이트의 심리 성적 발달단계(구강기, 항문기, 남근기, 잠재기, 생식기)에 비해 사회·문화적 요소를 강조했으며, 청소년기 이후의 발달 역시 제안했다는 점에서 매우 풍부한 고전적 발달 이론으로 알려졌다. 1단계(영아기)는 신뢰 대 불신 단계로 유아가 세상에 대한 신뢰 관계를 수립하는 시기이다. 2단계(유아기)는 자율성 대 수치 단계로 자신의 의지와 통제력을 발달시킨다. 3단계(초기 아동기)는 주도성 대 죄의식 단계로 주도적으로 자신의 삶에 관여함으로써 목표감과 가치를 추구한다. 4단계(후기 아동기)는 인지적, 사회적 기술을 연마하여 역량감을 키우는 근면성 대 열등감 단계이다. 5단계(청소년기)는 다양한

(3) 사회 · 정서적 발달

청소년의 사회성발달에 영향을 미치는 중요한 요인은 부모 및 또래 친구와의 관계이다. 이 시기의 청소년의 경우 독립심이 발달하게 된다. 이때 부모의 의견이나 충고에 불평을 한다거나 자주적으로 판단하려는 욕구가 증가하면서 부모와의 갈등이 증가하게 된다. 따라서 부모와의 바람직한 관계를 형성하는 것이 중요하다. 바람직한 부모-자녀 관계는 부모로부터의 일방적인 애정의 관계가 아니라 상호 관계이므로, 자녀들과의 원만하고 적극적인 대화를 통해 모든 문제를 해결해 가는 것이 바람직하다.

또한 청소년기가 되면 또래 친구관계에서 중요한 변화를 경험하게 되는데, 예전의 친구관계가 놀이중심이었다면 청소년기에는 서로의 내면을 이해하고자 하는 욕구가 증가하게 된다. 따라서 청소년기에는 또래 친구관계를 통해 사회기술을 발달시키고, 인지적 자극과 정서적 지지를 주고받을 수 있다. 청소년기 또래 친구관계의 특성은 〈표 4-2〉와 같다.

표 4-2. **청소년기 또래 친구관계의 특성**

구분	특징
또래 친구의 중요성	• 바람직한 또래 친구집단은 건전한 가치관 형성에 도움을 줌 • 학교 생활에 적응하는 데 도움이 됨 • 정보를 교환하고 즐거움을 얻음 • 타협과 양보, 협동심을 기름 • 서로 비슷한 경험을 하므로 정서적 안정감을 줌 • 또래 친구집단의 행동 기준을 제공해 줌
또래 친구의 특성	• 동조성 : 옷의 선택, 음악, 말투 및 언어, 가치관, 외모, 취미 및 여가 활동 등을 또래 친구집단의 구성원과 똑같이 하려는 특성을 보임 • 순응성 : 집단의 행동 양식이나 가치관에 따르고 복종하려는 특성을 보임

실험을 통해 자신의 위치를 파악하는 자아정체감 대 역할혼미의 단계이다. 성인초기의 6단계는 친밀한 대인관계를 형성하는 친밀감 대 고립감 단계이며, 중년기의 7단계는 다음 세대를 위해 생산을 하고 희생을 하는 생산성 대 자기침체의 단계이다. 마지막으로 노년기인 8단계는 자신의 인생을 평가하고 삶이 의미 있었음을 인식하는 자아통합 대 절망의 단계라고 보았다(심리학 용어사전.www.koreanpsychology.or.kr).

구분	특징
또래 친구와의 바람직한 관계	• 다양한 개성을 가진 사람이 존재한다는 사실을 인정하고, 친구들과 원만한 관계를 맺으면서 사회성을 키워 나가는 것이 필요함 • 미래 사회는 다양한 인종과 문화를 접해야 하는 사회로서 자신의 정체성을 가지고 이들과 원만한 관계를 맺을 수 있는 능력을 키워 나가는 것이 필요함

청소년기에는 급격한 신체발달과 더불어 사회적으로 요구되는 과다한 과업으로 인해 정서적으로 매우 불안정한 상태에 있는 것이 주 특징이다. 청소년기 정서발달의 특징을 살펴보면 〈표 4-3〉과 같다.

표 4-3. **청소년기 정서발달의 특징**

구분	시기	특징
초기	사춘기	• 이중적 정서 표출(성적 충동을 강하게 경험함과 동시에 수치심을 느낌, 이성에게 반발함, 주변 사람들에게 허세적인 반항을 함) • 일관성이 없고 불안정하며 정서적 기복이 심함
중기	중학교 말부터 고등학교	• 초기보다 더욱 강렬한 정서를 느끼지만 의식적으로 억압하려는 경향이 있음 • 억업과정에서 자기혐오, 열등감, 내면적으로 우울, 정서의 불안정성이 고조됨 • 자아의식이 높아지면서 독선적이고 우울을 과시하며 현실을 부정하고 혐오하는 경향이 있음 • 기성세대, 사회구조, 사회의 도덕과 법률에 대해 의혹을 품고 자기 나름대로의 독특한 구조와 논리를 갖고 비판함
말기	대학교	• 사회적으로 안정적인 방향으로서의 정서를 경험함 • 주관과 객관의 결합, 자기와 사회와의 타협, 현실과 이상과의 조화를 보임 • 완성된 자아의식을 보임 • 이성을 사랑하는 마음과 연애의 경험을 통해 더욱 풍부하고 윤택한 정서를 경험함

(4) 자아정체감 발달

청소년기의 가장 중요한 과업은 자아정체감을 형성하는 것이다. 즉, 다른 사람과 관계를 맺으면서 가지게 되는 '나는 누구인가'에 대한 해답을 찾는 것이다. 자아정체감이란 자신의 독특성에 대한 비교적 안정된 느낌을 의미하며, 개별성, 통합성, 연속성(또는 계속성) 차원의 특성을 지니고 있다. 구체적으로 개별성이란 나는 다른 사람과 구별되는 고유한 존재라는 인식을 말하며, 통합성이란 자신의 행동이나 태도 등이 전체적으로 일관성이 있으며 통합되어 있다는 인식을 말하고, 연속성이란 시간의 경과에도 불구하고 자신을 동일한 사람으로 인식하는 것을 말한다.

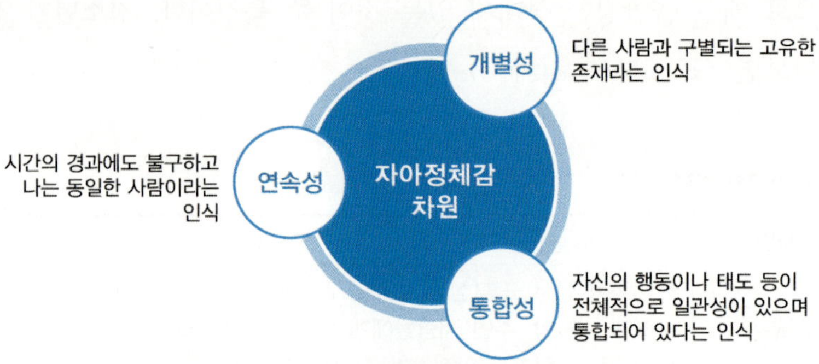

그림 4-8. **자아정체감 차원**

자아정체감의 형성은 아동기 때부터 시작되는 것으로 볼 수 있지만 청소년기 후기에 가장 중요한 인생과업으로 등장한다. 따라서 올바른 자아정체감 형성을 위해서는 자신의 신념, 가치관 등에 대한 고통스러운 의문제시가 선행되어야 하는데, 이때 일종의 위기를 경험하게 된다. 자신이 경험한 많은 요소들을 모아 통합된 자기정의를 내리는 것은 어려운 일이므로 자아정체감을 형성하는 과정에서 누구나 혼란과 우울증을 경험할 수 있다. 자아정체감 형성 유무에 따른 청소년의 특징은 〈표 4-4〉와 같다.

표 4-4. 청소년기 자아정체감 확립의 특징

구분	특징
자아정체감이 바르게 확립된 청소년	• 삶의 목표가 뚜렷함 • 자신의 생각과 행동에 자신감을 가짐 • 독립된 사회구성원으로서 살아갈 준비를 할 수 있음
자아정체감이 바르게 확립되지 않은 청소년	• 삶의 방향이 뚜렷하지 않음 • 현재와 미래에 대하여 불안감을 가짐 • 자신의 역할에 대한 혼란으로 열등감을 가지게 되어 대인관계에 부정적인 영향을 미치게 됨

2. 청소년 비행

1) 비행의 개념

비행(delinquent)이라는 용어는 라틴어에서 '과오를 범하다', '의무를 태만히 하다'라는 뜻에서 유래된 것으로, 그 사전적 의미는 '도리나 도덕 또는 법규에 어긋나는 행위'를 말한다. 그리고 비행은 본래 법률적인 용어로서 주로 청소년들에게만 적용되는 것을 의미하며, 성인인 경우에는 범죄라는 말로 사용하고 있다(김경식, 이현철, 2007). 따라서 비행이라는 용어는 청소년 비행(juvenile delinquency)이라는 용어로 사용하고 있다. 일반적으로 청소년 비행에 대한 연구에서는 연구의 초점을 행위에 둘 것인가, 아니면 행위자에 둘 것인가에 따라 청소년 비행의 개념적 정의에 차이를 두고 있다. 우선 비행 행위를 중심으로 하는 연구에서는 일회적이고 우발적인 사소한 비행뿐만 아니라, 청소년에게 금지된 규범 위반 행위까지를 포함하고 있다. 반면 행위자를 중심으로 하는 연구는 누가 비행청소년이 되는가에 초점을 두었기 때문에, 청소년 관련 법규에 위반되는 행위만을 비행이라고 정의하고 있다.

세나와 시겔(Senna & Siegel, 2000)의 연구에서는 청소년 비행을 청소년기에 걸맞지 않은 행동에 초점을 두었기 때문에 부모에게 반항, 흡연과 음주, 무단결석 및 교사에 대한 반항, 비행 또래와의 접촉, 가출, 비윤리적 측면의 성행위 등이 해당된다고 주장하였다. 반면 황성현(2010)의 연구에서는 청소년 비행에 해당되는 흡연과 음주는 약물사용으로 분류하고 무단결석과 가출은 일탈행위로 양분화해야 한다고 주장한다. 그리고 청소년이 호기심이나 주위 친구들의 유혹에 못 이겨 한두 번 하는 음주나 흡연 행위를 비행으로 분류하는 것은 무리가 있다고 판단하여, 지난 1년 이상 지속적으로 음주와 흡연을 한 경우만 약물사용자로 분류하고 있다. 이에 비해 무단결석과 가출은 의도적으로 하는 행위이기 때문에 지속성보다는 일회성에 강조점을 두어 청소년 비행을 설명하고 있다.

2) 비행의 유형

청소년 비행의 유형으로는 대표적으로 흡연과 음주, 가출, 무단결석 및 음란물 접촉 등이다. 첫째, 흡연과 음주는 청소년 비행의 유형 중에서도 대표적인 요인들이다. 다수의 연구에서는 청소년이 음주 및 흡연에 의존할 수밖에 없는 이유를 단순 호기심에 따른 모방심리, 스트레스를 해소하기 위한 수단, 또래 집단과의 동질감 때문이라고 주장한다(조선희 외, 2012). 이와 같은 이유로 한국사회는 청소년기에 하는 음주와 흡연을 한때의 호기심으로 인식하는 경향이 매우 높다. 그러나 청소년의 흡연과 음주는 일탈행위로 보는 관점이 일반적이기 때문에 비행으로 간주한다.

둘째, 청소년이라는 사회적 지위 때문에 일탈행동으로 간주되는 비행에는 가출과 무단결석이 있다. 이러한 행동은 현재의 생활에서 벗어나고 싶은 강한 충동으로 인해 발생되는 것들이다. 경찰청(2013)에 따르면, 먼저 가출이라는 용어는 법률상 개념이 아닌 학술적 용어로서, 본인 스스로 집이나 가정을 버리고 떠난 상태 또는 그 행위를 의미한다. 따라서 경찰청 예규인 "실종아동 및 가출인 업무처리 규칙"에 따르면, 실종 신고 당시 보호자로부터 이탈된 18세 이상인 자를 '가출인'이라고 정의하고 있으며, 그 중 14세 이상에서 20세 미만의 자를 '가출 청소년'이라 규정하고 있다. 무단결석 또한 중 · 고등학교에서 발생할 수 있는 일반적인 현상이다. 그러나 반복적이거나 사유 없이 무단결석을 하는 경우는 청소년 비행의 위험요인으로서 작용할 수 있기 때문에 청소년 비행으로 본다. 무단결석이라는 용어는 학교 공포증, 등교거부, 학교결석 등과 관련하여 사용하고 있는 용어이다. 학교 공포증이란 학교 생활에 대한 심한 불안감 때문에 학교 가기를 싫어하는 현상을 의미한다. 그리고 등교거부 또한 심리적인 원인으로 학교에 가는 것을 싫어하거나 아예 거부하는 현상을 의미한다. 따라서 심리적으로 일어나는 등교거부의 상태는 공포증 상태에 한정되지 않는다는 이유로 학교 공포증보다는 등교거부라는 용어가 넓은 의미로 사용되고 있다.

청소년들의 가출 현황을 살펴보면〈그림 4-9와 표 4-5〉, 2020년 초 · 중 · 고등학생의 최근 1년내 가출 경험률은 2.9%로 나타났으며, 남학생(3.3%)이 여학생(2.5%)보다, 학교급이 높을수록 가출 경험이 많았고, 가출 이유로는 부모님과의 문제(61.0%)가 가장 많았고, 다음으로 학업 문제(20.8%), 친구들과 함께하기 위해서(8.0%) 순으로 나타났다.

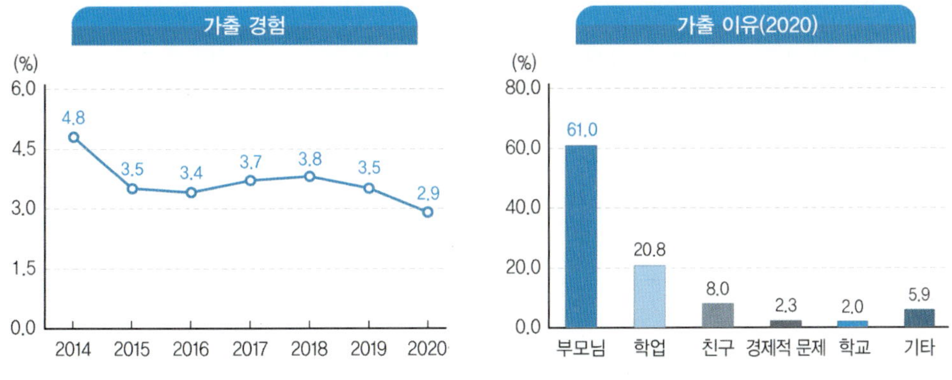

그림 4-9. **가출 경험과 가출 이유**

표 4-5. 가출 경험 및 이유

(단위: %)

	가출 경험[1]	가출 이유[2]					
		부모님과의 문제	학업문제	친구들과 함께 하기 위해서	가정의 경제적 문제	학교문제	기타
2014	4.8	57.4	12.0	16.2	0.2	2.7	11.6
2015	3.5	63.5	12.8	12.4	1.4	3.6	6.2
2016	3.4	60.7	12.4	12.8	0.8	2.7	10.6
2017	3.7	60.9	14.3	10.6	1.7	5.1	7.4
2018	3.8	58.0	15.6	12.0	4.1	3.0	7.2
2019	3.5	61.7	15.9	9.6	2.3	1.1	9.5
2020	2.9	61.0	20.8	8.0	2.3	2.0	5.9
남자	3.3	58.7	20.0	8.2	2.9	2.4	7.8
여자	2.5	64.2	21.8	7.9	1.5	1.3	3.3
초(4~6)	2.3	57.0	28.5	0.0	1.9	4.7	7.9
중	3.1	62.5	24.1	7.3	1.5	0.7	3.9
고	3.2	62.0	13.3	13.3	3.3	1.5	6.5

주: 1) 최근 1년 동안 가출한 적이 있는 사람의 비중

2) 최근 1년 동안 가출한 적이 있는 사람의 주된 가출 이유

출처: 한국청소년정책연구원,「아동청소년인권실태조사」, 초(4~6) · 중 · 고등학생 대상.

셋째, 청소년들의 음란물 접촉이다. 음란물이 청소년에게 어떤 영향을 미치는지에 대한 논란은 선행연구를 통해 끊임없는 논쟁이 있어 왔다. 즉, 역기능적인 측면에서는 청소년들로 하여금 폭력성과 잘못된 성적 개념으로 인해 성적 일탈행위를 조장할 수 있다는 주장이 있는 반면, 순기능적인 측면을 강조하여 오히려 음란물이 청소년의 성적 욕구를 해소시켜 주기 때문에 청소년에게 무해하다는 주장도 있다.

3. 청소년 정신질환

1) 주의력결핍 과잉행동장애(ADHD)

주의력결핍 과잉행동장애(ADHD)는 기능 또는 발달을 저해하는 부주의 또는 과잉행동–충동성을 보이는 것이 주 특징이다. 즉, 매우 산만하고 부주의한 행동을 나타낼 뿐 아니라 자신의 행동을 적절히 통제하지 못하고 충동적인 과잉행동을 나타내는 경우를 주의력결핍 과잉행동장애(ADHD)라고 한다. 부주의는 주의력결핍 과잉행동장애(ADHD)의 행동적 측면에서 과제를 수행하지 않고 돌아다니기, 인내심 부족, 지속적인 집중의 어려움, 무질서함과 같은 모습으로 나타나며, 이는 반항이나 이해의 부족에 기인한 것이 아니다. 과잉행동은 적절하지 않은 상황에서 과도한 운동활동(예: 아이들이 여기저기 뛰어다니는 것과 같은)이나 과도하게 꼼지락거리거나 두드리는 행동 또는 수다스러운 말과 관련이 있다. 충동성은 심사숙고 없이 순간적으로 일어나는 성급한 행동과 연관이 있으며, 이러한 행동은 타인에게 해를 끼칠 가능성이 있다(예: 주위를 둘러보지 않고 차도로 뛰어들기). 충동성은 즉각적인 보상 욕구나 만족을 지연시키지 못하는 것에 영향을 준다. 충동적 행동은 사회적 참견(예: 타인에 대한 지나친 방해)과 장기적 결과를 고려하지 않고, 중요한 결정을 내리는 것(예: 적절한 정보 없이 취직하기)과 같은 양상으로 나타날 수 있다(권준수 외, 2015).

이와 같은 주의력결핍 과잉행동장애(ADHD)는 학업수행, 학업성취와 대인관계에 부정적인 영향을 미치게 된다. 주의력결핍 과잉행동장애(ADHD)가 있는 아동은 주의력결핍 과잉행동장애(ADHD)가 없는 또래에 비해 청소년기에 품행장애, 반사회적 성격장애가 나타날 가능성이 높으며, 그 결과 물질관련장애를 경험할 가능성을 증가시킨다. 지속적인 노력이 필요한 과제에 대한 부적절하고 다양한 노력은 종종 다른 사람들에게 나태하고 책임감이 부족하며 협동심이 없는 것처럼 보이기도 한다. 또한 가족 간의 불화, 부정적 상호작용의 가족관계가 특징으로 나타난다. 또래관계에서도 배척, 무시,

놀림을 경험하게 된다. 주의력결핍 과잉행동장애(ADHD)의 학업적 결함, 학교 관련 문제와 또래들의 무시는 부주의 증상과 강한 상관이 있고, 또래들의 배척과 그 정도가 심하지 않더라도 우발적인 가해는 과잉행동 또는 충동성 증상이 있을 때 두드러지게 나타난다.

주의력결핍 과잉행동장애(ADHD)를 경험하는 경우 부주의, 과잉행동 및 충동성의 증상과 2차적인 영향으로 인해 학교생활에 부적응적인 행동을 보일 가능성이 매우 높으며, 그 결과 학교폭력으로 이어질 수 있다.

2) 파괴적, 충동조절 및 품행장애

파괴적, 충동조절 및 품행장애는 정서 및 행동에 대한 자기조절문제와 관련 있으며, 아동기나 청소년기에 처음으로 발병하는 경향이 강하다. 이 장애는 여성보다 남성에서 더 흔하게 나타난다. 그러나 남성에서 상대적으로 더 우세한 정도는 장애의 종류에 따라 다르고, 같은 장애 내에서도 연령대에 따라 차이가 있다. 이 장애와 관련된 문제들은 다른 사람의 권리를 침해하는 것(예: 공격성, 재산파괴), 그리고 사회적 규준, 권위자 혹은 성인과 현저한 갈등을 유발하는 행동을 보인다는 점이다. 이 장애에는 적대적 반항장애, 간헐적 폭발장애, 품행장애 등이 포함된다.

적대적 반항장애의 핵심 특징은 분노 · 과민한 기분, 논쟁적 · 반항적 행동 또는 보복적 특성이 빈번하고 지속적인 것이다. 적대적 반항장애에서는 부정적인 기분 문제가 수반되지 않고 행동문제가 보이는 경우도 종종 있다. 그러나 이 장애가 있는 사람들은 전형적으로 행동문제뿐만 아니라 분노 · 과민한 기분 증상도 함께 보인다. 적대적 반항장애의 증상들은 한 가지 상황에서만 나타날 수도 있으며, 집에서만 문제를 보이는 경우가 가장 흔하다. 집에서만 이런 문제를 보인다 하더라도 진단적 역치를 충족하는 충분한 증거가 있다면 현저한 사회적 기능의 손상이 있을 수 있다. 반항행동은 형제자매 간에서 흔히 보일 수 있기 때문에 형제자매가 아닌 다른 사람들과의 상호작용에서도 관찰되는지 확인해야 한다. 또한 이 장애의 증상은 전형적으로 성인과의 상호작용이나 개인적으로 잘 아는 또래들과의 관계에서 나타나는 경향이 있다.

간헐적 폭발장애에서 보이는 충동적인 공격적 행동폭발은 급성으로 발병하며, 반복적이고 충동적이며 문제가 되는 공격 행동은 대개 아동기 후반이나 청소년기에 시작되며, 40세 이상의 사람들에게서 처음 나타나는 경우는 드물다. 간헐적 폭발장애의 경과에서 충동적인 공격적 행동폭발이 반복되는 삽화로 나타날 수 있다. 충동적인 공격적 행동폭발은 그것이 유형적인 대상이냐 아니냐에 상관없이 대상을 손상시키거나 파괴하기도 하고, 사람이나 동물을 공격하거나 때리거나 상해를 입히는 것이 특징이다.

품행장애의 핵심 특징은 다른 사람의 기본 권리를 침해하고 연령에 적절한 사회적 규범 및 규칙을 위반하는 지속적이고 반복적인 행동 양상이다. 이런 행동은 크게 4가지 영역, 즉 다른 사람이나 동물에게 신체적 위해를 주는 공격행동, 재산손실이나 파괴를 야기하는 비공격적인 행동, 사기 또는 절도, 심각한 규칙 위반이 있으며, 이 중 3가지 이상의 행동이 지난 12개월 동안 존재해야 하며, 적어도 지난 6개월 동안 존재해야 한다. 품행장애가 있는 사람은 흔히 공격적 행동을 취하고, 다른 사람들에게 공격적으로 반응한다. 다른 사람을 괴롭히고, 위협하거나 협박한다(문자나 인터넷 기반 소셜미디어를 통한 괴롭힘도 포함), 자주 신체적인 싸움을 건다, 다른 사람에게 심각한 신체적 손상을 입힐 수 있는 무기를 사용한다(예: 방망이, 벽돌, 깨진 병, 칼, 총), 사람이나 동물에게 신체적으로 잔인하게 대한다, 피해자가 보는 앞에서 도둑질을 한다(예: 노상강도, 소매치기, 강탈, 무장강도), 다른 사람에게 성적 활동을 강요하는 등의 행동을 보인다. 신체적인 폭력은 강간, 폭행, 드물게는 살인과 같은 형태로 표현될 수도 있다. 고의적인 재산 파괴에는 심한 손해를 입힐 목적으로 고의로 방화를 계획하는 경우와 다른 방식(예: 자동차 창문을 파손하기, 학교 기물 파손하기)을 사용하여 고의로 타인의 재산을 파괴하는 경우가 있다. 사기 또는 절도 행위에는 다른 사람의 집, 건물 또는 자동차를 망가뜨리는 경우와 어떤 물건을 얻거나 환심을 사기 위해 또는 의무를 피하기 위해 자주

거짓말을 하는 경우(예: 다른 사람을 속인다), 그리고 피해자와 대면하지 않은 상황에서 귀중품을 훔치는 경우(예: 파괴와 침입이 없는 도둑질, 문서위조)가 포함된다.

품행장애가 있는 사람은 자주 심각한 규칙 위반을 보인다(예: 학교, 부모, 직장에서). 품행장애 아동들은 부모의 제지에도 불구하고 13세 이전부터 자주 밤늦게까지 들어오지 않는다. 또한 집에서 가출하는 양상을 보이기도 한다.

3) 우울증

우울장애는 파괴적 기분조절부전장애, 주요우울장애(주요우울 삽화 포함), 지속성 우울장애(기분저하증), 월경전불쾌감장애, 물질·약물치료로 유발된 우울장애, 다른 의학적 상태로 인한 우울장애, 달리 명시된 우울장애, 명시되지 않는 우울장애를 포함한다. 이 장애의 공통적인 특징은 슬프고, 공허하거나 과민한 기분이 있고, 개인의 기능 수행 능력에 영향을 주는 신체적·인지적 변화가 동반되는 것이 특징이다.

파괴적 기분조절부전장애(Disrptive Mood Dysregulation Disorder)는 전형적인 양극성장애에 비해 만성적이고 지속적인 과민성을 보이는 아동에게 적절한 진단적 분류 및 치료를 위해 DSM-5에 추가되었다. 파괴적 기분조절부전장애의 주요 특징은 만성적이고 지속적인 과민성이다. 이러한 고도의 과민한 기분은 2가지 두드러진 임상적 징후를 보이는데, 첫째는 빈번한 분노발작이다. 이는 전형적으로 좌절에 대한 반응으로 나타나며 언어적일 수도 있고 행동적일 수도 있다(후자의 경우 사물, 자신, 타인에 대한 공격성의 형태로 나타난다). 이 증상들은 반드시 빈번하게 발생하여야 하며, 가정과 학교와 같이 2가지 이상의 환경에서 최소한 1년 이상 발생하고, 발달적으로 부적절해야 한다. 고도의 과민한 기분의 두 번째 징후는 분노발작 사이에 만성적이고 지속적으로 과민한 또는 화가 난 기분이 존재하는 것이다. 과민하거나 화가 난 기분이 이 장애를 가진 아동에서 특징적으로 거의 매일, 하루의 대부분 시간 동안 나타나며 객관적으로 관찰할 수 있어야 한다.

우울증을 보이는 아동은 가족 및 또래와의 관계 그리고 학교에서의 수행능력 저하와 밀접한 관련이 있다. 극도로 낮은 좌절에 대한 내성으로 인해 이러한 아동들은 일반적으로 학교에 적응하는 데 어려움을 경험한다. 이들은 또래 아동들이 일반적으로 즐기는 활동에 참여하지 못하는 경우가 많으며, 친구 관계를 형성하고 유지하는 데 어려움을 겪는다. 아동 우울증 증상으로는 학교 공포증, 부모에 대한 지나친 집착 등이 나타날 수 있으며, 청소년 우울증 증상으로는 학업능력 저하, 물질남용, 무단결석, 가출 등으로 나타나기도 한다.

통계청과 여성가족부(2021)의 청소년 우울증 경험을 살펴보면〈그림 4-10과 표 4-6〉, 2020년 중·고등학생 25.2%은 최근 1년내 우울감을 경험하였으며, 고등학생 27.4%, 중학생 22.9%가 1년내 우울감을 경험하였고, 여학생(30.7%)이 남학생(20.1%)보다 우울감 경험률이 높은 것으로 나타났다.

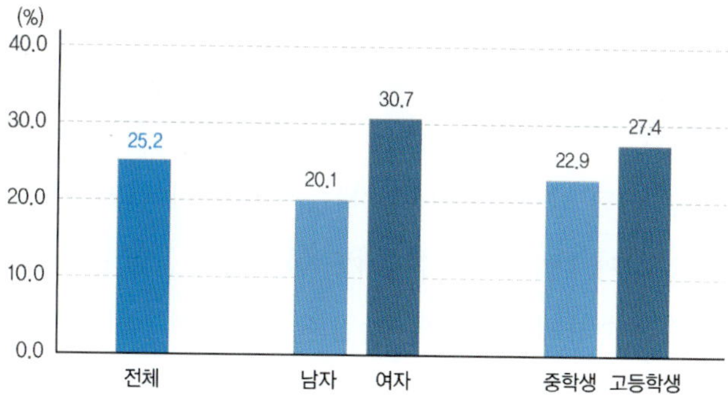

그림 4-10. **우울감 경험률(2020)**

출처: 통계청, 여성가족부(2021). 2021 청소년 통계.

표 4-6. 우울감 경험률 (단위: %)

	우울감 경험률[1]	남자	여자	중학생	고등학생
2011	32.8	28.0	38.2	30.0	35.5
2012	30.5	25.5	36.0	28.2	32.6
2013	30.9	25.2	37.1	29.0	32.6
2014	26.7	22.2	31.6	24.4	28.8
2015	23.6	19.7	27.8	21.2	25.6
2016	25.5	20.9	30.5	22.7	27.7
2017	25.1	20.3	30.3	23.5	26.4
2018	27.1	21.1	33.6	25.2	28.7
2019	28.2	22.2	34.6	26.9	29.4
2020	25.2	20.1	30.7	22.9	27.4

주: 1) 최근 1년 동안 2주 내내 일상생활을 중단할 정도로 슬프거나 절망감을 느낀 적이 있는 사람의 분율
출처: 통계청, 여성가족부(2021). 2021 청소년 통계.

4) 알코올

알코올 사용장애에는 금단, 내성 그리고 갈망감이 포함된 행동과 신체 증상의 집합체로 정의된다. 알코올 금단은 과도하게 장기간 음주하던 것을 중단하거나 양을 줄인 지 4~12시간 정도 후 금단 증상들이 나타나는 것이 특징이다. 알코올로 인한 금단은 불쾌하고 강렬하기 때문에 개인은 부작용에도 불구하고 금단 증상들을 피하거나 경감시키기 위해 음주를 지속하게 된다. 일부 금단 증상(예: 수면문제)은 몇 달간 강도가 약할 정도로 지속될 수 있고, 재발의 원인이 될 수도 있다. 1회 반복되고 강한 사용 양상이 발생하면, 알코올 사용장애를 가진 사람은 상당 기간 동안 알코올성 음료를 얻고 소비하는 데 몰두하게 된다.

알코올에 대한 금단은 다른 것을 생각하기 어려울 만큼 강한 음주 욕구를 말하며, 주로 음주의 시작으로 이루어진다. 급성 중독의 영향 혹은 음주 이후의 효과로 인해 학업적 혹은 직업적 수행에 어려움을 겪고, 육아나 집안일도 소홀해지고, 음주와 관련

하여 학교나 직장을 빠질 수도 있다. 이들은 신체적으로 위험한 상황에도 음주한다(예: 운전, 수영, 중독 상태에서 기계조작). 결국 알코올 장애가 있는 사람들은 지속되는 음주로 인한 신체적(예: 일시적 기억상실, 간 질환), 정신적(예: 우울), 사회적 혹은 대인관계의 문제(예: 중독 상태에서 과격한 언쟁)가 있다는 사실을 알면서도 음주를 지속한다.

특히 청소년에게 알코올은 신체 및 정신에 부담을 줄 뿐만 아니라 과도하게 마시면 과운동, 발한, 떨림, 얼굴과 사지에 경련 등과 같은 이상을 초래한다. 알코올 문제는 그가 속한 사회가 인정하는 수준을 넘는 술을 마시고, 그 때문에 건강과 대인관계에 장애가 있는 만성행동장애로 볼 수 있으며, 비록 중독은 아니더라도 청소년의 경우 음주로 인해 2차적 사고, 즉 폭력행동을 보이는 경우가 흔하다.

통계청과 여성가족부(2021)의 청소년의 흡연율과 음주율 현황을 살펴보면〈그림 4-11과 표 4-7〉, 2020년 흡연율은 4.4%, 음주율은 10.7%로 나타났으며, 흡연율은 남자(6%)가 여자(2.7%), 음주율도 남자(12.1%)가 여자(9.1%)보다 많은 것으로 나타났다.

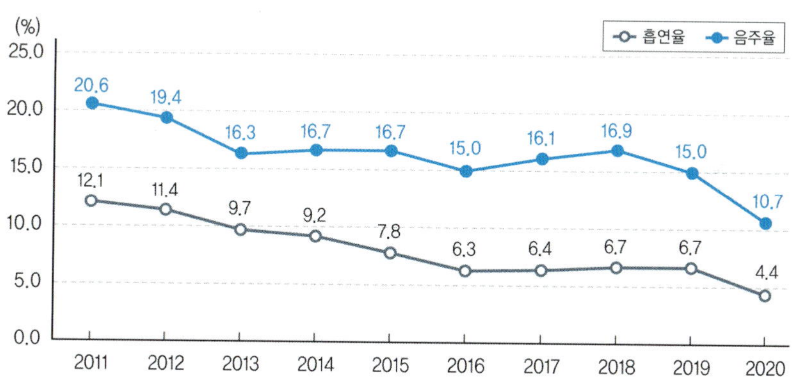

그림 4-11. 청소년의 음주와 흡연

출처: 통계청, 여성가족부(2021). 2021 청소년 통계.

표 4-7. 청소년의 음주 및 흡연 실태

(단위: %)

	현재 흡연율[1)]	중학생	고등학생	현재 음주율[2)]	중학생	고등학생
2011	12.1	8.1	16.1	20.6	12.0	29.0
2012	11.4	7.2	15.4	19.4	10.3	28.2
2013	9.7	5.5	13.8	16.3	8.3	23.8
2014	9.2	4.7	13.5	16.7	8.3	24.6
2015	7.8	3.3	11.7	16.7	7.4	24.9
2016	6.3	2.5	9.5	15.0	6.5	21.9
2017	6.4	3.0	9.2	16.1	7.6	23.0
2018	6.7	3.0	9.8	16.9	8.5	24.2
2019	6.7	3.2	9.9	15.0	7.6	21.8
2020	4.4	1.7	7.1	10.7	5.4	15.9
남자	6.0	1.9	10.1	12.1	5.8	18.3
여자	2.7	1.5	3.8	9.1	5.0	13.2

자료: 교육부 · 질병관리청, 「청소년건강행태조사」, 중 · 고등학생 대상

주: 1) 최근 30일 동안 1일 이상 일반담배(궐련)를 흡연한 사람의 분율

2) 최근 30일 동안 1잔 이상 술을 마신 적이 있는 사람의 분율

출처: 통계청, 여성가족부(2021). 2021 청소년 통계.

4. 청소년 자살

우리나라는 1997년 IMF 경제위기 이후 자살문제가 큰 사회적 문제로 부각되기 시작하였다. 우리나라는 2017년 한 해 동안 12,463명이 자살하면서 하루 평균 34.15명이 자살을 하고 있는 것으로 나타났다. 이것은 OECD 국가 중 자살률 1위, 자살 증가율 1위의 불명예를 나타내는 것이다. 더구나 자살기도자는 자살자의 10~20배가 된다는 통계를 볼 때, 우리 국민은 자살 또는 자살기도로 큰 정신적 충격과 고통을 경험하고 있는 것으로 보고되고 있다. 특히 10대 청소년들의 사망원인 중 1위가 자살로 나타났다. 청소년 사망원인을 살펴보면〈그림 4-12와 표 4-8〉, 2019년 한 해 청소년 사망은

1,953명이었으며, 그중 고의적 자해(자살)은 876명으로 44.85%를 차지하고 있는 것으로 나타났다.

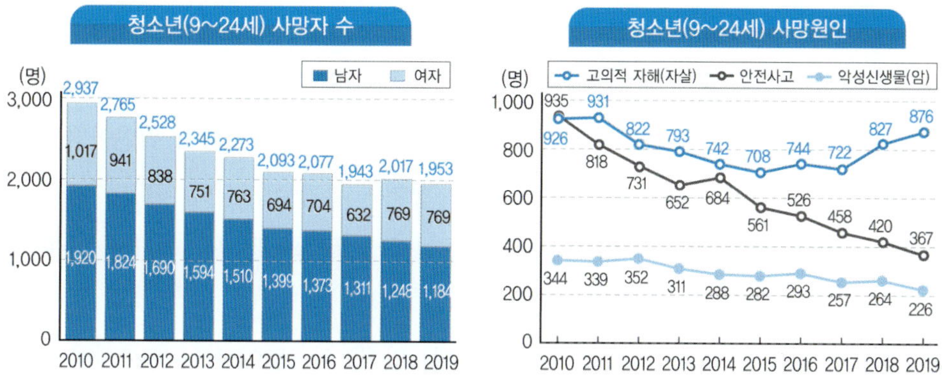

그림 4-12. 청소년 사망원인 1위 고의적 자해(자살)

출처: 통계청, 여성가족부(2021). 2021 청소년 통계.

표 4-8. 청소년(9~24)의 사망원인

(단위: 명, 청소년 인구 10만 명당 명)

	사망자 수 (명)	사망원인(사망률)[1]		
		1위	2위	3위
2010	2,937	안전사고[2] (8.9)	고의적 자해(자살) (8.8)	악성신생물(암) (3.3)
2011	2,765	고의적 자해(자살) (8.9)	안전사고 (7.8)	악성신생물(암) (3.3)
2012	2,528	고의적 자해(자살) (8.0)	안전사고 (7.1)	악성신생물(암) (3.4)
2013	2,345	고의적 자해(자살) (7.8)	안전사고 (6.4)	악성신생물(암) (3.1)
2014	2,273	고의적 자해(자살) (7.4)	안전사고 (6.9)	악성신생물(암) (2.9)
2015	2,093	고의적 자해(자살) (7.2)	안전사고 (5.7)	악성신생물(암) (2.9)
2016	2,077	고의적 자해(자살) (7.8)	안전사고 (5.5)	악성신생물(암) (3.1)
2017	1,943	고의적 자해(자살) (7.7)	안전사고 (4.9)	악성신생물(암) (2.7)
2018	2,017	고의적 자해(자살) (9.1)	안전사고 (4.6)	악성신생물(암) (2.9)
2019	1,953	고의적 자해(자살) (9.9)	안전사고 (4.1)	악성신생물(암) (2.6)

자료: 통계청,「인구동향조사」 및 「사망원인통계」

주: 1) ( ) 안의 수치는 사망률, 사망률 = (사망자수/당해 연도 9~24세 연앙인구)*10만 명

2) 운수사고, 추락, 익사, 화재, 중독, 기타 외인

출처: 통계청, 여성가족부(2021). 2021 청소년 통계.

청소년들이 자살로 생을 마감하고 있다는 현실은 생명을 경시하는 사회적인 풍조와 무관하지 않다. 청소년의 자살의 원인을 어느 한 가지 원인으로 설명하기는 매우 어렵다. 그러나 자살에 이르게 하는 과정상에 영향을 주는 것으로 생각되는 일반적 요인으로는 크게 네 가지로 구분할 수 있다. 첫째, 개인의 성격적 특성과 감정에 의한 개인심리적 원인이다. 둘째, 학교, 가정, 친구관계 및 사회변화 등에 영향을 받는 사회환경적 원인이다. 셋째는 우울증, 충동성, 만성신체질환 등의 정신질환적 원인이다. 넷째, 앞의 세 가지 요인이 복합된 것으로 학교폭력 경험의 결과로 자살이 나타나기도 한다. 예로 학교폭력으로 고통을 경험하는 청소년들이 학교폭력의 문제를 해결하기 위한 방법으로 자살을 선택하기도 한다.

청소년의 자살은 자살한 청소년 개인의 문제로만 끝나는 것이 아니라 사회적 파급효과가 큰 사회적 문제이다. 자살한 청소년을 둔 가족들은 그 죽음을 막지 못했다는 죄책감으로 평생 고통을 감수해야 하며, 친구들과 주위의 사람들은 정신적 충격과 함께 자살을 유발하게 하기도 한다. 또한 자살 청소년이 다녔던 학교와 지역 공동체는 불안한 마음을 갖게 되며, 생명경시 풍조가 확산될 가능성이 매우 높다. 더욱이 한 청소년의 자살 또는 자살기도로 인한 사회 · 경제적인 손실과 치료비용은 국가적으로도 큰 부담을 주게 된다.

청소년들의 대부분은 숙제를 하거나, 그림을 그리거나, 간접적인 언어적 표현 중에 자살에 대해 말할 수 있다. 또한 다양한 수단을 사용하여 실제 자살시도를 할 수 있다. 그런 상황에서 신속하고, 합리적인 결정을 통해 자살을 방지하는 지혜가 필요하다.

5. 청소년과 대중매체

대중매체란 신문, 서적, 잡지, 라디오, 영화, TV, 컴퓨터 등 일반 대중을 대상으로 하는 정보 전달 매체를 의미하며, 우리의 일상생활에 미치는 영향력은 매우 높다. 대중매체가 우리생활의 다양한 정보를 빠르게 전달하여 삶의 질에 긍정적인 영향을 미치고 있지만 부정적인 영향도 많다. 특히 청소년들에게 부정적인 영향을 미치는 것으로 대중매체의 폭력성을 볼 수 있다.

대중매체의 폭력성은 대중매체를 통해 무기(예: 칼, 폭탄, 돌, 나무 등)를 사용한 싸움, 구타, 무기를 사용하지 않은 싸움 및 구타와 욕설, 언쟁, 고함 등의 장면을 듣거나 본 경험, 사람의 안전이나 생명을 불안하게 하는 위협이나 협박 등을 사용하는 장면이 청소년들에게 간접적으로 노출되는 경우를 의미한다.

대중매체의 폭력성은 비단 TV 매체뿐 아니라 영화, 비디오, 컴퓨터게임, 각종 서적으로까지 확대하여 생각할 수 있으며 청소년들이 이러한 유해매체에 자주 접촉할수록 폭력행동에 대한 학습효과가 커진다고 보고되고 있다. 즉, 이 현상은 사회학습 이론으로 설명할 수 있는데, 인간은 직접 경험하지 않고 눈으로 관찰하는 것으로도 학습이 일어날 수 있다는 주장에 근거한다. 대중매체를 통해 이루어지는 사회적 학습이란 대중매체에서 제시하는 모델로부터의 모방, 동일시, 역할학습 등을 통해 이루어지는 것으로 이전의 대가족사회에서 가족 간에 담당했던 기능을 TV가 대신하면서부터 청소년들이 대중매체를 통해 모방, 시행착오 등을 거치면서 사회화가 되어 가는 것이다. 이런 이유로 청소년들이 유해매체에 자주 접촉할수록 폭력에 대한 태도 형성에 직·간접적으로 영향을 받으며 폭력행동에 대한 학습효과가 커진다는 것을 유추할 수 있으며, 실제로 폭력적이고 범죄적인 내용을 많이 접촉하는 청소년일수록 비행을 많이 일으킨다고 보고되고 있다. 그 이유로는 대중매체의 폭력에 대한 빈번한 노출은 실제 생활에 대한 감정반응을 둔화시키며 TV, 비디오, 컴퓨터게임 등 매체의 폭력적인 내용은 현실과 가상의 구분력을 약화시키고, 갈등상황에서 폭력적으로 쉽게 문제를 해결하도록 가르치며, 폭력에 대한 미화와 심지어는 폭력에 대한 보상을 줌으로써, 특히 성인보다는 청소년에게 미치는 부정적인 영향은 더욱 크게 작용하기 때문이다. 최근 청소년에게 가장 영향을 미치는 대중매체는 인터넷과 스마트폰이다.

1) 인터넷 사용

인터넷 중독의 기본개념은 가상공간의 활용에 집착하고 의존하여 기분의 변화, 내성, 금단 증상, 현실생활에 지장을 받을 정도의 신체적 · 정신적 · 사회적 이상 현상을 경험하는 것을 말한다. 인터넷 중독과 관련되어 흔히 호소하는 증상으로는 수면부족이다. 가족과 함께 시간을 보내거나 사교활동, 학교나 건강유지를 위한 행동이나 운동 등 여타의 중요한 활동을 무시하고, 하루 중 많은 시간을 인터넷에 접속하여 보내며, 주변의 가까운 사람, 친한 친구, 또는 가족이 접속행동에 대해 못마땅해 한다. 또한 접속 중이 아닌데도 불구하고 계속하여 접속 시의 경험을 생각한다. 온라인 접속시간을 줄이려고 노력하며 굳게 다짐하기도 하지만 마음대로 되지 않는다. 잠깐 동안만 접속한다고 스스로 다짐하지만 몇 시간이 지나고 나서야 시간이 많이 지났다는 것을 깨닫는 경우가 흔하다.

인터넷과 미디어는 현대인이 반드시 익히고 사용해야 할 필수품이 되었다. 인터넷을 통해 정보를 구하고, 물건을 구매하고, 멀리 있는 사람들과 연락을 주고받는다. 이와 같은 순기능 외에도 과도한 사용으로 부작용이 나타나기도 한다. 인터넷 사용의 장 · 단점은 〈표 4-9〉와 〈표 4-10〉에 제시되어 있다.

표 4-9. **인터넷 사용의 장점**

- 다중 정체성의 형성으로 현실과는 다른 모습으로 다른 사람과 상호작용을 할 수 있어 사이버상의 대인 관계에서 자신감을 가질 수 있다.
- 성격적으로 소심하거나 수줍음이 많아 다른 사람 앞에 나서기 어려운 사람이 사이버공간에서 활동함으로써 자신감이 생길 수 있다.
- 사이버공간은 자신의 의견이나 생각을 자유롭게 표현할 수 있는 기회가 많아 자기주장이 뚜렷해지고, 자신감 또는 자기효능감이 높아질 수 있다.
- 다양한 배경을 가진 사람과 의사소통을 할 수 있게 되어 사회적 배경, 연령, 성 등에 상관없이 개방적이고 평등한 인간관계를 형성할 수 있다.

표 4-10. **인터넷 사용의 단점**

- 인터넷의 과다 사용으로 사이버공간에서의 익명성과 다중 정체성으로 분절된 자아상을 형성하게 되어 자아정체감 혼미의 현상으로 이어질 수 있다.
- 사이버상에서의 즉각적 반응은 충동적 성향으로 이어질 수 있다.
- 사이버공간의 활동은 익명성에 의해 타인을 배려하는 사회적 능력을 감소시키고, 현실에서 충족되지 못하는 사회적 욕구를 가상공간에서 추구하다 보면 현실감각이 떨어질 수 있다.

청소년 인터넷 주 평균 사용 현황을 살펴보면〈표 4-11〉, 2020년 10대 청소년은 인터넷을 일주일에 27.6시간 이용하였으며, 10대 인터넷 이용 시간은 2019년 대비 10.0시간 증가한 것으로 나타났다. 그리고 2020년 20대는 인터넷을 일주일에 29.5시간 이용하였으며, 20대 인터넷 이용 시간은 2019년 대비 5.2시간 증가한 것으로 나타났다.

표 4-11. **인터넷 주 평균 이용시간** (단위: 시간)

	2014	2015	2016	2017	2018	2019	2020
10대	14.4	14.5	15.4	16.9	17.8	17.6	27.6
20대	20.5	21.0	22.8	23.6	24.2	24.3	29.5

자료: 과학기술정보통신부 · 한국지능정보사회진흥원,「인터넷이용실태조사」
주: 1) 이동전화, 스마트폰, 스마트패드, IPTV, 인터넷전화 등을 이용한 인터넷 접속을 모두 포함
출처: 통계청, 여성가족부(2021). 2021 청소년 통계.

인터넷 이용 목적에 대한 조사〈표 4-12〉에서는 10대 청소년은 교육 · 학습, 여가활동, 커뮤니케이션 순이었고, 20대는 자료 및 정보 획득, 커뮤니케이션, 여가활동 순서로 나타났으며, 교육 · 학습 목적의 인터넷 이용은 10대와 20대에서 2019년 대비 각각 16.4%, 12.4% 증가하였고, 홈페이지 등 운영은 10대와 20대에서 2019년 대비 각각 5.1%, 4.4% 감소한 것으로 나타났다.

표 4-12. **인터넷 이용 목적[1](복수응답)** (단위: %)

		여가활동	커뮤니케이션	자료 및 정보 획득	교육 · 학습	홈페이지 등 운영	직업 · 직장
2016	10대	97.5	95.1	88.4	72.4	51.5	7.9
	20대	98.5	99.9	99.8	60.4	74.7	42.2
2017	10대	98.9	97.1	92.6	73.6	53.8	7.8
	20대	99.4	100.0	100.0	64.3	78.2	51.3
2018	10대	99.5	98.2	95.6	83.8	70.1	7.7
	20대	99.7	100.0	100.0	65.5	90.9	59.8
2019	10대	99.5	98.6	96.0	83.5	69.9	8.9
	20대	99.7	100.0	100.0	70.2	91.8	60.8
2020	10대	99.1	98.5	95.2	99.9	64.8	9.4
	20대	99.8	99.9	100.0	82.6	87.4	51.5

자료: 과학기술정보통신부 · 한국지능정보사회진흥원,「인터넷이용실태조사」
주: 1) 최근 1년 이용자
출처: 통계청, 여성가족부(2021). 2021 청소년 통계.

인터넷 서비스 이용률에 대해 각 학급별로 살펴보면〈그림 4-13과 표 4-13〉, 2020년 초등학생이 이용하는 인터넷 서비스는 인스턴트 메신저(83.8%), SNS(36.0%), 인터넷 쇼핑(28.6%), 이메일(21.1%), 인터넷 뱅킹(11.6%) 순이었고, 중학생이 이용하는 인터넷 서비스는 인스턴트 메신저(98.7%), SNS(74.2%), 이메일(52.0%), 인터넷 쇼핑(45.7%), 인터넷 뱅킹(18.2%) 순이었고, 고등학생이 이용하는 인터넷 서비스는 인스턴트 메신저(99.2%), SNS(81.4%), 이메일(65.1%), 인터넷 쇼핑(63.1%), 인터넷 뱅킹(39.6%) 순이었고, 대학생이 이용하는 인터넷 서비스는 인스턴트 메신저(99.8%), 이메일(94.3%), 인터넷 쇼핑(92.8%), SNS(90.8%), 인터넷 뱅킹(88.5%) 순으로 나타났다.

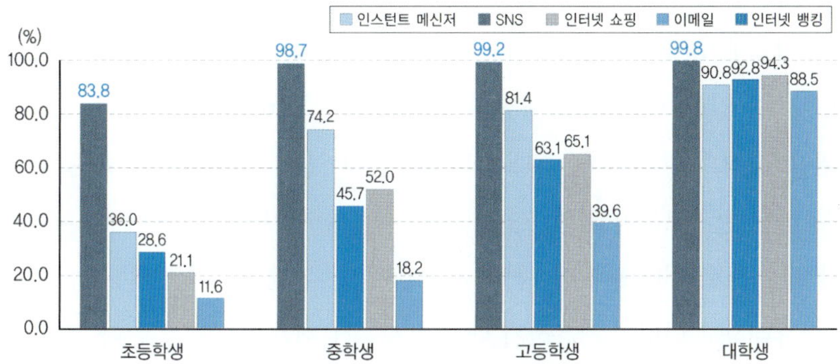

그림 4-13. 인터넷 서비스 이용률(2020)

출처: 통계청, 여성가족부(2021). 2021 청소년 통계.

표 4-13. 인터넷 서비스 이용률[1](복수응답)

(단위: %)

	인스턴트 메신저[2]	주 이용 서비스			SNS	주 이용 서비스				인터넷 쇼핑[3]	이메일	인터넷 뱅킹[3]
		카카오톡	페이스북 메신저	라인		페이스북	카카오스토리	인스타그램	블로그			
초등학생	83.8	99.0	14.8	3.3	36.0	63.0	23.2	45.4	10.8	28.6	21.1	11.6
중학생	98.7	99.2	35.3	5.1	74.2	71.9	22.8	63.2	14.9	45.7	52.0	18.2
고등학생	99.2	98.9	38.1	6.9	81.4	72.4	21.1	70.0	14.7	63.1	65.1	39.6
대학생	99.8	97.8	45.2	9.0	90.8	78.4	17.1	75.4	17.3	92.8	94.3	88.5

자료: 과학기술정보통신부 · 한국지능정보사회진흥원,「인터넷이용실태조사」
주: 1) 최근 1년 이용자
2) 컴퓨터, 스마트폰 등으로 온라인상에서 개인 간 실시간으로 메시지, 사진 등의 데이터를 주고받을 수 있는 서비스로 카카오톡, 라인, 네이트온, 페이스북 메신저, 텔레그램 등이 포함
3) 인터넷 쇼핑과 인터넷 뱅킹은 12세 이상임
출처: 통계청, 여성가족부(2021). 2021 청소년 통계.

2) 스마트폰 사용

스마트폰은 일반 PC와 같은 고기능의 운영체제(OS)를 탑재하여 '손 안의 PC'로 불린다. 일반적인 휴대전화의 기본 기능이었던 음성통화와 문자메시지 기능 이외에 정보검색, 음악 감상, 게임, 교육, 금융, 메신저, 사진촬영, 동영상 등을 시간과 공간의 제약 없이 사용할 수 있는 다기능 휴대전화이다(나혜연, 2016).

스마트폰의 특징으로는, 첫째, 휴대성과 편리성에 있다. 기존의 인터넷은 PC를 켜고 접속해서 이용하는 번거로움이 있었다면, 스마트폰은 PC에 비해 크기가 작아 휴대하기 간편하고, 터치 한 번으로 인터넷에 접속하여 정보를 얻을 수 있다. 두 번째는 접근성과 지속성이 좋다. 늘 휴대하고 다니며 사용하기 때문에 시공간 제약을 받지 않는다. 그로 인해 문자메세지를 주고받거나 인터넷에 댓글을 다는 것이 지속으로 가능하다. 셋째는 개인 적합성에 있다. 스마트폰을 통해 자신이 원하는 콘텐츠를 선택하여 사용할 수 있는데, 학생은 교육 관련 어플리케이션을 이용하여 사전, 책, 뉴스 등 학습 콘텐츠를 활용할 수 있으며, 직장인은 스마트폰을 활용하여 실시간으로 금융, 유통 등의 업무가 가능하다. 그러나 이와 같은 다양한 기능들로 인해 이용자들이 스마트폰에 쉽게 빠져들게 되며, 과다몰입하게 되는 현상으로 이어져 각종 문제를 유발하는 요인이 되기도 한다(이창호 외, 2013).

중독이란 술이나 마약 따위를 지나치게 복용한 결과, 그것 없이는 견디지 못하는 병적 상태를 말한다. 흔히 스마트폰을 많이 사용하는 성인의 경우에 그럴 것이라 예상하지만, 이런 중독 현상은 특정 연령에서만 일어나는 현상이 아니다. 흔하게 가족끼리, 지인들끼리의 식사자리에서 앞의 사람과 대화하지 않고 각자 스마트폰에 심취해 있는 것을 볼 수 있다. 앞에 직접 대면하고 있는 상대방의 이야기는 경청하지 않으면서 SNS의 가상의 누군가의 글에는 답하고 있는 어처구니 없는 상황은 아주 흔한 풍경이다. 이런 환경에서 어린 연령일수록 스마트폰에 빨리 적응하고, 그 대신 더 빠른 속도로 자신에게 반응해 주길 기대한다. 그와 동시에 아이는 인내라는 것과 멀어지기 시작하는 것이다. 스마트폰의 중독 유형을 살펴보면 〈그림 4-14와 표 4-14〉와 같다.

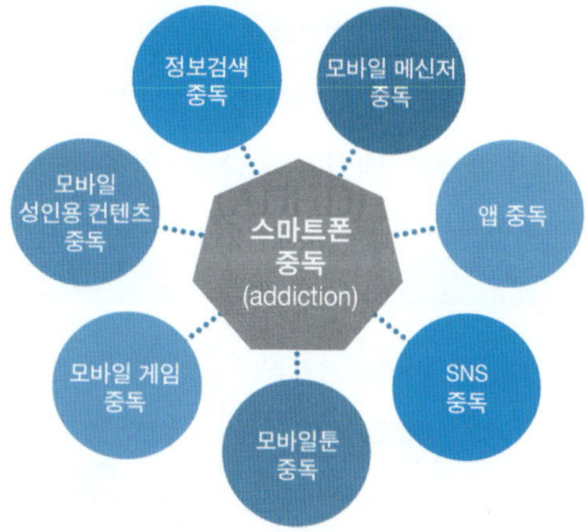

그림 4-14. **스마트폰 중독 유형**

표 4-14. **스마트폰 중독 유형**

구분	내용
정보 검색 중독	자신에게 정말 필요한 것보다는 정보수집 자체에 집착하여 강박적으로 웹사이트나 자료를 검색하는 경우
모바일 메신저 중독	모바일 메신저를 통한 인간관계에 몰두해 실제 인간관계를 등한시하는 경우
SNS 중독	개인 홈페이지, 인터넷 동호회 등을 운영하거나 SNS를 사용하는 데 과도하게 시간을 할애하는 경우
앱 중독(앱 피로 증후군)	스마트폰에서 모바일 앱을 끊임없이 내려 받기에 빠진 경우
모바일 게임 중독	스마트기기를 통한 게임을 과다 사용하는 경우
모바일툰 중독	스마트기기를 통한 웹툰을 과다 사용하는 경우
모바일 성인용 콘텐츠	섹스나 포르노 등의 내용물을 담고 있는 모바일 콘텐츠를 강박적으로 계속 탐색하는 경우(음란 채팅, 음란물 공유, 야동, 야설 등)

출처: 한국정보화진흥원(http://www.iapc.or.kr).

청소년 스마트폰 사용 현황과 주 이용 콘텐츠를 살펴보면〈그림 4-15, 그림 4-16, 표 4-15, 표 4-16〉, 2020년 10대 청소년 10명 중 4명(35.8%)은 스마트폰 과의존 위험군으로 나타났으며, 스마트폰 과의존 위험군은 전년 대비 5.6% 증가하였고, 여자(36.5%)가 남자(35.0%)보다 스마트폰 과의존 위험군 비중이 높으며, 학교급별로는 중학생 39.6%로 스마트폰 과의존 위험에 가장 취약하며, 고등학생 35.0%, 초등학생 30.5% 순서로 나타났다. 그리고 2020년 10대 청소년의 스마트폰 주 이용 콘텐츠는 메신저(98.3%), 영화 · TV · 동영상(98.2%), 학업 · 업무용 검색(96.6%), 게임(95.6%) 순서였고, 초등학생은 영화 · TV · 동영상, 중 · 고등학생은 메신저를 주로 이용하는 것으로 나타났다.

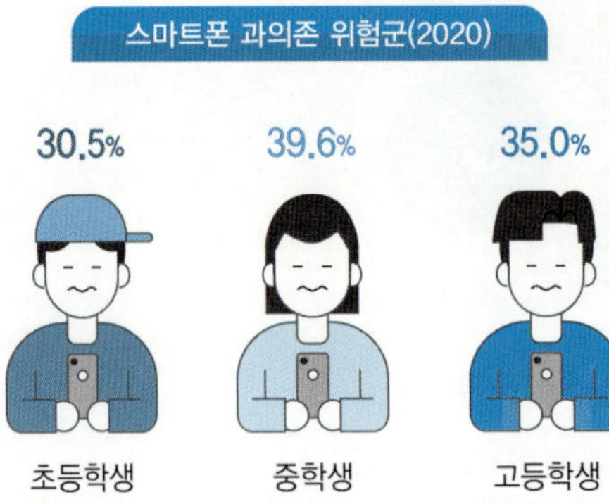

그림 4-15. 스마트폰 과의존 위험군(2020)

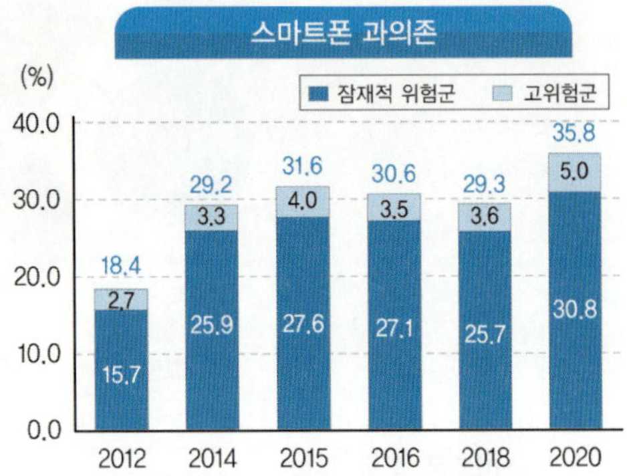

그림 4-16. 스마트폰 과의존

출처: 통계청, 여성가족부(2021). 2021 청소년 통계.

표 4-15. 스마트폰 과의존[1] 위험군 (단위: %)

	과의존 위험군 (10~19세)	고위험군	잠재적 위험군
2016	30.6	3.5	27.1
2017	30.3	3.6	26.7
2018	29.3	3.6	25.7
2019	30.2	3.8	26.4
2020	35.8	5.0	30.8
남자	35.0	5.0	30.0
여자	36.5	4.9	31.6
초	30.5	4.3	26.2
중	39.6	5.8	33.8
고	35.0	5.3	29.7

자료: 과학기술정보통신부 · 한국지능정보사회진흥원,「스마트폰과의존실태조사」

주: 1) 과도한 스마트폰 이용으로 스마트폰에 대한 현저성이 증가하고, 이용 조절력이 감소하여 문제적 결과를 경험하는 상태

출처: 통계청, 여성가족부(2021). 2021 청소년 통계.

표 4-16. **스마트폰 주 이용 콘텐츠(복수응답)**[1]

(단위: %)

		메신저	영화·TV·동영상	학업·업무용 검색	게임	관심사(취미) 검색	음악	상품/서비스 정보 검색
청소년(10~19세)		98.3	98.2	96.6	95.6	95.2	91.1	85.1
	초	88.2	97.6	83.3	95.6	74.4	79.3	54.9
	중	98.6	98.3	98.1	97.0	96.9	93.2	88.8
	고	99.7	98.4	98.5	93.8	98.9	95.6	93.3

자료: 과학기술정보통신부·한국지능정보사회진흥원,「스마트폰과의존실태조사」
주: 1) 10대 청소년의 스마트폰 이용률이 높은 상위 7개 콘텐츠
출처: 통계청, 여성가족부(2021). 2021 청소년 통계.

6. 청소년과 사회복지실천

청소년에게 발생되는 다양한 문제들은 오랫동안 연구되어 온 중요한 과제이다. 청소년 문제를 예방하는 차원에서 인성교육을 통해 학생들의 자아개념과 자아존중감이 형성되고 자아정체감도 확립된다는 많은 연구 결과가 발표되고 있다. 학교생활 적응을 높이기 위한 구체적인 방법을 살펴봄으로써 아이들의 학교 적응력을 높일 수 있을 것이다.

1) 긍정적 자아개념 형성

학생들이 적응을 잘한다는 것은 환경과의 상호작용에서 개인의 욕구를 잘 충족시킬 수 있다는 것이며, 또한 환경에 순응하는 것으로서의 적응과 자신의 욕구를 실현하는 것으로서의 적응을 동시에 추구할 수 있다는 것을 의미한다. 따라서 개인의 행복을

추구하고 동시에 자신이 당면한 문제상황에 효과적으로 대처하여 문제를 해결할 수 있는 능력이 있을 때 정신건강의 유지가 가능하다. 이에 청소년이 그들의 생활속에서 보다 잘 적응할 수 있도록 지도하기 위하여 수행하여야 할 구체적인 노력은 개별적 상황과 문제에 따라 다를 것이다. 하지만 이들에게 포괄적으로 적용할 수 있는 노력 중의 하나는 이들이 긍정적 자아개념을 갖도록 하는 것이다. 자기 자신에 대한 자아개념은 적응과 밀접한 관계가 있기 때문이다. 실제로 일상생활에서 적응을 잘하는 사람은 건강한 성격과 긍정적 자아개념을 가지고 있다는 특성을 공유하는 것으로 나타났다(안범희, 2000).

자신에 대한 자아상이라고 할 수 있는 자아개념(self-concept)은 자기 자신을 좋아하는지에 대한 감정인 자아존중감(self-esteem)과 자신의 능력에 대하여 자신감을 가지고 있는지에 대한 자아자신감(self-confidence)이 핵심적 구성요소라 할 수 있다(황정규, 1998). 이 두 요소에 따라 자기 자신에 대한 긍정적 혹은 부정적 자아개념이 형성된다. 따라서 청소년이 건강한 성격과 긍정적 자아개념을 지닐 수 있도록 가정이나 학교에서의 지도가 필요하다. 이를 위한 방법으로서 하마체크(Hamachek, 1995)는 다음과 같은 방법을 제시하고 있다. 청소년의 자아를 고양시키는 방법으로서, 첫째, 수용적 태도를 길러준다. 부모는 자녀의 생각과 느낌을 표현할 수 있도록 허용하는 환경을 마련하여 자녀 스스로가 있는 그대로의 자신을 수용하고 개방적 태도를 갖도록 도와주어야 한다. 둘째, 가정에서의 상호작용 기회를 확대한다. 셋째, 확고하고, 공정하고, 명시적인 규칙을 세우고 이를 지키게 한다. 무엇이 옳고 그른지에 대하여 명확한 규칙이 분명하게 세워져 있을 때 잘못된 행동을 줄일 수 있다. 넷째, 자녀로 하여금 성공에의 확신을 심어 주고, 성공의 기회를 많이 만들어 준다.

부정적 자아개념을 형성한 청소년은 일이 잘못되면 무조건 다른 사람의 잘못으로 돌리고, 열등감을 많이 가지며, 욕구좌절을 참지 못하고 인내심이 부족하다. 또한 나중에 범죄, 약물남용, 성적 문란, 가출 등의 문제행동을 보이기도 한다. 이처럼 자존감은 한 개인이 자신의 잠재력을 발휘하거나 행복한 삶을 사는 것과 직결되는 중요한 문제이다(신현균, 김진숙, 2002).

발달적 측면에서 볼 때 무한한 가능성과 잠재력을 지닌 중요한 시기인 청소년기에 자신에 대한 긍정적 자아개념을 갖도록 하는 것은 매우 중요한 문제이다. 많은 청소년이 자신을 좋아하지 않고 자기의 능력에 대한 무능감에 빠져 부정적 자아상을 갖게 되는 것은 청소년 개인의 일생에 관한 문제일 뿐 아니라 국가의 장래를 위해서도 비극적인 일이 아닐 수 없다.

우리 사회가 안고 있는 병폐 중의 하나인 학벌주의나 지나친 학력열풍으로 현재 많은 청소년이 그들의 다양한 꿈과 자유로운 활동을 적극적으로 시도해 보지도 못하고 오로지 대학입시를 위해 타율적이고 강제적인 환경속에서 공부를 하고 있다. 특히 경쟁적 학교풍토속에서 학생들은 학업성적에 의한 무능감에 부정적 자아개념을 가지고 있는 경우가 많다. 상대평가체제에서 상위층에 속하는 일부 학생을 제외한 나머지 대다수의 학생은 학업성적에서 실패의 경험을 하게 되고 이것은 누적되어 학업에 대한 부정적 자아개념을 형성할 수 있다. 새로운 것에 대한 시도, 창의적 사고로 도전을 감행하거나 미지의 것을 탐색하려는 용기는 자신에 대한 긍정적 자아개념이 형성되어 있을 때 더 잘 나타날 수 있다.

청소년이 신체적으로나 정신적으로 건강하며 긍정적인 자아개념을 지닌 사람으로 성장하도록 보다 더 적극적인 관심을 가지고 도와주어야 한다. 청소년이 자유로운 학습분위기에서 미래를 위해 자기주도적으로 준비하며, 진지하면서도 적극적으로 공부하고, 신명 나게 뛰어놀 수 있는 환경을 마련해 주어야 한다. 또한 청소년 각자의 개성과 잠재력을 발휘할 수 있도록 그들의 가능성을 지지하고 이를 시험해 볼 수 있는 많은 경험과 다양한 기회가 제공되도록 가정과 학교 그리고 사회가 이를 지원하는 풍토를 마련해 주어야 한다.

2) 학습에 대한 내적 동기유발

우리는 무슨 일을 시작할 때 자신의 힘의 원천에 의해서 하는 경우도 있지만 외적인 환경에 의해서 하는 경우도 적지 않다. 이 용어가 낯설은 분들을 위해 '내적 · 외적' 동기유발의 설명을 먼저 하면 〈표 4-17〉과 같다.

표 4-17. **동기유발**

구분	내용
외적 동기유발	밖에서 어떤 위압을 가해서 부모나 교사가 바라는 목적을 달성하기 위한 수단을 외발적 동기유발이라고 한다. 이 수단에는 여러 가지가 있는데, 긴장감을 가질 수 있도록 위협한다거나, 돈이나 선물을 주거나, 신에게 비는 것은 밖으로부터의 외적 동기유발이라고 할 수 있다.
내적 동기유발	외적 동기유발과는 대조적으로, 오로지 자신의 의지로 자신에게 적극적으로 작용하여 자신의 속(마음)에 해야겠다는 의지가 용솟음치도록 하는 방법을 내발적 동기유발이라고 한다.

많은 성인들은 "내가 가르쳐 줄 테니 말을 잘 들어라"라고 하는 태도를 가지고 있다. 이러한 태도는 처음부터 성인에 대한 친근감도 교과에 대한 흥미도 가질 수 없게 만드는 원인이 된다. 이렇게 해서 공부를 싫어하게 만들어 놓고 성적에 대해 이러쿵저러쿵 간섭하게 된다. 겸허함을 잃어버린 성인에게 문제가 있는 경우 아이들은 피해자가 된다. 내적 동기유발을 자극해 줄 수 있는 성인이라면 가르치기보다는 아이들의 마음을 헤아려 줄 수 있어야 하고 불평불만이 있다면 편안한 대화방법을 통해 호의적으로 처리해 주어야 한다. 이런 활동을 통해 아이들은 스스로 무엇인가를 해 보아야겠다는 의지를 분명히 나타낸다.

3) 청년 고독사

고독사는 주변 사람들과 단절된 채 홀로 살다가 아무도 모르게 생을 마감하는 것을 의미한다. 이전에는 이러한 고독사가 노년층의 주요 문제였지만 최근 청년층의 고독사가 증가하면서 고독사는 청년들에게도 심각한 사회문제로 인식되고 있다. 더불어 민주당 최혜영 의원실에서 조사한 결과에 따르면, 전국 17개 광역지자체에서 40대 미만 무연고 사망사례가 2017년 63건, 2018년 76건, 2019년 81건, 2020년에는 100건으로 청년 고독사가 매년 꾸준히 증가하고 있는 실정이다. 우리나라의 경우, 1인 가구의 증가와 해마다 증가하는 청년 취업난과 실업률은 청년들에게 안정된 삶을 보장하지 못하고 있으며, 불안정한 삶속에서 어떻게든 살아보고자 했던 청년들의 마지막의 선택 중의 하나가 고독사가 되고 있는 것이다.

2020년 4월 31세 청년이 6평 남짓한 자신의 오피스텔에서 고독사한 사실이 세상에 알려지면서 사회에 큰 충격을 주었다. 그는 죽은 지 사흘 만에 발견되었는데, 그의 오피스텔에는 150여 개의 이력서가 있었다는 사실이 알려지면서 많은 이들의 안타까움과 청년들의 공감이 있었다. 왜냐하면 그들도 많은 이력서를 가지고 있어 남일처럼 느껴지지 않았기 때문이다.

청년 고독사가 사회문제로 대두된 현재, 마땅한 대책을 못 내놓고 있는 게 사실이다. 이에 비해 노년층의 고독사는 꾸준한 문제의 제기로 그에 따른 복지가 어느 정도 마련되어 있는 편이다. 그러나 청년층과 노년층의 고독사는 다르며, 이에 따른 대책도 다르게 마련되어야 한다. 구체적으로 노년층의 고독사는 노후빈곤, 가족과의 단절 등의 문제라면, 청년층의 고독사는 취업과 우울증에 따른 문제가 가장 크다. 그러나 공통된 해결방안은 주변인들의 꾸준한 관심이 있어야 한다는 것이고 사회적 제도가 제대로 마련된다면 이들의 고독사를 줄일 수 있다는 것이다.

고독사가 사회적 문제가 대두되고 있지만 우리나라에서는 고독사에 대한 정확한 통계나 원인 및 예방이 제대로 이루어지지 않고 있다. 그러나 2020년 3월 31일 『고독사

예방 및 관리에 관한 법률(고독사예방법)』이 통과되어, 2021년 4월부터 시행되고 있다. 이 법에 따르면, 보건복지부 장관은 5년마다 고독사 실태조사를 실시하고 결과를 발표해야 한다. 또한 국가 및 지방자치단체 차원에서도 예방 시행계획을 실시해야 한다고 규정하고 있다.

Chapter 05

성인기

배울내용

1. 성인 전기
2. 성인 중기
3. 성인 후기
4. 성인기와 사회복지실천

학습목표

1. 성인 전기의 발달특성과 과업을 설명할 수 있다.
2. 성인 중기의 발달특성과 과업을 설명할 수 있다.
3. 성인 후기의 발달특성과 과업을 설명할 수 있다.
4. 성인기의 사회복지실천 방안을 숙지하고, 활용방안을 모색해 본다.

생애주기란 인생을 봄, 여름, 가을, 겨울의 계절 변화에 비유하여 생애발달에 일정한 순서가 있다고 보는 것이다. 생애주기는 물론 개인에 따라 소속된 사회에 따라 주기에 대한 구분이기 때문에 주기별 특성에 차이가 있지만, 일정 시기를 중심으로 그 시기의 보편적인 삶의 특성을 드러내는, 대체로 어느 정도 일치하는 시기 구분과 특성이 그려질 수 있다. 생애주기를 구분하는 기준은 연령이 가장 중심이지만, 인생의 주요 사건 역시 중요한 고려 기준이 된다. 대체로 연령과 인생사건을 기준으로 생애주기를 구분하는 것이 보편적인 접근이다.

성인들의 전 생애 발달이론의 연구자들(Erikson, 1982; Knowles, 1984; Levinson, 1986; Maslow, 1970)은 성인의 발달단계를 완전히 성숙한 단계로 구분하여 설명하였다. 인간발달에 관한 초기의 전통적 이론과 개인의 성장 발달에 관한 연구들은 대부분 유·아동기와 청소년기까지를 대상으로 이루어졌으며, 인생의 주기와 성인기의 발달에 대한 연구는 매우 미흡한 편이었다. 이는 신체가 완전히 성장하는 청소년기 이후에는 성격발달을 비롯한 인간발달이 멈춘다는 믿음이 지배했기 때문이다. 그러나 오늘날 대부분의 발달론자들은 인간은 살아 있는 한 끊임없이 변화하고 성장할 수 있는 가능성이 있다고 주장한다.

1. 성인 전기

성인기로 들어가는 것은 일생에서 주요한 전환이다. 즉, 이전의 모든 발달은 성인기를 준비하는 시기라고 볼 수 있으며, 성인기 이후는 이제까지 준비해 온 것을 실현하고 구체화시키는 시기이다. 성인기는 대략 24세에서 40세까지로 잡는다.

성인기는 신체적·지적 측면에서 가장 정점에 있는 시기라고 할 수 있다. 사회적 측면에서는 다른 사람을 사랑하고 보살피는 능력이 심화되는 시기이다. 즉, 이전의 시기에 자아정체감을 형성한 사람은 이제 타인과의 상호관계에 집중할 수 있게 된다. 이러한 맥락에서 성인기에 경험하는 가장 큰 변화는 직업을 갖고 결혼을 하는 것이다. 발달에 대한 잠재력은 전 생애에 걸쳐 존재하지만 성인기 이후의 발달은 아동기나 청소년기와는 그 성격이 다르다. 다시 말해 성인기 이후의 발달은 새로운 신체적 기능이나 인지적 능력의 획득에 의해 일어나기보다는 주로 사회 · 문화적 요소에 의해 주도된다.

1) 신체적 발달

사람의 신체적 발달은 25~30세가 제일 강건한 시기이다. 30세가 지나면 신체적 기능이 감퇴하기 시작하며, 여러 가지 신체적 기능이 20세경에 최고에 달했다가 40세 정도가 지나면 점차 나빠지기 시작한다.

성인 전기의 일반적인 발달 특성은 신체적, 지적, 성격 및 사회성발달 등의 영역으로 구분해 볼 수 있다. 먼저 신체발달은 체력, 정력, 지구력, 감각 등 신체 기능의 모든 면에 있어서 최고의 절정에 이르는 시기이다. 또한 이 시기는 인생 주기 동안 인간이 가장 건강하다고 느끼는 시기이기도 하다. 지적 발달은 다른 연령대에 비해서 가장 높은 지적 기능을 소유하고 있다. 여러 종단연구의 결과를 보면, 일반지능은 약 50세까지 성장하는 경향을 보이지만 그 과정은 사람마다 다른 것으로 나타났다. 샤이에와 스토더(Schaie & Strother, 1968)의 연구에서는 언어적 의미를 이해할 수 있는 능력은 55세가 정점이고, 문제를 해결하는 추리력은 40세에 정점에 도달하는 반면, 언어유창성은 25세에 정점에 도달하고 이후 감소하는 경향을 보였다. 일반적으로 유아나 아동기에는 지능이 변화하는 경향이 있으나 성인이 되면 큰 변화를 보이지 않고 유지된다. 따라서 일상생활에서 지속적이고 활발하게 일상생활에 참여하고, 지적인 활동을 계속

유지하는 것이 연령의 증가에 따른 상대적 지능 저하를 최소화할 수 있는 방법이다. 성격 및 사회성발달은 이 시기에 개인이 경험하게 되는 다양한 환경변화에 적응해 나가는 과정을 통해서 이루어지게 된다.

2) 친밀감과 자아정체성

에릭슨(1963)은 인간의 생애를 연속적인 8단계로 구분하여 성인기를 발달이 완료된 상태가 아니라 발달과정의 한 상태로 보았으며, 각 단계별로 극복해야 할 위기와 성취해야 할 발달과업이 있음을 주장하였다. 에릭슨(1963)에 의하면 성인 전기는 20세경부터 40세에 이르며, 개인의 발달 과정에서 '친밀감 대 고립감'의 위기를 경험하고 자신의 정체성을 확립해 나가는 시기라고 보았다. 이 시기의 성인들은 친밀감을 필요로 하고 이를 원하며, 다른 사람에 대해서도 개인적으로 깊이 관여하기를 바란다. 만일 그렇게 할 수 없거나 하는 것이 두렵다면 그들은 고립되고, 자기 몰두에 빠지게 된다는 것이다. 그러므로 성인 전기의 사회성발달 특성은 다양한 인간적 유대 관계를 형성하기 위한 위기를 극복하면서 정체감을 형성하는 것이라고 보았다.

3) 결혼과 자녀양육

결혼은 성인기에 친밀감이 형성되고 성숙한 사회적 관계가 확립되면서 배우자를 선택하여 새로운 가족을 형성하는 것이다. 이것은 성인기의 생활에서 사랑의 실현, 정서적 안정, 경제적 안정, 성적 만족, 자녀의 출산 등에 기여한다. 결혼은 책임과 의무가 수반되는 인생의 중요한 결정사항이기 때문에, 결혼을 하기 위해서는 심리적 · 사회적 · 경제적 준비가 되어 있어야 한다. 결혼을 하기 위해서는 결혼상대에 대해 관심과 애정을 가질 수 있고, 친밀감을 나눌 수 있으며, 상대의 개인적 특성을 현실적으로 이해할 수 있고, 상호 간의 정서생활에 관심을 기울일 수 있어야 한다. 또한 결혼 후에 일어날 경제적 문제에 현실적으로 대처할 수 있는 자신감과 능력이 있어야 하며, 개인적인 계획에 상대를 고려할 수 있고, 자신의 능력을 최대한 발휘하여 결혼생활에 기여할 마음의 자세와 준비가 되어 있어야 한다. 그 외에도 기꺼이 성적 상대가 될 수 있어야 하며, 남편과 아내로서의 위치를 받아들일 준비가 되어 있어야 한다(Duvall, 1977).

성인 초기의 중요한 발달 과업 중의 하나는 배우자를 선택하고 자녀를 양육하는 것이다. 자녀양육은 정서적 · 인지적 학습이 요구되는 어려운 과정이다. 자녀양육과 부모의 역할에 대한 충분한 지식과 경험이 부족한 젊은 부부들은 자녀양육에 대해 긴장하고 허탈해 한다. 그러나 부부가 자녀를 보호하고 양육하는 데 협력하면서 그들의 특성과 욕구에 효과적으로 대처할 수 있는 능력을 획득하게 된다.

아이가 성장하고 발전하는 과정속에서, 부모로서 영향을 주며 사회화시켜 가는 과정을 지켜볼 수 있는 것은 큰 장점이자 즐거운 일이다. 반면에 양육과 훈육의 역할을 해야 하고, 증가하는 경제적 · 사회적 책임을 감당해야 하며, 자녀의 발달단계에 따라 필요한 다양한 욕구들을 채워 주어야 하는 과제를 감당해야 하는 부담을 안게 된다.

자녀양육은 부모가 자녀의 성장발달에 관한 지식과 기술을 터득하여 무기력하고 나약한 자녀로 하여금 독립된 인간으로 성장할 수 있는 능력을 갖추도록 하는 것이다. 또한 이것은 자녀가 속한 사회의 생활양식, 가치체계, 행동규범, 사회적응을 배우도록 지원하는 것이며, 사회의 적응을 통한 사회적 역할을 수행할 수 있도록 하는 것이다. 따라서 성인 초기의 부모는 자녀의 욕구에 성공적으로 대처하면서 자녀양육에서 다양한 역할을 수행해야 한다.

4) 직업의 선택

개인에게 있어서 직업 선택은 중요한 과제임에도 불구하고 사람들은 자신의 능력이나 사회적 여건 때문에 직업 선택에 대한 확고한 의지 없이 방황하는 경우가 많다. 직업에 대한 선호도는 시대적 변화와 인식, 그리고 산업 구조에 따라서 달라지며, 그 사회의 문화양태와 가치에 따라서 변화한다. 그러므로 자신에게 맞는 직업을 선택하기 위해서는 자신의 흥미나 적성, 지식과 능력, 성격과 가치관 등 다양한 요소를 고려하여 결정해야 하며, 직업을 통한 자기개발과 자아실현이 무엇보다 중요하다.

성인 전기에 처음으로 본격적인 사회적 직업 활동을 시작하여 사회활동의 영역을 넓혀 가게 되고, 이를 통해 정체감의 중요한 국면개척과 경제적 자립을 이루어 책임감 있는 성인의 역할을 수행한다. 특히 성인 전기의 직업 발달은 개인의 연령과 성별에 따라 각기 다른 태도 및 의식을 형성하며 그 수행 방식에 있어서도 차이가 있다. 성인 전기의 발달특성과 과업을 정리하면 〈표 5-1〉과 같다(김민서, 2016).

표 5-1. 성인 전기의 발달특성과 과업

발달단계	연령	항목	특성과 과업
성인 전기 전환기	17~22	발달 특성	성인 이전기에서 성인 초기에로의 이동
			이 시기는 청년기를 마감하고 성인 초기를 시작하는 전환기이다. 이전 세계와 자신의 위치에 대해 의문을 던지는 시기이다.
		발달 과업	• 가족, 또래, 학교, 청소년 세계의 의미 있는 부분들과의 관계를 끝맺음하고 새로운 시기를 위한 기반을 마련하는 것이다. • 교육수준이 강한 영향력을 가지며, 고등교육기관으로의 진학 여부와 관련한 다양한 선택의 차이는 성인의 인생에서 매우 중요한 역할을 한다. • 대학진학 선택, 결혼의 선택 또는 단기취업 후 결혼을 선택하기 위한 과정은 이 시기의 성인에게 대단히 중요하다.
성인 전기 입문기	22~28	발달 특성	첫 번째 성인 인생구조
			사랑, 결혼, 가족, 직업, 원래의 가족들과의 분리, 삶의 양식 등 최고의 중요한 의무와 함께 젊은 성인으로서의 삶을 계획하는 시기이다. 자신의 새로운 삶의 스타일 등에 관해 탐색하면서 젊은 성인으로서 세상에서 자신의 자리를 만들기 위해 결정하고 노력하는 시기이다.
		발달 과업	삶의 다양한 영역이 아직 제대로 자리를 잡지 못한 상황에서 성인들이 여러 가지 갈등을 경험하게 되고, 그에 따른 문제해결을 위한 선택을 하게 되는 것이다.

발달단계	연령	항목	특성과 과업
30대 전환기	28~33	발달 특성	첫 번째 인생구조의 수정 첫 번째 인생구조의 선택에서 나타난 결함과 관계를 수정할 수 있는 기회로, 자아와 세계 안에서 새로운 가능성을 탐색하며 더욱 개별화되어 새로운 인생구조를 형성하는 시기이다.
		발달 과업	• 발달과업은 매우 중요한 의미를 갖는데, 그 이유는 이 시기의 발달과업을 어떻게 해결하는가가 성인 전기 초기에 가졌던 야망의 실현과 밀접하게 연관되기 때문이다. • 기혼 여성은 자신들의 결혼 생활을 재평가하고 가정 영역에서 개입을 점진적으로 제한하며, 사회내 직업세계에 참여하기 시작하기도 한다. • 직업생활을 선택한 여성의 경우 직장에서 조직생활 경험을 통해 경력 여성으로의 의식, 태도 및 행동 등의 변화를 경험하고 그에 따라 직업야망과 인생목표가 재설정되기도 한다.
성인 전기 절정기	33~40	발달 특성	두 번째 인생구조의 수정 성인 초기의 절정을 이루는 시기로 사회에서 자신의 자리를 확고히 하기 위해 노력하는 시기이다.
		발달 과업	• 일차적 발달과업은 사회에서 자신의 위치를 보다 안전하고 확고하게 마련하는 것이며, 또한 성인 세계에서 그동안 '연소자'의 위치에 있던 개인들이 '연장자'의 위치로 이동하게 된다. • 레빈슨(Levinson)은 "자기 자신이 되는 여성"의 시기라고 정의하였는데, 이는 이 시기에 대부분의 여성들은 독립적이고 유능하고 책임감 있고 보다 완숙한 성인이 되려고 노력하며, 사회로부터도 그런 대접을 받고자 하기 때문이다.

2. 성인 중기

중년기는 경제적 · 직업적으로 비교적 안정되는 기간이기도 하지만, 새로운 위기가 시작되는 기간이기도 하다. 중년기에 들어서면서 지혜를 통하여 문제를 해결하려고 시도하고, 대인관계를 이성보다는 사회적인 관계를 받아들이며, 감정의 대상을 다양화하고, 새로운 사고에 대하여 수용적이어야 건강하다고 할 수 있다.

이 시기는 사회적 관점에서 빈둥지 시기(empty nest)라고 한다. 이는 자녀가 성장함에 따라 집을 떠나게 되어 부부만 남게 되는 것을 말한다. 이 시기는 남성보다는 여성에게, 특히 어머니의 역할에 집중을 하고 살아온 전업주부는 심리적으로 공허감이나 우울감을 느끼게 되어 부적응적 양상이 나타날 수 있으며, 이를 빈둥지 증후군(empty nest syndrome)이라고 한다. 이러한 현상에 잘 대처하기 위해서는 원만한 부부관계를 유지하기 위한 노력이 필요하며, 다양한 사회적 활동에 참여하는 것이 도움이 된다.

1) 신체적 발달

중년기 성인들은 대부분 양호한 건강과 삶의 에너지를 지니고 있다. 그러나 신체적 능력과 건강은 나이가 들어감에 따라서 점차로 감소되기 시작하며, 중년기에 있는 많은 사람들은 신체적인 어려움에 처한다. 신체적으로 지방조직이 증가하고 근육조직이 감소하며, 에너지의 활력이 제한된다. 중년기에는 감각기관의 변화가 현저하게 일어나는데, 가장 현저한 변화 중의 하나는 시력이다.

이 시기의 주된 건강문제는 신체적인 힘과 지구력이 현저히 감소하여 활력을 잃어가며, 질병에 대한 저항력이 약해지고 회복하는 데 더 많은 시간이 소요된다는 것이다. 심장의 탄력이 감소하고 혈액의 양이 줄어들며, 폐의 탄력성도 떨어진다.

또 다른 신체적 변화로는 천식, 관절염, 류머티즘, 골격의 경직, 위의 기능 감퇴, 신장 기능의 약화를 들 수 있으며, 남성들의 경우에는 전립선이 비대해져서 비뇨기 계통의 문제나 성적인 문제가 발생하고, 여성들의 경우에는 중년기 후반에 폐경을 경험한다. 남성의 경우에도 갱년기를 경험하며 자신의 결혼과 가족생활에 대하여 재평가를 한다. 이 시기에는 불안정감, 성적 활동의 저하, 우울감, 기억력의 감퇴, 성적 관심의 저하, 수면장애, 관심과 자기 확신의 상실 등을 경험하며, 남성에게 있어 갱년기는 생리적인 요소와 심리적인 요소가 결합하여 발생한다(김경은 외, 2020).

2) 인지적 발달

중기 성인기는 자기의 경험, 지식, 기술 등을 통하여 인생의 목표를 성취해 나가는 인생의 절정기이다. 이 시기는 인생이 보다 완숙해지고 통합적이며, 생산적이고 풍요로워지며, 자아실현을 위해 노력한다. 또한 자기 자신에 대해 보다 정확하고 객관적으로 알게 되어 자기에 대한 신뢰감을 가지게 된다. 이것은 중년기에 접어들게 되면 그동안 축적된 지식과 경험을 통해서 사물과 사건에 대해 보다 객관적으로 볼 수 있게 되고, 의사결정 과정에서 감정에 의해 좌우되지 않으며, 사실과 이성에 의해 판단하기 때문이다(유안진, 김혜선, 1996).

그리고 정신적 기능은 중년기에 최고조에 달한다. 중년기에도 새로운 기술을 지속적으로 학습할 수가 있고, 이미 알고 있는 것을 기억할 수 있다. 또한 언어능력에 있어서도 어휘력을 발전시킬 수 있다. 그러나 대부분의 중기 성인기는 자신의 지적인 능력을 충분히 활용하지 않고 과거의 다양한 경험으로부터 얻은 지혜를 가지고 대처하고 보상하려는 경향이 있다(Papalia et al., 1998). 또한 중년기에는 통합된 방식으로 사고하는 경향이 있다. 즉, 자신이 보고 듣고 읽은 것을 개인적이고 심리적인 의미로 해석할 뿐 아니라 자신의 학습과 경험을 통하여 정보를 여과시키는 경향이 있다. 40대와 50대 중년들이 통합적으로 생각하는 것은 실천적인 문제해결능력에 있어 다른 시기와 비교되는 탁월성을 나타낸다.

인간의 지적인 기능은 18~25세 사이에서 최고조에 달하며, 이후에 나이가 들어감에 따라서 지적 기능이 변화한다. 일반적으로 지적 능력에는 두 가지 유형이 있다(김경은 외, 2020). 첫째 유형은 유동성 지능(fluid intelligence)으로서 광범위한 기능 영역을 차지하는데, 신경적인 요소와 신체 · 생물적 요소의 속도와 효과성에서 주로 나타난다. 이러한 영역은 운동속도, 새로운 정보를 인지적으로 다루는 것, 기억 등과 같은 지적 능력을 포함하고 있다. 유동적이라는 말은 지적 기능이 다양한 형태의 지적 활동, 즉 지각, 인식, 새로운 정보를 인지적으로 처리하는 것으로 전달할 수 있다는 것을 의미한다. 유동성 지능은 청소년기 때까지 증가하다가 이후로는 점점 쇠퇴한다. 그러나 중년기가 끝나는 시기에도 청년기의 중간 정도의 수준을 유지할 정도로 유동성 지능의 감퇴 정도가 적다.

둘째 유형은 결정성 지능(crystallized intelligence)으로서 정보를 처리하고 기록하는 능력이라고 말할 수 있는데, 이 기능은 공식적이고 비공식적인 교육을 통하여 획득될 수 있다. 유동성 지능과 달리 결정성 지능은 전 생애를 통해 증가하기 때문에 중년기에도 계속 증가한다. 인생경험을 통해서 증가하는 결정성 지능은 40대와 50대에 유동성 지능이 감소하더라도 초기의 전반적인 지적 수준을 유지시켜 주는 역할을 한다. 여기에서 예외적인 것은 다양한 정신운동과정을 통하여 획득한 기술은 인생 후반기에는 점점 쇠퇴한다는 것이다. 특히, 기억과 관련된 지적 수행능력은 중년기 이후에도 더욱 현저하게 변화한다(최옥채 외, 2007).

그리고 에릭슨의 8단계 중 제7단계인 성인 중기는 40~50세로 볼 수 있는데, 발달과정에서 '생성감 대 침체감'의 시기로 주된 관심은 부모됨과 직업에서의 성취를 통해 자신의 흔적을 영속적으로 남길 수 있는 무엇인가를 생산하는 것이다. 이 시기는 인생의 여러 측면에서 안정되고 성숙된 시기로 단순히 자신과 자기 세대의 이익과 번영에만 관심을 쏟는 것이 아니라, 후손 및 미래를 위해 보다 나은 세상을 만드는 데 헌신하는 시기이다.

3) 가족생활

(1) 부부관계

중기 성인기는 부부 간에 적응과정의 어려움을 극복하고 진정한 동반자로서의 의식을 강화시켜 나가는 시기이다. 중기 성인기가 되어 자녀들이 어느 정도 자율적으로 생활하게 되면서 부부가 전보다 더욱 친밀한 관계로 발전해 간다. 이 시기에 부부 간 상호 진정한 노력을 통해 참다운 동반자로서 인생의 새로운 즐거움과 만족을 경험할 수 있다. 그러나 상대방에 대한 지식과 이해의 부족, 친밀감 부족과 소통의 결여 등은 상호 간에 불신과 함께 인생의 무의미를 느끼게 되는 요소가 될 수 있다.

중기 성인기의 결혼생활의 만족도는 성별에 따라 다소 차이가 있지만 일반적으로 남성이 여성보다 높게 나타난다. 이 시기에 여성의 주된 불만은 남편이 너무 의존적이라는 것이다. 또한 중년기의 여성들은 친구나 또는 성장한 자녀를 주된 의논 상대로 여기는 반면에 남성들은 연령이 증가하면서 배우자를 더욱 중요하게 인식한다(정옥분, 2000).

(2) 가정생활

가정에서 중년기의 역할이란 십 대 자녀를 가정 밖으로 내보냄과 동시에 나이 든 부모를 부양해야 하는 것이다. 많은 사람들이 자신의 부모를 부양해야 할 필요를 느끼지만 손자나 조부모는 함께 사는 것을 거부하는 경향이 있다.

부모와 자녀가 함께 살 때 부모와 자녀 간에는 갈등이 일어난다. 이러한 갈등이 해결되지 않으면 가정 내에 위기를 경험한다. 중기 성인기에 있는 성인의 부모가 만성적인 질병이 있거나 부모 중 한 사람이 사망하면 부모와 자녀의 역할은 전환되어 중기 성인기 성인은 그들의 부모를 부양하고 보살펴야 하는 역할을 맡게 된다. 성인 자녀는 자신의 부모를 위해서 재정적인 지원을 하고, 이동수단을 제공하며, 주말에는 시간을 함께 보내고, 그들을 위하여 집안일을 도와주는 역할을 한다. 더욱이 부모가 장애가 있거나 건강악화로 인하여 혼자 살 수 없는 경우에는 자녀의 개입이 필수적이다. 부모를 같은 집에서 모시거나 때로는 요양원(nursing home)이나 다른 친척집으로 보내기도 하고, 부모 집을 왕래하면서 보호하기도 한다. 만약 자신의 집에서 부모를 부양하는 경우에는 엄청난 인내가 필요하다. 평소에 부모와 성인 자녀의 관계가 좋았다면 서로에 대하여 적응하는 과정에서 현실적인 기대를 하면서 큰 문제가 발생하지 않을 수 있다. 그러나 중기 성인기에 부모를 모셔야 하는 상황이 되면 새로운 가족원의 유입에 따르는 상호 간의 적응문제가 발생할 수 있기 때문에 재결합에 따르는 다양한 문제를 해결하기 위한 사회복지의 제도적 서비스가 필요하다(김경은 외, 2020).

특히 50대 중반 이후에는 성인 자녀들이 결혼을 하여 집을 떠나 독립을 하기 때문에 중년기 부부만 남는 시기이다. 자녀들이 집을 떠난 후 부부만 남는 상태를 '빈둥지(empty nest)'라고 하는데, 이러한 상황에 잘 적응하지 못하는 경우에는 여러 가지 문제가 발생한다. 남성은 사회생활과 직장의 일로 바쁜 반면에, 여성이 직업이 없으면 하루종일 집안에만 있게 되고 자신이 살아온 과거의 삶에 대한 회한과 후회를 느끼는 경우에는 소외감과 고립감 등 심리적 고통을 경험한다. 소위 갱년기 우울증과 같은 심리적 상태가 이 시기에 많이 발생하는데, 이러한 현상을 '빈둥지 증후군(empty nest syndrome)'이라고 한다. 그러므로 성인 자녀의 출가 이후에 부부 간에 정서적 유대감을 발전시키고 관심을 유지시키는 것이 그 어느 시기보다 중요하다.

4) 직업생활

중기 성인기는 직업생활을 안정적으로 유지하는 시기이다. 이 시기에는 그들의 직업적 야망을 달성하였거나, 기대했던 만큼 못 미치더라도 현지에 정착하게 된다. 중기 성인기에는 자신의 직업에서 성공하며, 경제적으로 여유가 생기게 되고 많은 영향력을 행사하며, 다른 어느 시기보다도 직접적으로 존경을 받는 시기이다. 또는 중기 성인기에 자신들의 인생 유형을 재평가하는데, 그들 중 일부는 자신이 해왔 던 일을 청산하는 경우가 있다. 기술의 급속한 발전으로 인해 어떤 직종은 더 이상 필요가 없게 되고, 이로 인해 사람들은 비자발적인 실직 상태에 처하게 된다. 다시 일을 갖기 위해서는 다른 업종의 일에 참여하거나 새로운 기술을 배워 새로운 직업에 도전해야 한다(김경은 외, 2020).

지금까지 살펴본 성인 중기는 가정과 직장 모두 성인 전기의 '자기 자신이 되고 싶은 욕구'가 강하게 발현되는 시기이다. 사회적 기대에 맞추어 '내가 아닌 나'로 살아온 인생 전반기가 지난 시점에서 진정한 자신을 찾고자 하는 단계로 이행하는 것이라고 할 수 있다. 이것은 자신의 성장 요구이며, 이러한 요구의 표현은 기존의 생활방식, 자녀, 부부관계와 충돌할 수 있다. 그러한 갈등이 원만히 해결되지 못하거나 요구가 충족되지 못할 경우, 이는 성인 중기의 심각한 위기로 전환될 수 있다. 성인 중기의 발달특성과 과업을 살펴보면 〈표 5-2〉와 같다(김민서, 2016).

표 5-2. 성인 중기의 발달특성과 과업

발달단계	연령	항목	특성과 과업
중년 전환기	40~45	발달 특성	성인 초기에서 중년기로의 이동
			자신의 내적인 문제와 함께 외적인 세계와의 엄청난 갈등과 위기를 경험하는 시기이다.
		발달 과업	• 중년기에 걸맞게 젊음과 늙음의 균형을 이루는 새로운 방법을 모색하려고 애쓴다. 즉, 그러한 개별화 과정은 중년기의 마지막까지 펼쳐질 수정된 자아와 삶의 중요한 과제이다. • 개별화 작업은 특히 이 시기 중 내적 모형이 형성된다.
중년 입문기	45~50	발달 특성	새로운 인생구조 형성기
			겉으로는 비슷해 보이나 상당히 차이가 드러나는 시기이다.
		발달 과업	• 일차적 과업은 중년기를 시작할 첫 인생구조를 만들어 내는 것이다. 이 구조는 30대 후반의 인생구조와 비록 겉으로 보기에는 유사할 경우에도(이전과 동일한 직업, 결혼, 공동체에 머물러 있을 경우) 인생구조를 형성하고 있는 관계들에서 중요한 차이가 난다. • 사람들은 새로운 세대에서 인생의 새로운 계절에서 다시 설 자리를 마련하고 있다.

발달단계	연령	항목	특성과 과업
50대 전환기	50~55	발달 특성	성인 중기의 인생구조에 적응
			자신의 삶에 대해 다시 한번 점검하는 시기
		발달 과업	• 인생구조를 재평가하고 자아와 세계에 대한 탐색에 더욱 관심을 기울이며 다음 시기의 인생구조를 형성하기 위한 기초를 마련한다. • 이 시기는 발달적 위기의 가능성이 있는데, 특히 이전 10~15년 동안에 의미 있는 삶의 변화가 별로 없었거나 부적합한 변화를 경험한 사람들에게는 이 시기가 위기일 수 있다.
중년 절정기	55~60	발달 특성	성인 중기 정절인생구조
			중년기의 계획과 목표가 현실화되고 구체화되는 시기이다.
		발달 과업	30대 절정기처럼 이 시기의 인생구조는 중년기의 중요한 야망과 목표를 실현하기 위한 수단이 된다.

3. 성인 후기

성인 후기는 성인기를 마무리하고 노년기로 접어드는 시기이다. 이 시기는 60~65세를 의미하며, 은퇴와 신체적 노화에 대비하는 시기로 새로운 정체감을 형성해야 할 중요한 시기이다. 성인 후기의 발달특성과 과업에 대해 살펴보면 〈표 5-3〉과 같다.

표 5-3. **성인 후기의 발달특성과 과업**

발달단계	연령	특성과 과업
성인 후기 전환기	60~65	성인 중기가 끝나고 성인 후기로 넘어가는 시기: 은퇴와 신체적 노화에 대비하는 시기로 인생주기에 있어서 중요한 전환점이 됨. 역할상실로 인해 모호해진 정체감의 재정립이 필요함
성인 후기	65~	새로운 사회적 관계망 형성

4. 성인기와 사회복지실천

초기 성인기에 속한 대부분의 사람들은 사회가 그들에게 기대하는 것을 행하고, 자신에게 부과된 역할을 어떻게 수행할 것인가를 스스로 평가한다. 이 시기에 있어서 역할기대란 결혼, 부모역할, 직업 그리고 사회적 가치 등이 우선시된다. 이러한 역할수행은 내적 확신뿐 아니라 타인들로부터 인정을 받는 요소가 된다. 우리 사회는 이상적인 가족 모델을 제시하면서 부부 간의 사랑을 유지하는 동시에 부모역할과 자녀양육에 있어 부부 간의 협조를 강조한다. 그러므로 젊은 부부가 서로의 인생 목적을 공유하지 않을 때는 새로운 정체성에 대한 갈등이 발생한다.

결혼한 젊은 부부의 경우, 결혼 초기에 발생할 수 있는 적응문제를 해결하기 위해 사회복지사의 도움을 필요로 한다. 특히 자녀출생과 양육, 그리고 가정관리를 위한 기술이 필요하다. 사회복지사는 그들의 문제를 해결하기 위하여 클라이언트의 능력과 기대, 욕구를 수용하고 이해해야 한다.

초기 성인기에 성적 역기능을 경험하는 사람들에게 사회복지사는 부부상담이나 성상담을 통하여 전문적인 도움을 주어야 한다. 최근 들어 여성의 사회 진출과 경제적 활동이 증가〈그림 5-1〉하면서 여성의 자기인식과 부부관이 과거와는 크게 다른 패턴을 보이고 있다. 행복하지 않다고 생각하는 경우에 이혼을 하는 비율이 점차 증가〈그림 5-2〉하고 있다. 결혼 초기에 이혼이란 쌍방 간에 고통스러운 경험이다. 사회복지사는 이혼의 위기에 처해 있는 부부들을 위해 위기개입을 통한 사회복지서비스를 제공해야 한다.

[단위: %]

	2010	2011	2012	2013	2014	2015	2016	2017	2018	2019
경제활동참가율	54.5	54.9	55.2	55.6	57.1	57.9	58.3	59	59.4	60
고용률	52.7	53.1	53.5	54	55	55.7	56.1	56.9	57.2	57.8
실업률	3.4	3.2	3.1	3	3.6	3.7	3.7	3.6	3.8	3.6

그림 5-1. 여성 경제활동참가율, 고용률, 실업률(15~64세)

출처: 통계청(2020). 경제활동인구조사.

그림 5-2. 이혼 건수 및 조이혼율 추이

출처: 통계청(2022). 2021년 혼인·이혼통계

특히 최근에는 이혼과 맞물려 한부모세대가 증가하고 있어, 경제적인 문제뿐 아니라 사회적 지지에서 어려움을 경험할 수 있다. 자녀들은 부모의 영향을 많이 받기 때문에 부모의 위기는 곧 자녀들의 위기로 이어져 그들의 성장에 중대한 영향을 미친다.

중기 성인기에는 다양한 인생문제에 직면하는데, 이들은 이전에 사용하던 대처방식이 더 이상 기능적이지 않을 때 도움을 요청하는 경우가 많다. 이런 경우에 사회복지사는 그들이 과거의 경험과 판단에만 집착하지 않고 현실 상황을 극복하는 새로운 사고와 대처방식을 발견하고 이를 수용할 수 있도록 지원하여야 한다.

중기 성인기의 가장 중요한 위기 중의 하나가 건강문제로서 이에 대한 개입, 그리고 직업에 대한 불만족 문제, 조기퇴직에 대한 심리적 위축 및 가족관계 개입과 직업훈련 · 재취업 알선, 중년여성이 겪을 수 있는 좌절감 · 상실감 · 고립감 · 우울증 등에 대한 개입 등 성인기에서 겪을 수 있는 다양한 욕구불만과 문제에 대해 능동적 · 체계적인 사회복지서비스가 제공되어야 한다.

중년기 성인의 부모가 신체적인 질환 상태에 있는 경우에는 재정적인 부담뿐 아니라 간병으로 인해 신체적 활동이 제약받는다. 또한 지나친 정서적 부담으로 인해 우울, 불안, 좌절과 무력감을 느끼며 부모를 보호하는 데 많은 시간을 소비해야 하기 때문에 자신을 위한 여가활동이나 사회활동을 위한 시간이 줄어들게 된다. 따라서 사회복지사들은 지역사회내에서 신체적인 어려움을 겪고 있는 노인이나 치매노인을 위한 주간보호시설을 통해 도움을 줄 수 있고, 가정봉사원(home helpers) 파견을 통해 가족들을 원조할 수 있다.

Chapter 06

노인기

배울내용

1. 노인의 정의 및 현황
2. 노인기 발달
3. 노인기와 정신질환
4. 임종과 죽음
5. 노인기와 사회복지실천

학습목표

1. 노인의 정의를 숙지하고 현황을 파악한다.
2. 노인기 발달의 특성을 설명할 수 있다.
3. 노인기의 정신질환 종류를 파악하고 개입방안을 모색해 본다.
4. 임종과 죽음에 대한 개입방안을 모색해 본다.
5. 노인기에 대한 사회복지실천 방안을 숙지하고 활용방안을 모색해 본다.

노인기에는 자녀양육책임으로부터 벗어나 부부관계에 보다 초점을 둘 수 있게 되고 또한 자녀들이 성인이 되는 등, 중년기까지의 자신의 삶이 결혼생활과 자녀양육에서 그리고 직업 등에서 성공했는지 실패했는지를 평가할 수 있는 증거가 축적된다. 따라서 노인기에는 지나온 삶에 대한 평가를 하게 되는데, 이 과정에서 자신의 성취한계를 깨닫고 어느 정도의 실망을 하게 된다. 문제는 이것을 어떻게 받아들이는가인데, 어떤 경우에는 지나온 삶을 돌아보면서 극도의 우울감에 빠져 현재의 어떤 경험도 그 우울감을 보상하지 못하는 경우가 있는가 하면, 어떤 경우에는 지나온 삶에 대한 평가를 지나치게 긍정적으로 합리화하여 극도의 자신감을 표현하는 경우도 있다.

1. 노인의 정의 및 현황

1) 노인의 정의

일반적으로 '노인'을 정의하는 데 개인의 신체적 특성이나 사회 · 문화적 차이에 따라 그 기준이 서로 다르지만, 대체로 나이라는 기준을 통해 노인의 개념을 규정하고 있다. 구체적으로 UN에서는 노인의 기준을 65세로 규정하고 있고, 국내에서는 「노인복지법」에서 노인을 65세 이상인 자로, 국민연금수급 대상자 선정에서는 노인을 60세 이상인 자로, 기초노령연금제도나 각종 경로우대제도는 65세를 노인의 기준으로 하고 있다(김청자 외, 2012).

이와 같이 나이를 기준으로 노인을 구분하는 것이 일반적이지만, 인간의 발달은 단순히 시간의 경과에 따라 이루어지는 것이 아니기 때문에 나이로만 노인을 규정짓는 것이 반드시 옳은 것은 아니라는 논의도 많다. 왜냐하면 발달의 속도가 개인마다 다를 뿐만 아니라 같은 사람이라도 어떤 면은 빨리 성장하고 또 다른 면은 느리게 성장하기 때문이다.

따라서 나이에 대한 개념 정의의 한계를 벗어나 기능적인 측면에서 노인을 규정하고자 하는 의견도 있다. 이 관점에서는 생물학적 연령(biological age), 심리적 연령(psychological age) 그리고 사회적 연령(social age)으로 노인을 구분하기도 한다(정옥분, 2008). 생물학적 연령은 개인이 어느 정도로 신체적 활력을 갖고 있는가를 의미하는 것으로서 나이와 가장 밀접하게 관련을 맺고 있다. 생물학적 연령은 출생 이후 계속 성장을 해 나가다가, 20대를 전후 해서 천천히 하강 내지는 유지하며, 60세를 전후로 해서 급격한 쇠퇴를 나타내는 것으로 알려져 있다(Cross, 1982). 그러나 중요한 사실은 이러한 생물학적 연령이 나이와 반드시 일치하는 것은 아니며 또한 모든 개인에게 동일하게 적용되는 것도 아니라는 것이다. 생물학적 연령은 개인마다 큰 차이가 있다. 생물학적 연령은 개인의 신체적 건강수준에 따라 측정되기 때문에 유전적 요소와 운동량, 식사, 그가 경험한 사고의 종류와 횟수, 흡연과 음주 등 생활습관, 그리고 생활환경 등의 영향을 받는다(정옥분, 2008). 그렇기 때문에 규칙적으로 운동을 하는 60세 성인이 전혀 운동을 하지 않는 50세 성인보다 생물학적 연령이 더 낮을 수 있다(남선경, 2012).

심리적 연령은 심리적 성숙도를 의미하는 것으로 나이가 같은 사람들과 비교하여 환경변화에 얼마나 잘 적응하며 예기치 않은 생활사건이 주는 스트레스에 얼마나 잘 대처하는가에 의해 측정된다. 이러한 심리적 연령은 개인에 따라 차이가 크다. 다양한 개인차가 나타나는 원인은 유전적 요인, 환경적 요인, 각 개인이 그 자신의 삶의 과정에 영향을 주는 방식에서부터 초래되는 개별화의 효과, 그리고 다양한 종류의 질병 등의 영향을 받는다고 볼 수 있다. 따라서 심리적 연령은 나이에 따른 일률적인 과정이 아니라는 점이 강조되어야 한다(Baltes & Baltes, 1990).

사회적 연령은 개인이 속한 사회에서 자신의 연령에 적합한 역할을 얼마나 훌륭히 수행하는가를 의미하는 것으로 우리 사회에서 하나의 규범으로 정해진 나이를 말한다. 사회적 연령은 나이와 밀접한 관련이 있다. 취업, 결혼, 출산, 은퇴 등에 적절한 나이가 있다는 사회적 기대가 형성되어 있어 사람들은 이 같은 사회적 시간대에 자신의 주요

인생사건을 맞추려는 경향이 있다. 과거에 비하여 평균수명이 연장되고 노년층의 건강상태가 보다 향상되었음에도 불구하고 하나의 규범으로 정해진 사회적 연령은 과거 관습에서 벗어나지 못하고 있다.

특히 강제정년에 의하여 노년층은 일정 연령에 이르면 직장에서 도태되기 십상이다. 정년제도가 처음으로 도입될 당시 우리나라 사람들의 평균수명은 남녀 각각 54.9세와 61.0세였으나 2021년 우리나라 사람들의 평균기대수명은 남녀 각각 80.9세와 86.8세로 25세 이상이 증가했음에도 불구하고 정년연령은 그 당시의 수준을 유지하고 있다. 또한 의료기술의 발달과 풍부한 영양 섭취로 평균수명은 계속 증가할 것으로 전망되므로, 건강하고 일을 계속할 능력을 가진 노년층에게 고용을 연장해 주고, 적절한 분야에 재배치하기 위한 노력뿐 아니라 시대상에 맞춘 사회적 연령의 변화가 필요하다(통계청, 2010).

앞서 살펴본 바에 의하면, 노인을 정의할 때 가장 일반적인 것은 나이에 의한 개념으로서 우리나라의 경우 65세 이상을 노인으로 분류한다. 하지만 발달이 단순히 시간이 경과하는 것으로 이루어지는 것이 아니기 때문에 여러 가지 기능적 연령도 함께 고려되어야 한다. 기능적 연령은 크게 생물학적 · 심리적 · 사회적 연령으로 분류될 수 있다. 생물학적 연령은 개인의 신체적 활력과 관련되고, 심리적 연령은 심리적 성숙도를 의미하며, 사회적 연령은 사회의 규범으로 정해진 나이를 말한다. 이때 생물학적 · 사회적 연령은 나이와 밀접한 관련이 있지만, 이것이 나이와 일치하는 것은 아니며 모든 개인에게 동일하게 적용되지도 않는다. 즉, 모든 기능적 연령은 나이와 관련이 있지만 나이가 많다고 해서 각 기능적 연령이 높은 것은 아니라는 것이다. 따라서 단순히 나이만으로 노인을 구분 짓는 것보다는 기능적 연령을 고려하여 노인을 이해하는 것이 필요하다. 특히 사회적 연령 중 정년제도의 나이는 과거에 비하여 평균수명이 연장되고 노년층의 건강상태가 보다 향상되었음을 고려하여 상향 조정될 필요가 있다(남선경, 2012).

2) 노인의 현황

노인 인구학적 특성에서 연령계층별 고령인구 및 인구구조 변동추이 및 전망을 살펴보면 〈그림 6-1〉과 같다.

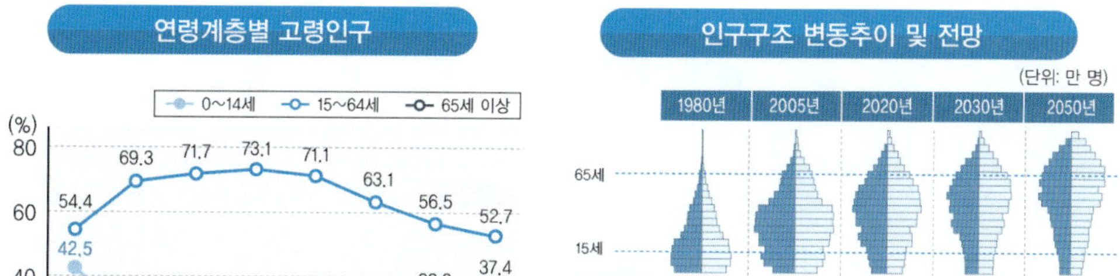

	1980년	2005년	2020년	2030년	2050년
총인구	3,812	4,829	5,009	4,933	4,235
생산가능인구	2,372	3,467	3,589	3,189	2,276
노인인구	146	437	786	1,174	1,536
유소년인구	1,295	924	630	554	380

그림 6-1. **연령계층별 고령인구와 변동추이**

총인구에서 65세 이상 고령자가 차지하는 비율인 노령인구는 1970년 3.1%에서 2013년 12.2%, 2021년 16.6%로 크게 증가하였으며, 2030년 24.3%, 2050년 37.4% 수준에 이를 것으로 전망되고 있다. 특히 85세 이상 초고령 인구 비율은 2013년 0.9%에서 2030년 2.5%, 2050년 7.7%로 크게 증가할 것으로 예상된다. 또한 가임여성 인구가 크게 감소하고 있기 때문에 출생아 수가 지속적으로 감소하고 있다. 성별 고령인구에 대한 현황은 〈그림 6-2〉와 같다.

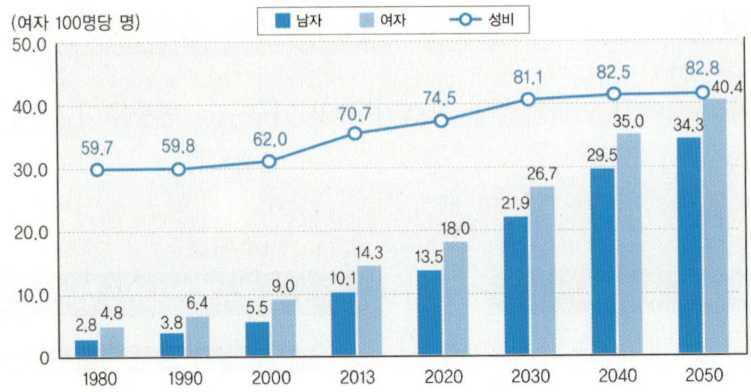

그림 6-2. **성별 고령인구**

성별 고령인구를 보면, 65세 이상 고령자의 성비(여자인구 100명당 남자 수)는 70.7%로 2030년에는 8.1%로 크게 높아질 것으로 예상되며, 이는 의료기술의 발달 및 건강에 대한 관심 고조 등으로 인해 남자 고령자의 사망률이 점차 낮아지고 있기 때문이다. 우리나라 연도별 평균 기대수명 추이과 OECD 주요 국가 기대수명 현황은 〈그림 6-3〉과 같다.

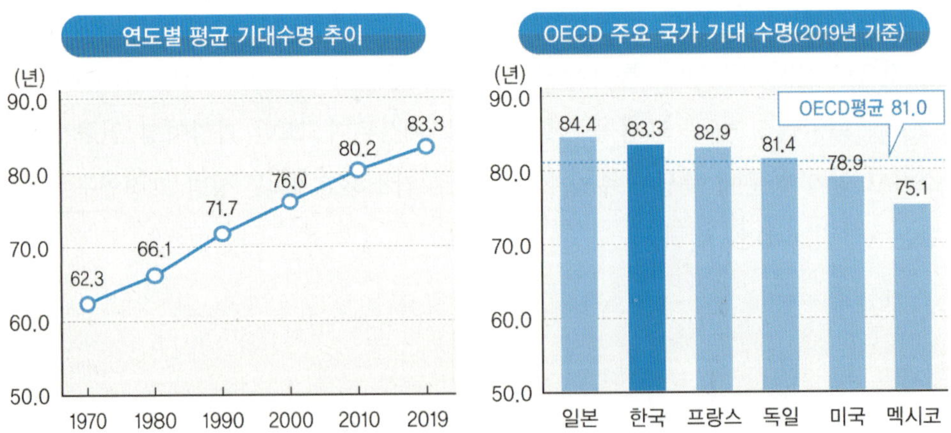

그림 6-3. **연도별 평균 기대수명과 OECD 주요 국가 기대수명**

1970년 통계를 집계한 이래 해당 연도 출생아의 기대수명은 꾸준히 증가세를 보였는데, 2019년에는 처음으로 83년을 넘어 경제협력개발기구(OECD) 국가 평균(81.0년)보다 2년 이상 긴 것으로 나타났다. 성별로는 남성이 80.3년, 여성은 86.3년으로 나타났다. 여성과 남성 간 격차(6.0년)는 1985년(8.6년)을 정점으로 줄어드는 추세이다. 경제협력개발기구(OECD) 평균과 비교하면 남성은 2.2년, 여성은 2.9년 더 높다. 여성은 OECD 회원국 중 일본(87.3년) 다음으로 높았고, 남성은 11위였다. 1999년엔 남성과 여성 각각 OECD 평균보다 0.6년, 0.7년 낮았으나 의학기술 발달 등으로 빠른 속도로 개선되고 있다.

2. 노인기 발달

대부분의 사람들이 특정 연령대에 들어서면 비슷한 특성을 보인다. 노인 또한 고유의 특성을 나타내는데, 이는 개인마다 조금씩 차이가 있다. 노인의 특성을 크게 신체적, 인지적, 사회적 특성으로 구분하여 살펴보면 다음과 같다(남선경, 2012).

1) 신체적 발달

인간은 일정한 나이를 넘으면 노화에 의해서 신체활동이 서서히 둔화되고 작업능률이 저하되기 시작한다. 이러한 신체 상태 자체는 자연적 변화로 정상적인 것으로 보아야 한다. 또한 나이가 들어감에 따라 신체 내부의 기능에서도 이러한 변화를 수용해야 한다. 노화현상은 신경계통 및 혈액순환, 호흡, 소화, 배설, 생식 같은 모든 기능에 영향을 미치고 수면시간 또한 감소하게 된다. 이러한 변화에 대하여 인식하고 수용할 준비가 되어 있지 않다면 불안 · 욕구불만 및 스트레스 같은 심리적 반응을 초래하고, 행동과 적응력 등 모든 부분에 부정적 영향을 미칠 수도 있다(김청자 외, 2012). 이러한 신체적 특성은 나이와 가장 밀접한 관련을 갖지만, 나이와 반드시 일치하는 것이 아니며 모든 개인에게 동일하게 진행되는 것도 아니다. 노인의 신체적 특성은 개인에 따라 큰 차이를 나타내므로 본인 스스로 자신의 건강을 지키기 위해 어떤 노력이 필요한지 알아야 한다.

2) 인지적 발달

과거에는 노인의 인지적 특성을 감퇴 도식으로 설명하였다. 다시 말해 노인의 인지적 특성을 지능, 기억, 언어, 문제해결 등 거의 모든 영역에서 지적 능력의 감퇴가 일어나는 것으로 보았다. 하지만 노인의 인지적 특성을 감퇴 도식으로 설명하는 것에 대한 의문이 제기되기 시작하였고, 1970년대에 들어서면서 노인기의 인지적 수행을 낮추는 요인들을 식별해 내는 데 관심을 기울이는 것으로 연구동향이 바뀌었다. 건강의 악화로 인한 주의력 결핍, 높은 점수를 받고자 하는 동기의 결핍, 오랜 기간 동안의 교육경험 부재, 지나친 조심성으로 인한 수행기피, 검사 상황의 경험 부족과 비친숙성, 반응속도의 둔화 등이 노인기에 인지적 능력이 있으면서도 수행능력이 낮아지는 현상을 설명하는 이유로 제시되었다.

노인의 인지적 특성에 대한 최근의 관점과 연구동향들을 살펴보면, 노인의 인지발달을 단순히 실험실에서 제시하는 과제의 수행 숫자로 진단하는 데서 벗어나 노인들이 몸담고 있는 일상의 삶이라는 사회 · 문화적 맥락내에서 고려해야 한다는 결론을 얻을 수 있다. 교육, 직업, 삶의 경험 등에서 얻은 정보와 기술을 실제로 활용하는 노인의 인지발달은 매우 가치가 있다. 이렇게 볼 때 노인은 인지적으로 매우 풍요로우며 보다 발전된 문제해결 사고를 지니고 있다고 말할 수 있다(김청자 외, 2012).

3) 사회적 발달

인간은 신체적 노화와 함께 사회적 위치도 변화한다. 사회적 특성은 사회구성원들이 바라보는 노인에 대한 인식에 의해 규정된다. 젊은 세대의 노인들에 대한 무관심, 이해 부족, 효 윤리의 약화는 노인에 대한 이미지를 점점 부정적으로 변화시키고 있다. 인간은 누구나 늙어 결국엔 죽음에 이르게 된다. 그러나 대부분의 사람들은 그것이 남의 일이라고 생각한다. 노인에 대한 부정적인 고정관념과 편견은 자신이 늙은이로 취급받는 것을 모욕이라고 생각하게 만들고 노인을 자신과는 다른 부류로 분절화시키게 한다. 또한 노동중심의 사회조직에서 취업, 교육, 문화생활은 모두 젊은 세대를 겨냥하여 집중되어 있고 노인기는 취업, 교육 등에서 배제되고 여가생활만이 강조된다. 이러한 연령 분리적인 규범은 세대 간의 원만한 의사소통을 방해하고 이해대립과 갈등을 초래하기도 한다. 사회 전체의 노인에 대한 인식이 어떠한가는 노인정책의 방향을 설정하는 데 영향을 줄 수 있다는 점에서 중요하다. 즉, 사회 전체적으로 노인을 의존적이고 무능력한 존재로 인식하는 경우 노인정책은 시혜적인 차원을 벗어날 수 없다. 따라서 노인문제가 새로운 사회문제로 자리 잡게 된 시점에서 노인을 실질적으로 돕기 위한 여러 정책의 마련도 시급하지만, 이러한 정책들의 방향을 정립하고 노인에 대한 사회적 인식을 새롭게 하기 위한 접근은 중요한 과제라고 할 수 있다.

노동의 생산성이나 인간의 가치에 대한 평가에 있어서 질적인 면, 특히 경험의 측면을 고려하지 않음으로써 노인들이 젊은 사람들보다 생산적이지 못하다는 편견에서 벗어나서, 노인은 경험이라는 가장 강력한 무기를 지니고 있는 존재라는 새로운 인식의 전환이 이루어져야 한다. 노인은 전 생애를 볼 수 있는 거울이다. 이미 전 생애를 경험하였고, 인간의 전 생애를 이해하고 공감할 수 있는 유일한 연령이다. 따라서 노인의 능력과 인생의 경험은 교육의 중요한 자원으로서의 노인의 가치를 가능하게 한다.

3. 노인기와 정신질환

1) 치매(Dementia)

최근 우리나라에서도 치매노인의 문제가 심각하게 인식되고 있다. 오래전부터 치매를 노망, 망령이 들었다고 하면서 사회적으로 편견을 갖고 가정의 수치로 여겨 왔다. 그러나 요즈음 치매가 병으로 인식되어 모든 사람들의 관심이 증가되고 있다.

치매는 생후 정상적으로 발달했던 지능이 후천적인 뇌기능 장애 때문에 영구적 혹은 비가역적으로 저하된 상태를 의미한다. 즉, 치매는 뇌의 질환으로 인해 생기는 하나의 증후군으로 대개 만성적이고 진행성으로 나타나게 된다. 가정에서 치매를 알아볼 수 있는 점검표가 〈표 6-1〉에 제시되어 있다.

표 6-1. **가정에서 알아볼 수 있는 치매 점검표**

영역	번호	문항	예	아니오
기억 능력	1	전화번호나 사람 이름을 기억하기 어렵다.		
	2	어떤 일이 언제 일어났는지 기억하지 못할 때가 있다.		
	3	며칠 전에 들었던 이야기를 기억하지 못한다.		
	4	오래전에 들었던 이야기를 기억하지 못한다.		
	5	일상생활에 변화가 생겼을 때 금방 적응하기가 어렵다.		
	6	중요한 일을 잊을 때가 있다.		
	7	다른 사람에게 같은 이야기를 반복할 때가 있다.		
	8	어떤 일을 해 놓고도 잊어버려서 다시 반복한 적이 있다.		
	9	약 먹는 시간을 놓치기가 쉽다.		
	10	여러 가지 물건을 사러 갔다가 한두 가지를 빠뜨리기도 한다.		
	11	가스불 끄는 것을 잊어 음식을 태운 일이 있다.		
	12	남에게 같은 질문을 반복한다.		
	13	어떤 일을 해 놓고도 했는지 안 했는지 다시 확인해야 한다.		
	14	물건을 두고 다니거나 또는 가지고 갈 물건을 놓고 간다.		

영역	번호	문항	예	아니오
언어 능력	1	하고 싶은 말이나 표현이 금방 떠오르지 않는다.		
	2	물건 이름이 금방 생각나지 않는다.		
	3	개인적인 편지나 사무적인 편지를 쓰기 힘들다.		
	4	갈수록 말수가 감소되는 경향이 있다.		
	5	신문이나 잡지를 읽을 때 이야기 줄거리를 파악하지 못한다.		
	6	책을 읽을 때 같은 문장을 여러 번 읽어야 이해가 된다.		
	7	TV에 나오는 이야기를 따라 하기가 힘들다.		
시공간 능력	1	자주 보는 친구나 친척을 바로 알아보지 못한다.		
	2	물건을 어디에 두었는지 몰라서 찾게 된다.		
	3	전에 가 본 장소를 기억하지 못한다.		
	4	방향 감각이 떨어졌다.		
	5	길을 잃거나 헤맨 적이 있다.		
	6	물건을 항상 두는 장소를 잊어버리고 엉뚱한 곳에서 찾는다.		
	7	계산능력이 떨어진다.		
	8	돈관리를 하는 데 실수가 있다.		
	9	과거에 편안히 쓰던 기구 사용이 서툴러졌다.		

출처: 이상일(1997). 치매가 무섭다구요. 치매 빨리 알면 쉬워요. 동학사.

〈표 6-1〉에 제시된 항목 중 20개 이상이면 치매전문가에게 진단을 받을 필요가 있음을 시사한다. 〈표 6-1〉과 같이 치매는 기억력, 사고력, 지남력, 이해력, 계산능력, 학습능력, 언어 및 판단력 등을 포함하는 뇌피질 기능의 다발성 장애라고 할 수 있다. 치매는 크게 알츠하이머병으로 인한 주요 또는 경도 신경인지장애와 혈관성 주요 또는 경도 신경인지장애로 나누어진다.

(1) 알츠하이머형 신경인지장애

알츠하이머형 신경인지장애의 유형은 일반적으로 나타나는 노화현상과 관련이 많다. 즉, 이 치매를 진행시키는 원인 중에서 가장 중요한 것은 뇌를 사용하지 않음으로 인해서 생기는 것이다. 알츠하이머병 신경인지장애는 인지장애와 사회적, 직업적 기능에 있어 심각한 장애를 일으키며, 이 유형의 치매는 직접적인 병리학적 증거를 찾기 힘들기 때문에 치매의 다른 원인들이 제시된 경우에만 진단을 내릴 수 있다.

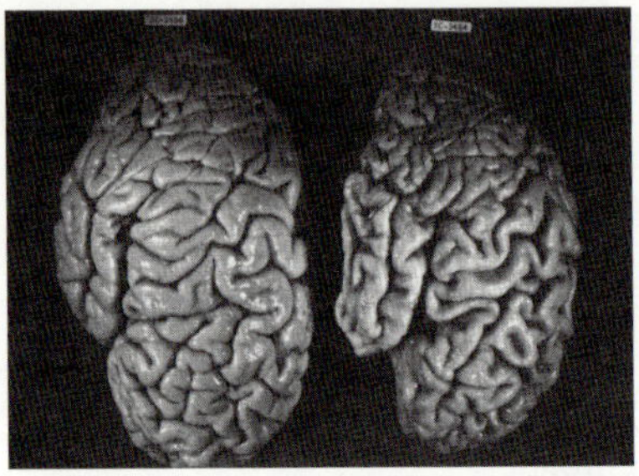

왼쪽은 건강한 사람의 뇌이고 오른쪽은 알츠하이머병을 가진 환자의 뇌이다. 오른쪽이 더 쪼그라져 있음을 알 수 있음.

그림 6-4. **알츠하이머병 환자와 정상인의 뇌**

출처: 김완균(2010). 청소년을 위한 뇌과학. 비룡소.

임상양상으로서의 치매 증상은 서서히 시작되고, 경과는 일정하게 점진적으로 진행되는 것이 특징이다. 초기에는 기억력장애만이 유일한 증상이거나, 무감동, 일관성의 결여, 사회교류로부터의 은둔 등 미묘한 인격 변화가 올 수 있다. 그러나 중기에 들어서면 갖가지 지각장애가 두드러지며, 행동이나 인격에 더 명확히 영향을 받는다. 후기에는 완전히 말이 없어지고 주의력이 결여되며, 지적 능력의 상실, 특히 기억력, 판단력, 추상적 사고, 기타 고유 피질기능의 장애와 인격 및 행동의 변화가 나타난다. 또한 차차 자신을 돌볼 수 없는 상태가 되어 필연적으로 사망하게 된다. 노인기에 발생하며, 발생부터 사망까지는 평균 약 10~15년이 걸린다.

치료 초기에는 현재 나타나고 있는 증상의 완화를 위한 치료를 해야 하고, 중기 이후에는 가족, 사회적 치료 및 정신간호가 중요하다. 현재 약물치료가 중요하다는 인식이 증가하여 인지기능 개선을 위한 약물들이 많이 개발되고 있다.

(2) 혈관성 신경인지장애

혈관성 신경인지장애는 알츠하이머병 신경인지장애보다 드물지만 보다 일찍 발병한다. 혈관성 신경인지장애는 인지장애와 진단에 요구되는 장애를 보여야 하며, 치매와 원인적으로 관련이 있다고 판단되는 뇌혈관 질환의 증거가 있어야 한다. 또한 두부의 뇌단층 촬영술(CT)이나 자기공명술(MRI)에서 대개 대뇌피질과 피질하 구조물의 혈관장애가 나타나야 한다.

임상양상은 발병 초기에는 지적 기능의 단계적 황폐화, 즉 일률적으로 진행되지 않는 경과와 부분적 황폐화로, 어떤 기능은 영향을 받고 어떤 부분은 그렇지 않은 양상을 보인다. 특징적으로 기억력, 추상적 사고, 판단력, 충동조절 및 인격의 장애가 나타난다. 또한 국소 신경학적 증세도 나타난다. 가끔 가장적 감정으로 갑작스러운 웃음과 울음을 보이며, 구음장애, 연하곤란 등을 동반한 가성연수마비가 나타나는 수도 있다.

혈관성 신경인지장애는 일차적으로 고혈압, 당뇨병 등 동맥경화를 악화시키는 질환들이 문제가 된다. 이러한 질환들은 뇌에 혈액을 공급해 주는 여러 동맥들을 협소하게 하거나 막히게 하여 뇌의 혈액흐름을 저해하는 것이다. 만약 뇌혈관에 전반적으로 이상이 생겨서 뇌경색을 일으키게 되면 뇌의 전반적인 기능이 저하되고, 치매라고 불리는 상태로 되는 것이다. 이 유형의 치매는 비교적 젊은 50~60대에 잘 나타나며 여자보다는 남자에게서 더 많이 발견된다. 혈관성 주요 또는 경도 신경인지장애는 조기에 원인치료를 하면 회복될 수 있는, 즉 치료가 가능한 치매이다.

2) 노인기 우울증

노인기에는 신체적 질병, 사회적 지위와 역할의 상실, 경제적 능력의 저하, 가까운 사람의 사망 등과 같은 다양한 상실을 경험하기 때문에 우울증이 나타날 가능성이 매우 높다. 즉, 노인기 우울증은 낮은 사회 · 경제적 위치, 배우자 상실, 신체질환 및 사회적 고립과의 상관관계가 매우 높다. 특히 노인기 우울증에는 수면장애가 더 많이 나타나고 신체 증상의 호소와 초조감을 나타내는 경우가 많다. 노인기 우울증은 치매의 초기 증상과 유사하므로 이를 잘 구분하는 것이 중요하다.

일반적으로 우울증의 병력이나 가족력, 독신생활, 경제적 수준, 수용기관에서의 생활, 저조한 건강 상태, 완벽주의적 성격 등의 특성을 지닌 노인들이 우울증에 걸리기 쉽다(권석만, 2008).

표 6-2. **노인성 우울증 척도(단축형)**

◈ 다음 질문을 읽고 지난 일주일 동안 당신이 어떻게 느끼셨는지 "예" 또는 "아니오"로 답하시오.

번호	문항	예	아니오
1	당신의 삶에 만족하십니까?		
2	이전에 즐기던 활동이나 취미가 더 이상 재미있지 않습니까?		
3	삶이 허무하다고 느끼십니까?		
4	늘 무료합니까?		
5	대개의 경우 기분이 좋습니까?		
6	당신에게 무엇인가 나쁜 일이 곧 일어날 것이라고 두려워하십니까?		
7	대개의 경우 행복하다고 느끼십니까?		
8	종종 자신이 무력하게 느껴집니까?		
9	바깥에 나가서 새로운 일을 하기보다는 집에 머물러 있고 싶으십니까?		
10	다른 사람들보다 기억력에 더 많은 문제가 있다고 느끼십니까?		
11	살아 있다는 것은 좋은 일이라고 생각하십니까?		
12	당신의 현재 삶은 무가치하다고 느끼십니까?		
13	활력이 있다고 느끼십니까?		
14	내 삶에는 더 이상 희망이 없다고 느끼십니까?		
15	대부분의 사람들이 당신보다 더 낫다고 생각하십니까?		

채점 및 해석

1, 5, 7, 11, 13번 문항은 '아니오'의 개수를, 나머지 문항은 '예'의 개수를 세어 합산한 것이 점수가 된다. 채점결과 6점 이상이면 노인성 우울의 가능성을 고려해 보아야 한다.

위기의 50~75세, '은퇴 후 우울증'이 위험하다

중고령층에서 일을 계속 하고 있는 사람에 비해 은퇴한 사람이 우울증을 겪을 위험이 훨씬 높다는 연구 결과가 나왔다. 한국보건사회연구원은 지난 19일, '중고령층 근로활동이 인지기능 및 정신건강에 미치는 효과'라는 제목의 연구 보고서를 공개했다. 국내에서 정년 퇴직을 하는 나이는 공무원을 기준으로 만 60세다. OECD에 따르면 한국인의 기대수명은 1960년 기준 52.4세에서 2014년 기준 82.2세(남성 79세, 여성 85.5세)로 대폭 증가했다. 은퇴 후 노년 생활 기간이 점점 길어지고 있는 셈이다. 지난 2월 대법원에서는 일반 육체노동자 경험칙상 가동연한(법적으로 육체노동 등 일을 할 수 있다고 인정하는 나이)을 만 60세에서 만 65세라고 판결을 내리기도 했다. 일각에서는 이와 마찬가지로 정년도 65세로 연장해야 한다는 목소리가 나오고 있다.

한국보건사회연구원 이아영 부연구위원과 고경표 연구원은 한국노동연구원이 2006년부터 진행한 고령화연구패널조사 분석결과를 토대로 50~75세인 중고령자가 은퇴 후 정신건강과 인지기능이 어떻게 변화했는지 분석했다. 그 결과 은퇴 후 정신건강이 나빠질 수 있다는 사실이 밝혀졌다. 일을 계속하는 사람(근로자)은 나이가 들어도 정신과 진단 경험이 거의 증가하지 않았고, 우울증도 60세 이후에 조금씩 증가했다. 하지만 은퇴한 사람은 정신과 진단 경험 비율과 우울증 발생률이 훨씬 많게 나타났다. 근로자와 은퇴한 사람의 우울증 발생률 격차가 가장 큰 나이대는 50대 초반이었다. 반면 인지기능은 근로자나 은퇴한 사람이나 큰 차이가 없었다. 오히려 나이 영향이 컸다. 인지기능 중에서도 이해 및 판단은 변화가 거의 없었고, 기억력이나 주의집중 및 계산, 기억회상 등은 나이가 들어감에 따라 급감했다. 특히 50대 중반 이후 급격히 떨어지는 것으로 나타났다.

연구팀은 특히 50~65세 연령대에 속한 남성, 그리고 저학력일수록 정신건강과 인지기능에 더욱 부정적인 영향을 받는다고도 분석했다. 그 원인을 소득과 소비 수준이 낮아지면서 사회활동 참여에 제한이 생기고, 대인관계 범위가 점점 좁아지기 때문으로 봤다.

연구팀은 보고서를 통해 "은퇴 후 사회활동을 이어 나가면 사회적 소속감을 지속하게 돼 오히려 긍정적인 영향이 나타나기도 한다"며 "사회적으로 재근로활동을 장려하는 등 고령화사회를 대비할 필요가 있다"고 주장했다.

출처: 동아사이언스. 2019.03.27.

4. 임종과 죽음

임종과 죽음을 구분하기보다는 노인기의 최종단계로서 한 흐름으로 보는 것이 합당하다. 왜냐하면 임종은 본인이나 주변 가족이 죽음을 인지한 이후 죽음으로 이어지고, 이 기간 동안 일어나는 문제상황이 한 맥락으로 진행되기 때문이다.

65세에 시작하여 죽음을 맞이할 때까지 노인기는 노화에 의해 점점 쇠약해지면서 여러 문제를 나타낸다. 노인기의 문제는 거의 비슷한 수준에서 이루어지다가 임종과 죽음에 이르게 되면 그 문제의 상황은 급변한다. 임종 동안에 스스로 죽음을 받아들이는 과정에서 겪는 불안감, 이들 가족이 당면하는 슬픔 등은 노인들과 가족들에게 특별한 상황으로 받아들여지게 된다.

따라서 임종은 일반적으로 죽음에 다다르는 것, 생명이 끝나가는 것, 혹은 생명이 점차 소멸되는 것 등의 개념으로 죽음에 임박한 상태를 의미한다. 이 같은 의미의 임종은 반드시 노인기에서만 일어나는 것은 아니며, 죽음 직전에 필수적으로 거치는 과정도 아니다.

노인기의 임종은 임종을 당하는 본인 외에도 그의 배우자를 포함하여 가족들에게 특별한 심리적 변화를 경험하게 한다. 임종의 순간은 모든 인간이 슬픔과 애틋함, 회환 등을 동시에 경험하는 순간이다. 이처럼 죽음을 맞이하면서까지 살아 있는 사람과의 애틋한 정을 끊지 못하는 것은 우리의 전통문화라고 할 수 있다.

특별히 노인들의 임종은 죽음을 앞에 둔 노인과 그의 가족이 죽음에 대해 마음의 준비를 할 수 있는 기회를 제공한다는 데 큰 의미가 있다. 대부분의 노인들은 죽음에 대해 불안한 심리상태를 보인다. 이 불안한 심리상태는 사후세계에 대한 불확실성과 유족들에 대한 걱정에서 기인한다고 볼 수 있다. 더욱이 경제적으로 어렵고 유족이 없어 홀로 살고 있는 노인들은 임종 직전부터 장례식, 제사 등의 문제로 불안감을 떨칠 수 없다.

노인기에는 누구나 죽음을 가까운 현실로 지각하고 나름대로 수용하려고 노력한다. 그래서 자신의 재산, 소유물 등을 정리하며, 과거에 대해 회상하는 시간을 많이 가지고, 자신을 재평가하며 통합하려고 노력한다. 이와 같이 노인기에 죽음에 대해 수용할 준비가 되어 있다 하더라도 인간의 죽음에 대한 공포는 자연스럽고 정상적인 경험이다.

대체로 사람들은 죽음 자체보다는 죽음 후의 세계에 대해 아무것도 알 수 없다는 무력감, 죽음의 고통, 죽음 이후의 자신의 존재의 소멸, 육체의 부패 등을 두려워한다는 것이다.

죽음을 "생물의 생명이 없어지는 현상 혹은 세포내의 연속적인 생리적 변화가 불가역적으로 되어 정지되는 상태"로 정의하고 있다(현외성 외, 2001). 죽음은 앞에서 살펴본 임종의 마지막으로 삶의 종점을 의미한다.

노인들의 죽음은 노화에 의한 질병, 사고, 범죄 등에 의해 일어난다. 대체로 노화에 따른 질병으로 죽음을 맞이한 경우에는 임종을 거치지만 사고나 범죄에 의한 죽음은 임종의 과정이 없다. 따라서 임종을 맞이하지 못한 노인들의 예고 없는 죽음은 사자나 가족들에게 충분한 대비가 없기 때문에 유족의 슬픔은 임종을 맞이한 죽음보다 크다고 할 수 있다.

한편 노인들의 자연사 외에 자살에 의한 죽음도 종종 일어나고 있다. 노인들의 자살은 대체로 최후의 의사소통 행위로 대체되고 있다. 이들의 자살은 결혼하지 않고 홀로 살고 있는 상태, 친구가 거의 없는 경우, 사후에 대한 믿음의 결여, 임상적 억압상태와 밀접히 관련하고 있는 것으로 보고되고 있다(Kastenbaum, 1985).

그리고 죽음에 대한 태도는 자아통합의 성취 정도에 따라 차이를 보인다. 자아통합을 성취한 사람은 자신의 죽음에 대한 갈등과 불안을 줄이고 죽음을 받아들일 수 있는 반면에, 절망감을 갖는 사람은 죽음을 수용하지 못한다.

노인기가 되어 인간이 죽음에 이르는 것은 하나의 연속적인 과정을 거치며 생물학적 변화뿐만이 아니라 심리적 변화과정을 거치게 된다. 인간의 죽음의 과정에 대해서 부정, 분노, 타협, 우울, 수용 등의 다섯 단계를 제시(Kübler-Ross, 1969)하였는데, 이를 요약하면 〈표 6-3〉과 같다(Santrock, 1997).

표 6-3. 죽음의 단계

단계	구분	내용
1	부정	부정(denial)은 죽음에 이르는 첫 단계로서 자신의 죽음이 임박한 사실을 알았을 때 대부분의 사람들은 충격을 받고 그 사실을 부정하려고 한다. 즉, 사람들은 죽음이 자신에게 해당되지 않으며, 자신이 죽을 것이라는 사실을 인정할 수 없다고 말한다. 부정은 죽음의 충격에 대한 임시적인 방어 수단으로서 죽음이라는 현실에 대한 고통을 일시적으로 덜어 주게 된다.
2	분노	분노(anger)는 자신의 죽음에 대한 부정이 더 이상 유지될 수 없다고 인식되었을 때 나타나게 된다. 대체로 분노, 격분, 질투, 원한 등의 감정을 경험하며, 의사, 간호사, 가족구성원 등에게 다른 사람이 아니고 하필이면 왜 나인가에 대해 화를 낸다. 그러므로 이 단계에서는 가족을 비롯해서 죽어 가는 사람을 돌보는 모든 사람들이 그에 대해 이해해 주고 따뜻한 관심을 가져 줄 필요가 있다.
3	타협	타협(bargaining)은 죽음이 어떻게든지 조금이라도 연기되거나 지연될 수 있기를 바라는 단계이다. 자기에게는 아직 처리해야 할 일들이 많이 남았으므로 그 일들을 마칠 때까지만 살 수 있게 해 달라고 때때로 절대자인 신과의 타협이나 협상에 들어가게 된다. 죽어 가는 사람은 조금이라도 더 살 수 있다면 예전과 다르게 다른 사람들을 위해 헌신하겠다고 약속하기도 한다.
4	우울	우울(depression)은 죽어 가는 사람이 죽음의 필연성을 받아들이고 우울해 하거나 슬퍼하는 단계이다. 죽어 가는 사람은 침묵하게 되고 방문자를 거절하며, 많은 시간을 울거나 슬퍼하면서 보낸다. 이러한 행동은 개인이 주위의 가족과 친지 그리고 기타 일생 동안 연결되어 왔던 모든 사물들과 결별하기 위한 하나의 점진적이고도 자연스러운 과정이다.
5	수용	수용(acceptance)은 자신의 운명을 수용하고 평온한 마음을 갖게 되는 단계이다. 이 단계에서는 감정의 표현이나 변화를 거의 보이지 않으면서 죽음을 기다리는 태도를 보이게 된다. 즉, 우울해 하거나 슬퍼하는 감정이나 육체적 고통이 실질적으로 사라지고 편안한 마음으로 받아들이는 단계이다.

인간의 죽음과정에는 개인차가 존재하며, 다섯 단계를 모두 경험하는 사람이 있는가 하면 그렇지 않은 경우도 있다. 그러나 이 모든 단계에서 기초가 되는 정서는 희망이다.

5. 노인기와 사회복지실천

최근에는 노인들을 위한 교육 프로그램이나 여가활동, 스포츠 프로그램 등의 중요성이 강조되고 있다. 단순한 오락이나 소일거리가 아닌 취미생활, 체육활동, 컴퓨터, 건강관리, 영어 회화 등 노인들의 성장과 발달 욕구를 충족시키는 미래 지향적 프로그램의 실천이 요구된다. 구체적으로 노인여가복지시설에서의 최근 교육 프로그램은 은퇴노인을 대상으로 다양한 교육을 실시하는 곳도 생겨나는 등 기존에 자기계발을 위한 지식함양이나 여가문화 프로그램 위주에서 벗어나 제2의 인생을 위한 자격증교육이 인기를 모으고 있다. 노인의 평생교육 프로그램은 건강증진교육, 정보화교육, 교양교육, 취미여가교육, 자격증교육으로 크게 5가지로 분류할 수 있다. 따라서 사회복지사는 노인들을 위한 프로그램 개발 및 운영을 지원해야 한다. 프로그램의 명칭에 대한 것은 각 기관별로 상이하지만 일반적으로 〈그림 6-5〉와 같이 구분할 수 있다(하미경, 2021).

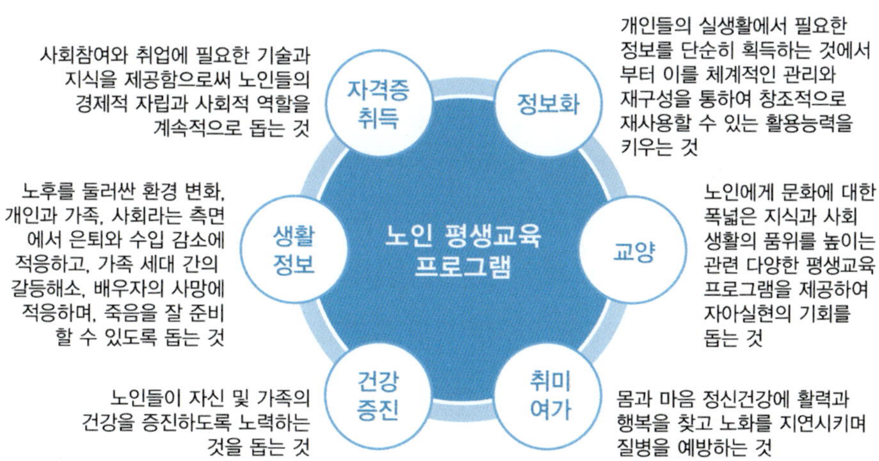

그림 6-5. **노인 교육 프로그램**

첫째, 정보화 프로그램은 개인들의 실생활에서 필요한 정보를 단순히 획득하는 것에서부터 이를 체계적인 관리와 재구성을 통하여 창조적으로 재사용할 수 있는 활용능력을 키우는 것을 정보화 교육이라 할 수 있다. 최근에는 사용자의 다양한 활동에 있어서 컴퓨터와 정보통신기기를 포함한 도구로 활용하는 데 필요한 지식, 기술, 태도를 육성하는 교육을 포함하는 포괄적인 개념으로 발전하였다(김영대 외, 2017). 노인복지관에서 운영되고 있는 정보화 프로그램은 참여 노인에 맞는 컴퓨터 평생교육 프로그램으로 한글, 인터넷, 윈도우, 엑셀 등 컴퓨터 활용에 대한 수준별 학습실을 구성하여 다양하게 운영되고 있다. 또한 스마트폰을 활용한 SNS 소통, 인공지능 음성 서비스, 음악 및 동영상 다운받기, 앱 활용하기 등이 운영되고 있다.

둘째, 교양 프로그램은 참여 노인에게 문화에 대한 폭넓은 지식과 사회생활의 품위를 높이는 관련 다양한 평생교육 프로그램을 제공하여 자아실현의 기회를 돕는다. 운영하는 프로그램으로는 한글, 영어, 중국어 등 언어 프로그램을 비롯하여 문예창작, 인문학, 역학, 풍수지리 등이 있다.

셋째, 취미여가 프로그램은 노인의 여가생활은 사회변화에 따른 노인들의 생활과 직접 연결되는 영역이며 사회 구조적 문제이다. 연구에 의하면, 1주일에 20분 이상 여가활동을 하는 사람은 피로에 덜 지치는 것으로 나타났고 즐거운 여가활동이 혈압을 낮추거나 체질량 지수 감소와 우울증 등 부정적인 영향을 제거하는 데 큰 도움이 된다고 주장한다. 즉, 노인들의 취미, 여가활동으로 몸과 정신건강에 활력과 행복을 찾고 노화를 지연시키며 질병을 예방하는 데 큰 도움이 된다고 하겠다. 취미여가 부분 운영 프로그램으로는 노래교실, 악기 배우기, 그림 그리기, 사진 찍기, 공예, 화분 키우기, 마술, 연극 등이 있다.

넷째, 건강증진 프로그램은 「국민건강증진법」 제3조에 의하면 국가 및 지방자치단체는 건강에 관한 국민의 관심을 높이고 국민건강을 증진할 책임을 진다는 내용에 바탕을 둔다. 즉, "모든 국민은 자신 및 가족의 건강을 증진하도록 노력하여야 한다"라고 「국민건강증진법」에 명시되어 있다. 운영 프로그램으로는 실버댄스, 스포츠댄스, 실버

요가, 한국무용, 탁구, 수지침, 발 마사지, 게이트볼, 기공체조 등이 있다

다섯째, 생활정보교육은 인구의 고령화와 더불어 노후를 둘러싼 환경변화 또한 개인과 가족, 사회라는 측면에서 은퇴와 수입 감소에 적응하고, 가족 세대 간의 갈등해소와 배우자의 사망에 적응하며 동년배와의 관계, 죽음을 잘 준비할 수 있도록 돕기 위한 목적으로 운영된다. 운영하는 프로그램으로는 노인상담, 가족관계, 은퇴설계, 웰다잉, 생활건강, 자산관리, 생활법률, 생활안전 등이 있다.

여섯째, 자격증취득 프로그램은 장년층의 직장 조기 퇴직이 늘고 있는 현실에서 노인들의 제2의 인생설계와 함께 사회참여와 취업에 필요한 기술과 지식을 제공함으로써 노인들의 경제적 자립과 사회적 역할을 계속적으로 돕는 데 목적이 있다. 운영 프로그램으로는 베이비시터, 한식조리사, 바리스타, 문화해설사, 전래놀이지도사, 동화구연지도사, 한자지도사 등이 있다.

그리고 최근에는 노인장기요양보험제도의 도입으로 요양 및 수발 등의 욕구가 있는 노인이라면 누구나 제도의 범위 안에서 보호를 받을 수 있는 보편적 노인복지가 실시되고 있으며, 노인기 인구의 증가와 함께 장애, 범죄, 학대, 자살 등의 노인문제도 심각한 사회문제로 대두되고 있다. 결국 노인들의 복잡해진 욕구를 해결하기 위해 여러 분야의 전문가가 개입해야 하는 상황에서 노인을 위한 사회복지사의 개입방법이 더욱 전문성을 유지하기 위한 논의가 필요해진 것이다.

그리고 정책적인 측면에서 보면 매우 복잡하게 얽혀 있다. 노인들의 복지 향상과 밀접하게 관련하고 있는 정책은 「노인복지법」을 비롯하여 「고용상 연령차별금지 및 고령자고용촉진법에 관한 법률」, 「국민기초생활보장법」, 「의료급여법」, 「가정폭력범죄의 처벌 등에 관한 특례법」, 「노인장기요양보험법」 등에 근거하고 있다. 또한 이들 법률에 의한 제반 사업들은 중앙정부의 보건복지부, 고용노동부, 법무부가 관장하며, 구체적인 사업 실시는 각급 지방정부가 관여하고 있다. 이를 위해 사회복지사는 정부의 정책을 비롯한 재원의 한계가 엄연히 존재할 수밖에 없는 현실을 감안하고, 지역사회 차원의 다양한 네트워크의 개발 · 조직을 통해 다차원적인 서비스 실천 노력이 필요하다.

그리고 노인기의 종점인 임종과 죽음에 관련하여 사회복지실천 측면에서 임종과 죽음을 앞둔 노인들을 위해 합당한 기술과 서비스를 토대로 한 사회복지실천이 필요하며, 이들의 가족에게까지 확대 접근할 수 있는 유연성과 전문성도 요구된다.

PART 2

성격과 사회복지실천

Chapter 07

정신분석 이론

배울내용

1. 프로이트의 정신분석 이론
2. 에릭슨의 사회적 정신역동 이론
3. 아들러의 개인심리 이론
4. 융의 분석심리 이론
5. 정신분석 치료
6. 정신분석 이론과 사회복지실천

학습목표

1. 프로이트의 정신분석의 성격의 구조, 방어기제, 의식구조 및 성격의 발달을 파악한다.
2. 에릭슨의 인간발달 8단계의 과업을 숙지한다.
3. 아들러의 열등감과 보상, 우월성의 추구, 생활양식, 출생순위 및 성격유형을 파악한다.
4. 융의 분석심리의 기본 개념을 파악한다.
5. 정신분석 치료의 기본 기법들을 숙지한다.
6. 정신분석 이론을 사회복지실천에 활용할 방안을 모색해 본다.

프로이트에 의해 시작된 정신분석 이론은 발표된 당시부터 현재에 이르기까지 정신의학이나 심리학에서뿐만 아니라 다양한 인문, 사회과학 분야에 큰 영향력을 행사해 왔고 많은 논쟁을 일으켜 왔다. 프로이트는 이 이론을 내놓은 후부터 계속해서 자신의 이론을 발전시켰고, 무수한 학자들에 의해 이론이 여러 분파로 갈라져 정신분석 이론의 범위는 엄청나게 방대하다. 프로이트는 인간의 자유를 인정하지 않았으며 인간의 모든 행동, 사고, 감정은 신체적 긴장상태에 의해 유발되는 무의식적인 성적 본능[1)]과 공격적 본능[2)]에 의하여 결정되고 인간을 이런 힘의 지배를 받는 수동적인 인간으로 보았다. 또한 인간의 성격구조는 초기아동기, 특히 만 5~6세 이전에 어떤 경험을 했느냐에 따라 결정된다는 결정론적 관점을 지니고 있어 과거를 중요시하는 이론이다. 정신분석 이론을 프로이트, 에릭슨, 아들러(Alder) 및 융(Jung)의 이론을 중심으로 살펴보면 다음과 같다.

1) 프로이트는 삶의 추동을 에로스라고 칭하기도 하였는데, 이는 종족 보존의 성추동뿐만 아니라 자기 보존 추동까지도 포괄한다. 에로스는 서로 결합하여 성숙하고, 좀 더 큰 단위로 통합하고, 보존하는 것이 목적이다. 또한 인간관계의 모든 긍정적인 측면에 존재하며, 대부분의 인간활동의 동기에서 건설적인 요소이다. 이렇게 삶의 추동은 포괄적이고 함축적인 의미로 사용되었지만, 좁은 의미에서는 성추동 혹은 리비도(libido)로 사용되기도 하였다. 삶의 본능은 개체의 생존과 번식의 목적에 관여하는 것으로, 예를 들어 생식본능이라던가, 성본능 같은 것이 이 범주에 속한다. 프로이트가 가장 중요시한 삶의 본능은 성본능이며, 초기 정신분석에서는 모든 행동이 신체 여러 부위에 있는 성적 요구에서 오는 것으로 보았다. 다시 말해 이러한 성적 욕구는 신체 부위의 성감대, 즉 입술, 구강, 항문 그리고 성기 등에서 오는 것이다. 어렸을 때는 빨거나, 배설하거나, 주무르거나, 마찰하는 행위 등을 통하여 각각 독자적으로 그 욕구가 충족되다가 사춘기에 이르게 되면 이들은 모두 융합되어 함께 생식 목적에 공헌하게 된다고 한다.

2) 프로이트는 삶 본능과 상반된 개념으로서 죽음 본능이라는 것이 있다고 가정하고, 이 죽음 본능의 주요한 구성요소가 공격성이라고 주장하였다. 즉, 개인의 죽음 본능은 공격성으로 표출되어 자신이 아닌, 타인이나 특정 대상을 죽이고자 하는 소망으로 파괴하고, 정복하고, 죽이도록 하는 추동을 말한다. 공격이란 죽음의 본능에 내포된 자기 파괴의 욕구가 외부의 다른 대상물에게 돌려진 것으로, 어떤 사람이 타인과 싸우거나 파괴적인 행위를 하는 것은 스스로의 죽음에 대한 욕구가 바깥으로 나타나는 것이다. 죽음의 본능은 삶의 본능의 작용보다 뚜렷하게 표출되지 않으므로 이를 입증하기는 어려우나, 인간에게 있어서 죽음의 본능은 보이지 않게, 그러나 필연적으로 그 기능을 수행하고 있다고 할 수 있다. 죽음의 본능인 타나토스(thanatos)는 생물체가 무생물체로 환원하려는 본능으로 이것 때문에 생명은 결국 사멸되고 살아 있는 동안에도 자신을 파괴하거나 처벌하며, 타인이나 환경을 파괴시키는 공격적 행동을 하게 된다. 생과 죽음의 본능은 서로 영향을 미치거나 혼합된다.

1. 프로이트의 정신분석 이론

1) 성격의 구조

프로이트

정신분석학에서는 성격구조가 세 가지 체계, 즉 원초아(id), 자아(ego), 초자아(superego)로 구성되어 있다고 주장한다. 원초아는 생물학적 구성요소이며, 자아는 심리적 구성요소로 현실 지향적이고 합리적인 체계를 지닌다. 그리고 초자아는 자아로부터 발달하는 사회적 구성요소이다. 이들은 서로 상이한 역할과 기능을 가지며 때로는 협조하고 때로는 갈등을 유발한다. 이러한 성격의 세 부분은 각기 다른 독특한 기능과 속성을 지니고 있지만, 이들 부분이 상호작용하여 전체의 성격체계를 구성하고 각각의 하위체계는 개인의 행동에 각기 다른 영향을 미치게 된다. 프로이트는 〈그림 7-1〉과 같이 성격의 구조를 원초아, 자아, 초자아로 보았으며, 의식수준을 의식, 전의식, 무의식으로 구분하였다.

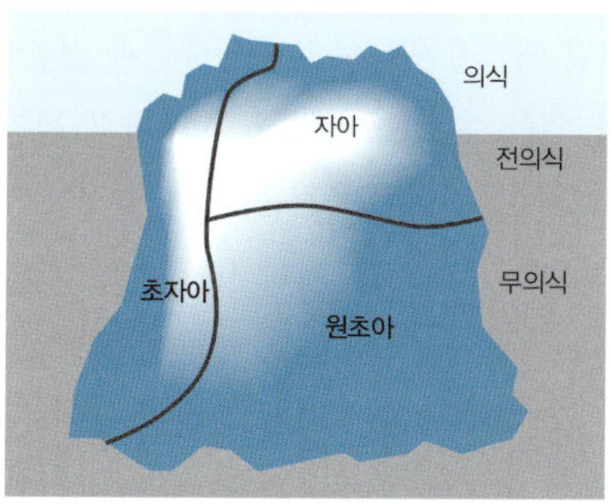

그림 7-1. **성격의 구조와 의식수준**

(1) 원초아

원초아(id)는 가장 원시적 체계이며, 정신에너지의 초기 저장고이다. 그리고 원초아로부터 자아와 초자아가 분화되어 나온다. 원초아는 본능적인 욕구인 성적 욕구와 공격적 욕구를 관장하며, 신체과정들과 직접 접촉하며, 그 사람의 신체구조에서 유전되고 고정된 모든 것을 위한 창고이다. 원초아는 긴장으로 인한 힘의 증대를 견뎌 내지 못하며, 외적 자극의 결과나 내적 흥분으로 유기체의 긴장수준이 올라가면 긴장을 즉각 발산하여 안정된 낮은 에너지 수준으로 돌아가고자 시도한다. 이러한 긴장해소의 원리를 쾌락원리라고 한다. 쾌락원리는 논리적이지도 조작적이지도 성숙하지 않고 맹목적이며, 강력하고 단 하나만의 원리에 의해 움직인다. 원초아와 관련된 정신에너지는 무의식적인 것으로 사람들이 잘 의식하지 못한다. 또한 무의식적인 충동은 전 생애동안 나타나지만, 발달이 진행됨에 따라 원초아와 관련된 에너지는 점차 줄어들게 된다.

(2) 자아

자아(ego)는 성격의 조직적, 합리적, 현실지향적인 체계이다. 자아는 현실에 비추어 적절한 환경조건이 마련될 때까지 원초아의 욕구충족과 긴장을 보류하며, 현실적으로 합당한 방법으로 만족을 얻을 수 있는 방법을 모색하고 계획한다. 그러므로 자아는 현실원리에 따라 작용한다. 현실원리의 목적은 욕구충족을 위해서 적합한 대상이 발견될 때까지 긴장해소를 보류하는 데 있다. 이때 자아는 지각, 학습, 기억, 현실검증 등을 포함하는 이차적 과정을 사용한다. 자아는 환경을 현실적으로 평가하는 것 외에도 다른 중요한 기능을 한다. 즉, 원초아와 초자아 사이를 중재하는 정신과정의 조직자로 작용하여, 전체 체계내에서 욕구 충족이 이루어지도록 에너지 지출의 균형을 맞추고, 나중을 위해 여분의 에너지를 저장해 둔다.

(3) 초자아

초자아(superego)는 자아로부터 발달하는데, 이것은 사회의 전통적 가치와 이상으로 구성되어 있으며, 현실적인 것보다는 이상적인 것, 현실이나 쾌락을 추구하기보다는 완전성을 추구하는 속성을 지니고 있다. 주로 초자아는 부모와의 경험을 나누는 동안 부모와의 갈등해결 과정에서 발달하며 부모가 주는 보상과 처벌에 의해 점차 발달된다. 초자아는 자아이상과 양심이라는 두 개의 하위체계로 구성된다. 처벌되는 것은 초자아의 두 하위체계 중 하나인 양심과 결합되는 경향이 있다. 양심은 잘못된 행위에 대해서 처벌을 받거나 비난을 받는 경험에서 생기는 죄책감과 결부된 것으로 그 목적을 이행하며, 자아이상 긍지와 가치감을 줌으로써 개인을 보상한다. 따라서 초자아는 인간행동의 도덕적 규제를 맡는 곳이라고 할 수 있다.

프로이트는 건강한 사람의 성격은 이 세 가지의 성격구성요소가 균형을 유지하고 있는 상태라고 가정하였다. 왜냐하면 건강하게 적응하려면 원초아의 충동에 대해 초자아가 이를 제지하려는 힘을 발휘하는 가운데 자아가 현실적인 조건을 고려하여 이들을 모두 만족시킬 수 있어야 하기 때문이다. 그러나 이러한 과정은 필연적으로 세 요소 간의 갈등상황을 만들게 되는데, 어느 한 요소의 충동이 너무 강하게 되면 자아가 그 충동에 대해 위협을 느끼게 되며 불안을 경험한다고 보았다〈그림 7-2〉.

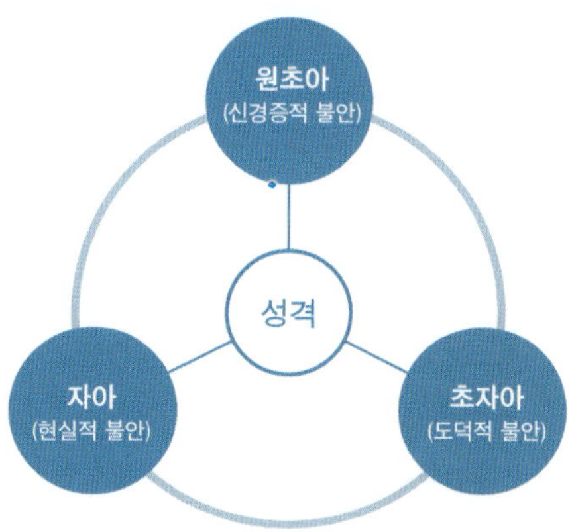

그림 7-2. **성격의 구성요소와 불안**

불안은 정신분석 이론에서 필수적인 개념이다. 불안은 무엇을 하기 위해 동기를 유발하게 하는 긴장상태로 정의된다. 즉, 유용한 심적 에너지를 통제할 수 없을 때 발달하는 것으로 원초아와 자아 그리고 초자아 간의 갈등이 불안이며, 불안에는 세 가지 종류가 있는 것으로 보았다. 첫째, 현실적 불안(reality anxiety)으로 외부세계로부터 오는 위협에 대한 두려움이다. 그 불안의 정도는 외부세계가 주는 실제 위협의 정도에 비례하며, 이 불안은 자아와 관련되어 있다. 둘째, 신경증적 불안(neurotic anxiety)으로 본능이 통제되지 않아서 그로 인해 개인이 어떤 행동을 하게 됨으로써 처벌받지 않을까에 대한 두려움이며, 원초아와 관련된 불안이다. 셋째, 도덕적 불안(moral anxiety)으로 자신의 양심에 대한 불안이다. 양심이 잘 발달된 사람은 자신의 도덕률에 위배되는 일을 할 때 죄의식을 느끼게 되는 것으로 초자아와 관련된 불안이다.

불안은 고통스러운 긴장상태로 유기체는 이 불안을 감소시키려고 노력하게 된다. 그러나 불안이 현실적인 방법으로 효과적으로 대처될 수 없을 때, 유기체는 비현실적인 방어를 하게 되는데, 이때 사용하는 것이 방어기제(defense mechanism)이다. 방어기제들은 개인의 본능적 동기나 갈등을 숨기거나 위장하는 역할을 하게 되는 것이다.

2) 방어기제

방어기제(defence mechanism)는 자기기만이 무의식적으로 이루어지는 과정이다. 자아를 성공적으로 방어하기 위해서는 자기 스스로 자신을 속이고 있다는 것을 모르고 있어야 한다. 따라서 성공적인 방어는 현실 왜곡을 포함하고 있기 때문에 당장의 불안을 감소시키는 데 도움이 되지만 결과적으로는 도움이 되지 않을 수도 있다.

우리는 모두 때때로 방어기제들을 사용한다. 그리고 이것은 스트레스 상황을 직접적으로 처리할 수 없을 때, 우리에게 심리적인 안정을 가져다준다. 방어기제에 지나치게 의존하지 않고 적절하게 사용한다면 훌륭한 대응방법이 된다. 특정 방어기제의 사용은 개인 및 상황에 따라 달라질 수 있지만 어떤 형태든 일반적인 경향이 있는 것으로 보고 되고 있다. 일반적으로 사람들이 사용하는 방어기제를 유형에 따라 기만형의 방어기제, 대체형의 방어기제, 도피형의 방어기제 등 3가지 범주로 구분하고 있다(임승권, 1995).

표 7-1. **방어기제의 유형**

구분	내용
기만형	합리화, 억압, 억제, 투사, 취소
대체형	보상, 치환, 반동형성, 승화, 주지화
도피형	공상, 퇴행, 동일시, 부정, 운동성 히스테리

기만형의 방어기제는 자신의 불안이나 위협이 되는 스트레스를 자기의 감정이나 태도를 변경시킴으로써 그것에 대한 인식을 변화시키는 무의식적 방어기제이다. 대체형의 방어기제는 욕구충족 과정에서 장애가 나타날 때 스트레스를 경험하게 되며, 아울러 달성할 수 있는 다른 목표를 설정하여, 그것을 달성함으로써 스트레스를 해소시키고 자기를 방어해 나가려는 것이다. 마지막으로 도피형의 방어기제는 현실적인 것이 아니라 현실에서 탈출하여 비현실적인 세계로의 도피를 통해 만족을 추구하거나 혹은 스트레스를 해결하려는 방어기제들이다.

(1) 기만형의 방어기제

① 합리화(rationalization)

어떤 사람들은 상처 입은 자아를 설명하기 위해 타당한 이유를 조작한다. 합리화는 실패 또는 상실을 설명하는 방법이다. 그것은 특정 행동을 정당화하는 데 도움을 주며, 실망과 연관된 충격을 경감시키는 데 도움을 준다. 예를 들어, 사람들은 자신이 지원한 일자리를 얻지 못하면 왜 성공하지 못했는지에 대한 논리적인 이유를 설명하고, 때로 어떤 방식으로든 실제로는 그 자리를 원하지 않았다고 스스로를 확신시키려고 한다. 또한 이솝우화에서 여우가 탐스럽고 먹음직스러운 포도를 따 먹고 싶어 하나 그것이 능력 부족으로 따 먹지 못해 스트레스가 쌓이자 여우가 그것을 정당화하기 위해 그 포도를 신포도로 인식을 달리하여 자존심을 보존하려고 노력하는 것과 같은 것이다.

② 억압(repression)

억압은 고통스런 경험, 수용할 수 없는 사고나 충동, 인정할 수 없는 기억들을 의식세계에서 추방하여 잊혀지는 상태를 말한다. 이 기제는 히스테리적 현상의 발달에 중요하게 작용하며, 일상생활에서 억압은 꼭 알아야 할 것을 잊어버리는 것으로 증명될 수 있다. 한편 억압은 본능적, 반사회적 욕구가 억제됨으로써 억압이 도덕적, 사회적으로 잘 적응된 행동을 하도록 하는 기능도 가지고 있다. 예를 들어, 무서운 실패를 경험한 사람은 억압으로 인해 그때의 경험을 기억하지 않을 수 있다.

③ 억제(suppression)

억압이 무의식적으로 이루어지는 과정이라면, 억제는 의식적인 노력의 과정이 포함된 것으로서 위협적이고 불안을 야기하는 스트레스를 의식적으로 무의식의 영역으로 배제하는 것을 말한다. 예를 들어, 불쾌했던 경험이나 고통, 혹은 스트레스 상황에서 벗어나기 위해 머리를 흔든다든가 다른 생각을 의도적으로 하게 됨으로써 무의식의 세계로 밀어 내는 것이다.

④ 투사(projection)

인정할 수 없는 자신의 욕망이나 충동들을 다른 사람들에게 귀인하는 것이다. 즉, 어떤 행동이나 생각의 책임을 자신으로부터 외부 대상이나 다른 사람에게 돌리는 것이다. 예를 들어, 자신의 음탕하거나 공격적이거나 하는 등의 충동을 내가 아니라 다른 사람들이 가지고 있다고 보는 것이다. 또한 골프를 못 치는 사람이 골프채를 탓하거나,

시험성적이 안 좋은 학생이 시험 문제를 탓하거나, 다른 학생들이 커닝을 해서 본인만 점수가 나쁘다거나, 교수가 강의를 못해서 그렇다고 하는 등의 이유를 들어 자기실패의 원인을 전가하는 것이다.

⑤ **취소**(undoing)

취소란 무의식에서 어떤 대상을 향해 가지고 있는 자기의 성적 또는 적대적인 욕구로 인해 그 상대가 입었다고 상상하는 피해를 취소, 불인정하는 행위를 말하는 것이다. 예를 들어, 전날 밤 부부싸움에서 부인을 구타한 남편이 다음 날 장미꽃 한 다발을 부인에게 선물하는 것이다. 또한 부정으로 돈을 번 사람이 사회복지기관에 기부하거나, 경마나 담배회사 등에서 사회복지기관에 차를 배분하는 것이다.

(2) 대체형의 방어기제

① **보상**(compensation)

보상은 부족한 점을 감추기 위해 약점을 지각하지 않거나 어떤 정적 특성을 발전시키는 것이다. 즉, 한 분야에서 인정받음으로써 다른 분야에서의 실패나 결핍을 극복하여 자부심을 고양시키는 방법이다. 예를 들어, 긍정적 관점이나 인정을 받지 못하는 아동들은 부정적 관심이라도 받기 위한 행동을 하기도 한다. 지적으로 열등하다고 느끼는 사람들은 신체를 강화하는 데 과도할 정도로 에너지를 쓰기도 한다. 그리고 사회적으로 무능력하다고 느끼는 사람들은 독불장군이 되기도 하고 그들의 지적 능력을 계발하기도 한다.

② **치환**(substitution)

불안에 대처하는 또 다른 방법은 충동들을 위협적 대상에서 보다 안전한 상대에게로 이동시켜서 발산하는 것이다. 치환은 원래의 대상 또는 사람에게 에너지를 향하기 어려울 때 다른 대상 혹은 다른 사람에게로 향하게 하는 것이다. 예를 들어, 세발자전거를 갖고 싶어 하던 욕구가 좌절되면 장난감 자전거를 갖고 만족해하는 것과 같은 것이다.

③ 반동형성(reaction formation)

반동형성은 대개 개인이 무의식적으로 고통스럽고 받아들일 수 없는 감정과 충동을 정반대되는 태도나 행동으로 표현하는 것으로서 그의 진정한 감정이나 욕구를 부정하는 것이다. 즉, 불안을 야기하는 욕망에 정반대되는 의식적 태도나 행동들을 함으로써 자신의 그러한 욕망들을 인식했을 때 야기될 불안에 직면할 필요가 없어지게 만드는 것이다. 예를 들어, 직장상사에 대해 불평을 늘어놓다가도 상사가 나타나면 지나치게 공손한 태도를 보이는 경우이다.

④ 승화(sublimation)

승화는 성적 에너지를 다른 경로, 즉 사회적으로 허용되는, 때로는 칭찬까지도 받는 다른 경로로 전환하는 것이다. 예를 들어, 공격적 충동은 체육활동이나 경찰로 전환될 수 있으며, 따라서 사람들은 공격적인 느낌들을 표현할 수 있게 되고 부수적으로 칭찬도 받게 된다. 또한 성적 충동이 강한 청소년들이 운동을 통해 그것을 해소하려는 것이다.

⑤ 주지화(intellectualization)

주지화란 인지적 과정을 통하여 자기의 불안이나 스트레스를 해소시키려는 노력으로 이를 통해 인간은 너무 위협적이거나 고통스러운 정서적인 문제를 피하거나 둔화시키기 위하여 사고와 추론, 분석 등과 같은 지적 능력들을 사용하는 것이다. 예를 들어, 어떤 사람이 자기 자신을 괴롭힐 때, 그로 인해 속상하다는 것을 인정하지 않으려고, 그 상대가 자신을 괴롭히는 원인이 무엇인가를 분석하여 불편한 감정을 제거하려고 하는 것이다.

(3) 도피형의 방어기제

① 공상(fantasy)

좌절된 욕구의 충족을 비현실, 즉 상상의 세계에서 충족시킨다거나 불안이나 스트레스를 비현실 세계에서 해소하려는 것이다. 이것은 백일몽(day dreaming)으로 표현되기도 한다. 예를 들어, 공상을 통해 백만장자가 되어 가난에서 벗어난다거나, 권력을 가진 영웅으로 공상하는 것은 현실에서의 불만을 상상 속에서 만족하는 것이다.

② 퇴행(regression)

어떤 사람들은 어렸을 때의 행동양식으로 되돌아간다. 퇴행이란 현재와 같은 갈등이 없었던 시기인 이전의 초기 발달단계로 되돌아가는 것을 말한다. 심각한 스트레스나 극단적인 곤경에 직면하면 개인은 미성숙하고 부적절한 행동으로 그들이 느끼는 불안에 대처하려고 시도한다. 예를 들어, 대 · 소변을 가리던 아이가 동생의 출생으로 부모로부터 관심을 받지 못하자 대 · 소변을 가리지 못하게 되는 것이다. 또한 스트레스를 받은 성인이 안정적이지 못하거나 흐느껴 울고 아프게 됨으로써 책임을 회피하고 다른 사람들이 그의 욕구를 충족시켜 주기를 원하는 것과 같다.

③ 동일시(identification)

동일시는 아동들이 성역할 행동을 학습하는 발달과정의 한 부분이기도 하지만 방어적 반응일 수도 있다. 그것은 자기가치감을 고양시키고 자기실패감으로부터 자신을 보호하기도 한다. 그래서 기본적으로 열등하다고 느끼는 사람들은 자신을 성공적 주장, 조직, 사람들과 동일시함으로써 자신이 가치롭다고 지각되어지기를 바라기도 한다. 동일시는 프로이트의 성적 발달단계인 남근기에 남자는 오이디푸스 콤플렉스(여자는 엘렉트라 콤플렉스)를 해결하기 위해 아버지(어머니)를 닮으려고 하는 것이다. 동일시를 사용하는 사람은 다른 사람들이 그것을 알고 있을 때조차도 자신은 그것에 대해 인식하지 못하며, 동일시를 지나치게 사용하면 자존감이 저하되고 다른 사람의 충고나 도움에 의존하게 되어 개별성이 낮아지게 된다.

④ **부정**(denial)

현실의 부정은 자아방어기제 중 가장 단순한 것이며, 개인이 외상적 상황에서 생각하고 느끼고 자각하는 것을 왜곡하는 방법이다. 그것은 위협적 현실에 대해 눈을 감음으로써 불안에 방어한다. 즉, 부정이란 의식화된 상태에서 도저히 감당하지 못할 어떤 생각, 욕구, 현실적 존재를 무의식적으로 인정하지 않으려고 하는 것이며, 일반적으로 부정은 건강한 기제로 작용하고 현실의 즉각적인 충격으로부터 개인을 보호하는 기능을 한다. 예를 들어, 전쟁이나 여타의 재난과 같은 비극적 상황에서 사람들은 때로 받아들이기에는 너무 고통스러운 현실에 대해 스스로 눈을 감는 것이다. 또한 자녀의 죽음을 인정하지 않고 방을 예전 그대로 두거나 혹은 식사 시 자녀의 밥을 식탁 위에 차리면서 자녀가 돌아올 것으로 기대하는 것이다.

⑤ **운동성 히스테리**(hysteria)

불안, 위협, 스트레스를 신체적인 증상을 통해 해소하려는 것이다. 즉, 신체적으로는 아무 이상이 없지만 하나의 증상으로 나타남으로써 그것을 해소시켜 보려는 도피기제이다. 예를 들어, 수험생이 시험으로 인한 스트레스 때문에 두통을 나타낸다거나, 전쟁의 공포가 마비나 실신을 유발하는 것이다.

3) 무의식, 전의식 및 의식

프로이트는 처음에 인간의 정신을 의식과 무의식 두 가지로 구분하였다가 나중에 이분법이 정확한 것이 아니라는 생각에 이르면서 정신의 세 번째 영역인 전의식의 존재를 상정하였다. 즉, 프로이트는 〈그림 7-1〉과 같이 의식수준을 의식, 전의식, 무의식으로 구분하여 설명하고 있으며, 세 가지 영역 중 무의식을 강조하였다.

(1) 무의식

무의식은 인간행동을 개념화하는 데 가장 중요한 요소 중 하나로서, 개인의 의식수준 혹은 사고 가능한 수준이 아닌 무의식 수준의 정신에너지가 행동에 영향을 미친다고 보았다. 욕구나 본능이 깊게 자리 잡고 있는 영역으로, 인식할 수 없고, 직접적으로 확인할 수도 없는 것이 무의식이다. 무의식은 억압된 생각이나 정서로 이루어진다. 무의식의 내용은 충족되기를 기다리는 소원으로 한정되어 있다. 무의식은 본능과 밀접한 관계에 있다.

프로이트는 우리의 의식 범위 밖에 있는 충동과 욕구가 인간행동의 아주 중요한 부분을 만들고 방향을 결정하게 한다고 굳게 믿었다. 물 위에 떠 있는 빙산의 수면 아래에 해당하는 부분이 무의식이라는 것이다. 무의식적 내용은 변장되고 상징화된 형태로 나타나는데, 프로이트는 이러한 부분을 클라이언트 연구에 적용하였다. 처음에는 샤르코(Charcot)에게 배운 최면기법을 활용하다가 클라이언트를 치료하는 과정에서 말실수, 자유연상기법, 꿈의 해석 등을 통하여 무의식에 접근할 수 있다고 믿었다.

(2) 전의식

전의식이라는 정신과정은 즉시 인식되지는 않지만, 조금만 노력하면 접근할 수 있는 무의식의 영역이다. 소원이나 욕구를 통제하며 외부 현실적 요구, 도덕기준, 가치관에 맞추어서 불쾌한 것을 피하고 본능적 욕구의 방출을 지연시키는 역할을 한다. 즉, 전의식은 현재 상태에서는 의식에 있지 않지만 필요하면 언제든지 회상 가능한 정보들이 저장된 곳을 말한다. 프로이트가 말한 전의식은 마음속에서 무의식과 의식 영역을 연결해 주는데, 빙산에 비유하면 수면 위 부분과 수면 아래를 연결해 주는 물결에 찰랑거리는 부분을 말한다.

(3) 의식

의식은 한 개인이 어느 순간에 인식하고 있는 감각, 지각, 경험 등 모든 것을 대표한다. 하지만 프로이트는 개인이 인식할 수 있는 의식의 세계는 빙산의 일각에 불과하다고 주장한다. 개인의 주의력은 감각기관을 통해서만 외부세계를 의식할 수 있다. 즉, 바다에 떠 있는 빙산 중 수면 위에 보이는 것이 의식이라는 것이다.

4) 성격의 발달

프로이트에 의하면 개인은 생후 첫 5~6년 동안에 자신의 성격형성에 결정적인 영향을 주는 연속적인 5단계를 걸쳐 발달이 이루어진다고 가정한다. 특히 각 단계에서 경험하게 되는 성적 또는 육체적 쾌락이 지나치게 충족되거나 좌절되는 경우, 이 경험은 개인의 성격발달에 매우 중요한 영향을 미친다고 보고 있다. 각 단계에서 개인은 갈등과 왜곡을 경험할 수 있으며, 만약 이를 원만하게 해결하지 못하면 특정 단계에 많은 부분이 정지되는 고착화(fixation) 현상이 나타난다. 개인이 최적의 정신건강을 유지하기 위해서는 각 단계의 위기를 원만하게 해결해야 한다. 각 단계에 대한 구체적인 내용은 다음과 같다.

(1) 구강기(출생에서 약 1.5세)

이 시기에 영아는 자신의 생존을 위해서 전적으로 다른 사람에게 의존한다. 영아는 젖을 빨면서 어머니와의 상호작용을 경험하지만, 어머니의 존재를 자신과 분리된 존재로 인식하지 못한다. 영아의 주된 성감대는 입이며, 만족의 중요한 근원은 먹는 것이다. 모든 경험은 먹기와 관련된 활동에 의해 중재된다고 가정한다. 구강기에 겪는 대부분의 경험은 언어로 표현되지 못하기 때문에 무의식속으로 영구히 남기 쉽다. 먹는 것 이외에도 빨기, 핥기, 물기 등의 구강 활동을 통해서도 쾌감을 얻는다.

구강기에 기본적이고 근본적인 욕구를 만족시키는 사람은 대부분 어머니이지만, 자신에게 만족과 쾌감을 주는 대상에게 애착을 가지게 된다. 만약 구강기에 빠는 행동을 충분히 경험하지 못하면 욕구 불만을 가져오거나, 젖을 너무 오래 먹는 경우에도 고착 현상을 초래하게 된다.

(2) 항문기(1.5세에서 3세)

항문기는 성감대가 항문영역으로 옮겨지는 시기이며, 항문 주변의 점막의 자극에 대한 민감성이 높아지는 시기이다. 이때 아이는 배설물을 보유하거나 배설하는 데서 쾌감을 얻는다. 즉, 아동의 신경계의 발달로 자신의 능력으로 괄약근을 조절할 수 있기 때문에 자신이 원하는 데로 배변이나 배뇨를 할 수 있게 되며, 배설 행동과 관련된 행동을 중심으로 성격이 형성된다. 프로이트 이론에서 항문기는 유아가 처음으로 사회의 기대에 순응하도록 요구되는 단계이다. 이때에는 언어적인 능력도 어느 정도 있어 타인과의 의사소통이 이루어져서 대·소변 훈련이 이루어진다. 유아의 본능적인 충동은 처음으로 외부로부터의 통제를 받게 되는데, 이 단계에서는 유아가 경험한 것을 언어로 표현할 수 있기 때문에 의식에 남게 된다.

만일 부모가 너무 엄격하고 억압적으로 대·소변 훈련을 시킨다면 성인이 된 후에도 고착 현상이 나타난다. 항문기의 고착 성격에는 청결성, 강박감, 수전노 등과 같은 것이 있다.

(3) 남근기(3세에서 5세)

성감대가 성기로 옮겨 가는 시기로 유아의 성격발달에 중요한 심리적 변화가 일어나는 시기이다. 유아는 성적 관심이 더욱 강해지며, 모든 관심이 성기에 집중되어 있다. 자신의 성기를 자세히 관찰하며 자위행위를 하기도 하고 부모에게 출생과 성에 관련된 질문을 하기도 한다. 그리고 이 시기의 유아는 이성의 부모에 대해서 무의식적인 성적 소망을 가지게 된다. 남아에게는 오이디푸스 콤플렉스, 여아에게는 엘렉트라 콤플렉스가 나타난다. 즉, 동성의 부모를 적대시하고 이성의 부모에 대하여서는 근친상간적 성적욕구가 발생하게 된다.

이 시기의 중요한 역할은 초자아가 형성되는 것이며, 적절한 성역할 정체감이 확립되는 데 있다. 이 단계에 고착하게 되면 적극적인 남근기적 성격을 지니게 된다. 적극적인 남근기적 성격은 과시적이고 거만하고 공격적인 것이 특징인데, 소극적인 남근기적 성격은 오만하면서도 겸손한 태도를 보이게 된다.

(4) 잠복기(6세부터 11세까지)

남근기와 관련된 문제가 성공적으로 해결되었든 성공적이지 못하였든 간에 그 성적 욕구가 철저히 억압되며, 성적 욕망이 투자되었던 정신에너지는 다른 행동으로 대체되거나 변화된다. 즉, 성적 욕구는 완전히 사라지는 것은 아니며 그 강도가 약화되는 것이다. 이 시기에는 부모에 대한 애정을 발달시키고, 이성의 또래와는 이타적인 관계를 형성하고 동성의 또래와 강한 사회적 유대를 확립하게 된다. 이러한 동성과의 놀이 등을 통한 상호작용에서 아동은 삶에 필요한 여러 가지 사회적인 기술을 습득하게 된다. 비록 아동이 여러 가지 활동에 참여하고 학습하지만 심리성적인 입장에서 볼 때 이 단계는 다음 단계를 준비하는 과정이며, 갈등의 상황에서 잠시 휴식을 취하는 기간이라고 할 수 있다.

(5) 생식기

사춘기가 시작되면서 무의식에 억압되었던 성적 특성이 의식세계로 올라오면 정신에너지의 재분배가 이루어진다. 사춘기에는 생식기관이 발달하고 2차 성징이 나타난다. 사춘기 초기에는 부모로부터 자유로워지는 것이 개인의 주요 과제라고 보았다. 남아의 경우 아버지와의 경쟁심을 버리고 아버지의 지배로부터 자유로워져야 한다. 여아도 마찬가지이다. 생식기에는 새롭게 나타난 성적 에너지가 동성 친구에게로 향했다가 점차 이성 관계, 결혼, 가족형성, 직업에 대한 관심으로 바뀐다.

프로이트에 따르면 잠복기 이전에는 자기 애착적인 경향을 보이며, 사춘기 이후에는 이성 애착적인 경향을 보여 이성으로부터 성적 욕구를 만족시키려고 한다. 또한 이 시기에 자아와 초자아가 부적절하게 발달할 경우 이상행동이나 비행이 나타나게 된다.

2. 에릭슨의 사회적 정신역동 이론

에릭슨

에릭슨의 사회적 정신역동 이론은 정신분석 이론에서 발전된 것으로, 이 이론은 전 생애를 통해 발달이 이루어진다는 점과 자아를 성격의 중심적 구조로 보고 있다는 점에서 프로이트와 구분된다. 프로이트가 삶의 원동력을 원초아로 보는 데 비해, 에릭슨은 자아의 중요성을 강조한다. 즉, 생물학적인 힘보다는 인간관계에서의 경험이 자아의 기능을 요구하고 있으며, 자아는 사회화 과정, 사회와의 관련성을 전제로 하고 있으므로 인간을 제대로 파악한다는 것은 개인과 사회와 시간성의 관계를 이해하지 않고는 불가능하다고 본다. 그는 인간은 8단계의 일정한 발달 시기를 거치게 되고, 각 시기마다 그 시기에 해결해야 될 사회발달 문제, 즉 발달과업이 있는 것으로 보았다〈표 7-2〉.

표 7-2. 에릭슨의 인간발달 8단계

단계	시기	발달 과업	덕목	심리성적 발달
1단계	유아기: 구강기	신뢰감 대 불신감	소망	구강기
2단계	초기아동기: 항문기	자율성 대 수치심	의지	항문기
3단계	학령전기	주도성 대 죄책감	목표	남근기
4단계	학령기	근면성 대 열등감	유능	잠재기
5단계	청소년기	정체감 대 정체감 혼동	성실	생식기
6단계	성인초기	친밀감 대 고립감	사랑	
7단계	성인중기	생산성 대 침체감	돌봄	
8단계	성숙노인기	자아통합 대 절망감	지혜	

〈표 7-2〉에서 보는 바와 같이 각 시기에 해결해야 될 과업을 만족스럽게 해결하면 앞으로의 건전한 발달을 할 수 있지만 잘 해결되지 못한다면 앞으로의 발달단계에 적응하기 어렵다고 본다. 에릭슨은 변화하는 욕구를 충족시키고자 환경과 접촉하는 아동의 자아양식이 주변 인물들과의 상호작용속에서 충족 또는 좌절하면서 이것이 성격발달의 주요 요인이 된다고 주장하였다. 예를 들어, 엄마의 젖을 먹는 단계인 구강기에서 아이는 엄마 젖을 빨고자 하는 자아양식을 가지고 있는데, 아동의 주변 환경은 이런 욕구를 때로는 충족시켜 주지만 때로는 좌절을 경험하기도 한다. 이처럼 욕구가 충족되는 긍정적 경험과 좌절되는 부정적 경험이 교차하는 과정속에서 자아양식은 일종의 위기(crisis)를 경험하게 되는데, 이들 위기의 극복 양상에 의해 성격이 결정된다고 보았다. 만약 긍정적 경험이 부정적 경험보다 많은 경우 긍정적 성격으로 발달하게 되지만 그 반대의 경우는 부정적 성격으로 발달하게 된다는 것이다.

1) 유아기: 신뢰감 대 불신감

에릭슨의 첫 단계인 신뢰감(basic trust) 대 불신감(mistrust)의 시기는 프로이트의 구강기에 해당되며, 생후 1년 간에 형성된다. 에릭슨은 건강한 성격의 가장 기본적인 요소를 신뢰감으로 보았다. 신뢰감은 다른 사람을 믿을 수 있고 또한 그들의 행동이 예측 가능한 것이라고 인식하는 것이다. 영아가 처음으로 갖게 되는 신뢰감은 어머니에 대한 것이다. 그러므로 영아가 궁극적으로 갖게 되는 신뢰감과 불신감은 어머니와 아동 관계의 질에 의해 결정된다. 어머니로부터 따뜻하고 애정적인 보살핌을 받게 되면 영아는 이 사회에 대한 신뢰감을 발달시킬 수 있다. 이와는 반대로 영아에 대한 어머니의 보살핌이 적절하지 못하고, 일관성이 없고, 거부적인 경우 영아는 불신감을 형성하게 된다.

2) 초기아동기: 자율성 대 수치심

기본 신뢰감이 형성되면 자율성과 자기조절의 획득이 가능해지며, 이 시기는 프로이트의 항문기에 해당한다. 이 시기의 유아는 말을 할 수 있게 되고, 사회적으로 수용될 수 있는 행동을 인식하게 되며, 독립적으로 주변 환경을 탐색하려고 한다. 특히 신체 근육의 성숙과 대·소변 가리기로 배설물의 방출, 보유에 대한 통제를 훈련받는다. 대·소변 가리기 훈련은 유아로 하여금 자신의 행위에 대한 독립심을 키워 줌으로써 자율성 개발의 기초를 마련해 준다. 이때 자존감을 상실하지 않고, 자아통제를 발휘하거나 통제에 적응할 수 있게 되면, 자율성이 발달하게 된다.

이에 비해 다른 사람의 눈에 자신이 좋지 않게 보이지 않을까 하는 두려움도 갖게 되는데 이것이 수치심과 의심이다. 만약 유아가 덜 성숙된 상태에서 외부 통제가 너무 빨리 또는 너무 엄격하게 주어진다면 유아는 자신의 통제능력의 미약함과 더불어 외부 압력자를 조절할 수 없는 무능력에 대한 심한 수치심과 회의감을 갖게 된다. 이러한 유아는 자신의 행동에 대한 책임감을 회피하려는 경향을 보이거나 구강기로 퇴행함으로써 만족을 추구하려고 한다. 또한 이들은 적대적이고, 고집이 세지며, 타인의 도움을 거부함으로써 발달을 가장하려고 한다.

3) 학령전기: 주도성 대 죄책감

4, 5세가 되면 아동은 언어를 사용하고, 신체적 능력이 개발되며 주변의 여러 가지 물건을 마음대로 다룰 수 있게 된다. 뿐만 아니라 호기심으로 질문에 대한 해답을 스스로 찾음으로써 상상력 개발을 시도한다. 충분한 어휘를 획득한 아동은 그 개념들을 이해하게 되면서 주변 환경을 이해하게 된다. 그리하여 자신의 행동에 목표와 계획을 세우는 주도성(initiative)을 지니게 된다. 그들은 행동을 주도하는 데 있어 자율적일 뿐 아니라 책임감을 갖는다. 아동이 주도하는 행동은 때로 사회에 바람직하지 않은 행동이어서 부모로부터 제재를 받을 수 있다. 부모의 제재가 일관성이 없거나 부드럽지 않다면 아동은 자신의 주도적인 행동에 자신감을 잃을 뿐만 아니라 나쁜 짓을 한다는 죄책감을 갖게 된다. 즉, 자신의 행동을 주도하지 못하고 그 행동을 책임질 수 없을 때 죄책감을 경험하게 된다. 그러므로 부모의 역할이 아동의 주도성 발달에 중요하다.

4) 학령기: 근면성 대 열등감

프로이트의 잠복기에 해당하는 사춘기 전 단계가 근면성(industry)의 발달단계로서 약 6세~11세까지이다. 이 시기의 아동은 공식적 교육을 통해 문화에 대한 기초기능을 배운다. 이 시기에 성취해야 할 중요한 과업은 인지적 기술과 사회적 기술을 숙달하는 것이다. 즉, 학교생활을 통해 많은 지적 능력을 개발할 뿐 아니라 친구와의 접촉은 사회의 가치관이나 규범을 획득하게 된다. 그리고 이 시기에 기술을 쌓고 의미 있는 일을 성취하기 위해 열정적으로 참여하고 그 과업을 완수하게 될 경우, 주변 사람들의 강화가 뒤따르게 되며, 결국 근면성이 발달된다. 이에 비해 아동들이 자신의 능력이나 지위가 또래에 비해 열등하다고 느끼면 학습추구에 대한 용기를 잃게 되고, 부모나 교사가 요구한 과업을 성취할 수 있는 능력이 없다고 느낄 때 열등감을 경험하게 된다.

5) 청소년기: 정체감 대 정체감 혼동

에릭슨이 가장 관심을 둔 시기가 제1단계인 신뢰감의 형성기와 5단계인 청소년기이다. 그 이유는 청소년기의 심리·사회적 위기의 해결이 성인기의 성격에 가장 중요한 영향을 미치는 것으로 보았기 때문이다. 청소년기에 나타나는 심리·사회적 문제는 긍정적인 면에서 자아정체성을 형성하고, 부정적인 면에서 역할혼란이 나타난다. 자아정체성은 가정에서 시작하여 개인이 접촉하고 확대해 가는 사회적 대인관계에서 상호작용을 통하여 그들의 영향을 받으면서 형성되는 것으로 보았다. 청소년기는 자신이 누구인지를 발견하고 자아정체성을 확립하는 시기로서 자신이 맡고 있는 다양한 역할들을 탐색하고 이런 역할들을 정체성으로 통합하는 시기이다. 이 시기의 발달위기를 성공적으로 극복하게 되면, 충성심을 유지할 수 있는 능력이 형성되는 반면, 정체감 혼란은 주요한 발달단계에서의 동일시의 가장 위험하고 바람직스럽지 못한 측면이 축적된 결과가 나타나게 된다. 정체감 대 정체감 혼동 단계에서의 갈등은 거절, 즉 생소한 역할과 가치를 거부하는 것으로 나타나게 된다.

6) 성인 초기: 친밀감 대 고립감

청소년기에서 성인기로 전이되는 시기로 친밀감(intimacy)을 발달시키지 못하면 고립감(isolation)의 위기를 가지게 된다. 이 시기에는 특정 이성과의 친밀한 관계를 유지시키려는 욕구가 생겨나서 궁극적으로 구혼, 결혼을 하고 또 자신의 적성에 맞는 일을 찾으려고 한다. 이러한 과정에서 획득되는 친밀감은 결혼 생활을 성공적으로 수행하는 결정적인 역할을 한다. 친밀감이란 비이기적인 방법으로 다른 사람과 감정이나 가치관을 교류하는 성숙된 인간관계로 자아정체감이 잘 확립된 사람이라면 원만하게 얻을 수 있다. 그러나 이 단계의 위기를 잘 극복하지 못한다면, 자아도취 상황이나 친밀한 사회적 관계를 회피하는 고립상황에 놓이게 된다. 이런 사람들의 성격은 단순히 공식적이고, 피상적인 인간관계를 추구하며, 타인으로부터 자신을 소외시키는 성향을 지니게 된다.

7) 성인 중기: 생산성 대 침체감

이 단계는 34~60세 사이로, 결혼한 부부가 자녀를 낳고 그들이 사회의 한 구성원으로 올바르게 성장하는 것을 도와주는 시기이다. 이 시기를 성공적으로 극복한 경우는 타인을 보호할 수 있는 능력이 형성된다. 그러나 타인을 충분히 보호하고 그들에게 관심을 기울이지 못하게 될 경우 부정적 자아 특질인 거부 또는 권위주의가 형성된다. 이러한 사람은 개인적 욕구충족과 안위가 주된 관심사이며, 자기 탐닉을 위한 것을 제외하고는 누구도 관여하지 않고 보호를 하지 않는다. 이와 같이 생산성이 결여된 사람은 사회의 일원으로서 생산적 기능을 다하지 못하고 자신의 욕구만을 충족시키기 위하여 살아가기 때문에 인간관계가 황폐화되고, 중년기의 위기, 즉 절망과 인생의 무의미함을 느끼게 된다.

8) 성숙 노인기: 자아통합 대 절망감

마지막 단계인 노인기에는 지금까지 지나온 삶을 돌아보게 된다. 자신의 생애를 돌아보면서 보람이 있었고 가치가 있었다는 것을 인식하고 오랜 삶을 통해 노련한 지혜를 획득하게 되면 자아통합을 얻게 된다. 반면에 젊음을 잃고 직업에서 은퇴한 후 신체적 · 경제적 무력감을 느끼며, 지나온 자신의 삶이 무의미했다고 느끼면 절망감을 느끼게 된다. 절망감과 죽음에 대한 공포를 느끼는 노년들은 성취감을 이루지 못한 지금까지의 인생을 다른 방향으로 바꾸기에는 너무 시간이 짧게 남았다는 것을 인식하여 초조해지기 시작한다. 이런 슬픔과 후회는 노인성 정신병, 우울증, 과대망상증을 초래하기도 한다.

3. 아들러의 개인심리 이론

아들러

아들러는 초기에는 프로이트 이론의 추구하였지만 후기에 이르러서는 프로이트와는 다른 이론적 관점을 제시하게 된다. 즉, 그는 인간의 성격이나 행동이 오직 성적이고 생물학적인 충동에 의해서만 결정된다는 프로이트의 생물학적 결정론을 비판하고 사회적, 가족적 요인을 중시하는 사회적 결정론을 주장하였다. 또한 그는 인간에게 이타주의, 인본주의, 협동, 창조성, 고유성, 인지력을 부여하여 정신분석학이 크게 파괴하였던 인간의 존엄성과 가치를 부활시킴으로써 인본주의적 관점을 제시하기도 하였다. 그는 성적 본능이 인간의 성격을 결정한다는 프로이트의 이론과는 달리, 대부분의 사람들이 갖고 있는 열등감과 무력감 그리고 그것을 보상 혹은 극복하려는 우월성의 추구가 인간의 행동과 발달을 결정한다고 보았다.

인간은 사회적 존재로서 생물학적 충동보다는 사회 환경의 자극에 의해 동기유발이 이루어지며, 자아(ego)는 원초아(id)의 현실적 충족을 위해 작동하는 것이 아니라 자신의 과거 경험을 주관적으로 지각하고 해석함으로써 행동을 결정하고 자신의 삶을 창조해 나갈 수 있다는 것이 인간의 행동과 성격을 바라보는 아들러의 기본 입장이다. 이러한 입장은 인간은 창조적인 능력이 있기 때문에 자신의 인생 목표를 직시할 수 있고, 스스로 결정을 내리며, 자신의 목적 및 가치와 일치되는 여러 삶의 방식을 선택할 수 있는 합리적 존재라는 그의 인간관이 반영된 것이다. 그의 인간관과 성격이론의 기본 전제를 요약하면 〈표 7-3〉과 같다.

표 7-3. 아들러의 인간관과 성격이론의 기본 전제

- 인간은 통일된, 자아 일치된 유기체이다. 아들러는 이처럼 통일된 성격구조를 생활양식(life style)이라 일컬었고, 인간을 전체적 관점에서 보았다.
- 인간은 역동적으로 완성을 추구하며, 개인적으로 중요한 인생 목표를 향해 전진한다.
- 개인은 창조적인 힘을 가지고 자신의 삶을 결정할 수 있다. 즉, 인간은 외적 환경에 의해 지배되는 수동적 존재가 아니라 자신의 생활양식에 의해 자신의 미래의 삶을 결정한다고 보았다.
- 모든 사람은 협동하고 상호작용하는 사회적 관계를 맺을 수 있는 선천적인 능력을 갖고 태어난다.
- 개인이 자신을 어떻게 주관적으로 지각하느냐에 따라 행동이 결정된다고 보았다. 과거의 사건 자체가 아니라 그 사건에 대한 개인의 지각과 해석이 행동에 영향을 미친다는 것이다.

1) 열등감과 보상

아들러 이론에서 열등감(inferiority feeling)과 보상(compensation)은 핵심 개념이다. 열등감이란 자신에게 부족하고 모자라는 부분에 대한 지각 또는 인식을 말하고, 보상이란 그것을 보완하려는 노력을 말한다. 의사인 아들러는 특정 신체기관이 약하거나 장애를 가진 사람이 그 기관을 강화시키거나 다른 기관을 개발하여 약점을 보완, 즉 보상하려고 노력하는 것을 발견하였다. 그 후 그는 이러한 신체적 열등감이 심리적 열등감으로 전개된다는 사실을 발견하고, 심리적 열등감과 그 보상에 대해 연구하였다.

상식적으로 봐도 한 인간이 자신의 단점을 극복하고 빛나는 삶의 성취를 거둔 사례는 무수히 많은데, 스티븐 호킹(Stephen Hawking), 베토벤(Beethoven), 헬렌 켈러(Helen Keller) 등이 그 예이다. 또한 어릴 적 지독한 가난속에서 눈물겨운 노력을 통해 삶의 꽃 한 송이를 아름답게 피워 낸 사람들도 무수히 많다. 특히 남들에게는 '당연히' 있는 손과 팔이 자신들에게는 없어서, 입과 발로 그림을 그리는 구족화가들의 존재는 우리 모두를 인간으로서 긍지를 갖게 하고, 인류라는 이름을 고귀하고 거룩하게 만든다.

2) 우월성의 추구

아들러에 의하면, 우월성의 추구(striving for superiority)란 인간의 기본적인 동기에 속하며, 열등감을 보상하려는 욕구에서 나온다. 모든 인간은 기본적으로 불완전한 것은 완전하게 만들고, 부족한 것은 채우며, 미완성은 완성으로 이끌려는 선천적인 동기를 갖추고 있고, 바로 이것이 인간의 모든 성장과 발달, 성취의 원동력이 된다는 것이 아들러 이론의 기본 입장이다. 그런데 이러한 '우월을 향한 노력'이 선천적이고 모든 사람에게 내재된 보편적 특성이기는 하지만, 사람마다 추구하는 우월의 목표가 다르기 때문에 개인의 삶에서 구체적으로 구현되는 데는 개인차가 존재한다. 즉, 우월의 목표는 긍정적 경향 또는 부정적 경향을 취할 수 있는데, 긍정적으로 나타나면 타인의 행복을 지향하는 이타적 형태로 나타나고 부정적으로 나타나면 자기존중과 권력 집착, 허세 등의 이기적 형태로 나타난다.

3) 생활양식

아들러의 생활양식(life style) 개념은 각자가 처한 상황에서 어떤 목표를 설정하고 추구하는 개인적으로 독특한 방식을 의미한다. 이는 개인의 성격을 기능하게 하는 체계이자 원리이므로, 모든 사람의 행동은 그의 생활양식이 반영된 것이라 볼 수 있다. 생활양식은 개인이 인생의 장애물을 극복하고 문제해결방법을 찾으며 목표를 추구하는 방식을 결정하는 역할을 한다. 아들러는 이러한 생활양식은 유년기인 4~5세경에 이미 형성된다고 주장한다. 그 시기에 경험한 가족 관계나 가족 형태, 가족 분위기 등의 가족적 요인과 가정의 울타리 밖에서 얻게 되는 다른 특별한 사회적 경험 등의 사회적 요인을 통해 생활양식이 형성되는데, 그렇게 형성된 생활양식의 기본적인 틀은 일생 동안 유지되고, 한 개인의 성격이나 행동에 지속적인 영향을 미친다는 것이다.

4) 출생순위

아들러에 따르면, 한 사람의 생활양식이 형성되는 데는 사회적 요인과 함께 가족적 요인이 중요한 역할을 하게 된다. 그는 이러한 가족 요인으로서 가족의 크기와 정서적 유대, 출생순위, 성별 등을 들고 있는데, 특히 출생순위를 강조하였는데, 출생순위에 따른 성격 특성은 〈표 7-4〉와 같다.

표 7-4. 출생순위에 따른 성격 특성

형제 순위	성격 특성
첫째 아이	부모의 사랑을 독차지하므로 자기중심적이 될 가능성이 크다. 그러다 동생이 생기면 "폐위된 왕"의 처지가 되어 부모의 관심과 사랑을 동생과 공유해야 한다. 이런 상황이 되면 마음의 상처를 치유하기 위해 과거의 유치한 단계로 퇴행을 하거나, 부모의 사랑을 다시 얻기 위해 여러 가지 돌발적인 행동을 할 수도 있다.
둘째 아이	둘째 아이의 특성은 경쟁이다. 맏이와 경쟁을 해야 하는 상황에서 태어나기 때문에 도전적이고 야심이 강하다. 또한 손위 형제 때문에 협동과 타협의 기술도 더 쉽게 배울 수 있다.
막내	막내는 부모의 관심과 사랑을 동생에게 빼앗기는 비극적 상황 자체가 없는 유리한 상황에 있다. 또한 다른 형제들과 나이 차이가 많이 날 경우, 부모뿐만 아니라 손위 형제들의 보살핌도 받을 수 있다. 따라서 과잉 보호를 받아서 과도하게 의존적이 될 가능성이 크다.
외동	외동은 경쟁할 형제가 없고 부모의 사랑을 잃어버릴 가능성이 전혀 없기 때문에 자기중심적인 응석받이로 자라기 쉽다. 아들러는 외동의 경우 소심하고 의존적 특성을 지닌다고 보았다.

이상에서 출생순위가 생활양식이나 성격에 미치는 영향을 살펴보았다. 그러나 아들러는 단지 형제 서열에서 나타날 수 있는 가능한 특성을 나타내었을 뿐, 모든 가정 내의 형제들에게 보편적으로 나타나는 일반적인 특성은 아니라고 주장한다. 즉, 다른 변수들에 의해 얼마든지 달라질 수 있는 것으로 본다.

5) 성격유형

생활양식은 인간의 모든 사고와 감정, 행동의 기본 토대가 된다. 아들러는 생활양식에 기반한 성격구조의 골격은 평생 유지된다고 보고, 그것을 기반으로 인간의 성격을 유형화하였다. 성격유형은 사회적 관심과 활동수준이라는 두 변수를 기준으로 하여 정해지는데, 사회적 관심이란 개인적 이익보다 사회 발전을 위해 타인과 협력하는 것을 말하고, 활동수준이란 삶의 문제를 해결하려는 개인의 에너지 수준을 말한다. 이에 따라 아들러는 개인의 성격을 지배형, 획득형, 회피형, 사회적 유용한 유형 등 네 가지로 분류하였는데, 구체적인 내용은 〈표 7-5〉와 같다.

표 7-5. **아들러의 성격유형**

유형	성격유형
지배형	지배형은 활동수준은 높지만 사회적 관심은 낮은 유형으로, 독선적이고 타인을 지배하려는 태도를 지닌다. 따라서 공격적이고 비사회적인 방식으로 삶을 영위한다.
획득형	획득형은 활동수준은 중간이고 사회적 관심은 낮은 유형을 말한다. 이런 성격을 지닌 사람은 남에게 의존하여 자신의 욕구를 충족시키고자 노력한다. 남에게서 가능한 한 많은 것을 얻어 내는 데 관심이 집중된다.
회피형	회피형은 사회적 관심과 활동수준이 모두 낮은 유형으로, 성공하려는 욕구보다 실패에 대한 두려움이 더 강해서 인생의 모든 문제에서 도피함으로써 실패를 면하려고 한다.
사회적 유용한 유형	사회적으로 유용한 유형은 사회적 관심과 활동수준이 모두 높아서, 자신과 타인의 욕구를 모두 충족시키기 위해 타인과 협력한다. 타인의 복지에 기여하려는 의지를 갖고 있다.

4. 융의 분석심리 이론

융

융의 신념은 여러 가지 면에서 프로이트와 달랐다. 융은 무의식 과정을 강조하였다는 점에서 정신분석 이론과 일반적으로 동일시되고 있지만 프로이트가 강조한 성욕 및 정신생물학적 결정론에 대해서는 다소 부정적인 시각을 나타내고 있다. 즉, 정신에너지는 모든 삶의 힘을 나타내는 것이며, 꼭 성적인 힘만은 아니라고 주장하였고 또한 무의식의 영역을 확장하였다.

융은 무의식을 크게 개인적 무의식과 집단적 무의식으로 구분하였는데, 개인적 무의식은 억압된 사고들, 잊혀진 경험들, 미개발된 관념들로 이루어진 것으로, 이 관념들은 어떤 사건이나 감정이 이들의 회상을 야기시키면 또다시 의식으로 떠오를 수 있는 것으로 보았다. 이에 비해 집단적 무의식은 과거 세대로부터 이어받은 기억 및 행동양식으로 이루어져 있는 것으로 인간 신체가 수억 년 동안의 진화의 산물인 것과 마찬가지로 인간 정신도 수세기에 걸쳐 선사시대 이래로 공통으로 지녀 왔었던 경험들의 '사고 형태들' 혹은 집단적 기억들을 발전시켜 왔다고 보는 것이다. 그는 이들 사고 형태들을 원형들(archetypes)이라고 명명하였다.

원형들은 어떤 전형적인 정신적 심상들 혹은 신화적 표상들을 일으키며 어떤 원형들은 성격형성에 특별한 역할을 한다고 주장하였는데, 대표적인 원형은 〈표 7-6〉과 같다.

표 7-6. **융이 주장한 원형들**

종류	특성
페르조나(persona)	페르조나는 환경의 요구에 조화를 이루려고 하는 적응의 원형이다. 즉, 개인이 사회에 대한 이해를 바탕으로 사회에서 가정하는 자신의 역할을 의미한다. 페르조나는 우리의 공적인 자기, 우리 자신을 다른 사람에게 나타내기 위해 알리는 가면을 뜻하는 희랍어이다.
아니마(anima)와 아니무스(animus)	융은 인간이 태어날 때 본질적으로 양성을 가지고 태어났다는 양성론적 입장을 가졌다. 이러한 이론적 입장을 반영한 개념이 아니마와 아니무스이다. 즉, 남성의 내부에 있는 여성성을 아니마라고 하고, 여성의 내부에 있는 남성성을 아니무스라고 한다. 따라서 성숙한 인간이 되기 위해서 남자는 내부에 잠재해 있는 여성성, 즉 사랑을 이해하고 개발해야 하며, 여자는 내부에 있는 남성성, 즉 이성을 개발하는 것이 필요하다.
그림자(shadow)	그림자는 인간의 어둡거나 사악한 측면을 나타내는 원형이다. 즉, 인류 역사를 통해 의식에서 억압되어 어두운 무의식에 있는 자료 및 인간의 원초적인 동물적 욕망에 기여하는 원형이다. 그림자는 사회가 나쁘다고 생각하는 측면이 있기는 하지만 어떤 면에서는 생명력, 자발성, 창조성의 원천이 되기도 하여 이로움을 주기도 한다.
자기(self)	자기는 모든 의식과 무의식의 주인이다. 융은 인간이 실현하기 위해 타고난 청사진을 자기로 보았다. 자기는 전체로서 인간 성격의 조화와 통합을 노력하는 원형이다. 다양한 문화에서 발달된 상징이 이 원형에서 나타난다. 자기는 정신의 중심인 의식과 무의식의 양극성 사이의 평형점이다. 자기는 다른 정신 체계가 충분히 발달할 때까지 나타나지 않는다.

융은 사람들을 두 가지 일반적인 태도 유형들로 나눌 수 있다고 주장하였는데, 그것은 외향적인 사람과 내향적인 사람들로 구분하는 것이다. 그는 외향적인 사람들은 일반적으로 자신의 내면적인 경험보다는 사회적인 생활과 외부세계에 관심을 가지는 사람으로 보았고, 내향적인 사람들은 자기 자신의 내면적인 감정에 관심을 가지는 사람으로 보았다. 그러나 그는 누구나 이런 두 가지 태도 유형을 어느 정도는 소유하고 있지만 일반적으로 하나가 우세한 반면에 다른 하나는 잠겨 있는 것으로 보았다. 또한 그는 사람들을 합리적인 범주와 비합리적인 범주로 나누었는데, 합리적인 사람들은 사고와 감정의 심리적 기능으로 자신들의 행위를 조절하는 사람들로 보았고 비합리적인 사람들은 지각에 근거하여 의사결정을 하는 사람들로 오감 또는 무의식적 과정을 통해

결정하는 사람들로 보았다.

프로이트가 성적인 본능들을 강조한 데 반하여, 융은 합리적 및 정신적인 특성들에 초점을 두었다. 그리고 프로이트가 아동기에 발달이 시작된다고 생각한 데 반해, 융은 완전한 정신적 발달은 중년기 동안에만 나타난다고 생각하였다.

5. 정신분석 치료

정신분석 치료(Psychoanalysis Therapy)는 프로이트에 의해 발전되었다. 이 치료기법은 성장 초기의 정신성욕의 발달단계에서 발생되는 갈등이나 억압에 수반되는 클라이언트의 무의식과 동기, 갈등을 의식화함으로써 문제를 해결하려고 하는 것이다. 따라서 정신분석에서는 클라이언트의 무의식적 갈등 내용을 의식화하는 것이 중요한데, 무의식의 내용을 알아볼 수 있는 방법은 자유연상(free association), 꿈의 분석(analysis of dream), 저항의 분석(analysis of resistance), 전이의 분석(analysis of transference) 등이다. 각각의 내용은 다음과 같다.

1) 자유연상

자유연상(free association)은 억압된 것을 알기 위해 마음속에 떠오르는 느낌, 생각, 기억, 감정들을 자유롭게 이야기하도록 하는 것이다. 이런 과정에서 유아기 때 억압되었던 경험들이 나타난다고 생각한다. 이런 자유연상을 통해 나온 무의식적 자료나 충동들을 의식화하여 자기통제 아래서 수정과 승화를 해 나가도록 하는 과정이다.

2) 꿈의 분석

정신분석(analysis of dream)에서는 꿈을 통해 본능적 충동과 억압된 감정들을 표현한다고 생각한다. 그러므로 치료자는 클라이언트의 꿈을 분석하려고 한다. 자아(ego)의 경계가 약화되어 있을 때, 원초아(id)에 의해 표현될 수 없었던 무의식적 동기나 갈등이 나타날 수 있으며, 그것이 위장되어 있거나 상징적인 형태로 나타난다. 따라서 치료자들은 꿈의 내용속에 상징적으로 나타나는 것을 분석하여 억압된 동기나 잠재된 무의식적 본능을 이해할 수 있다.

3) 저항의 분석

저항의 분석(analysis of resistance)은 오랜 시간이 걸리고 어렵지만 절대적으로 필요하고 기본이 되는 과정이다. 자유연상과정에서 클라이언트들은 저항을 나타내는데 이런 저항들은 회상하기 괴롭거나 개인의 생활이나 적개심과 관련된 것, 또는 화나게 하는 감정들이 억압된 것을 의식으로 표현하기를 방해하기 때문에 나타난다. 따라서 정신분석에서는 이 저항을 깨 버리고 클라이언트 스스로 고통스러운 생각이나 소망, 경험에 직면하도록 한다.

4) 전이의 분석

전이(transference)란 과거에 경험했던 감정, 갈등, 태도, 욕망, 기대 등을 현재 상황의 치료자에게 동일시함으로써 나타내려는 것이다. 전이에는 두 가지 종류가 있는데, 첫째 긍정적 전이(positive transference)로서 전이가 사랑이나 존경심과 같은 것으로 나타나는 것이다. 둘째는 부정적 전이(negative transference)로서 적개심이나 시기의 대상과 같이 부정적인 감정이 전이되는 것이다. 그러나 대부분 전이된 감정이 이중적이고 양가 감정을 나타내게 된다. 이런 감정의 전이를 클라이언트들은 정서적 취약성 때문에 매우 어렵고 위험하다고 보기 때문에 치료자들은 전이된 감정을 해석해 주고, 성장 초기의 경험과 태도를 이해시켜 주려고 한다.

정신분석은 정신장애를 마음의 병으로 보고 심리적 과정으로 설명하려는 것이다. 정신분석에서의 신경증은 원초아(id)의 쾌락적이고 비합리적인 충동이 초자아(superego)에 의한 내재화된 구속 사이에서 야기되는 갈등을 적절히 해결하지 못한 결과로 보는 것이다. 그러므로 정신분석 치료에서는 원초아(id)의 힘을 알게 하고, 초자아(superego)의 요구에 지나치게 굴종하는 것을 줄이고, 자아(ego)의 역할을 강화시켜 주려고 시도한다.

6. 정신분석 이론과 사회복지실천

정신분석 이론은 인간의 성격을 이해하는 데 있어서 기초가 되는 정보를 다양하게 제공하여 인간복지를 다루는 사회복지사에게 많은 도움을 주고 있다. 프로이트는 인간의 내면세계와 심리발달에 대한 이해를 도왔으며, 에릭슨은 인간발달에 있어서 사회환경의 중요성과 자아정체감 형성이 중요함을 역설하여 자아심리학을 개척하였다. 아들러는 인간을 더 이상 나눌 수 없는 존재로 보면서 개인주의 심리학을 개척하였다. 융의 분석심리 이론은 중년기의 문제를 중점적으로 다루었기 때문에, 이 이론의 사회복지실천에 있어서도 중년기의 자아문제가 쟁점이 된다. 사회복지사가 영유아기의 인간으로부터 청소년기 그리고 중년기와 노년기 사람들을 이해하고 사회복지서비스를 제공하는 데 큰 기여를 하고 있다(강세현 외, 2020).

정신분석 이론에서 특히 프로이트는 개인의 성격형성의 대부분이 생후 첫 5~6년 동안 이루어진다고 가정하고 있다. 이 과정에서 개인의 성격형성에 부정적인 영향을 미치는 요인을 크게 3가지로 분류하였다. 첫째, 고착화가 나타나는 경우이다. 아동은 구강기, 항문기, 남근기 등을 거치며 육체적 또는 성적 쾌락을 극대화하고자 노력한다. 특히 각 단계에서 경험하게 되는 성적 또는 육체적 쾌락이 지나치게 충족되거나 좌절되는 경우 아동은 고착을 경험하게 된다. 예를 들어, 부모가 지나치게 엄격하고 강압적인 배변훈련을 할 경우 아동은 일부러 지저분한 행동을 하여 부모에게 대항하기도 한다. 이와는 반대로 부모가 정한 규칙에 쉽게 동조하고 순응하는 아동들은 질서 정연하게 정돈하고 결백한 행동을 하려는 강박적 욕구가 발달하여 지나치게 통제된 행동을 하게 될 수도 있다.

둘째, 아동의 기본적 욕구가 충족되지 못하는 상황에 처하는 경우이다. 아동이 성장하는 데 필요한 기본적인 욕구들은 적시적소에서 충족되어야 건강한 성장을 도모할 수 있다. 예를 들어, 아직 말을 하지 못하는 유아라고 하더라도 배고픔, 갈증 등을 느끼는 것은 당연하다. 따라서 이러한 기본적인 욕구가 나타날 경우에는 바로 충족되어야 올바른 성장을 도모할 수 있다. 그럼에도 불구하고 부모의 무관심, 방임 등 여러 가지 상황으로 인하여 기본적인 욕구가 충족되지 못할 경우, 아동은 갈등을 경험하게 된다. 기본적 욕구가 지속적으로 충족되지 않는 경우, 아동은 갈등을 최소화하기 위하여 자신의 욕구를 마치 없었던 것처럼 억압하고 이는 궁극적으로 지극히 정상적이고 자연스러운 기본적인 욕구의 충족에 대하여 부정적이고 왜곡된 이미지를 형성하게 된다.

셋째, 정신적인 외상(trauma)을 경험하는 경우이다. 성장 과정에서 성적, 신체적 학대를 경험하거나 정신적으로 큰 충격이 되는 경험을 하게 되는 경우, 아동은 불쾌하거나 고통스러운 경험과 직면하게 된다. 어린 아이로서 해결하기에는 너무나 큰 부담이 되는 고통스러운 상처와 내적인 갈등은 적개심이나 공격성, 감정조절의 실패 같은 행동과 정서의 문제를 초래할 수 있다.

정신분석 이론은 아동의 올바른 성장에 있어서 부모와의 관계가 매우 중요함을 시사하고 있다. 앞에서 언급한 것처럼 개인의 성격형성에 부정적인 영향을 미치는 3가지 요인들 모두 부모가 양육을 제공하는 과정에서 나타날 수 있는 문제들로 이해할 수 있다. 그리고 이런 영향들이 아이들의 성격발달에도 영향을 미치게 된다. 따라서 사회복지사는 아동의 올바른 성장을 위하여 가능한 최적의 양육환경을 제공할 수 있도록 부모를 대상으로 한 교육 및 지원을 해야 한다. 이를 위해서는, 첫째, 아동의 기본적 욕구는 가능한 즉시 충족될 수 있도록 배려하는 것이 필요하다. 배고픔, 갈증, 몸의 상처 등 생존과 안전에 필요한 기본적 욕구가 나타나는 경우는 즉시 욕구가 해소될 수 있도록 조치하는 것이 바람직하다. 예를 들어, 바늘에 찔려 우는 아이에게 훈육을 위해 울음을 그치라고 다그치는 것은 훈육으로써 무의미함을 이해하여야 할 것이다. 둘째, 아동의 양육에 있어서 극단적인 태도를 자제하는 자세가 필요하다. 부모가 지나치게 엄격하고 강압적인 훈육방식을 고집하는 경우, 아동은 반항적인 성향을 지니기 쉽다. 한편 부모가 아동의 요구에 지나치게 쉽게 동조하고 순응하는 경우, 아동들은 자신의 욕구와 행동에 탐닉하는 성향을 지닐 수 있다. 따라서 아동의 양육에 있어서 아이에 대하여 애정적 태도를 견지하면서 아이의 자율을 존중하고 일관성 있는 양육방식을 고수하되 상황에 따라서는 융통성을 발휘할 수 있는 여유를 가지는 것이 필요하다.

Chapter 08

행동주의 이론

배울내용

1. 고전적 조건형성
2. 조작적 조건형성
3. 사회학습 이론
4. 행동치료
5. 행동주의 이론과 사회복지실천

학습목표

1. 파블로프의 고전적 조건형성의 원리와 절차를 이해한다.
2. 손다이크의 도구적 조건형성을 이해한다.
3. 스키너의 조작적 조건형성의 원리 및 강화의 방법을 숙지한다.
4. 반두라의 사회학습 이론의 개념을 이해하고 관찰학습의 요소를 숙지한다.
5. 행동치료의 기법을 숙지한다.
6. 행동주의 이론을 사회복지실천에 활용할 방안을 모색해 본다.

행동주의 이론(behavioral theory)에서는 인간행동의 대부분은 학습되거나 학습에 의해 수정된다는 기본 전제에 근거를 두고 있기 때문에 학습 이론이라고 불리기도 한다. 학습 이론에는 크게 고전적 조건형성, 조작적 조건형성, 사회학습 이론이라는 세 가지 접근방법으로 분류된다.

1. 고전적 조건형성

파블로프

파블로프(Pavlov, 1849~1936)는 소화과정을 연구하던 러시아의 생리학자였다. 그는 자신의 연구소에서 식사를 하러 갈 때 개가 자신의 발걸음 소리를 듣고서 타액을 분비한다는 것을 발견하였다. 이런 현상을 밝히고자 그가 한 실험의 예가 〈그림 8-1〉에 제시되어 있다.

그림 8-1. 고전적 조건형성의 실험

파블로프의 고전적 조건형성에 대한 구체적인 실험절차는 〈그림 8-2〉에 제시되어 있다. 〈그림 8-2〉에서 보는 것과 같이 무조건자극(unconditioned stimulus: UCS)이란 유기체로 하여금 학습 없이도 어떤 특정한 형식으로 반응하도록 하는 자극을 말하는 것으로, 이 경우 특정의 학습 없이 개로 하여금 타액을 분비하도록 하는 먹이가 무조건자극에 해당된다. 무조건반응(unconditioned response: UCR)이란 무조건자극이 일어날 때 언제나 유기체에서 일어나는 반응으로 타액이 여기에 해당된다. 조건자극(conditioned stimulus: CS)이란 원래는 중성적인 자극인데 무조건자극과 짝지어짐으로써 결국은 그것만을 제시했을 때도 유기체에서 바라는 반응을 생성시키게 되는 자극으로, 파블로프(Pavlov)의 실험에서 보면 개는 처음에 들려주는 종소리에는 타액을 분비하지 않지만 절차가 계속적으로 반복됨으로써 종소리에 대하여 타액을 분비하게 된다. 이때 종소리는 중성자극에서 조건자극으로 성질이 바뀌게 된다. 조건반응(conditioned response: CR)이란 유기체가 조건자극이 제시될 때 타액을 생성하는 것을 학습하게 된 반응으로 조건자극인 종소리를 듣고 분비한 타액이 여기에 해당된다.

고전적 조건형성을 한마디로 표현하면 중립자극인 종소리가 무조건자극인 먹이와 결합하여 반복해서 제공했을 때 중립자극인 종소리가 조건자극이 되어 조건반응(타액)을 유발하는 것이라고 할 수 있다.

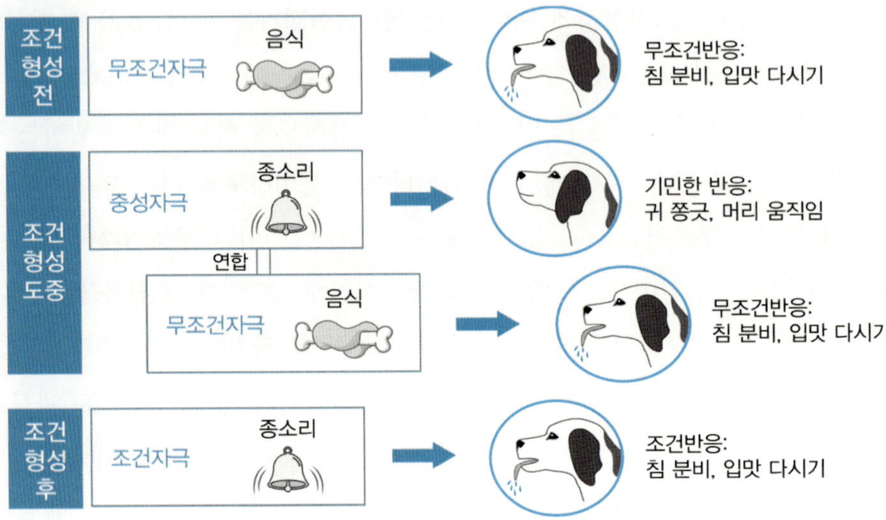

그림 8-2. **고전적 조건형성의 절차**

출처: Berk, L. E.(1999). *Infats and children: Prental through middle childhood*(3rd ed.). MA: Allyn & Bacon.

우리가 일상생활에서 경험하는 고전적 조건형성의 예는 수없이 많다. 어린 아동이 보여 주는 고전적 조건형성의 한 예는 개에게 물려 놀란 경험이 있는 아동이 강아지만 보아도 공포반응을 보이는 경우이다. 이러한 조건형성의 과정은 왓슨(Watson)의 앨버트 실험을 통해서 알 수 있다. 즉, 9개월 된 앨버트가 흰쥐에 공포반응을 보이도록 왓슨은 흰쥐와 큰 소리를 짝지어 제시하였다. 처음에 흰쥐를 두려워하지 않던 앨버트가 흰쥐와 큰 소리가 몇 번 짝지어 제시된 후에 흰쥐에 대한 공포반응을 보였다. 심지어 흰쥐뿐만 아니라 토끼나 개, 털코트에까지 공포반응을 보였는데, 이것이 바로 고전적 조건형성에 나타나는 자극일반화 현상이다.

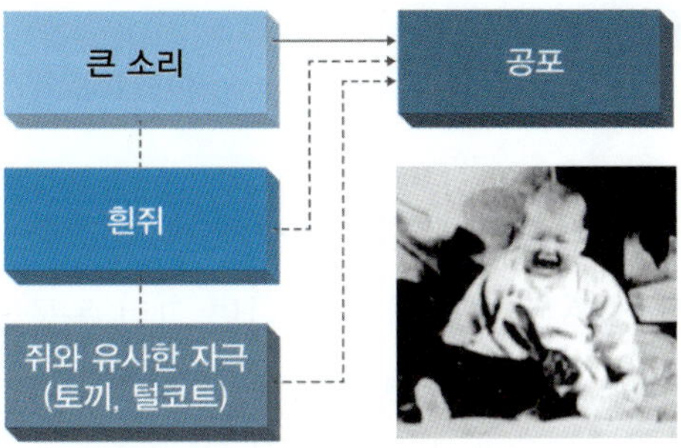

그림 8-3. **앨버트의 공포반응 조건형성**

이처럼 고전적 조건형성은 쉽게 일어날 수 있지만 자동적인 것은 아니기 때문에 어떤 필수조건이 충족되어야만 학습이 이루어진다. 고전적 조건형성이 일어나기 위한 필수조건은 〈표 8-1〉과 같다.

표 8-1. **고전적 조건형성의 조건**

- 조건자극(CS)은 그것을 쉽게 지각할 수 있도록 충분히 강력하고 특유해야 한다.
- 조건자극과 무조건자극 제시 사이의 시간간격이다. 일반적으로 조건자극(CS) 제시 후 약 0.5초 뒤에 무조건자극(UCS)를 제시하는 경우에 조건형성이 가장 잘 이루어진다고 보고되고 있다.
- 학습이 이루어지기 위해서는 반복적인 시행이 요구된다는 것이다. 즉, 시행과 시행이 적절한 간격으로 이어져야 한다. 만약 간헐적으로 짝을 지어 주면 학습수준은 감소하게 된다. 그러나 예외도 있는데, 가르시아(Garcia) 효과를 그 예로 들 수 있다. 가르시아(Garcia) 효과는 미각혐오학습이다. 가르시아(Garcia, 1955)는 쥐를 대상으로 미각혐오학습을 수행하였는데, 쥐는 그냥 수돗물보다 사카린이 함유된 물을 더 좋아하였다. 그는 쥐에게 사카린이 든 물을 마시게 한 후 감마광선에 노출시켜 수분 후에 구토를 하도록 하였다. 이후 쥐들은 단맛의 물을 혐오하게 되었다. 이 실험은 고전적 조건형성과 차이점을 보이는데, 조건자극(CS)과 무조건자극(UCS)이 단 한번의 짝지음으로 조건형성이 되었으며, 조건자극(CS)과 무조건자극(UCS)의 시간간격이 수분 이상이었음에도 조건형성이 되었다는 것이다. 음식과 질병 간에 긴 시간간격과 1회 연합에 의한 학습은 생존에 매우 중요하기 때문이다.

2. 조작적 조건형성

우리는 놀이공원에 갔을 때 돌고래가 조련사의 신호에 따라 공중으로 뛰어오르는 등의 묘기를 부리는 것을 종종 보게 된다. 그렇다면 그런 동물들은 어떤 원리에 의해서 학습을 하는 것일까? 돌고래가 묘기를 부리는 것은 조련사가 원하는 행동을 했을 경우 먹이를 보상받게 되고, 원하는 행동을 하지 않는 경우는 먹이를 보상받지 못하거나 처벌을 받기 때문이다. 이처럼 강화나 처벌을 사용함으로써 어떤 행동의 가능성을 증가시키거나 감소시키는 학습의 유형을 도구적 조건형성(instrumental conditioning) 혹은 조작적 조건형성(operant conditioning)이라고 한다. 다시 말해 행동 뒤에 따르는 결과에 의해 행동이 강화되거나 약화되는 것, 즉 행동과 결과 사이의 관련성을 학습하는 것이다. 도구적이란 행동이 어떤 결과를 야기시킬 것인지를 결정하는 하나의 도구(또는 수단)가 됨을 의미한다.

인간의 행동에 있어서도 어떤 행동을 유발하도록 하는 방법 중의 하나는 그 행동을 보상해 주는 것이다. 부모는 아이가 심부름을 하면 칭찬을 해 주거나 용돈을 주고, 학교에서도 성적이 좋은 학생에게 장학금을 주며, 회사에서도 영업실적이 좋은 사람에게 보너스를 지급하거나 승진할 기회를 주기도 한다.

그러나 인간이 수행하는 대부분의 행동이 보상과 연계되어 있음에도 불구하고 행동을 변화시키려는 시도는 쉽지가 않다. 예를 들어, 대학생이 공부를 열심히 하면 장학금을 받고 더 나아가 좋은 직장을 구할 수 있는 기회가 많아진다는 사실을 알고 있지만, 열심히 공부하는 것은 쉬운 것이 아니다. 또한 담배를 피우면 병에 걸릴 확률이 높아지고, 술을 마시면 알코올 중독에 걸린 확률이 높다는 것을 알면서도 금연, 금주가 쉽지 않다. 이처럼 보상의 효과가 명확한 듯 하면서도 생각처럼 그렇게 간단하지는 않다고 할 수 있다.

1) 손다이크의 도구적 조건형성

손다이크(Thorndike, 1874~1949)는 동물의 사고능력에 관한 객관적인 실험증거를 얻고자 병아리, 고양이를 대상으로 동물실험을 하였는데, 손다이크가 실시한 유명한 실험은 고양이를 대상으로 한 문제해결실험이다〈그림 8-4〉.

손다이크

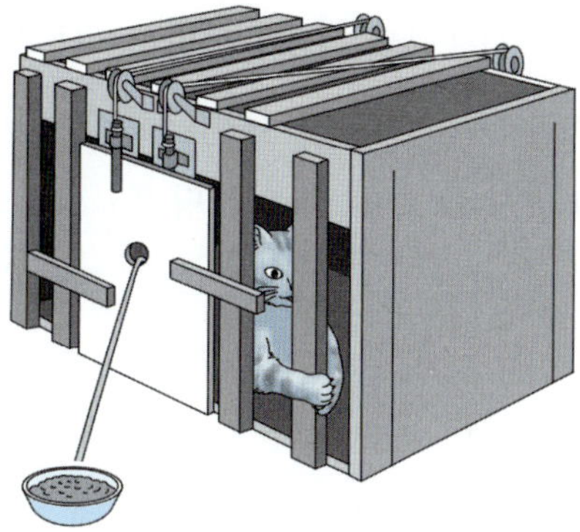

그림 8-4. **손다이크의 문제상자**

이 실험은 고양이를 문제상자(puzzle box) 안에 넣고 고양이가 볼 수는 있지만 발이 닿지 않지 않는 곳에 먹이를 두었다. 문제상자의 문을 여는 방법은 발판을 누르거나 고리를 당기면 된다. 처음 배가 고픈 상태에서 문제상자에 들어간 고양이는 틈새를 비집고 나가려고 하거나 틈으로 발을 내밀거나 상자를 발톱으로 긁거나 물어뜯었다. 그러던 중 우연히 고리를 당기거나 혹은 발판을 눌러서 탈출하게 되면 고양이는 갑갑하고 통제된 환경으로부터 자유와 먹이를 보상받게 된다. 먹이를 보상받은 다음, 다시 문제상자 안으로 집어넣으면 또 다시 문이 열리는 것과는 무관한 행동을 하게 되지만 이런 시행이 반복됨에 따라 무관한 동작은 줄어들게 되고 마침내 문제상자에 넣자마자 고양이는 곧바로 발판을 누르거나 고리를 당겨서 밖으로 나오게 된다. 여기서 고양이가 발판을 누르는 것은 외적 자극의 영향이라기보다는 수의적이고, 능동적인 행동으로 이러한 반응을 도구적 조건형성이라고 한다.

손다이크는 고양이가 발판을 누르거나 고리를 당기는 것을 학습한 것은 추리(reasoning)에 의해 문제를 해결하는 것이 아니라 이런저런 시도를 해 보던 중에 우연히 올바른 행동을 하게 된 것이며, 올바른 행동 이후 보상을 받으면 올바른 행동과 보상 사이의 연합은 곧바로 형성되는 것이 아니라 시행을 거듭하면서 올바른 행동은 보다 쉽게 일어나게 되며 쓸모없는 행동은 줄어들게 된다고 본다. 이처럼 동물학습은 추상적인 지적학습의 결과가 아닌 수많은 시행착오를 거듭하면서 이루어진다고 볼 수 있는데, 손다이크는 이를 시행착오학습(trial and error)이라고 정의하였다.

손다이크의 실험에서 발판을 누르거나 고리를 당기고 밖으로 나온 고양이에게 연필과 같은 것으로 보상을 준다면 발판을 누르거나 고리를 당기는 행동을 학습할 것인가? 그렇지 않을 것이다. 그의 실험에서 고양이가 올바른 행동을 하면 갑갑하고 통제된 환경에서 자유와 먹이라는 보상을 받게 되고, 부적절한 반응을 보이면 보상을 받지 못한다. 즉, 보상은 자극과 반응의 결합을 강화시키는데 이러한 현상을 효과의 법칙(law of effect)이라고 불렀다. 효과의 법칙은 피학습자가 원하는 것을 보상해 주었을 때 가장 학습이 잘 일어난다는 것을 의미한다.

2) 스키너의 조작적 조건형성

스키너(Skinner)는 손다이크에 의해 도구적 조건형성이 확립된 이후 스키너 상자(Skinner box)라는 장치를 제작하여 학습과 행동에 관한 지식의 폭을 크게 넓혔다〈그림 8-5〉.

스키너

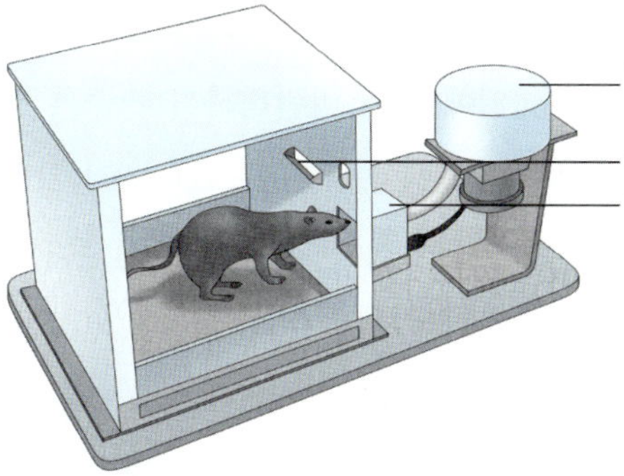

그림 8-5. **스키너 상자(Skinner box)**

스키너 상자는 레버를 누르거나 불빛이 나는 단추를 누를 수 있도록 장치가 되어 있다. 상자 안에 배고픈 쥐를 넣었을 경우 쥐가 우연히 레버를 누르면 먹이가 나온다. 이렇게 시행을 반복하고 나면 쥐는 레버를 누르면 먹이(강화물)가 나온다는 것을 학습한다(먹이는 레버 누르는 행동을 강화한다).

스키너 상자속의 쥐 또한 손다이크의 고양이처럼 처음에는 여러 행동을 보이지만 훈련이 진행됨에 따라 레버를 누르는 반응이 빨라지게 된다. 스키너는 레버와 같은 반응을 조작(operant)반응이라고 불렀는데, 그 이유는 쥐들이 환경을 변화시키기 위해 환경에 조작을 가했기 때문이다. 또한 그는 적절한 조작행동을 습득하는 절차를 조작적 조건형성(operant conditioning)이라고 불렀다. 스키너는 반응률을 증가시키는 먹이를 보상(reward)이나 만족스러운 결과로 부르지 않고 반응을 강화시킨다는 의미로 강화물(reinforcer)이라고 불렀으며, 행동을 강화시키는 절차를 강화(reinforcement)라고 불렀다. 예를 들어, 배고픈 사람이 음식을 찾고자 행동할 때, 그 행동은 음식에 의해 강화되며 반복된다. 다시 말해 강화시키는 결과에 따라 행동이 반복적으로 일어나는 것이다.

(1) 강화

강화란 특정한 자극이나 반응 뒤에 어떤 바람직하거나 좋은 것이 제공되는 것을 말한다. 강화 절차에는 정적 강화(positive reinforcement)와 부적 강화(negative reinforcement)가 있고 처벌은 혐오적인 자극제시와 반응대가(response cost)가 있는데, 정적 강화는 먹이와 같이 보통 동물이 좋아하는 것으로 반응 뒤에 이것이 주어지면 반응의 빈도가 증가되는 것이다. 예를 들어, 동물들은 음식이나 물(정적 강화물)을 얻기 위하여 레버를 누르고, 문을 여는 것을 학습하는 것으로, 이 과정에서 음식이나 물은 동물들이 생득적으로 좋아하는 성질을 갖고 있다. 이에 비해 부적 강화는 전기쇼크나 고통같이 동물이 피하려고 하는 자극이 반응 뒤에 제거되거나 감소됨으로써 반응빈도를 증가시키는 절차이다. 즉, 어떤 것이 감소되거나 종결될 때 진행 중인 행동이 재현될 가능성이 증가하는 것으로 전기충격이나 시끄러운 소리(부적 강화물)를 회피하기 위하여 도망가는 것을 학습하는 것이다. 예를 들어, 아동들은 칭찬(정적 강화물)을 받기 위하여 피아노 연습을 하거나, 싫증 나는 숙제를 하지 않기(부적 강화물) 위하여 피아노 연습을 할 수 있다. 동물의 경우 음식이나 물(정적 강화물)을 얻기 위해서 지렛대를 누르고 문을 여는 것을 학습할 뿐만 아니라 전기충격이나 시끄러운 소리로부터 도망(부적 강화물)가기 위하여 행동하는 것을 학습할 수도 있다. 정적 강화물과 부적 강화물은 모두 새로운 행동의 학습을 가져오고 현존하는 행동의 빈도를 높이는 역할을 한다.

(2) 처벌

처벌은 인간이나 동물의 행동을 통제하기 위해 가장 오래 전부터 사용된 가장 보편된 방법이다. 처벌이란 반응 뒤에 혐오적인 자극을 줌으로써 반응률을 감소시키는 것을 말하는데 강화와 유사하게 벌에도 두 가지 종류가 있다. 한 가지는 혐오적 자극을 제시하는 것이며, 다른 한 가지는 유쾌한 자극을 철회하는 것이다. 예를 들어, 말을 듣지 않고 계속 투정을 부리는 아이의 엉덩이를 때리거나 야단치는 것은 불쾌한 자극을 제공하는 것이고, 용돈을 회수하거나 TV 시청을 금지시키는 등의 행위는 유쾌한 자극을 철회하는 것이다.

처벌은 반응을 감소시키기 위한 것이 목적이지만 처벌을 사용하는 경우에 부작용이 생길 수 있다. 즉, 처벌로 인해 공격적인 행동을 유발하기도 하고 처벌자에 대해 부정적인 경험을 하여 벌을 주는 사람으로부터 도피적인 행동이 나타날 수도 있는데, 예를 들어 아버지로부터 심하게 벌을 받은 아동은 그 이후로 모든 남자들과의 접촉을 어려워하며 이를 회피할 수 있으며, 처벌받은 자극으로 인하여 공포감이나 당혹스러움과 같은 정서적인 반응이 생기기도 한다.

3. 사회학습 이론

사회학습 이론은 반두라(Bandura)가 처음 주장한 것으로 관찰학습, 대리학습, 모방학습이라고도 한다. 사회적 학습은 본인이 직접 경험하지 않아도 다른 사람의 행동을 관찰함으로써 하는 학습을 말한다. 즉, 많은 학습이 조건형성에 의해서도 이루어지지만 다른 사람에게 일어나고 있는 것을 보거나 그에 대한 이야기만 듣고도 충분히 학습이 일어날 수 있다는 것이다. 반두라의 실험을 예는 〈그림 8-6〉과 같다.

반두라

그림 8-6. **반두라의 실험을 예**

그는 아이들을 세 집단으로 구분하여 각 집단별로 실험의 모델이 보보(Bobo) 인형에게 공격적인 행동과 언행을 한 뒤 각기 다른 보상과 처벌을 받는 장면을 TV를 통해 보도록 하였다. 먼저 한 집단에게는 모델이 공격적인 행동을 하고 난 뒤 강화를 받는 장면을, 또 한 집단에게는 공격적인 행동을 하고 난 뒤 처벌을 받는 장면을, 한 집단에게는 공격적인 행동을 하고 난 뒤 처벌 혹은 강화 모두를 받지 않은 장면을 보도록 하였다. 그 결과 보상을 받은 모델을 본 아이들은 그렇지 않은 아이들보다 공격적인 행동이 증가한다는 사실이 드러났다.

만약 사람들이 자기 자신의 행동결과에 의해서만 행동하는 방법을 배운다고 한다면 학습이라는 것은, 위험하다고 말할 수는 없더라도 지극히 힘든 일이 될 것이다. 다행히도 대부분의 인간행동은 모델제시에 의해서 관찰학습이 가능하다. 다른 사람들을 관찰함으로써 사람들은 새로운 행동을 어떻게 수행하면 좋은가에 대한 아이디어를 찾게 되고, 그와 같이 부조화된 정보가 다음 행동을 위한 지침이 된다. 사람들은 실제 행동을 하기 전에 본보기를 통해 행동하는 방법이나 적어도 유사하게 행동하는 법을 배울 수 있기 때문에 쓸데없이 불필요한 착오를 범하지 않게 된다.

반두라는 초기 실험연구를 통하여 아이들이 세상에 널리 알려져 있거나 사회적으로 지명도가 있는 사람의 행동을 더 잘 모방하며, 자신들과 비슷하다고 생각하는 사람들이나 동일한 성을 가진 사람들에 대하여 더욱 잘 모방하는 사실을 알았다. 또한 높은 사회·경제적 지위를 지닌 모델을 더욱 잘 모방하는 반면에 상대적으로 자신들의 행동에 처벌을 가하는 사람들이나 벌을 받는 모델에 대해서는 거의 모방하지 않으려는 경향이 있다는 사실을 발견하였다. 반두라는 모방학습을 효과적으로 사용하기 위한 원칙을 〈표 8-2〉와 같이 제시하였다.

표 8-2. **모방학습의 원칙**

- 바람직한 행동은 가능한 한 여러 사람이 여러 번 시범을 보인다.
- 모방의 내용은 쉽고 간단한 것에서 시작하여 점차로 복잡하고 어려운 것으로 옮겨 간다.
- 각 단계에서 말로써 설명해 주거나 지도해 주는 것이 필요하다.
- 가르치는 내용에 따라서 보여 주는 것이 효과적이다.
- 각 단계마다 잘하면 칭찬을 해 주어야 한다.

사회학습 이론은 간접적 학습 또는 관찰학습을 강조한다. 그리고 사회학습이 이루어지는 위해서는 주의집중과정, 보존과정, 운동재생과정 그리고 동기과정의 절차가 필요하다고 주장한다〈그림 8-7〉.

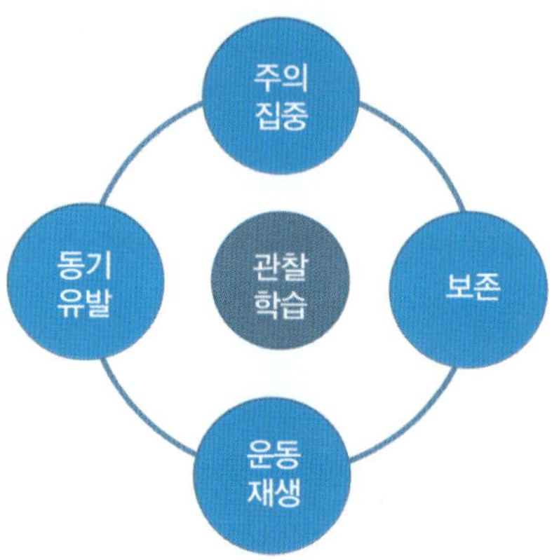

그림 8-7. **관찰학습의 네 가지 요소**

첫째, 주의집중과정(attentional process)이다. 이것은 모델의 행동을 주의 깊게 집중하여 관찰하는 과정이다. 이 과정에서 모델의 두드러진 특징이나 뚜렷한 단서를 주시해야만 관찰에 의해서 여러 가지를 획득할 수 있다. 이와 같이 주의집중과정은 모델의 행동에 주의를 기울여서 보고 어느 것을 선택하여 습득할 것인지를 결정하는 것이다.

둘째, 보존과정(retention process)이다. 모델의 행동을 주의 깊게 관찰하여 그것을 기억하여 장기간 보존하는 과정이다. 이 과정에서 모델의 행동을 보고 즉각적으로 반응을 보이는 것이 아니다. 이 과정은 나중에 모델의 두드러진 특징이나 뚜렷한 단서에 대하여 기억한 것을 어떤 방법으로 유용하게 이용할 수 있다. 여기에서 모델의 행동을 장기간 기억하기 위해서 모델의 행동을 어떤 상징적인 형태로 부호화해야 하는 것이 필요하다.

셋째, 운동재생과정(motor reproduction process)이다. 모델을 모방하기 위하여 모델의 상징적 표상을 연습하는 과정이다. 이 과정에서 모델의 상징적 표상을 잘 기억하여 그 행동을 계속적으로 연습하는 것이 필요하다. 한편 모델의 행동을 주의 깊게 관찰하여 연습한다고 하더라도 모델이 한 행동을 올바르게 수행하지 못할 수도 있음을 인지해야 한다.

넷째, 동기과정(motivational process)이다. 모델의 행동을 모방한 것이 가치 있는 것인지를 결정하는 과정이다. 이 과정에서 동기가 주어지지 않는다면 모델의 행동을 모방하려 하지 않을 것이다. 모델의 행동을 모방하여 강화가 주어지면 행동을 수행할 가능성이 높아진다. 만약 모델의 행동이 긍정적인 보상을 받는 강화로 이어진다면 모델의 행동에 대하여 좀 더 집중하여 기억하였다가 나중에 그 행동을 수행하는 데 강력한 촉진제가 될 것이다.

4. 행동치료

행동치료(Behavior Therapy)는 학습원리에 기초를 두고 시행되는 심리치료이다. 다시 말해 행동치료에서는 고전적 조건형성과 조작적 조건형성의 원리 및 절차를 적용하여 심리적 장애를 평가하고 치료를 하는 것을 말한다. 행동치료의 범주속에는 고전적 조건형성 원리를 이용하는 자극-반응 기법, 조작적 조건형성의 원리에 기반한 행동수정 등이 포함된다. 행동치료의 다양한 기법들 중에서 역조건형성에 기반을 둔 체계적 둔감법의 예를 보면 다음과 같다.

1) 체계적 둔감법

체계적 둔감법(systematic desensitization)은 볼프(Wolpe, 1958, 1969, 1973)에 의해 개발된 것으로, 특히 부적응적 불안을 경감시키기 위한 기법이다. 이 기법은 클라이언트가 불안을 느끼는 상황을 묘사하는 상상적 장면과 이완을 짝 짓는 것을 포함한다. 체계적 둔감법은 역조건형성(counterconditioning)의 원리에 근거를 두고 있다. 역조건형성은 단순히 한 유형의 반응을 다른 유형의 반응으로 대치하는 학습원리를 의미하고, 둔감법은 불안을 이완으로 대치하는 절차를 의미한다. 존스(Jones, 1924)는 체계적 둔감법을 이용하여 토끼에 대해 공포를 가지고 있는 소년을 성공적으로 치료하였다. 그녀의 피험자는 3세 된 피터(Peter)로서 토끼에 대한 공포증을 가진 소년이었다. 존스는 토끼의 모습을 피터가 좋아하는 아이스크림을 먹는 것과 같은 유쾌한 경험과 짝 지어 주었다. 즉, 피터가 방 안에서 혼자 앉아 놀고 있는 동안 우리에 들어 있는 토끼를 가져다가 그가 무서워하지 않을 만큼 충분한 거리에 두었고, 그녀는 이 시점에서 피터에게 충분한 양의 아이스크림을 먹게 하였다. 이렇게 아이스크림과 짝을 지어 매일 토끼 우리를 좀 더 가까이 가도록 하였는데, 결국 피터는 토끼를 무서워하지 않게 되었다. 여러 연구 문헌들에서 체계적 둔감법의 효과가 검증되어 왔는데, 이 치료기법은 고소공포증, 운전공포증, 다양한 동물 및 곤충공포증, 시험공포증, 비행기공포증, 학교 공포증, 다른 사람 및 권위적 인물의 거절에 대한 공포증, 주사공포증, 상해공포증, 죽음에 대한 공포증 등 공포증과 언어장애, 성적 이상, 노출충동, 동성애, 천식발작, 불면증, 알코올중독, 분노발작, 몽유병, 악몽 등의 여러 장애에도 이 기법이 효과가 있음이 밝혀졌다.

2) 행동수정기법

아이가 나쁜 행동을 할 때 매를 들 수도 있고, 말로서 야단을 칠 수도 있으며, 아이가 좋아하는 아이스크림을 주지 않을 수도 있다. 반대로 아이가 올바른 행동을 했을 때 말로서 칭찬할 수도 있고, 선물을 줄 수도 있으며, 그냥 넘어갈 수도 있다. 아이의 나쁜 행동을 수정하고 올바른 행동을 더 많이 하도록 하는 기법들을 연구를 통하여 알려주고 있다. 이러한 방법들이 행동수정기법이다. 행동수정기법은 학습이론에 근거를 두고 있으며, 몇 가지 가정을 가지고 있는데, 첫째는 행동은 학습의 결과로 본다. 즉, 행동치료는 클라이언트의 자기패배적 행동이든 아니면 병리적 행동이든 간에 조건형성의 결과라고 믿는다. 둘째, 학습한 반응은 소거시킬 수 있다는 것이다. 적응적 행동과 마찬가지로 부적응적 행동도 학습되고 학습된 행동이라면 소거할 수 있다고 본다. 다시 말해 행동수정기법은 고전적 및 조작적 조건형성과 관찰학습의 원리를 적용하여 클라이언트의 행동을 변화시키려고 하는 것이다. 바람직한 행동을 증가시키는 행동수정기법과 문제행동을 감소시키는 행동수정기법은 〈표 8-3〉과 같다.

표 8-3. **행동수정기법**

구분	항목	내용
바람직한 행동을 증가시키는 행동수정기법	행동조성법	행동조성(behavior shaping)이란 강화를 사용해 형성하고자 하는 목표행동에 점진적으로 접근하는 방법을 의미한다. 조성에는 두 가지 요소가 있는데 그것은 차별강화(differential reinforcement)와 계속적 접근(successive approximation)이다. 차별강화는 어떤 반응은 강화를 받고 어떤 반응은 강화를 받지 못하는 것이고, 계속적 접근은 실험자가 원하는 반응에 근접할 때만 강화를 주는 것이다.
	토큰강화	토큰강화(token reinforcement)란 아동이 바람직한 행동을 했을 때 원하는 다른 물건으로 교환이 가능한 토큰을 주어 강화하는 기법이다. 즉, 아동이 바람직한 행동을 했을 때 물질적 또는 사회적 보상을 직접 제공하는 대신 구매력을 가진 표나 점수 등을 주는 강화방법이다.
	용암법	용암법(fading)이란 아이들이 특정한 행동을 할 수 있지만 행하지 않는 경우에 바람직한 행동형성을 위해 사용하는 기법 중의 하나이다. 즉, 초기학습과정에서는 단서, 조언과 같은 보조수단을 여러 번 자주 제시하고 후기 학습과정에서는 서서히 단서나 조언과 같은 보조수단의 횟수를 줄여 감으로써 나중에는 보조수단 없이도 올바른 행동을 하도록 하는 점진적 접근 방법이다.
문제행동을 감소시키는 행동수정기법	소거	고전적 조건형성에서 개가 종소리를 들었어도 먹이를 얻지 못하면 개의 타액반응은 점차 감소하게 되고 결국 개는 종소리를 들어도 더 이상 타액을 분비하지 않는다. 이 과정을 소거(extinction)라 한다.
	타임아웃	타임아웃(time out)은 체벌에 대한 '인도적' 대안으로 고집 센 아이를 다루는 데 효과적인 방법 중의 하나이다. 타임아웃이란 아이에게 정해진 시간 동안 아무것도 하지 못하도록 하며 격리되고 조용한 장소에 일정 시간 동안 있도록 하는 일종의 벌이다.

5. 행동주의 이론과 사회복지실천

행동주의 이론은 사회복지실천에 있어 원조의 초점을 인간의 정신 내적 갈등에서 외적 행동으로 이동시켰다. 인간의 신체적·심리적 발달에 있어서 환경의 중요성에 대한 강조는 사회복지실천의 큰 토대를 이룬다. 행동수정과 행동치료의 고전적 조건화와 조작적 조건화의 원리에 따라 개입 기법을 적용하여 클라이언트의 행동수정과 행동을 가능하게 했으며, 다양한 개입방법을 제시하였다. 사회학습 이론이 사회복지실천에 미치는 영향은, 첫째, 사회복지사가 클라이언트 및 모든 사람의 행동을 명확히 인지하고, 이 행동이 서로 어떻게 연관되는지 파악하는 것을 가능하게 하였다. 둘째, 사회학습 이론은 어떤 행동이 있을 때와 없을 때 서로 어떻게 다른지 관찰하는 사정의 중요성을 강조하였다. 셋째, 임상 모델링을 통해 관찰과 모방이 클라이언트의 문제행동을 제거 하는 데 유용하다는 것이 입증되었다.

또한 행동주의 이론가들은 인간의 성격이 어떻게 형성되는가에 대한 관심보다는 인간이 특정한 상황에서 특정한 행동을 하게 되는 이유에 보다 관심을 기울이고 있다. 앞서 언급한 바와 같이 행동주의 이론에서는 인간행동의 대부분은 학습되거나 학습에 의해 수정된다는 기본 전제에 근거를 두고 있다. 따라서 좋거나 바람직한 행동뿐만 아니라 부정적이거나 나쁜 행동 또한 학습의 결과로 간주하고 있다. 즉, 바람직하지 않은 행동은 그러한 행동에 대하여 직접적인 강화를 제공받았거나 타인의 행동을 모방하였든 간에 학습의 결과로 나타난다고 인식한다. 이러한 바람직하지 못한 행동이 학습의 결과임을 인정한다면 학습의 과정을 통하여 개개인에게 바람직한 행동을 가르치는 것 또한 가능하다는 입장을 취하고 있다(강세현 외, 2020).

1) 파블로프 이론의 적용

고전적 조건형성과 관련해서 살펴보면, 사회복지사들은 유아의 바람직하지 않은 인성 및 사회성 요인을 파악한 후에, 적절한 상황을 마련하여 바람직하지 않은 행동을 바람직한 행동으로 대체해 가는 방안을 모색할 수 있다. 사회복지사들이 유아의 건강한 발달을 위해 활용할 수 있는 방법으로 볼프의 체계적 둔감법이 있다. 체계적 둔감법은 근본적으로 이완된 상태에서 불안을 유발하는 장면을 상상하도록 함으로써 그러한 장면에 대한 특이한 반응을 둔감화시키는 일종의 역조건형성에 해당된다. 이 방법에서는 이완유도와 불안을 유발하는 사상이나 장면의 위계를 만드는 것이 중요하다. 주로 불안치료를 위해 널리 사용되었으나, 수줍은 사람, 성격장애, 언어 불안, 말더듬이를 치료하는 데에도 효과적이라는 보고들이 많다.

2) 스키너 이론의 적용

스키너가 제시한 강화와 벌은 일상생활에서 매우 광범위하게 활용되고 있다. 행동주의 이론가들은 강화에 비하여 처벌의 효과가 그리 강하지 않기 때문에 가급적이면 강화를 이용하는 것이 더 효과적이라고 조언하고 있다. 즉, 아동이 수업시간에 산만한 것에 대해 처벌하기보다는 주목하는 것에 강화를 주는 것이 바람직하지 않은 행동을 억제시키고 바람직한 행동을 이끌어 내는 데 더 효과적이다.

그러나 어떠한 상황 때문에 처벌을 사용해야만 한다면, 다음 사항을 고려하여야 한다. 첫째, 행동직후에 조기에 개입해야 한다. 즉, 행동직후에 바로 벌을 주어야 한다. 오랜 시간이 지난 후에 처벌이 주어지면 그 행동이 잘못 되었다는 생각보다는 그 행동을 들켰다는 데 의미를 부여할 가능성이 커진다. 따라서 '앞으로는 절대 그런 행동을 하지 말자'는 생각보다는 '앞으로는 절대 들키지 말자'는 생각을 할 가능성이 커진다. 둘째, 부정적인 행동이 나타날 때마다 일관성 있게 벌이 주어져야 한다. 특정 행동이 일어날 때마다 벌이 주어졌을 때 그러한 행동의 결과가 별로 좋지 않다는 생각을 강화할 수 있다. 셋째, 벌을 주는 동안 냉정한 태도를 견지해야 한다. 성냥을 가지고 노는 아이를 나무라는 엄마가 아이의 손등을 찰싹 때리며 성냥만 빼앗고 단호하게 잘못된 행동임을 알려 주지 않는다면, 아이는 성냥을 갖고 노는 것이 오히려 엄마의 관심을 받을 수 있다고 오해할 수도 있다. 따라서 특정 행동에 대한 반응이 그 행동을 오히려 강화하지 않도록 유의하여야 한다.

3) 반두라 이론의 적용

공격적인 성향을 지닌 아동들의 공격성은 공격적인 모델을 관찰하고 그 모델이 언제 강화를 받는지를 주시함으로써 학습된다. 이런 관점에서 가족 구성원 간에 발생하는 신체적 공격은 자녀에게 공격적 행동의 모델을 제공할 뿐 아니라 가족내에서 그런 행동이 당연히 일어날 수 있다는 정당성을 제공해 준다. 또한 가정내에서 폭력적인 아버지 밑에서 자란 아들은 논쟁이나 좌절이 있을 때 폭력을 사용하는 행동을 자연스럽게 학습하게 되며, 폭력적인 아버지 밑에서 자란 딸은 결혼 후에 발생하는 배우자의 폭력에 대하여 훨씬 수용적인 반응을 보인다는 연구결과는 가정내에서 이루어지는 학습의 결과를 잘 설명해 주는 예라고 할 수 있다.

이러한 연구결과들은 아이들은 어른이 수행하는 도덕적 가치를 포함한 모든 행동들을 관찰하고 모방함으로써 가족과 지역사회의 생활방식을 내면화하고 있음을 의미한다. 따라서 사회복지사들은 아동들이 도덕적 규칙과 사회의 바람직한 가치를 배울 수 있도록 역할모델(role model)의 제공자 역할을 충실하게 수행할 필요성이 있다.

Chapter 09

인지주의 이론

배울내용

1. 피아제의 인지발달 이론
2. 비고츠키의 사회 · 문화적 이론
3. 인지적 행동치료
4. 합리적 정서치료
5. 인지주의 이론과 사회복지실천

학습목표

1. 피아제의 인지발달의 주요 개념과 발달단계를 이해한다.
2. 비고츠키의 사회 · 문화적 이론의 기본 가정을 파악한다.
3. 벡의 인지적 행동치료의 주요 개념과 치료 방법을 숙지한다.
4. 엘리스의 합리적 정서치료의 주요 개념과 치료 방법을 숙지한다.
5. 인지주의 이론을 사회복지실천에 활용할 방안을 모색해 본다.

인지주의 이론에서는 정신구조가 매우 중요한 의미를 가지고 있으며, 특히 합리적인 사고과정을 강조한다. 인지는 인간의 정신적 사고과정을 의미하는 광범위한 개념으로 사고하기, 기억하기, 추론하기, 문제해결하기, 창조적 사고 등 인간의 모든 정신활동을 일컫는다. 인지적 성장은 영아기에 급속도로 성장하는데, 이를 설명하는 이론적 틀은 피아제와 비고츠키(Vygotsky)의 인지발달 이론이 대표적이다.

1. 피아제의 인지발달 이론

피아제

피아제(1896~1980)는 생물학자로서 훈련을 받았으나, 자신의 세 자녀가 성장하는 과정을 지켜보면서 인간의 적응에 관심을 돌렸으며, 점차 아동의 사고는 성인의 사고와는 매우 다르다는 것을 발견하였다. 즉, 피아제의 이론은 전적으로 자신의 자녀들의 성장과정을 자연관찰하여 수립된 연구결과이기 때문에 일반화에는 문제가 있었지만 이후 많은 연구들을 통해 피아제의 이론이 상당히 정확한 것으로 나타났다.

1) 주요 개념

피아제의 인지발달 이론에서는 도식(schema), 적응(adaptation), 동화(assimilation), 조절(accommodation) 그리고 평형(equilibration)의 개념이 중요한 의미를 갖는다. 피아제 이론의 기본개념인 도식은 사물이나 사건에 대한 전체적인 윤곽을 말한다. 즉, 도식은 지식의 기본단위로서 유기체가 외계의 사물을 인지하기 위해 사용하는 '이해의 틀'에 해당한다. 빨기나 잡기와 같은 최초의 도식들은 본질상 반사적이다. 유아는 많은 도식들을 가지고 태어나며, 적응의 과정을 통해 새로운 도식을 개발하고 기존의 것들을 변화시킨다.

적응은 환경과의 직접적인 상호작용을 통해 도식이 변화하는 과정이다. 적응은 개인의 욕구를 충족시키기 위해 이루어지는 개인 또는 환경의 수정을 포함하는 매우 복잡한 과정이다. 적응은 동화와 조절이라는 두 가지 수단을 통해 진행된다. 동화는 새로운 환경자극에 반응함으로써 기존의 도식을 사용해 새로운 자극을 이해하는 것을 말하며, 조절은 자신이 기존에 가지고 있는 도식으로 새로운 사물을 이해할 수 없을 때, 기존의 도식을 변경하는 것을 말한다. 이러한 조절이 나타날 때 도식의 형태에 질적인 변화가 일어나거나 새로운 도식이 획득된다. 마지막으로 평형은 동화와 조절의 균형을 의미한다. 즉, 새로운 환경을 접했을 때 기존의 도식으로 접근할 수 없을 경우에 조절과정이 나타난다. 이 과정에서 불평형(disequilibrium)이 나타나게 되고 이 불평형 상태는 기존의 도식이 변형되거나 새로운 도식을 습득함으로써 평형상태를 이루게 된다.

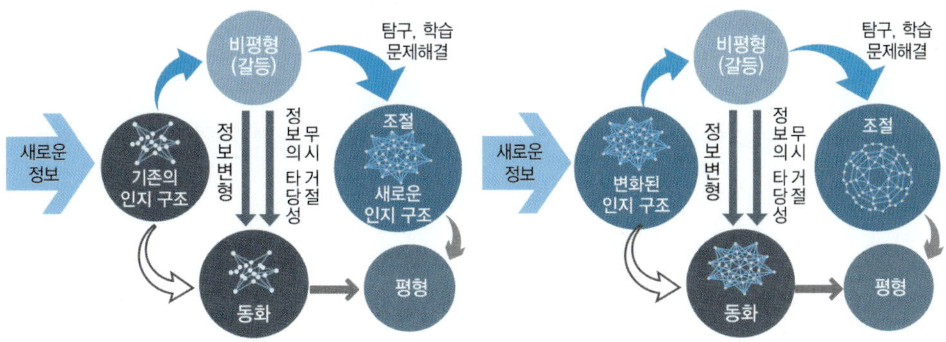

그림 9-1. **새로운 지식 창출에 있어 동화-조절-평형**

2) 인지발달 단계

피아제에 의하면 인지발달은 유기체와 환경과의 상호작용으로 이루어지는 적응과정이다. 여기에는 질적으로 다른 네 개의 단계가 있으며, 이 단계들은 정해진 순서대로 진행되고, 단계가 높아질수록 복잡성이 증가한다고 하였다〈표 9-1〉.

표 9-1. 피아제의 인지발달단계

발달단계	연령	특징
감각운동기	0~2세	감각운동기능에 의한 반복활동(빨기, 잡기, 물기 등)을 한다. 대상영속성의 개념획득을 획득한다.
전조작기	2~7세	언어를 습득하여 상징적 사고가 가능해지지만, 자기중심적이며, 직접적인 경험에 한정되어 있다.
구체적 조작기	7~11세	논리적 사고가 가능해지고, 보존개념을 획득하게 되며, 분류 및 서열에 대한 개념을 습득하게 된다.
형식적 조작기	11~15세	추상적 사고가 가능해진다. 과학적 사고를 통해 체계적인 문제해결을 하게 된다. 과거-현재-미래를 연결할 수 있다.

(1) 감각운동기

인지발달의 첫 번째 단계는 감각운동기(sensorimotor stage)로서, 출생 후부터 2세까지이다. 이 시기에 아기들은 출생 시부터 갖고 태어난 기술, 즉 빨기와 잡기를 통해 무엇이든 입안에 넣는 것을 좋아하며, 이를 통해 점차 빨 수 있는 것과 빨 수 없는 것을 구분한다. 또한 이 시기의 영아는 자신이 갖고 태어난 여러 감각 · 지각 및 반사기능을 자신의 신체적 활동을 통해 통합하는 능력을 발달시켜 간다. 이러한 방법으로 영아는 그들의 경험을 범주화하고 구조화하기 시작한다. 영아는 자신이 직접 보고, 듣고, 느끼고, 행동하는 것에 의존한다. 즉, 감각기관을 통해 받아들인 정보가 인지발달의 중요한 내용이 된다.

감각운동기 동안에 이루어지는 매우 중요한 인지발달로서 대상영속성(object permanence) 개념을 들 수 있는데, 이는 모든 사물은 자신과는 별개의 실체로서 직접 보거나 만질 수 없는 경우에도 여전히 어딘가에 존재하고 있음을 아는 것이다. 이 개념은 인지발달 단계와 병행하여 발달하게 된다.

(2) 전조작기

두 번째 단계는 전조작기(peroperational stage)로서 2세에서 7세까지이다. 이 단계에서는 논리적인 조작이 불가능하기 때문에 전조작기라 부른다. 조작이란 과거에 일어났던 사건들을 내면화시켜 서로 관련지을 수 있는, 즉 논리적인 관계를 지을 수 있는 것을 뜻한다. 이 시기의 사고의 특징은 상징놀이, 자기중심적 사고, 물활론, 직관적 사고를 하는 것 등이다. 피아제는 전조작기를 다시 2세부터 4세까지를 전개념적 사고기(preconceptual period), 4세부터 7세까지를 직관적 사고기(intutive period)로 구분하였다.

(3) 구체적 조작기

피아제의 인지발달 단계 중 세 번째 단계이며, 7세부터 12세까지 해당된다. 아동들은 전조작적 사고의 제한된 특성에서 벗어나 논리적인 사고가 시작되고, 추리능력도 정확해지며 복잡하고 융통성을 갖게 된다. 이 시기의 아동은 사고가 자신이 직접 경험한 구체적인 세계에 한정되고 추상적이고 가설적인 문제의 해결에는 아직까지 어려움을 보이기 때문에 구체적 조작기(concrete operational stage)라 부른다. 조작이란 주어진 정보를 특정한 목적을 위해 변형시키거나 관련된 사고로 통합하는 정신적 활동을 의미하는 것으로, 덧셈이나 뺄셈과 같은 능력이 이에 속한다. 구체적 조작기에서 사고의 특성은 보존개념, 조망수용 능력, 유목화, 서열화 개념 등을 습득할 수 있다는 것이다.

(4) 형식적 조작기

피아제의 인지발달 단계 중 마지막 단계이며, 11세부터 15세까지가 형식적 조작기(formal operational stage)에 해당된다. 이 시기가 되면 논리적 사고뿐 아니라 추상적인 방식으로 개념을 조작하고 이해할 수 있다. 이러한 능력으로 인해 세상에 대한 일반적인 법칙을 형성할 수 있으며, 가능한 일들에 대한 검증이 가능해진다. 사고는 더 이상 직접적인 경험에 의존하지 않으며, 가설적인 견지에서 추론하여 문제를 해결할 수 있다.

형식적 조작기의 특징은, 첫째, 새로운 상황에 직면했을 때 현재의 경험뿐만 아니라 과거와 미래를 연결하여 사고한다. 즉, 형식적 조작기의 청소년은 시간을 초월하여 문제를 다룬다. 둘째, 체계적인 과학적 사고가 가능하다는 것이다. 문제해결을 위해 계획을 세우고, 체계적인 해결을 해 나간다. 셋째, 추상적인 사고가 가능하다는 것이다. 구체적 조작기의 아동은 눈에 보이는 구체적인 사실들에 대해서만 사고가 가능하지만, 이 시기의 청소년들은 추상적인 개념도 이해할 수 있다. 넷째, 이상주의적 사고를 한다는 것이다. 청소년들은 이상적인 특성, 즉 자신과 다른 사람들에게 이상적이었으면 하고 바라는 특성들에 대해 사고하기 시작한다. 그들은 이상적인 부모상에 대해 생각하고, 이 이상적인 기준과 자신의 부모를 비교한다(정옥분, 2002).

2. 비고츠키의 사회·문화적 이론

비고츠키

아동발달에 대한 연구자들은 발달과 문화적으로 특정한 실제와의 관계에 대한 연구를 진행하였는데, 러시아 심리학자인 비고츠키(1896~1934)는 이러한 흐름에 큰 기여를 한 인물 중의 하나이다. 비고츠키의 관점은 사회 · 문화 이론(sociocultural theory)이라고도 부른다. 그 이유는 가치, 신념, 관습, 사회집단의 기술을 아우르는 문화가 어떤 경로로 다음 세대로 전달되는지에 초점을 맞추고 있기 때문이다. 비고츠키는 아동은 양육자, 형제, 가족구성원, 이웃, 교사, 또래 등의 많은 사람들과 상호작용하는데 이 상호작용은 인지발달에 영향을 미친다고 주장한다. 그리고 문화와 더불어 중요한 상호작용의 필수요인이며 인지발달의 절대적인 변수로 언어를 강조하였다.

1) 아동의 혼잣말

비고츠키는 피아제와 달리 언어와 사고의 발달 간의 관계, 특히 인지발달에서 혼잣말하기(egocentric speech: 자기중심적 말)의 역할이 중요하다고 주장하였다. 혼잣말하기란 아동들이 자신에게 소리 내어 말하는 것으로 아동들의 사고와 행동을 유도하는 아동들의 자기대화(self-talk)라고도 할 수 있다. 특히 비고츠키는 아동들이 어려운 과제에 직면한 경우에 더욱 빈번하게 발생한다고 하였다. 예를 들어, 종이나 연필이 부족한 것처럼 곤란에 직면하는 경우 아동의 혼잣말이 거의 두 배로 증가된 것을 볼 수 있다. 사고와 언어는 서로 독립적으로 발달하지만, 2세경에는 사고와 언어가 서로 영향을 미친다. 아동들이 말을 하면서 자신의 사고를 표현하고, 말을 이용하여 사고하기 시작한다. 아이들의 사적 언어인 혼잣말하기는 5세에서 7세 사이에 절정에 이르며, 9세경에는 일반적으로 사라진다고 한다. 이렇듯 아동들의 사적 언어는 사고와 언어가 융합될 때 사라지는 것이 아니라 점차적으로 들리지 않는 소리로 속삭임과 조용한 입술 움직임으로 변하여 정신적으로 자신에게 이야기하는 자기대화와 궁극적으로 내적 말(Inner speech)로 바뀌게 된다고 주장하였다.

2) 근접발달영역

근접발달영역(Zone of Proximal Development: ZPD)은 아동이 독립적으로 수행함으로써 도달할 수 있는 문제해결 수준인 실제적 발달 수준과 성인이나 유능한 또래로부터 도움을 받아서 문제를 해결할 수 있는 수준인 잠재적 발달 수준 사이의 영역을 말한다. 예를 들어, 수학 문제가 열 개 있는데 아동이 스스로 힘으로 일곱 개를 해결할 수 있는 경우 성인인 교사 혹은 보다 높은 지적 수준을 지닌 또래가 옆에서 조언을 해 주거나 힌트를 줌으로써 열 개를 좀 더 효율적으로 수행할 수 있게 된다는 것이다.

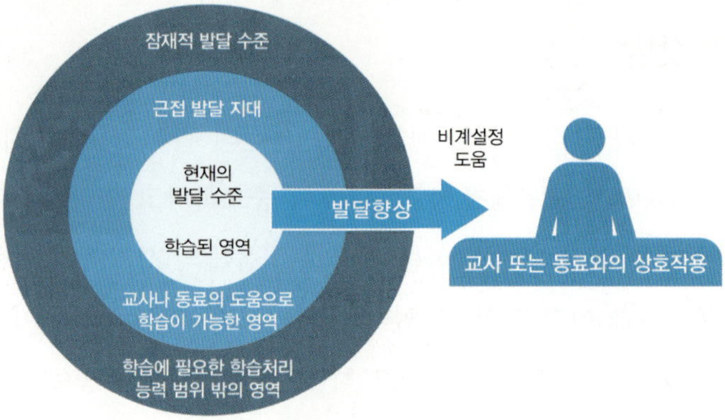

그림 9-2. **근접발달영역과 비계설정**

3) 비계

비계(Scaffolding)는 근접발달영역과 매우 밀접한 연관이 있는 개념으로써 건축학에서 사용한 용어이다. 원래 건축 용어에서 비계는 건물을 지을 때 발판으로 사용하다가 건물이 완성되면 제거해 버리는 물건이다. 비고츠키에 의하면 비계는 아동이 스스로의 힘으로 문제를 해결할 수 있도록 성인인 교사 혹은 보다 높은 지적 수준을 지닌 또래가 도움을 제공하는 것을 말한다. 그에 의하면 아동의 인지발달은 자기 자신이 속한 문화에서 보다 유능한 구성원과의 상호작용을 통하여 이루어진다고 보았다. 보다 유능한 구성원들은 아동의 인지발달을 위해 비계를 설정하여 아동이 성장할 수 있도록 도와준다. 또한 아동을 가르치는 동안 아동의 현재 수준에 알맞도록 가르침의 양을 조절한다.

아동이 학습하는 내용이 새로운 것이라면 직접적인 지시를 하고 아동이 따라오게 되면 직접적인 지시를 하는 대신에 약간의 힌트를 주게 된다.

3. 인지적 행동치료

벡

인지적 행동치료(Cognitive Behavior Therapy: CBT)는 벡(Beck)이 개발한 치료기법으로 초기에는 우울증 클라이언트의 치료에 많이 적용되었지만 최근에는 그 영역이 다른 정신장애에까지 확산되고 있는 추세이다(Beck & Freeman, 1990). 인지적 행동치료는 부정적이며 비현실적인 사고방식에 대한 클라이언트의 주의에 초점을 두며 생활 상황들을 좀 더 논리적이며 현실적으로 생각하도록 클라이언트를 격려함으로써 악순환을 깨뜨리려고 노력한다. 치료자가 사용할 수 있는 한 기법은 우울한 사람의 기분을 하루 온종일 일정한 간격으로 기록하는 것이다. 일반적으로 개인은 시간이 지나감에 따라 그러한 기분이 변화한다는 것을 알게 된다. 치료자는 클라이언트가 언제나 우울해져 있을 필요가 없다는 것, 즉 개인은 행복하거나 열정적 혹은 낙천적인 사람일 수 있다는 것을 깨닫도록 도움을 주는 데 이러한 통찰을 사용한다. 치료자는 그 다음에 성공적인 경험의 가능성을 증가시키기 위해서 클라이언트가 자신의 행동을 변화시키도록 도와준다. 그리고 나서 개인의 부정적인 사고방식에 도전하고 그들을 변화시키는 데 이러한 성공적 경험들이 사용된다.

이 치료기법에는 자신의 활동시간표를 작성하여 행동할 수 있도록 하는 주간활동시간표(weekly activity schedule), 과제를 완성하는 데 필요한 각 단계를 성공하는 것을 머릿속으로 상상하는 인지적 시연(cognitive rehearsal), 주장훈련(assertive training), 역할 연기(role playing) 등이 사용된다.

1) 주요 개념

벡의 인지적 행동치료의 주요 개념으로는 자동적 사고(automatic thinking), 도식(schema), 잘못된 정보처리 등이 있다.

(1) 자동적 사고

한 개인이 어떤 상황에 대해 내리는 즉각적이고 자발적인 평가를 의미한다. 이 사고는 심사숙고하거나 합리적으로 판단하여 내리는 것이 아니라 자동적으로 그 상황에 튀어나오는 사고이다. 대개 자동적 사고에 따라 그 순간 느껴지는 감정이 달라질 수 있다. 예를 들어, 길거리에서 누군가 나를 쳐다보면 그 순간 "나를 무시한다"는 자동적 사고를 하고 이는 불쾌한 감정을 유발하게 된다.

(2) 도식

모든 상황은 다양한 자극들로 구성되어 있지만 개인 자신의 인지구조에 따라 특정 자극에만 선택적으로 주의를 기울여 반응하게 된다. 이러한 인지구조를 도식이라 하는데 이것은 비교적 안정적인 인지 패턴으로 유사한 상황을 일정하게 해석하는 경향이 있다. 이러한 도식(예: 개는 무섭다)은 특정 대상에 대한 이전 경험(예: 개에게 물린 경험), 타인이 겪는 경험의 관찰(예: 타인이 개에게 물리는 것을 관찰), 그리고 그 대상에 대한 타인과의 대화(예: 개를 가까이 하면 물린다는 부모의 이야기) 등으로 인해 형성된다. 여기에는 〈표 9-2〉와 같이 핵심믿음과 중간믿음이 있다.

표 9-2. **핵심믿음과 중간믿음**

구분	내용
핵심믿음	아주 근원적이고 깊은 수준의 믿음으로 흔히 그들조차도 인식하지 못한다. 사람들은 이러한 믿음을 당연한 것으로 여기고 절대적인 진리로 받아들인다. 핵심믿음은 가장 근원적인 수준의 믿음으로 모든 영역에 영향을 미치고 경직되어 있으며, 지나치게 일반화되어 있다.
중간믿음	핵심믿음과 자동적 사고 사이에 중간믿음이 존재한다. 이는 태도나 규칙, 가정들로 구성되어 있어 핵심믿음에 의해 영향을 받고 자동적 사고에 영향을 미친다.

다시 말해 어떤 특정 상황에서 한 사람의 내재된 믿음(핵심믿음)은 그 사람의 지각(중간믿음)에 영향을 주고 이것은 상황 특정적인 자동적 사고를 통하여 표현된다. 그리고 이러한 자동적 사고들은 그 사람의 감정에 영향을 주고 더 나아가 행동에 영향을 주며, 생리적 반응에도 영향을 준다.

〈그림 9-3〉은 대부분의 사람들이 한 번 읽어서는 이해하기 어려운 책을 처음 읽었을 때 이해되지 않는다고 하여 자신이 무능력하다고 판단하는 사람의 인지모델의 예이다.

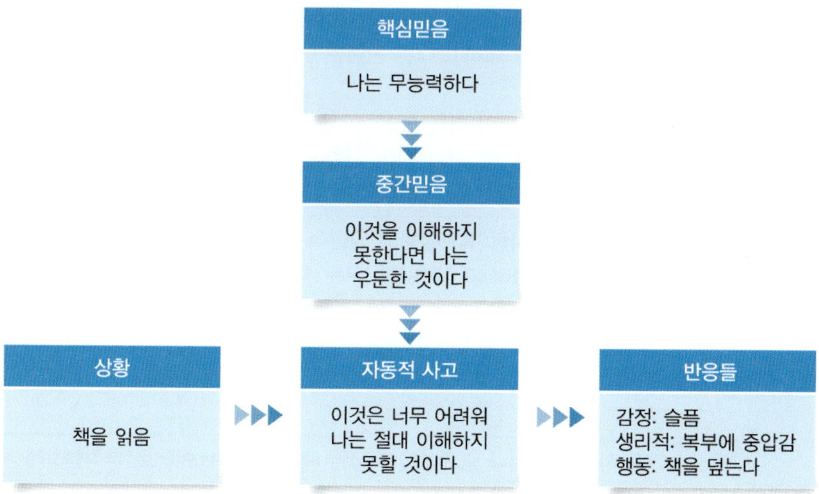

그림 9-3. **인지모델의 예**

(3) 잘못된 정보처리

심리적 문제를 가지고 있는 개인들에게는 〈표 9-3〉과 같은 정보처리에 오류를 가지게 된다. 즉, 자신의 생각이 잘못된 것이라는 증거가 있음에도 불구하고 자신의 생각이 옳다고 믿는다.

표 9-3. **정보처리의 오류**

구분	내용
독단적 추론	이는 자신이나 타인의 특징속에 놓여 있는 동기나 느낌 등에 대하여 어떤 지지할 만한 사실 없이 특정 결론을 내리고 다른 대안적 해석을 배제해 버리는 것이다. • 예 1: 오래간만에 친구 집에 놀러 갔는데 그 친구가 너무 바빴기 때문에 같이 이야기할 시간이 없었다. 그는 나를 좋아하지 않기 때문에 나를 무시한다고 생각했다. 그래서 좀 더 친근해지기 위해 오래 머물러야겠다고 생각했다. 그리고 나서 조금 지났는데도 나에게 관심을 쏟아 주지 않아 일어서기도 창피하고 가만 있자니 답답하고 어찌할 바를 몰랐다. 친구 집을 나오면서 그 친구를 방해한 것 같아 미안하기도 하고, 필요할 때 같이 이야기할 친구가 없는 것 같아 허전했다. • 예 2: 어떤 여자에게 첫 데이트 요청을 했다가 거절당한 남자는 그 여자가 자기를 싫어한다고 단정해 버렸다.
선별적 결론	이 오류는 특정 상황에서 자신이 선택하는 선별적 사실과 정보에 주의를 쏟고 이 사실들에 기초하여 어떤 결론을 내리고 다른 관련된 정보를 무시하거나 고려하지 않는 것을 말한다. • 예: 야구선수가 자기 팀의 다른 여러 선수들이 자기보다 더 심각한 실수를 많이 범했었다는 사실을 무시한 채, 자기 팀이 시합에서 패배하게 된 이유가 전적으로 자기의 실수 때문이라고 결론을 짓는 것이다.
지나친 일반화	어떤 계층에 포함되는 사람이나 상황의 일반적 특징에 대한 가정을 가지고 있음으로 해서 단일의 사상에 기초하여 그 계층내의 모든 사람 또는 상황에 대하여 획일적인 결론을 내리는 것을 말한다. • 예 1: 남자에게 배신당한 여성이 "모든 남자는 도둑놈이야"라고 하는 경우이다. • 예 2: 단 한번의 실수를 한 직원을 '능력 없는 사람'으로 단정해 버리는 사장의 경우이다.
지나친 확대 또는 축소	확대는 어떤 사상의 가치나 중요성을 과장할 때 일어나며, 반대로 부적절하게 사상의 중요성을 절하시키거나, 삭감시키는 것을 축소라고 한다. • 예: 여성에게 거절당한 남성이 그 거절을 자신의 부족함을 보여 주는 재앙이라고 생각하는 것이다.

2) 치료 방법

벡의 인지치료의 목표는 클라이언트가 보다 건설적이고 목표 지향적인 활동에 참여하면서, 자신의 능력에 대한 부정적이고 파괴적인 추론을 변화시키는 것이다. 이를 위해서 치료 초기에는 비교적 인식되기 쉬운 자동적 사고에 초점을 두어 스스로 자동적 사고를 식별하고 평가하며 수정할 수 있도록 돕는다. 그런 후 역기능적 사고의 기저에 잠재되어 있는 중간믿음과 핵심믿음에 치료의 초점이 옮겨진다. 따라서 인지치료자는 클라이언트에게 인지치료에 대한 이론적 근거를 설명하여 이해시키고 자동적 사고를 탐색하여 유용한 사고와 유용하지 못한 사고를 식별하게 한다. 유용하지 못한 사고에 초점을 두어 사고에 따른 감정과 행동을 개념화하여 인지왜곡을 식별하게 한다. 그런 후 합리적인 대안을 생각하도록 돕는데 이런 과정을 반복하면서 점차 중간믿음과 핵심믿음에 접근하게 된다.

4. 합리적 정서치료

엘리스

합리적 정서치료(Rational Emotive Therapy: RET)자들은 클라이언트들을 비합리적이며 자멸적인 신념들로 올가미를 쓰게 된 사람들로 보고 있다. 엘리스(Ellis, 1973)에 의하면, 대부분의 사람들은 다른 사람과 비교한 다음에 자신을 평가한다. 이것은 자신의 결점을 수용하지 못하게 하며, 흔히 자기경멸이나 방어적인 우월감을 갖도록 한다. 과거에 어떤 일이 일어났는가와는 관계없이 합리적 정서치료자들은 사람들이 자신과 자신의 행복에 대해서 어떻게 느끼는가에 대한 책임은 현재의 자신들에게만 있다고 주장한다. 합리적 정서치료의 목표는 클라이언트에게 사상에 대한 자기 자신의 그릇된 해석이 그들의 문제의 원인임을 보여 주며 클라이언트가 좀 더 합리적으로 자신을 볼 수 있도록 가르치는 것이다.

합리적 정서치료자들은 사람들이 자멸적인 방식으로 행동하고 있는 자신을 발견할 때 도움을 구한다고 믿는다. 예를 들어, 어떤 사람들은 자신이 만나는 모든 사람이 곧바로 그들을 사랑하지 않거나 칭찬하지 않는다면, 그들에게 무언가 잘못된 것이 있다고 느낀다. 어떤 사람들은 자기 힘에 부치는 문제를 풀려고 하면서 머리를 짜낸다. 또 어떤 사람들은 분명한 증거를 조사하기를 단순히 거부하고, 자기는 나약하거나, 죄가 있거나 혹은 어리석다는 생각을 계속한다. 이러한 비논리적이고 자멸적인 신념을 교정하기 위하여, 합리적 정서치료자들은 설득, 직면, 도전, 명령 및 이론적인 논박까지도 포함하는 다양한 기법을 사용한다. 합리적 정서치료자들은 클라이언트를 어린아이로 취급하지 않기 때문에, 어떤 사람들은 치료자의 완강함을 받아들이기가 힘들다는 것을 발견한다. 치료자는 숙제를 줄 수도 있고, 클라이언트가 상관에게 자기 주장을 하도록 고무하기도 하며, 소녀에게 데이트를 청하러 홀에 내려가라는 지시도 하고, 또한 그들을 놀라게 한 개를 때려 주라는 지시도 한다. 간단히 말해, 합리적 정서치료자들은 매우 지시적이다.

1) 주요 개념

합리적 정서치료의 주요 개념은 〈표 9-4〉와 같다.

표 9-4. 합리적 정서치료의 주요 개념

구분	내용
자기언어	합리적 정서치료는 모든 정서적 문제의 주요 원인이 그 상황에 대해 스스로 말하는 자기언어(self-talk)에 달려 있다고 전제한다. 자기언어에 따라 감정과 행동이 달라지므로 자기언어가 변화되면 감정과 행동도 변화될 것이라고 본다.

구분	내용
합리적 신념	합리적 신념은 우리가 행동을 합리적이고 효과적으로 통제하는 것으로 객관적 현실에 근거하여 다른 사람과의 불필요한 갈등을 피하고, 편안한 감정을 느낄 수 있도록 하는 사고이다.
비합리적인 신념	비합리적 신념은 우리의 안정된 삶을 방해하고 많은 정서적, 사회적 문제를 야기한다. 이러한 신념들은 주로 어린 시절부터 부모나 문화로부터 영향을 받아 형성된 것이다. 여기에는 항상 남으로부터 사랑과 인정을 받아야 하고 자신은 언제나 성공적이어야 하며, 어떤 위험과 위협도 있어서는 안된다는 식의 신념들이 여기에 해당된다. 이러한 신념들은 대부분 깨어지기 쉽고 그에 따라 여러 가지 정서적, 행동적 문제를 야기한다.
성격형성	합리적 정서치료에는 성격을 형성하는 기본적인 요소가 일상적인 일련의 자기언어라고 생각한다. 사람들은 어떤 사건이 일어나면 자동적으로 익숙한 자기언어를 보이게 되고 이것이 반복되면서 태도, 가치, 신념을 형성하게 된다. 이것이 결국 자신에게 대한 개념(자아개념)에 영향을 주어 그 개인의 전반적인 감정과 행동을 결정하게 된다. 이것이 성격이라고 할 수 있다.

2) 치료 방법

합리적 정서치료에서는 행동을 하기 전 혹은 하는 동안 스스로에게 무엇을 말하였는가에 따라 문제행동이 결정된다고 본다. 따라서 치료는 클라이언트가 비합리적이고 부적절한 자기언어를 인식하고 보다 합리적이고 긍정적인 자기언어로 대체하도록 돕는 것이다. 합리정서 치료과정은 ABCDE로 설명될 수 있다〈그림 9-4〉.

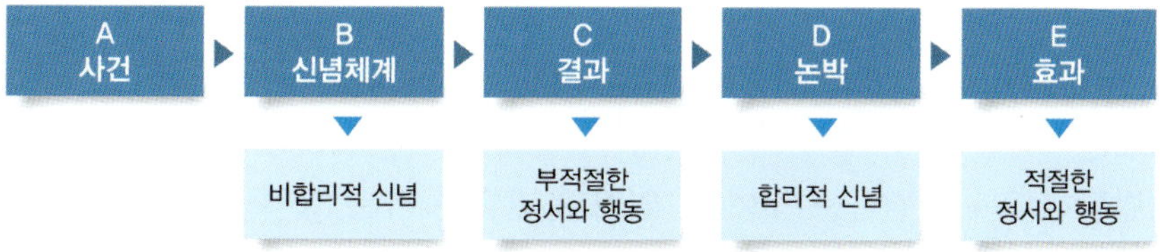

그림 9-4. **합리적 정서치료 과정**

A는 선행사건(activating event)으로 개인에게 혼란을 야기하는 어떤 사건을 말한다. B는 신념체계(belief system)로 어떤 사건이나 행위 등과 같은 자극에 대해 개인이 갖는 태도 혹은 사고방식이다. 여기에는 합리적 신념(rational belief)과 비합리적 신념(irrational belief)이 있다. C는 결과(consequence)로 그 사건을 신념에 의거하여 해석해서 느끼게 되는 정서적 결과이다. 비합리적 사고방식인 경우 불안, 원망, 비판, 죄책감 등의 감정을 느끼게 된다. D는 논박(dispute)으로 클라이언트가 가지고 있는 비합리적인 신념이나 사고에 도전하고 그것이 사리에 맞는지를 검토하는 것이다. E는 효과(effect)로 클라이언트의 비합리적인 신념에 대해 논박하여 합리적인 신념으로 대체한 뒤 느끼게 되는 수용적이고 긍정적인 감정이다.

5. 인지주의 이론과 사회복지실천

1) 인지발달과 사회복지실천

피아제의 인지발달 이론에서는 아동들의 인지가 어떤 단계를 통해 어떻게 발달하고 있는지에 대해 설명하고 있는 이론이다. 그러나 피아제가 주장한 인지발달이 모든 아이들에게 단계별로 발달하지 않는다는 주장도 존재한다. 따라서 인지발달은 단계 간의 단락 구분이 있는 일련의 개개 단계라기보다는 지속적인 과정으로 보는 것이 맞을 것이다. 이런 관점에서 아이들의 인지를 발달시키기 위해서는 먼저 각 발달단계에 따라 인지가 발달하도록 지원하는 것이다. 인지의 발달은 다른 영역별 발달의 기초가 되기 때문이다.

그리고 아이들의 인지발달을 위해서는 세상을 이해하는 지식의 틀인 도식을 확장시키려는 노력이 필요하다. 도식을 확장하기 위해 영유아기 때 새로운 경험을 많이 할 수 있는 기회를 제공해 주는 것이 유리하다. 그리고 책 혹은 TV를 볼 때 방금 본 것들의 공통점이 무엇이고 차이점이 무엇인지에 대해 설명하는 것이 좋다. 왜냐하면 도식은 동화와 조절에 의해 확장되어 가는데, 여기에서 공통점은 동화를 의미하고, 차이점은 조절을 의미하기 때문이다.

피아제의 이론을 통해 능동적 존재로서의 아동에 대한 이해를 가짐으로써 우리는 아동에게 여러 가지 물리적 경험과 사회적 경험을 가능한 많이 할 수 있도록 기회를 제공해 주어야 하며, 아동 자신이 스스로 학습경험을 선택할 수 있도록 허용해야 한다는 사실을 발견하게 된다. 따라서 사회복지현장에서는 경험에 제한을 가지는 아동들에 대한 관심이 필요할 것이다. 또한 아동을 대상으로 사회복지를 실천함에 있어 아동의 독특한 경험세계에 대한 이해를 바탕으로 인지구조를 충분히 고려해야 한다. 아동에게 제시된 경험의 유형과 아동이 현재 가지고 있는 인지구조 간에 지나친 격차가 있으면 발달에 도움을 주기가 어렵다는 사실을 기억하면서 '눈높이'를 고려한 아동복지 실천이 이루어져야 할 것이다(강세현 외, 2020).

비고츠키의 근접발달영역(ZPD)과 비계(Scaffolding)의 주장에 근거하여 사회복지사나 부모 혹은 보다 높은 지적 수준을 지닌 또래는 보다 낮은 아이들의 인지적 기능이 향상될 수 있도록 도움을 주어야 한다.

2) 인지치료와 사회복지실천

인지치료의 ABCDE 모형은 상담과정을 간단명료하게 보여 준다는 장점이 있다. 또한 인지치료의 특성상 스스로 과제를 통해 통찰을 가지고 그것을 행동으로 옮길 수 있다는 점에서 다양한 클라이언트에게 적용될 수 있다. 경미한 불안이나 우울과 같은 정서적 문제는 인지치료의 대표적인 대상이다. 뿐만 아니라 가정폭력 가해자와 피해자로부터 사회적 적응에 문제를 나타내는 아동·청소년에 이르기까지 그 적용 영역이

다양하다고 할 수 있다. 이러한 차원에서 최근 확대되고 있는 정신보건 및 사회복지상담의 영역에서 다양한 대상을 위한 인지치료 프로그램의 개발 및 활용이 활발히 진행될 필요가 있으며, 인지치료의 방법은 활용가능성이 큰 이론이라고 생각된다.

이러한 장점에도 불구하고 REBT의 경우, 한국인에게 '합리적'이라는 단어가 주는 부정적 인상에서 볼 수 있듯이 모든 행동을 합리적 사고로 비추는 데 한계가 있다는 점, 그리고 지시적이고 과제지향적이어서 지나친 온정적 태도를 경계하는 치료의 특성상 클라이언트에게 상처를 줄 수도 있다는 점에서 그 대상이 제한적일 수밖에 없는 것 또한 사실이다(강세현 외, 2020).

Chapter 10

인본주의 이론

배울내용

1. 매슬로우의 욕구위계설
2. 로저스의 인간중심상담 이론
3. 인본주의적 심리치료
4. 인본주의적 이론과 사회복지실천

학습목표

1. 매슬로우의 욕구위계설의 주요 욕구들을 설명할 수 있다.
2. 로저스의 인간중심상담 이론의 주요 개념을 파악한다.
3. 인본주의적 심리치료의 기법과 상담자의 태도를 숙지한다.
4. 인본주의적 이론을 사회복지실천에 활용할 방안을 모색해 본다.

인본주의 이론은 1950년 미국의 심리학자인 매슬로우와 로저스(Rogers)가 인간에게는 자유의지가 있으며 무의식적인 동기와 환경적 자극에 의해 움직여지는 존재가 아니라는 생각을 발전시키면서 등장하게 되었다. 인본주의는 현상학적 이론에 근거하고 있는데, 오직 지금 일어나고 있는 경험에 대한 주관적인 해석에 초점을 두고 있다. 즉, 모든 인간은 자기 자신에 대한 주관적인 인식과 자기를 둘러싼 세상에 대한 주관적인 인식에 따라 행동한다는 것이다. 반면에 객관적인 현실은 우리의 행위를 결정하는 중요한 요인이 아니라 그 현실을 우리가 어떻게 보느냐에 따라 행동하게 된다는 것이다. 다시 말해 인본주의는 인간이 통합된 유기체로서 행동하기 때문에 인간을 전체론적 관점에서 접근해야 한다는 입장을 가졌다. 인간이 어떻게 행동하는가는 그가 세계를 어떻게 지각하느냐에 달려 있다고 생각하며, 개인의 행동을 가장 잘 이해하기 위해서는 그 개인이 지니고 있는 내적 준거 틀에 대한 이해가 필요하다는 입장을 취한다.

1. 매슬로우의 욕구위계설

매슬로우는 사람들이 동기화되는 요인과 개인을 완전하게 기능하는 삶으로 이끌어 가는 동기에 관심을 가졌다. 그는 완전하게 기능하는 사람만이 완전하게 자아실현을 하는 것으로 보았다. 완전하게 기능하는 사람들은 유기체가 가치를 부여하는 과정에 따라 행동을 조정하며 모든 경험에 개방되어 있고 자아개념이 경험과 일치하며 위협과 불안이 없기 때문에 방어의 필요도 없다고 설명하였다.

매슬로우

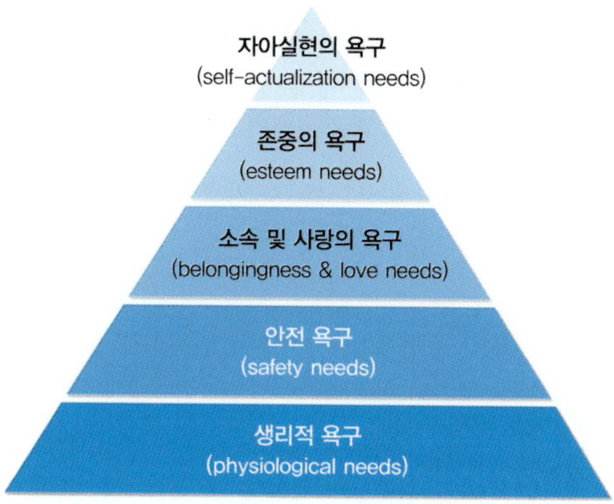

그림 10-1. **욕구위계설**

매슬로우는 자아실현 동기가 그 사람의 삶을 지배하기까지에는 몇 개의 단계를 거친다고 가정하였다〈그림 10-1〉. 이러한 단계는 욕구위계설이라고 알려져 있으며, 각 단계의 욕구에 의해 인간이 동기화되는 것으로 보았다. 그 욕구들은 음식, 물, 성, 수면, 배설의 욕구 등을 포함하는 생리적 욕구, 구조, 안전, 질서, 고통, 회피, 보호 등의 욕구를 포함하는 안전 욕구, 타인과 어울리고 어떤 집단에 속하며 애정을 나누고 싶어 하는 소속과 사랑의 욕구(사회적 욕구), 남들로부터 존경받고 자신도 스스로를 능력 있고 가치 있는 사람이라고 느끼고 싶어 하는 존중의 욕구, 자신의 잠재력을 발현시키고 자신의 감정과 제한점을 수용하며 독립적이고 자발적이고자 하는 자아실현의 욕구로 나누어진다.

1) 생리적 욕구

생리적 욕구는 음식, 물, 성, 수면, 배설의 욕구 등과 같이 인간이 자신의 신체적 균형을 유지하는 데 필요한 욕구를 말한다. 이러한 생리적 욕구가 만족되지 못했을 때 신체의 모든 감각기능이 갈망의 욕구로 의식을 지배하게 된다. 또한 생리적 욕구가 어느 정도 충족되어야 다음 단계의 욕구에 관심을 가지는 것이 일반적인 인간의 특성이다.

2) 안전 욕구

신체적, 정서적 위협으로부터 자신을 보호하려는 욕구로 안전, 질서, 보호 등의 차원을 포함한다. 생리적 욕구가 어느 정도 만족되면 안전의 욕구에 대해 관심을 가진다. 인간은 본능적으로 자기를 보호하려는 욕구를 가지고 있으며 안전한 환경내에서 살고 싶어 한다. 성인의 경우에는 직장의 작업환경, 폭력, 범죄, 전쟁, 자연재해로부터 안전해지려는 욕구라고 할 수 있다. 반면 아동의 경우 부모와 타인으로부터의 안전한 경험이 중요한 요인이다. 특히 부모로부터 안전의 욕구가 채워지지 못할 경우 불안의 감정이 지속되어 성장에 방해를 받게 된다.

3) 소속 및 사랑의 욕구

모든 사람은 집단에 소속되어 사랑받기를 갈망한다. 가족과 집단에 소속됨으로써 자신의 존재 가치를 확인받길 원한다. 이러한 욕구는 생리적 욕구와 안전의 욕구가 어느 정도 충족되었을 때 작용한다. 인간은 고립되고 소외감을 느끼는 것에 불안이 있기 때문에 소속감을 통해 안정감을 느끼길 원한다. 자신이 소속되어 있는 곳에서 수용받는다고 느낄 때 심리적 안정감을 느끼지만, 그렇지 못할 때에는 무가치함과 소외감의 감정을 경험한다. 집단을 통해 소속감의 욕구가 채워질수록 더 향상된 성장의 동기로 전환이 된다.

4) 존중의 욕구

소속감과 애정의 욕구가 어느 정도 충족되고 나면 존중의 욕구를 갈망한다. 존중의 욕구에는 자신에 대한 존중과 타인으로부터의 존경으로 구분한다. 자기존중은 자신을 가치 있고 신뢰할 만한 사람으로 인식하는 것을 말한다. 이러한 욕구가 충족된 사람은 자신의 능력을 다른 사람과 비교하지 않고 자신의 존재 가치를 있는 그대로 수용할 줄 안다. 그러기에 타인으로부터 받는 존경보다 자기를 먼저 신뢰하고 존중하는 것이 중요하다. 한편 타인으로부터의 존경은 자신이 좋은 평가를 받는 것을 말한다. 사람들에게 존경받는 경험이 많을수록 자신을 긍정적으로 인식하게 되어 자존감에 영향을 미친다. 자존감의 욕구가 충족되지 못할 때 열등감과 무가치함의 감정을 느끼게 되고 성장의 욕구를 가로막는 원인이 된다.

5) 자아실현의 욕구

최상위에 있는 욕구는 자아실현의 욕구로서 하위의 욕구들이 충분히 만족되어야만 나타나는 욕구이다. 이 욕구는 자신의 잠재력을 실현시키고 자신의 강점과 단점을 수용하며 독립적이고 자발적이 되고자 하는 욕구이다. 매슬로우는 자아실현의 욕구를 충족한 사람[1)]들도 나름대로의 약점을 지니고 있기 때문에 결코 완벽한 인간이라고 할

1) 자기실현 욕구를 충족한 사람은 성장하려는 높은 동기와 목적의식을 가지며 자신의 체험을 확장하는 삶을 살아간다. 자기실현자의 특징은 다음과 같다(Maslow, 1970).
- 현실을 정확히 지각하며 편안해한다.
- 자신과 타인에 대하여 있는 그대로 수용한다.
- 내적 사고나 행동에 있어서 꾸밈이 없고 자연스럽다.
- 자신에 대해 불편해하지 않으면서 혼자 생활할 수 있다.
- 물리적, 사회적 환경으로부터 비교적 독립을 유지한다.
- 삶의 기본적인 것들에 대해 가치와 의미를 부여한다.
- 인간에 대한 깊은 공감, 애정, 도와주는 것에 열정을 가지고 있다.
- 창의적이고 철학적이며 유머감각이 있다.

수 없다고 하였고, 이 욕구에 도달한 사람은 극소수에 불과하다고 주장하고 있다.

매슬로우는 이러한 욕구가 모든 사람에게 공통적으로 있는 본능과는 달리 개인의 생물학적 특성과 경험에 따라 다르게 결정된다고 보았으며, 변화가 가능한 역동적 과정으로 생각하였다. 또한 한 위계에 있는 욕구가 충족되면 상위의 위계에 있는 욕구를 만족시키고자 동기화된다고 가정하였는데, 이러한 가정은 현상론적인 입장과 일치하는 것이다.

그는 이러한 동기가 결손되면 개인의 행동은 긴장을 감소시키거나 특정 욕구의 일시적인 결핍을 충족시키는 방향으로 나아간다고 가정하였다. 생리적 욕구, 안전 욕구 수준에서는 이러한 결손동기화가 더 강하게 일어나며 소속과 사랑에 대한 욕구나 존중에 대한 욕구에서는 동기화가 보다 약하게 일어나는 것으로 보았다.

2. 로저스의 인간중심상담 이론

1) 자아발달

로저스

자아(self)는 자신에 대해 갖고 있는 조직적이고 지속적인 인식을 말한다. 자아개념은 현재 자신이 어떤 존재인가에 대한 개인의 개념으로 의식적 지각과 가치를 포함하는 것으로 보았다. 이러한 자아개념에는 자신의 현재 모습에 대한 지각뿐만 아니라 자기가 되어야 한다고 또 되고자 생각하는 것까

- 자기보다는 외부의 문제들에 관심이 있다.
- 특정한 사회적인 압력에 쉽게 동요되지 않는다.

지도 포함한다. 로저스는 모든 인간이 지니고 있는 가장 근본적인 동기이자 궁극적 목표를 자아실현으로 보았다. 또한 이러한 자아실현의 구체적인 내용은 각 개인의 주관적 경험 또는 내적 준거체계에 따라 달라진다고 가정하였다.

2) 긍정적 관심에 대한 욕구

로저스는 모든 인간은 중요한 타인으로부터 따뜻함, 존경, 숭배, 사랑 그리고 수용과 같은 태도를 받고 싶어 하는 기본적 욕구를 갖고 있다고 주장한다. 긍정적 관심에 대한 욕구는 선천적이기 때문에 어린 시절에 자연스럽게 발달하며 자기 주변의 중요한 사람들이 자기에 대해서 가지는 기대와 태도에 많은 영향을 받는다. 아동은 타인으로부터 긍정적인 관심을 얻기 위하여 자신이 경험한 어떤 가치를 부정하고 타인이 생각하는 가치에 따라서 그 경험을 지각하게 되는 경우를 경험하기도 한다. 조건적인 긍정적 관심이 지속되면 그것이 아동에게 내면화되어 규범과 기준이 되며, 심지어는 자신의 행위를 제한시키고 현실을 왜곡하기도 한다. 조건적인 긍정적 관심이 그 사람의 가치부여과정을 지배하게 될 때, 그 사람은 자신의 잠재력과의 접촉을 상실하며 자기소외를 경험하게 된다.

3) 조건적 가치부여

어린아이는 긍정적 관심에 대한 강한 욕구를 가지고 있으며 점차로 자기 인생에서 중요한 사람들의 자기에 대한 기대와 태도에 영향을 받고 민감해진다. 대부분 어른들이 아동에게 조건적인 긍정적 관심을 하는 것은 우리가 흔히 볼 수 있는 것으로 이는 전혀 놀라운 일이 아니다. 즉, “네가 내가 바라는 사람이 되면 나는 너를 사랑하고 인정하고 대우할 것이다”라고 어른이 말한다. 이 말은 바꾸어 얘기하면 “너는 내가 원하는 방향으로 성장하지 않으면 절대 사랑을 받을 수 없어"라는 얘기와 같다. 이러한 조건적 ×긍정적 관심 또는 조건적 가치부여(conditions of worth)는 아동을 타인의 기대에 따라 행동함으로써 칭찬을 받고, 주의를 끌며, 인정이나 또 다른 형태의 보상을 받는 상황으로 내몰게 된다.

로저스는 아동에게 부과된 가치의 조건은 아동이 완전히 기능하는 사람이 되어 가는데 부정적인 영향을 준다고 주장한다. 이것은 아동이 현재의 자기나 앞으로 되고자 하는 자기를 찾고 그렇게 되고자 노력하기보다 타인이 세운 기준에 맞추려고 애쓰기 때문이다.

4) 무조건적 긍정적 관심

어떠한 사람도 완전히 조건적 가치부여를 피할 수는 없지만 로저스는 구체적인 어느 개인의 행위에 부여된 가치와는 무관하게 긍정적 관심을 주거나 받는 것은 가능하다고 생각한다. 로저스에 의하면, 인간은 무조건적으로 관심(unconditional positive regard)을 가져 주는 가정과 사회 환경속에서 성장해야 완전히 자신의 잠재력을 발휘할 수 있다고 한다. 건강한 성격이 되기 위한 기본적인 요건은 유아기에 무조건적인 긍정적 관심을 받는 것이다. 이것은 아동이 어떻게 행동하느냐에 관계없이 사랑과 애정을 줄 때 발달한다.

3. 인본주의적 심리치료

인본주의는 심리학의 제3세력으로 불린다. 그 이유는 정신분석이나 행동주의가 가지고 있는 인간의 결정론에 반대하여 인간의 자유의지를 강조하기 때문이다. 인본주의자들은 개인의 자유의지 외에도 자기실현을 향한 욕구를 강조한다. 우리는 자신이 가진 잠재력을 최대로 발휘하려는 기본적 욕구를 가지고 있으며, 상담자들은 이들 개인이 가진 잠재력을 실현하는 데, 안내자 역할을 하게 된다고 보는 것이 인본주의자들이 취하는 기본적 자세이다.

인간중심 상담(Humanistic Psychotherapy)에서 문제시되는 부적응행동이란 개인이 자아를 왜곡된 결과라고 할 수 있다. 그러나 개인은 심리적인 부적응요인들을 자각하는 능력과 부적응의 상태에서 벗어나 심리적 적응으로 향하는 경향성을 가지고 있으므로 상담자가 개인에게 성장할 수 있는 합리적인 조건들을 제공하면 타고난 잠재능력을 건설적으로 발달시킬 것이라고 본다. 따라서 상담자의 목표는 상호 신뢰적인 분위기를 조성하여 클라이언트가 거리낌 없이 자기를 표현하도록 함으로써 자신의 내면세계를 이해하고 자신의 문제를 파악하여 자기를 실현하도록 돕는 데 있다. 이런 점에서 상담의 목표는 인간의 문제가 아니라 인간 그 자체에 초점을 맞춘다. 다시 말해 단순히 클라이언트의 문제를 해결하는 데 그치지 않고 클라이언트가 현재 직면하고 있는 문제들과 앞으로의 문제들을 극복할 수 있도록 그들의 성장과정을 촉진하는 것이다.

인간중심 상담에서는 상담자의 말이나 행동보다 상담관계가 중요한 변인이다. 인간중심적 체계에서의 기법들은 경청, 수용, 존중, 이해, 진솔한 표현 등으로 이루어져 있어 특정 기법을 강조하거나 내세우지 않는다. 왜냐하면 상담자가 기법을 사용하는 데 집중하다 보면 관계를 비인간적으로 만들게 될 것이라고 보기 때문이다. 따라서 인간중심 상담에서 강조하는 것은 단지 상담자의 정직한 표현이다. 그렇다고 해서 이를 의식적으로 사용하려 하는 것도 상담자의 진솔성에 위배될 수 있다. 로저스는 긍정적 성격변화를 이루는 필요충분조건으로 〈표 10-1〉과 같이 상담자의 세 가지 태도를 강조하였다(김이영 외, 2019).

표 10-1. **상담자의 태도**

구분	내용
진솔성과 일치성	상담자가 클라이언트를 대할 때에 겉과 속이 일치하고 진솔한 것을 의미한다. 따라서 상담자가 클라이언트를 진실하고 솔직하게 대하는 태도를 일관되게 유지하게 되면 클라이언트도 그것을 거울 삼아 자신의 경험에 대해서도 진솔하게 접촉해 나갈 수 있게 된다.
무조건적 긍정적 존중	한 인간으로서 깊고 순수한 관심으로 대하는 것이다. 관심이 클라이언트의 감정, 사고, 행동에 대해 좋다거나 혹은 나쁘다는 평가나 판단에 의해 오염되지 않았다는 점에서 무조건적이다. 상담자는 클라이언트를 존중하며 조건을 달지 않고 있는 그대로의 모습을 따뜻하게 수용한다. 클라이언트를 상담자의 가치 조건에 비추어 판단하거나 평가하지 않고 그가 무엇을 말하고 느끼든 어떠한 행동을 하건 간에 클라이언트라는 인간은 가치 있고 존중받을 만하다는 태도를 일관되게 유지해야 한다.
공감적 이해	상담자가 클라이언트의 감정에 빠져들지 않으면서 클라이언트의 감정을 자신의 감정인 것처럼 느끼는 것을 의미한다. 클라이언트의 경험세계로 자유롭게 여행함으로써 상담자는 이미 클라이언트들도 인식하고 있는 것에 대해 자신이 이해한 것을 클라이언트들에게 전달할 뿐만 아니라 그들이 거의 인식하지 못하고 있는 경험의 의미들을 말해 줄 수도 있다. 높은 수준의 정확한 공감이란 클라이언트들이 덜 분명하고 덜 명확하게 경험한 감정들에 대해서 분명한 느낌을 인식하도록 하는 것 이상의 의미를 가진다는 사실을 이해하는 것이 중요하다.

이러한 인본주의 심리치료는 인간중심 심리치료와 게슈탈트 심리치료, 실존적 심리치료로 구분된다.

1) 인간중심 심리치료

인간중심 심리치료(Person-centered psychotherapy)는 1940년대 로저스에 의해 개발된 치료기법이다. 그는 그 시대에 성행하던 정신분석이나 지시적 상담치료와는 다른 입장을 가지게 되었다. 그는 치료자의 온화함과 반응성, 클라이언트의 감정을 자유롭게 표현할 수 있도록 허용하는 분위기, 아무런 강압을 받지 않는 관계를 특징으로 하는 비지시적 상담을 강조하였다. 인간중심 치료자들은 클라이언트에게 효과적인 변화를 일으키기 위해 필요한 치료자의 태도로 공감적 이해와 긍정적 존중, 진솔성 혹은 일치성을 강조한다.

2) 게슈탈트 심리치료

게슈탈트 심리치료(Gestalt psychotherapy)는 1940년대 펄(Perls)에 의해 개발된 치료기법이다. 이 치료기법은 "전체는 부분의 합 그 이상이다"라고 주장한 독일의 형태주의 심리학에 영향을 받았다(Perls, 1973). 이 치료기법에서는 자각의 확장, 책임감의 수용 및 개인의 통일을 강조한다. 따라서 이 접근법은 개인의 자기 내에 존재하는 양극성 혹은 이분법의 통합에 초점을 둔다. 즉, 치료자는 클라이언트로 하여금 지금-여기(now here)에 존재함을 경험하도록 도와준다. 이 치료기법에서는 해석을 하지 않고, 클라이언트 스스로 자기 행동의 의미를 파악하도록 격려한다. 지금-여기에서의 직접적 경험을 강하게 하고, 양극적인 감정을 통합하도록 하기 위해 '대화게임', '책임 받아들이기', '실연하기', '감정속에 머무르기' 등의 다양한 게임 혹은 기법들을 사용한다.

3) 실존적 심리치료

실존적 심리치료(Existential psychotherapy)는 어느 한 개인이나 집단에 의해 만들어진 것이 아니라 2차 세계 대전을 전후로 유럽의 실존주의 철학자들의 사상에 근거로 몇 명의 심리학자와 정신의학자들에 의해 개발된 일종의 정신운동이다. 실존적 심리치료는 성격구조의 역동적 모델을 가정하는 역동적 심리치료의 한 형태이다. 실존치료자들은 클라이언트가 적어도 부분적으로는 무의식적인 갈등에서 야기된 불안을 경험한다고 가정한다. 얄롬(Yalom, 1980)은 인간 존재가 가지고 있는 네 가지 궁극적인 관심사로 죽음, 자유, 고립 및 무의미성을 강조한다. 개인이 이런 관심사에 직면하게 될 때 실존적 갈등이 생겨나게 되며, 실존적 심리치료는 이러한 갈등에서 야기되는 불안을 다루게 된다.

4. 인본주의적 이론과 사회복지실천

인본주의 이론은 인간에 관하여 보다 희망적이고 낙관적인 견해를 지니고 있다. 모든 인간은 자신의 내부에 건전하고 창조적인 성장을 위한 가능성을 가지고 있다고 믿는다. 사회복지실천의 기본이 되는 인간존중의 가치관은 인본주의와 맥을 같이 한다. 인간을 '된 존재(be)'로 보기보다 현재 어떠한 모습을 하고 있건 '되어 가는 존재(becoming)'로 바라보는 인본주의 심리이론은 다양하고 때로는 부정적인 삶의 모습을 보여 주고 있는 클라이언트의 상황에 대해 이해하고 존중하고 접근하도록 하는 사회복지실천의 철학적 기반을 제공한다. 이러한 자세는 클라이언트에 대해 덜 결정론적이고, 덜 판단적인 태도로 대할 수 있도록 긍정적 인간관을 가지게 한다. 또한 인본주의는 이상적인 인간상을 제시하고 있다. 로저스의 '완전히 기능하는 사람'과 매슬로우의 '자아실현자'는 인간의 이상적 모습, 즉 정신적으로 건강한 사람의 기준을 제공하고 있다. 이는 사회복지실천 또한 치료적 접근인 의학적 모델에만 머무르지 않고 긍정적인 인간상을 기본으로 예방적인 차원의 접근이 이루어져야 함을 시사하는 것이라 하겠다. 이는 최근 많은 관심을 모으고 있는 '긍정심리학'과 그 맥을 같이하는 것이다(강세현 외, 2020).

인본주의 이론가들은 이론의 특성상, 인간이 어떠한 상황에 처했을 때 문제상황에 처하는가에 대하여 설명하고자 노력하였다. 앞서 설명한 조건적 가치부여(conditions of worth)는 자아와 경험 사이에 불일치를 초래한다. 예를 들어, 부모의 가치(운동선수가 되는 것은 공부를 못하는 아이들이 할 수 없이 선택하는 직업이다)를 그대로 내면화시킨 아이는 자신이 운동을 매우 좋아하고 있음에도 불구하고 운동을 포기하고 공부를 열심히 하는 것이 자신의 가치를 지키는 것이라고 생각할 수 있다. 이처럼 자신의 자아개념과 실제의 경험이 일치하지 않을 때, 그 개인은 긴장, 불안 그리고 내적인 혼란을 경험하게 된다.

사회복지사 혹은 부모가 "만일 네가 이런 짓을 한다면 또는 이렇게 생각한다면 나는 더 이상 너를 사랑하거나 중요하게 생각하지 않을 것이다"라는 말을 하는 것처럼 아동에게 나쁜 것이 없다고 로저스는 생각한다. 로저스는 건강한 인성과 사회성의 발달을 위한 중요한 요소가 무조건적인 긍정적 관심(unconditional positive regard)이라고 하였다. 이것은 어떤 개인에 대하여 조건 없이 있는 그대로 그 사람을 수용하거나 존경하는 것을 의미하며, 어떤 경우에서든 주어지는 완전하고 진실한 사랑과 존중을 의미한다. 이것은 아이에 대한 부모의 양육에 있어서 부모가 항상 아이가 행하는 것은 어떤 것이거나 용서하고 수용한다는 것을 의미하는 것은 아니다. 이는 아이가 그 존재 자체로서, 귀중한 한 인간으로서 평가받고 사랑받고 있다는 분위기를 제공하는 것을 의미한다. 아이가 부모로부터 한 인간으로서 존중해 주는 무조건적인 긍정적 관심을 받을 때 그 아이는 자신을 가치 있는 존재로 판단하며, 자신의 욕구와 자아개념에 따라 행동하게 되므로 최대한으로 성장할 수 있다.

예를 들어, 만일 어린이가 아버지의 전기톱을 가지고 놀려고 하면 이를 금지시켜야 한다. 그렇지 않으면 그는 텔레비전, 집, 자기 자신 혹은 사람들에게 피해를 입히게 될 수도 있기 때문이다. 그러나 만일 어린이가 행동을 금지당하면서도 그의 긍정적 관심을 경험하려는 욕구가 계속 지속되려면 어머니의 금지방법에서 아동을 한 인간으로 받아들여 주고 자기에 대한 사랑이 결여되어 있지 않음을 분명히 해야 한다. 만일 그 아동이 아버지의 연장을 가지고 놀려고 하기 때문에 엉덩이를 때려 주거나 나쁜 아이라고 얘기해 버리면 어린아이는 긍정적 관심을 받는 것이 아니다. 그러나 만일 반대로 어머니가 알아듣게 아버지의 전기톱을 가지고 노는 것은 재미있지만 그것은 위험하다고 얘기해 주면 그 아동은 한 인간으로 대우를 받게 되는 것이다.

매슬로우의 욕구위계론이 발달에 주는 시사점을 살펴보면, 사회복지사는 유아의 하위욕구를 불안하게 하는 요소가 무엇인지를 찾아 그런 욕구들을 만족시켜 줄 수 있는 방안을 탐색하고, 그런 기반 위에 유아가 상위욕구를 지향할 수 있는 환경을 마련하도록 하는 것이다. 결국 현상학적 입장에서는 유아를 적극적이고 주도적으로 본다는 점에서, 발달을 위한 사회복지사의 역할은 적극적이라기보다는 지지적인 역할을 하게 된다는 것이다.

PART 3

사회환경과 사회복지실천

Chapter 11

사회환경 관련 이론

배울내용

1. 체계 이론
2. 사회교환 이론
3. 생태체계 이론
4. 사회환경 이론과 사회복지실천

학습목표

1. 체계 이론의 개념과 특성을 파악한다.
2. 사회교환 이론의 개념과 특성을 파악한다.
3. 생태체계 이론의 개념과 특성을 파악한다.
4. 체계 이론, 사회교환 이론 및 생태체계 이론의 사회복지실천의 함의점을 파악하고 활용방안을 모색해 본다.

1. 체계 이론

체계 이론은 일반체계 이론이라고도 한다. 일반체계 이론은 생물학자인 베르탈란피(Bertalanffy, 1969)가 처음으로 제시한 이론으로, 체계를 구성하는 요소들의 상호작용과 복잡한 체계의 특성을 이해하기 위해 개발하였다. 체계 이론을 통해서 개인과 사회문제를 직선적 원인론이 아닌 상호연결된 전체로 이해하고 파악한다. 즉, 개인과 환경은 일방적으로 어느 한쪽에 영향을 미치는 것이 아니라 둘 다 원인인 동시에 결과로서 상호적 원인관계로 형성된 전체로 이해하는 순환적 원인론으로 설명하였다. 이 이론에서 체계는 유사한 관계의 성격을 지니고 있다고 인식하기 때문에 모든 형태의 사회 및 조직 그리고 체계에 적용될 수 있다. 또한 체계 이론에서는 '환경속 인간' 관점을 가지고 있어, 인간을 외부환경 · 체계와 끊임없이 상호작용하는 상호의존적 존재로 이해하고 설명하고 있다. 따라서 개인은 자신의 욕구에 맞는 환경을 수정 혹은 환경의 요구에 맞게 행동을 수정하는 능력을 지닌 존재로 인식한다(Bertalanffy, 1969).

체계를 구성하는 단위들은 상호의존적인 동시에 상호작용하기 때문에 체계의 한 부분의 변화는 다른 체계와 전체로서의 체계에 영향을 미친다. 체계의 구조적 특성을 살펴보면 위계(Hierarchy)를 가지고 있어 대상체계, 하위체계 그리고 상위체계가 존재한다. 또한 홀론(holon)이라고 하여 한 체계는 상위체계에 속한 하위체계이면서 동시의 다른 체계를 포함한 상위체계가 된다는 개념이 존재한다(Koestler, 1969).

1) 체계의 구조적 특성

(1) 경계

경계는 체계의 외부와 내부 또는 한 체계와 다른 체계를 구분 짓는 구획, 선 혹은 침투성을 지닌 테두리로, 경계선은 체계 내부로의 에너지 흐름(투입)과 외부로의 에너지 유출(산출)을 규제한다. 예를 들어, 가족의 경계는 명확하면서도 융통성이 있는 것이 바람직하며, 경계가 지나치게 경직 또는 혼란스러운 경우는 가족내 문제가 발생할 가능성이 높다. 가족경계의 유형을 살펴보면 〈표 11-1〉과 같다(강세현 외, 2020).

표 11-1. **가족경계의 유형**

구분	내용
명확한 가족경계	명확한 가족경계는 가족구성원 간이나 가족 하위체계 간 혹은 가족과 외부체계 간에 독립성과 자율성이 인정되면서도 동시에 상호 융통성 있는 의사소통이 이루어질 수 있다. 비유를 하자면 가족 간에 언어적 · 비언어적 소통이 원활한 가운데 질서정연한 커튼 정도가 쳐 있는 상태라고 할 수 있다. 예를 들어, 부부가 서로 배려하고 존중하며 지낸다면 명확한 경계를 가졌다고 할 수 있다.
경직된 가족경계	경직된 가족경계는 체계들이 상호분리, 고립(disengaged boundary)되어 있어 융통성 있는 의사소통이 어렵고 다른 체계에 대한 관심과 지지가 이루어지지 못한다. 비유를 하자면 가족 간에 두꺼운 커튼이 쳐 있는 것처럼 언어적으로나 비언어적으로 소통이 없는 상태라고 할 수 있다. 예를 들어, 부부 간 대화가 단절되어 있고 교류가 없이 별거 중이라면 경직된 경계를 가졌다고 할 수 있다.
혼돈된 가족경계	혼돈된 가족경계는 가족구성원 및 가족의 하위체계 간에 독립성과 자율성이 결핍되어 지나친 밀착상태(enmeshed boundary)에 있어 체계 간 경계를 구분하기 어려운 경우이다. 비유를 하자면 가족 간에 아무 커튼도 쳐 있지 않아서 지나치게 무질서한 상태라고할 수 있다. 예를 들어, 자녀가 부모 침실에 수시로 들어와 자거나 부모의 대화에 거리낌 없이 끼어드는 경우가 해당될 것이다.

(2) 체계

체계란 개념은 나름의 독특한 특성을 가지고 있다. 첫째, 체계란 상호의존적이고 상호작용하는 각각의 부분들로 구성된 전체, 즉 부분들 간의 관계를 맺고 있는 일련의 단위들로 정의된다. 둘째, 체계의 한 부분에 미치는 영향은 체계를 구성하는 다른 요소에 전해지며, 반대로 체계의 다른 구성요소에 미치는 영향이 체계의 한 부분에 영향을 미치기도 한다. 셋째, 체계는 스스로 규정한 안정상태를 유지하려는 경향을 가지며 이것을 항상성이라고 한다. 넷째, 체계는 외부 혹은 내적인 영향에 대해 적응적인 방법 혹은 비적응적인 방법으로 안정상태를 회복하려는 경향, 즉 항상성의 원리에 의해 작용한다. 체계의 특성은 〈표 11-2〉와 같다(강세현 외, 2020).

표 11-2. **체계의 특성**

구분	내용
개방체계	경계의 투과성을 지닌 체계로서 체계내에서 정보와 자원을 자유롭게 교환하고, 체계 내 · 외부로부터 성장 및 발달에 필요한 정보나 에너지를 자유롭게 교환하고 받아들임으로써 체계 자체의 기능을 유지 · 발전시킬 수 있다. 예를 들어, 입회와 탈퇴가 자유로운 단체가 여기에 해당된다.
폐쇄체계	다른 체계와 상호작용하지 않아 고립되어 있는 체계로서 정보나 에너지의 투입(input) 또는 산출(output)이 거의 없다. 폐쇄체계를 구성하고 있는 부분들은 시간이 지남에 따라 구성원들 사이의 구별이 거의 없어지게 되며 점차 동일성을 가지게 된다. 따라서 체계내의 조직 구성 및 그 기능이 쇠퇴하게 된다. 예를 들어, 가족이나 특별한 자격을 가진 사람만을 회원으로 하는 조직들이 여기에 해당된다.
대상체계	분석 대상이 되는 체계로서, 예를 들어 어떤 가족의 갈등이 관심사라면 이 가족이 대상체계이다.
상위체계	대상체계 외부에 있으면서 그 체계에 기능적으로 영향을 미치는 사회단위로서, 예를 들어 어떤 가족이 다니는 종교기관(교회, 성당, 사원, 사찰 등)은 대상체계의 상위체계이다.
하위체계	2차적, 종속적 체계로 큰 체계속에 있는 작은 체계를 말한다. 대상체계 내부에 있으면서 내부의 다른 하위체계들과 상호작용하면서 체계를 구성하는 것으로, 예를 들어 어떤 가족의 하위체계에는 부부체계, 부모자녀 체계(부자체계, 모자체계, 부녀체계, 모녀체계), 형제자매 체계 등 매우 다양한 체계가 있다.

2) 체계의 과정적 특성

모든 체계는 과정적 특성을 갖는다. 과정적 특성이란 사회체계 모두 사회환경과 투입—전환—산출—환류라는 교환과정을 거치게 되는 것이다. 체계는 환경으로부터 투입을 받아 자체의 전환 메커니즘을 거친 산출물을 환경으로 배출하며, 그 결과를 다시 체계로 환류하는 행동적인 과정을 가진다. 이러한 체계는 지속적으로 의사소통하며 체계의 모든 부분과 모든 수준 사이에 끊임없는 상호작용의 사이클을 제공한다. 체계의 과정적 특성을 살펴보면 〈그림 11-1〉, 〈표 11-3〉과 같다.

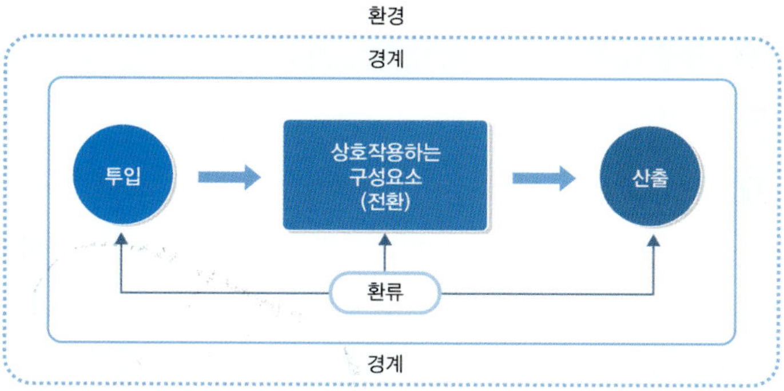

그림 11-1. **체계의 과정적 특성**

표 11-3. **체계의 과정적 특성**

구분	내용
투입	투입은 환경으로부터 에너지, 정보, 의견 등을 받아들이는 과정이다. 투입은 과업과 관련된 투입과 유지관련 투입으로 나누어진다. 전자의 투입은 체계가 관심을 갖는 지각된 욕구, 기회 혹은 문제이며, 후자의 유지관련 투입은 지각된 욕구나 문제 혹은 기회를 위해 필요한 자원이다. 예를 들어, 사회복지기관에 대상자가 개인의 욕구를 해결하기 위해 찾아간다고 했을 때 대상자의 욕구와 문제는 과업과 관련된 투입이다. 그러나 대상자의 욕구와 문제를 해결하기 위한 여러 형태의 자원들은 유지관련 투입이 된다.
전환	전환이란 투입된 자원, 에너지 등을 가지고 체계내에서 산출을 이끌어 내기 위해 투입을 산출로 변환시키는 과정으로 투입된 에너지를 자신에게 적절하게 변형 또는 재조직화하는 과정을 말한다.
산출	체계내에서 변형된 물적 자원, 에너지와 정보를 환경으로 방출하는 과정으로 환경에 대한 적극적인 반응이다. 과업관련 투입은 유지관련 투입을 통한 전환과정을 통해 산출을 낳는다. 산출은 과업산출, 유지산출, 소모로 분류할 수 있다.
환류	환류는 정보의 투입에 반응하는 행동을 가져오며, 새로운 정보에 자신의 행동결과를 포함시켜, 그것에 의하여 다음의 행동을 수정하는 의사소통의 조직망을 의미한다. 이러한 환류는 체계의 평형을 유지시키거나 변화를 촉진함으로써 체계를 혼란시키는 작용을 하는데, 긍정적 및 부정적 환류로 구성되어 있다. 첫째, 긍정적 환류는 체계가 그 목적과 관련하여 올바르게 행동하고 있으며 같은 종류의 행동이 더 요청되는 것을 의미한다. 둘째, 부정적 환류는 체계가 그 목적달성을 어렵게 하는 행동을 하고 있는 정도를 전달하며, 체계행동의 수정을 가져온다.

3) 체계의 진화적 특성

(1) 엔트로피와 역엔트로피

엔트로피는 체계가 해체하는 방향으로 진행하는 경향이다. 어떤 것도 영원히 존재할 수 없다. 사람은 나이를 먹고 결국 죽는다. 가족도 시간이 흐르면서 바뀌고 자녀들도 자신의 가족을 이루기 위해 떠난다. 시간이 흐르면서 오래된 기관이나 체계들은 결국 새로운 것으로 대체한다.

역엔트로피는 엔트로피의 반대말로 체계가 성장하고 발달하는 방향으로 진행하는 과정이다. 인간은 성장하면서 신체적, 지적, 정서적으로 발달한다. 사회서비스 기관도 발전하며 새로운 프로그램과 서비스 대상을 확대한다.

(2) 항상성

비교적 안정적으로 지속적인 균형 상태를 유지하기 위한 체계의 경향을 말한다. 만약 체계의 균형을 깨뜨리려는 것이 있다면 체계는 적응하기 이전의 안정성을 회복하려 한다. 즉, 체계는 지속적으로 변화의 상태에 놓여 있는 동시에 역동적 균형상태를 유지해야 한다는 것이다. 그러나 단지 현상유지만을 의미하는 것이므로 효과적으로 기능한다는 의미는 아니다. 때때로 이 현상유지가 비효과적이거나 비효율적이면 심각한 문제가 될 수도 있다. 현재의 상태가 좋든 나쁘든 간에 현 상태를 유지하려는 체계의 특성을 말한다. 예를 들어, 부부가 심각한 갈등을 반복하면서 지내 오다가 자녀가 아프게 되면 자녀를 치료하는 동안 잠시 덮어 두었다가 자녀가 퇴원하여 집에 오면 예전과 같이 갈등상태에 돌입하게 되는 경우이다.

(3) 균형

균형은 외부환경으로부터 새로운 에너지의 투입이 없는 폐쇄체계에서 주로 나타나며, 주위 환경과 수직적 상호작용을 하기보다는 체계내 수평적 상호작용을 하면서 현상을 유지하려는 체계의 속성을 말한다.

(4) 안정상태

부부 간 관계를 유지하고 붕괴되지 않도록 에너지를 계속 사용하는 상태를 말한다. 환경과 교환할 뿐 아니라 변하는 여건에 적응하기 위해 구조를 변경할 수 있는 개방체계에 존재한다. 예를 들어, 가정에서 자녀가 어릴 때 행사하던 부모의 권위를 질풍노도의 시기인 청소년기에는 다소 융통성 있게 대처함으로써 권위를 긍정적으로 유지하는 경우이다.

2. 사회교환 이론

사회교환 이론(social-exchange theory)은 공리주의(utilitarianism)[1]적인 판단기준을 기초로, 고전경제학의 계보를 잇는 신고전파 경제학(neoclassical economics)과 행동주의 심리학(behaviorism psychology)에 근본적 바탕을 두고 있으며, 대인관계를 포함한 사회적 관계의 시작, 강화, 지속, 유지를 설명하기 위해 발전되어 왔다. 공리주의는 사람 사이

1) 공리주의(utilitarianism)라는 용어는 벤담(Bentham)과 밀(Mill)에 의해 주장된 윤리이론이다. 벤담은 인간의 권리는 인간의 법률, 곧 실정법에 의해 만들어지며, 보장이 가능한 것으로 보았다. 즉, 실정법의 당부(當否)는 자연법에 합치되고 있는가의 여부가 아니라, 그것이 최대 다수의 최대 행복에 합치되는가 혹은 아닌가 하는 실효의 문제이며, 그것은 증거 · 관찰 · 경험이라는 손쉽고 확실한 실험적 방법에 의해 판단을 내리는 것이 가능하다고 주장한다. 그는 이기적인 개인과 사회적인 선이라는 상호 배타적인 대립관계를 조절하여 '최대 다수의 최대 행복'이라는 공리주의 도덕규범을 체계화하고, 이를 실현하기 위한 방법을 구체화하려고 하였다. 벤담의 공리주의를 계승한 밀은 벤담의 '모든 쾌락과 고통은 동질적인 것으로서 수량화할 수 있다'라는 쾌락에 대한 일원론적 입장에 대하여 비판적 태도를 보였다. 즉, 벤담은 쾌락을 감각적이고 물질적인 것으로 일원화하는 경향이 있으며 행위의 결과에 대한 자기만족이라고 주장하는 반면, 밀은 쾌락에 있어서 인간의 내적 교양이나 시, 예술 등과 같은 정신적 쾌락을 중요하게 간주하였다. 따라서 밀에게 있어서 쾌락에는 질적 차이가 있어 간단히 계산할 수 없는 것으로, 쾌락이란 인류의 향상이나 학문과 같은 어떤 다른 목적을 위한 행위의 과정속에서 달성될 수 있다고 주장하였다.

의 교환의 원인과 결과를 탐구하는데, 교환은 상품과 화폐, 돌봄과 효도, 희생과 존경, 선물과 감사 등을 통해 이루어지지만, 이러한 교환이 가능한 것은 교환을 하는 당사자들의 효용(utility)이 교환하기 이전보다 높아지기 때문이라고 설명한다(강정한 외, 2013). 터너(Turner, 2001)는 사회교환 이론을 경제학, 인류학, 심리학, 사회학의 네 가지 학문에서의 전통으로 설명하고 있다(정승환, 2017).

1) 경제적 전통

첫 번째는 고전경제학(classical economics)적 전통이다. 고전경제학의 이론가들은 인간이란 완전히 자유롭고 경제적인 시장 상황에서 다른 사람들과의 거래와 교환을 통해서 물질적 이익과 효용의 최대화를 추구하는 합리적 인간으로 묘사한다. 경제활동이 개인의 자유로운 활동에 맡겨진다면 경제의 발전은 물론 사회 전체의 복지가 증진될 것이라고 가정하였다. 이는 아담 스미스(Adam Smith)의 공리주의를 기초로 하고 있는데, 이 상황에서 사람들은 시장에서 자유롭게 필요한 정보에 접근하고, 이 정보를 바탕으로 모든 유용한 대안을 고려한 후, 개인에게 돌아오는 물질적 혜택을 극대화할 행동을 합리적으로 선택한다. 합리적으로 선택한다는 것은 많은 대안 중에서 어떠한 판단이나 결정이 최대의 수익이나 이윤을 가져다줄 것인지 결정하기 위해 노력하는 것이다. 공리주의의 이러한 가정은 인간의 도덕성에 대해 의구심을 품게 하지만, 경제학을 비롯하여 사회학, 정치학 등에 큰 영향을 주었다. 신고전파 경제학은 고전경제학의 뒤를 이은 주류 경제학으로써, 고전파 경제학이 공급자 중심으로 경제 이론을 발전시킨데 반해 신고전파는 한계혁명(marginal revolution)과 같이 수요자 측면을 크게 강조했고, 경제학에 그래프와 수학을 본격 도입하였다. 신고전파 경제학 역시 사람들을 합리적인 인간으로 묘사하고 효용을 극대화하는 존재로 보았으나, 사회제도나 문화 등의 중요성은 상대적으로 낮게 평가했다.

2) 인류학적 전통

두 번째는 기능주의 인류학(functionalism anthropology)적 전통이다. 프레이저(Frazer, 2010)는 원시사회의 다양한 친족과 결혼관습을 조사하면서 원주민들의 결혼을 경제적으로 설명하려 노력했다. 그는 공리주의의 영향을 받아 특수한 문화를 정형화하는 사회적, 구조적 유형이 상품을 교환하면서 기본적 경제적 동기를 반영한다고 믿었다. 교환과정은 기본적 요구를 실현하려는 사람들의 노력의 결과이며 교환에 관여한 사람들이 수익을 산출할 때 교환과정이 상호작용의 형태를 만든다고 하였으며, 이러한 상호작용의 형태는 개인의 필요에 기여할 뿐 아니라 이후 출현할 수 있는 사회구조의 종류를 구속한다고 설명하였다.

사회의 모든 희소자원과 유용한 자원들의 분배는 규범과 가치에 의해 규제되며, 또한 모든 교환은 호혜성의 규범에 의해 통제받는다. 이에 따라 유용한 자원을 받은 사람은 그 은인에게 다른 유용한 자원을 줄 것을 요구받는다. 호혜성은 어떠한 상황에서는 직접적 보답이 이루어지게 하지만, 다른 상황에서는 행위자들이 직접적으로 보답하지 않고 제3자를 통한 다양한 유형으로 간접적 교환이 이루어지게 한다. 결과적으로 레비-스트로스(Levi-Strauss, 1969)는 사회체계의 교환관계가 종종 개인 사회의 직접적 상호작용에 제한되지 않고 간접적 교환의 복잡한 네트워크로 연장되며, 이러한 교환과정은 사회통합과 조직의 유형에 의해 이루어진다고 강조하였다.

3) 행동주의 심리학

세 번째는 행동주의 심리학(behaviorism psychology)적 전통이다. 파블로프(2013)는 동물을 통한 실험을 통해서 조건반사(conditioned responses), 소멸(extinction), 반응 일반화(response generalization), 반응 차별(response discrimination) 등의 원칙을 설명하였다. 손다이크(1905/2013)는 동물이 보상받는 반응의 유형을 유지하는 것을 관찰하여 효과의 법칙(law of effect), 사용의 법칙(law of use), 비사용의 법칙(law of disuse)을 주장하였다. 파블로프의 고전적 조건형성(classical conditioning) 실험에 대비하여 손다이크의 실험을 조작적 조건형성(operant conditioning)이라고 하는데, 고전적 조건형성이 행동을 유발하기 위해 자극에 관심을 두는 반면, 조작적 조건형성은 자극보다는 유발된 행동의 결과에 관심을 둔다(백영균 외, 2010). 왓슨(1913)은 이를 바탕으로 행동주의적 견해로서 심리학의 이론적 목표는 행위의 예측과 통제라고 설명한다. 또한 심리학이란 자극과 반응 간의 관계에 대한 연구이며, 인간의 의식은 관찰가능한 자극과 연결되었기 때문에 단지 관찰 가능한 행동만 연구해야 한다고 주장한다. 행동주의 심리학은 공리주의와 비슷한 특징이 있는데, 인간이 가장 보상(reward)을 많이 만들고 벌(punishment)을 적게 만드는 대안을 추구하는 원칙에 의해 작동한다고 본다(Turner, 2001). 행동주의 심리학에서의 보상은 유기체의 필요를 강화(reinforcement)하거나 충족시키고, 벌은 보상을 부정하거나 소비가 고통을 피하도록 하여 비용을 초래하고 강제한다(Ertmer & Newby, 1993). 또한 유기체는 과거에 보상이 입증된 행위들을 반복하고자 한다. 현대의 교환이론은 행동주의자들로부터 보상이라는 개념을 가져왔고, 그것을 공리주의적 교환의 전통을 재해석하는 데 사용하였다. 교환이론가들은 행위를 심리적 필요에 의해 동기를 가지는 것으로 보았기 때문에 효용(utility) 대신 보상(reward)이라는 개념이 자주 삽입되었다(Turner, 2001).

4) 사회학적 전통

네 번째는 사회학적(sociology)적 전통이다. 마르크스와 엥겔스(Marx & Engels, 2002)에 따르면, 교환과정에서 자본가들은 물질적 보상을 통제하고 배분하는 권력을 가지고 있지만 노동자들이 가진 것은 그들이 가진 노동력뿐이라고 설명하였다. 유용한 자원을 가진 사람들은 더 나은 교환과 협상을 할 수 있는 위치에 있는데, 노동은 무한히 공급을 할 수 있는 자원이기 때문에, 자본가들은 낮은 가격으로 노동을 얻을 수 있고 자신들이 원하는 대로 노동자들을 강제할 수 있다. 그렇게 되면 노동자들은 자본가와 더 나은 협상을 위해 파업하기도 하고, 궁극적으로는 자본가들을 타도하게 된다. 마르크스와 엥겔스(2002)의 이론은 교환이론의 관점에서도 파악될 수 있는데, 희소한 유용한 자원을 필요로 하면서도 그 대가로 제공하기 위해 동등하게 가치가 있거나 희소한 자원을 갖지 못한 사람은 이러한 자원을 통제하는 사람들에게 종속되며, 유용한 자원을 통제하는 사람들은 그렇지 않은 사람들을 통제하게 된다는 것이다. 이와 같이 자원이 불균등하게 배분되는 상황에서의 갈등체제와 교환과정에 대한 설명으로 의미를 갖는다.

지멜(Simmel, 1978)은 사회적 교환에 몇 가지 특징이 있다고 설명하였다. 첫째, 행위자들이 다른 사람이 갖고 있는 각 자원들이 유용한 것을 더욱 생각할수록 교환관계는 이러한 행위자들 사이에서 더욱 발전하게 된다. 둘째, 행위자가 가지는 일정한 유형의 자원에 대한 필요의 강도가 더 커지고, 자원의 유용성이 적을수록, 그 자원이 행위자에게 가지는 가치가 더 중요해진다. 셋째, 한 행위자가 다른 행위자의 자원을 더욱 유용한 것으로 생각할수록 후자의 권력은 전자보다 커지며, 한 행위자의 자원이 유동적일수록 교환선택권과 대안이 더욱 커지므로 사회적 교환에서 그 행위자의 권력은 더욱 커진다. 넷째, 사회적 교환에서 행위자들이 자원의 필요성을 잘못 해석하거나 그 자원의 유용성을 감추기 위해 상황을 더욱 조작할수록, 교환의 긴장수준은 더욱 커지고 갈등의 가능성도 더욱 커진다. 지멜은 가치 평가하는 상이한 기준들의 사용이 사화관계의 형태에 커다란 영향을 미친다는 점을 강조하고 있다.

사회교환 이론은 공리주의를 바탕으로 신고전파 경제학과 행동주의 심리학으로부터 생겨났으나, 인류학적 연구는 문화적 · 사회적 역학이 사회교환 이론과 통합될 필요성을 인식하도록 만들었다. 사회학적으로는 교환에서의 권력과 갈등의 차별화를 바탕으로 갈등이론으로 개념화가 이루어지게 되면서 갈등과정에 관한 이론과 통합되어 왔다.

3. 생태체계 이론

브론펜브레너

생태체계 이론은 체계적인 틀을 기반으로 해서 생태학적인 시각으로 접근하는 것을 의미하며 인간이 어떻게 환경과 상호작용하는지 포괄적 관점을 제공해 주고 있어 사회서비스 제공 및 사회복지실천에 이론적 근거를 뒷받침해 주고 있다. 생태체계의 개념은 일반체계 이론(eco-system)에 생태학적 관점을 결합한 것으로 브론펜브레너(Bronfenbernner, 1994)가 인간발달을 설명할 때, 체계론적 관점을 확대하여 새로운 접근으로 생태체계 이론(ecological systems theory)의 용어를 사용하였다. 생태체계 이론(ecosystems perspective)은 생태학(ecology)[2]과 일반체계 이론(general system theory)이 결합된 것이다.

브론펜브레너(1979)는 인간의 발달과정을 분석할 때 체계론적 관점을 강조하여 '생태적 체계(Ecological systems)' 용어를 사용하였다. 또한 성장하는 유기체와 그 유기체가 실제 거주하고 변화 및 성장하는 환경 간의 일어나는 조절과정에 초점을 맞추는 광범위한 접근법인 '인간발달 생태학 이론(The Ecology of Human Development)'을 제안하였다. 그는 인간발달 생태학을 스스로 성장하는 인간과 그 인간이 살아가는 인접 환경 간 평생에 걸친 점진적 상호작용과정을 과학적 연구로 정의한다. 인간을 독립적인 유기체로 인식하기보다는 주변 환경과의 상호작용을 통해 변화하는 결과물로 보았다. 즉, 인간을 환경과 상호작용을 통해 발달하는 유기체로 보았다.

브론펜브레너(1979)가 연구한 생태학적 환경은 상호의존적인 동시에 체계와 체계에 담긴 일련의 겹 구조 형태를 하고 있다. 생태학적 환경은 스스로 성장 및 발달하고

2) 생태학은 동물과 무기적 · 유기적 환경에 일어나는 자연의 경제(economy of nature)에 대한 지식으로서, 자연에서 함께 살아가는 식물과 동물의 상호의존에 관한 학문이다(Kilsdonk, 1983). 홉스(Hobbs, 1975)는 생태학 개념을 인간과 인간 생활환경의 관계에 관한 연구로 정의하였다. 저매인(Germain, 1973)은 개인체계와 환경이 상호작용하는 과정에서 적응을 성취해 가는 방법을 연구하는 학문이라고 정의하였다.

있는 개인에게 직접적인 영향을 미치는 인접 환경뿐 아니라 더 광범위한 환경까지 포함한다. 이러한 환경을 미시체계(microsystem), 중간체계(mesosystem), 외체계(exosystem), 거시체계(macrosystem) 및 시간체계(chronosystem)로 구분하였다(강순희 외, 2022; 김규수, 정운석, 2001; 이광혁, 2019; 이선영, 2004; Bronfenbernner, 1994).

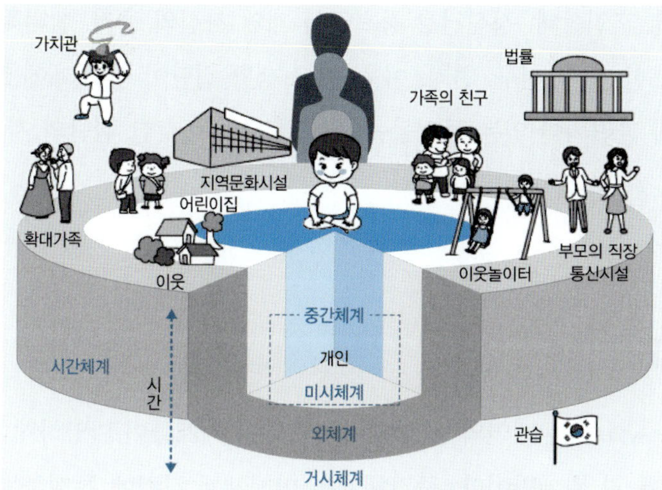

그림 11-2. **브론펜브레너의 생태학적 환경모형**

출처: Berk, L. E.(2000). Child development(5th ed.). Boston, MA: Allyn & Bacon.

1) 미시체계

미시체계(microsystem)는 인간 개인의 특성과 개인에게 직접적인 영향을 주는 체계로써 생태학적 환경의 가장 안쪽에 위치하는 체계로 친밀한 사회환경 안에서 겪게 되는 상황과 직접 접촉하는 물리적 환경 안에서 겪게 되는 상황을 말한다. 구체적으로 가정, 아동집단, 청소년집단, 노인집단, 이웃, 교회 등과 같이 일대일로 만나서 직접 친숙한 대인관계를 형성하는 물리적 · 사회적 환경이며 발달하는 개인이 독특한 물리적, 물질적인 특성을 가진 환경내에서 경험하는 활동, 역할 및 대인관계의 유형이다. 여기서 환경이란 가정, 복지시설, 공원 등과 같이 사람들이 쉽게 대면하여(face to face) 상호작용에 참여할 수 있는 장소이며, 상호작용하는 사람은 상대방에게 환경 일부분을 구성해 주고 있다고 본다.

미시체계는 개인의 특성과 관련이 있다. 개인의 특성으로는 성별, 연령, 종교, 경제력 및 고용상태, 혼인상태, 정신건강 등으로서 개인 자신의 물적, 심리적, 사회적 특성을 포함한다. 또한 가족, 친구, 친척, 이웃, 종교 생활 집단이 이 체계에 포함된다. 이들은 개인의 삶에 관련되어 있는 특성들을 소유하는데, 비슷한 집단의 사회 · 경제적 지위, 교육수준, 정치적 신념 등이다.

2) 중간체계

중간체계(meosystem)는 개인의 삶에 존재하는 미시체계들이 다양하게 겹쳐서 상호작용하는 미시체계 간 관계망이다. 중간체계는 미시체계 각각에 존재하는 발달 촉진적, 저해적 특징과 과정의 상호작용이 만들어 내는 상승효과에 초점을 맞춘다. 예를 들어, 가족 관계, 형제 관계, 이웃 친구와의 관계, 교회 관계 같은 사회적 관계들이 밀접하면 할수록 개인의 삶의 질이 향상되는 것이다.

중간체계는 발달하는 개인이 적극적으로 참여하는 둘 이상의 환경 간의 상호관계로 이루어진다. 예를 들어, 아동의 경우 가정, 이웃 동료, 학교, 친구집단 사이의 관계들이며, 성인의 경우는 직장, 사회생활 사이의 관계이다. 그러므로 중간체계는 발달하는 개인이 새로운 환경으로 이동 및 적응할 때마다 형성되거나 확대된다.

3) 외체계

외체계(exosytem)란 하나 이상의 환경으로 구성되어 있으며, 발달해 가는 개인이 그 환경들 속에 적극적으로 포함되지는 않지만, 그 환경내에서 발생하는 사건들에 영향을 주거나 영향을 받는 환경이라고 정의된다. 즉, 외체계는 성장하는 유기체가 적극적인 참여자로 관여하고 있지는 않지만, 개인이 속해 있는 가장 근접한 환경을 둘러싸고 있는 환경으로서, 이 환경에서 일어나는 일에 영향을 주거나 영향을 받는 사건이 발생하는 환경을 의미한다. 외체계 결정 중, 어떤 것은 사회적 환경을 의미하는 것으로 개인에게 영향을 준다. 그러나 그 영향력은 일차적으로 비개인적이고, 간접적이며, 일방적이다.

4) 거시체계

거시체계(macrosystem)는 개인이 속한 사회나 하위문화의 이념 및 제도의 유형으로 사회 · 문화적 규범과 같은 커다란 체계를 말하며 개인에게 직 · 간접적인 영향을 준다. 거시체계는 규범, 규칙, 역사, 가치 등을 이야기할 수 있고, 법률적, 교육적, 종교적, 문화적 가치와 공공정책의 핵심을 구성한다. 개인과 직접적인 관련은 약하지만 가장 근본적이고 중대한 변화를 초래할 수 있으며 거시체계가 가지는 시대정신이나 풍토는 유기체의 신념과 구체적인 행동에 영향을 미친다.

5) 시간체계

시간체계(chronosystem)는 전 생애에 걸쳐 일어난 변화와 사회 · 역사적인 환경을 의미한다. 즉, 가족제도의 변화, 결혼관의 변화, 직업관의 변화 등을 의미한다.

4. 사회환경 이론과 사회복지실천

체계 이론에 기초한 사회복지실천에서는 인간행동의 원인이 반드시 기본체계의 내부에 있는 것이 아니라 다른 체계에 있을 수 있다는 것을 알려 주고 체계들 간의 기능에서 증상이 나타나는 현상을 더욱 잘 이해하도록 하고 있다. 체계 이론은 인간행동 문제에 대해 보다 전체적인 시각을 제시하여 문제를 개인과 사회 및 환경이 상호작용하는 총체로 보게 하여 문제사정과 개입체계를 명확하게 해 준다(강세현 외, 2020).

사회교환 이론은 대인관계를 포함한 사회적 관계의 시작, 강화, 지속, 유지를 설명하는 이론으로 교환이 이루어지기 위해서는 당사자들의 효용(utility)이 교환하기 이전보다 높아지도록 노력해야 함을 시사한다고 할 수 있다.

생태학적 관점은 환경의 다양한 요소들과 지속적으로 교류하는 인간의 적응적이고 진화적인 특성을 잘 설명해 주고 있다. 인간은 그러한 환경과 상호작용하면서 환경을 변화시키기도 하고 때로는 그 환경에 의해 변화가 되기도 한다. 따라서 체계 이론과 생태학 이론은 사회복지실천에 있어서 문제를 사정하거나 해결하는 데 있어서 중요한 단서를 제공해 주고 있다. 생태체계 이론은 인간과 환경 사이의 상호보완성을 설명하는 데 관심을 두고 있으며, 환경과 인간을 하나의 총체로 간주한다. 생태체계 이론을 사회복지실천에 적용함으로써, 첫째 클라이언트의 정신적 생활과 환경적 조건을 개선하는 목적의 서비스의 통합이 가능하게 되었다. 둘째, 생태체계 이론은 인간과 환경의 상호 적합성, 상호 교류, 그리고 이러한 교류에 영향을 미치는 힘에 대한 폭넓고 포괄적인 실천지식을 제공하고 있다.

생태체계 이론은 클라이언트가 사회복지사와의 상호작용, 긍정적 생활경험을 통해 성장할 수 있다고 본다. 또한 클라이언트가속한 환경내의 타인과 상호작용하는 방식을 방해하는 생활상의 문제에 관심을 가지게 하였다. 생태체계 이론은 개인, 가족, 지역사회 등의 체계에 어려움을 유발하는 상황을 보다 적응적 상황으로 재구조화한다. 따라서 이 이론은 사회복지 영역의 모든 문제에 포괄적으로 적용될 수 있다. 또한 생태체계 이론은 단 하나의 개입기법을 가지는 모델이 아니라 통합적인 접근을 가능하게 한다. 이러한 생태체계 이론은 환경과 개인 간의 상호작용 유형에 초점을 두고 있으며, 환경 내 인간의 욕구 충족을 가능하게 하는 개인의 능력 강화와 환경적 개선이 문제해결의 초점이라고 본다(강세현 외, 2020).

Chapter 12

가족과 집단

배울내용

1. 가족
2. 집단
3. 가족과 집단 및 사회복지실천

학습목표

1. 가족의 개념, 기능 및 다양한 가족유형을 설명할 수 있다.
2. 집단의 개념과 기능을 설명할 수 있다.
3. 가족과 집단의 사회복지실천의 함의점을 파악하고 활용방안을 모색해 본다.

1. 가족

1) 가족의 개념

전통적 관점의 연구자들에 의한 가족의 정의는 주로 공동거주, 자녀의 존재, 그리고 사회적으로 인정되는 부부의 성적 관계 및 경제적 협력을 공통적으로 강조하고 있다. 특히 머독(Murdock, 1949)은 공동의 거주, 경제적 협동, 생산(재생산)의 특징을 갖는 집단으로 사회적으로 인정받는 성관계를 유지하고 있는 최소한 두 명의 성인 남녀와 한 명 이상의 자녀로 이루어진 사회집단을 가족으로 정의하고 있다(김경은 외, 2020). 레비스트로스(1969)는 가족은 결혼에 의해 형성되고, 부부와 그들에 의해 출생한 자녀로 구성되며 법적 유대, 경제적, 종교적, 그리고 그 외 다른 권리와 의무, 성적 권리와 금지, 다양한 심리적 감정을 공유하는 집단으로 정의하였고, 기든스(Giddens, 1992)는 가족은 정서적이고 물질적인 지지에 기반을 둔 두 명 또는 그 이상의 사람들이 상호 간에 기대를 갖고 그들의 삶의 유형과 관계없이 상호 책임감과 친밀감, 계속적인 보호를 주고받는 구성체라고 정의하고 있다(권진숙 외, 2008).

지금까지 살펴본 이러한 정의는 혈연, 동거, 경제적 협력 등의 요인보다 가족원 간의 정서적 유대와 관계성에 기반한 가족정체성을 강조하는 현대적 의미에서 가족을 정의하고 있다고 할 수 있다(김경은 외, 2020).

2005년 「민법」 개정 이전에는 '가족'은 동일한 호적에 기재되어 있는 일가(一家)의 구성원으로서 호주가 아닌 자를 의미하였다. 즉, 호주의 배우자, 혈족과 그 배우자 기타 「민법」의 규정에 의하여 그 가(家)에 입적한 자가 해당된다. 이에 대하여 개정된 「민법」 제779조(가족의 범위)에는 가족(가족원)의 범위를 기본적으로 자기를 중심으로 자기의 배우자, 형제자매, 직계혈족(부모와 자녀)을 포함하는 것으로 규정하고 있다. 또한 생계를 같이 하는 경우라면, 자기 직계혈족의 배우자, 배우자의 직계혈족, 배우자의 형제자매까지를 가족원으로 한다. 그러나 이는 법률상 가족(원)의 범위를 제시한 것으로 현실

가족의 상황과는 다를 수 있다.

가족의 범위를 명시하고 있는 「민법」 이외의 법률은 「건강가정기본법」, 「국가유공자 등 예우 및 지원에 관한 법률」, 「독립유공자예우에 관한 법률」, 「소득세법」, 「어선원 및 어선재해보상보험법」, 「장기 등 이식에 관한 법률」, 「해외 이주법」, 「산림조합법」 등이 있으며, 각각의 법령에서 가족의 범위를 규정하고 있다. 현행법상 다수의 법률에서 가족 관련 규정을 두고 있고, 그 구체적인 범위는 서로 상충하는 부분이 있어, 법률상 가족 개념은 상당히 혼란스러운 것도 사실이다.

2) 가족의 기능

가족은 개인과 사회의 중간에 위치한 체계로서 전체 사회에 대해서는 하위체계로, 개인에 대해서는 상위체계로 볼 수 있다. 따라서 가족의 기능은 가족제도가 전체 사회에 대해 작용하는 기능(대외적 기능)과 가족구성원에 대한 기능(대내적 기능)으로 구분할 수 있다. 가족의 기능이란 가족구조의 정서적 차원인 가족 응집성과 조직적인 권력 차원인 가족 적응성을 말하는 것으로 적절한 수준의 응집성은 개인의 개별성과 가족의 결속감에 균형을 이루어 가장 기능적인 가족체계를 유지하고 개인의 발전에도 최적의 수준을 제공하게 된다(Olson et al., 1985). 적응성은 가족체계가 대내·외적인 스트레스 상황에 유연하게 대처할 수 있는 능력을 말한다. 가족집단이 수행하는 역할 및 행위를 의미하는 가족기능은 시대, 문화, 그리고 지역에 따라 다르게 나타난다(김경은 외, 2020).

가족의 기능은 사회와 시대에 따라 끊임없이 변화하고 있으며, 사회학, 가족학 등 가족의 기능을 연구하는 학문 분야에 따라 다양하게 정의되고 있다. 전통적 가족기능론에서는 가족의 기능을 고유기능, 기초기능, 부차적 기능 등으로 구분한다. 고유기능에는 애정, 성, 생식과 양육의 기능, 성적 통제와 종족보존의 기능 등이 있고, 기초기능은 대내적으로는 생산과 소비, 사회적으로는 노동력 제공과 경제질서의 유지기능 등을 포함하며, 그리고 부차적(파생적) 기능에는 교육, 보호, 휴식, 오락, 종교의 기능 등을 포함한다(유영주, 1993).

전통적으로 가족이 수행해 왔던 기능은 성적 기능, 자녀출산의 기능, 생산과 소비를 함께하는 경제적 기능, 양육(보호)의 기능, 교육(사회화)의 기능, 부양의 기능, 휴식과 오락의 기능, 종교적 기능 등이다.

가족집단만이 수행하여 오던 고유한 가족의 중심 기능에는, 첫째, 대표적으로 성(性)과 애정의 기능 그리고 자녀출산에 따른 양육기능이 있다(양옥경, 2000). 가족은 본능적 의지에 의해 결합된 집단으로 대부분의 사회에서는 결혼이라는 제도적 통로를 통해 성적 질서유지 기능을 하게 된다. 즉, 성적 욕구를 충족하면서 사회적으로는 성행위를 제도적으로 통제하고 규제하는 대외적 기능을 하는 것이다. 이러한 일차적 기능들은 다른 집단이 대신할 수 없는 가족 고유의 기능으로 사회존속과 인류 종족 보존의 기능을 동시에 가진다.

둘째, 생산과 소비의 경제생활을 통해 기초적인 생활유지가 가능하도록 하는 기초기능으로 전통 농경사회에서는 자급자족의 생산단위로서 가족이 생산기능의 주체였다. 그러나 현대사회에서는 공사 영역의 분리로 가족은 소비기능의 주체로 변화하였다. 즉, 기업이나 공장에서 대량 생산한 물자를 구입해서 사용하는 소비 공동체로 기능이 바뀌면서 생산단위로서의 가족의 기능이 축소되고 소비기능이 강화되었다. 생활양식도 산업 적응적 모델로 바뀌어 오늘날에는 가족이 독자적으로 담당했던 전통적 기능들이 사회로 많이 이전되었다.

셋째, 기초기능과 고유기능으로부터 파생된 기능으로 자녀의 교육, 즉 자녀들에게 그 사회의 가치와 규범을 가르치는 사회화의 기능과 휴식, 오락, 종교 등으로 심리적·신체적 사회의 안정화와 문화전달의 대외적 기능이다.

넷째, 종교적 기능은 종교적 의례나 형식만을 의미하는 것이 아니라 매일의 생활에 감사하고 삶의 진리를 깨달으며, 인간 능력의 한계를 겸허하게 인정하고 기도하는 자세로 살아가는 생활태도를 의미한다. 이러한 기능들이 어떻게 수행되느냐에 따라 가족의 질적 수준이 달라지며, 시간적 조건, 지역과 문화배경에 따라 다르게 나타난다.

전통사회에서는 의식주 해결, 자녀 양육, 노인 부양 등 대부분의 기능을 가족이 수행하였다. 그러나 산업화, 도시화로 인하여 그 기능의 일부가 전문화된 기관과 조직체 등 다른 제도에 흡수되어 그 기능이 점차 축소되고 있으며, 가치관의 급속한 변화와 자본주의 사회 · 경제적 문제가 복합적으로 결합되어 가족의 생산기능은 공장으로, 교육기능은 학교로, 종교기능은 종교단체로, 오락기능은 극장으로, 의료기능은 병원 등으로 기능이 분화되어 가면서 가족의 기능이 상실되어 가고 있다고 할 수 있다. 따라서 이러한 가족기능의 변화는 사회변화에 민감한 가족체계와 사회의 역동적 관계에서 파생되는 다양한 결과로서, 미래의 가족기능은 출산이나 양육의 기능, 교육이나 사회화의 기능보다 정서적 기능이 중요하게 부각될 것으로 전망되고 있다(양옥경, 2000).

3) 다양한 가족유형

1970년대 세계화가 시작되면서 우리 사회는 산업사회에서 정보화 사회로 전환되었고 가족구조에서도 근본적인 변화를 초래하게 되었다. 가족구조의 변화 내용을 살펴보면, 산업사회의 획일화된 가족구조에서 벗어나 결혼율의 저하, 이혼율 증가, 동거생활과 계약결혼의 증가, 혼외 혹은 혼전 자녀의 증가와 같은 가족구조의 다양화가 나타났다. 이러한 가족유형의 변화는 가족의 관계에 많은 변화를 가져오게 되었다.

(1) 이혼 가족

우리나라의 이혼율은 1970년에 1만 건이었던 것이 1997년 9만 건으로 증가하였다가 2021년 10만 건으로 보고되고 있다〈그림 12-1〉. 특히 우리나라는 2002년부터 이혼율이 급속하게 증가되었다가 2005년부터 다소 낮아지는 경향을 보이고 있는데, 그 이유 중의 하나가 이혼 제도의 변화를 들 수 있다. 즉, 이혼이 사회적 문제로 대두되면서 기존에는 관할법원이 부부의 협의 이혼 의사를 확인한 후 그 확인서를 내주면 부부가 이를 첨부하여 관할 호적관서에 이혼신고를 하면 이혼의 효력이 발생되었다. 그러나 2005년부터 "이혼 숙려제도"를 도입하였는데, 이혼 숙려제도란 이혼을 신청한 부부들이 일정기간 숙려기간을 거치도록 하는 것으로 경솔한 이혼을 방지하고 이혼 결정에 대해 다시 한번 재고할 기회를 제공하기 위한 것이다. 이 제도는 사회구성의 최소 단위로 볼 수 있는 가정의 해체를 막고 안정된 사회를 유지시키는 데 큰 효과가 있다. 특히 충동적으로 이혼을 생각하는 부부의 경우에는 이 숙려기간 중에 대부분이 마음을 돌려 이혼에 대해 다시 생각할 수 있게 한다는 장점을 지니고 있다.

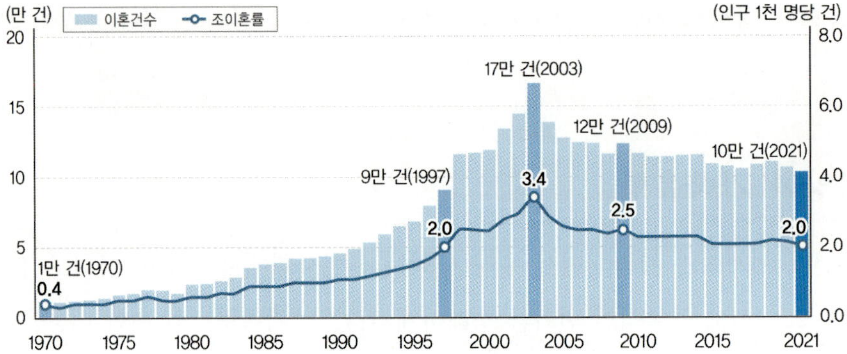

그림 12-1. 이혼 건수 및 조이혼율 추이

출처: 통계청(2022). 2021년 혼인 · 이혼통계.

이혼은 부부만의 문제가 아니다. 즉, 이혼한 부부에게도 영향을 미치지만 자녀에게도 영향을 미치게 된다. 먼저 이혼한 부부에게 미치는 영향들을 살펴보면, 경제적인 문제이다. 이혼으로 생활수준이 낮아지는데 특히 여자에게 더 큰 영향을 미친다. 여자들의 경우 저임금과 취업기회의 제한 등으로 노동시장에서 불리한 위치에 있기 때문에 자녀들을 양육할 경우 경제적 어려움은 자녀의 영양과 건강에 부정적인 결과를 초래하게 된다. 둘째는 정서적인 문제를 경험한다. 이혼이 개인에게 실패자라는 느낌이 들게 하고, 더하여 분노, 우울, 상실감, 자존감 저하, 불안감을 겪게 한다. 마지막으로 친척 및 사회관계의 문제이다. 결혼으로 맺어진 친인척 간의 교류가 자연히 사라지게 된다. 또한 이혼으로 심리적 상처를 입은 사람은 인간관계를 두려워하며, 사회적 모임까지도 회피함으로써 사회관계망이 약화되기 쉽다(박선환 외, 2010).

또한 자녀를 둔 가족의 이혼은 자녀에게 큰 심리적 상처를 남길 수 있다. 이혼 가족의 아이들은 개인 내적 발달과정뿐 아니라 이혼으로 달라진 가정변화에도 적응해야 한다는 부담감을 가지고 된다. 또한 자녀들은 부모의 이혼이 자기 자신 때문이라고 생각하는 경우가 많기 때문에 공격적이고 반항적인 행동적 특성과 불안이나 우울의 정서적 장애 및 자존감의 저하의 인지적 장애를 경험할 가능성이 매우 높다. 따라서 이혼가정의 자녀들에 대해서는 스트레스 대처 교육과 대안적 지지체계를 마련해 주는 것이 매우 중요하다고 할 수 있다.

(2) 한부모 가족

한부모 가족이란 이혼, 사별, 유기, 미혼모에 의해 발생되는 가족으로 현재 18세 미만의 자녀와 살면서 자녀를 양육하고 부모 역할을 담당하고 있는 한부모와 자녀의 가정을 의미한다. 한부모 가족의 비율은 2020년 전체가구 21,485 가구 중 1,533 가구로 7.1%를 보이는 것으로 나타났다〈표 12-1, 그림 12-2〉.

표 12-1. 한부모 가족의 비율 (단위: 천 가구, %)

구분	2015	2016	2017	2018	2019	2020
전체 가구	19,561	19,838	20,168	20,500	20,891	21,485
한부모 가구	1,608	1,540	1,533	1,539	1,529	1,533
한부모 가구 비율	8.2	7.8	7.6	7.5	7.3	7.1

출처: 통계청(2021). 장래가구추계/인구총조사.

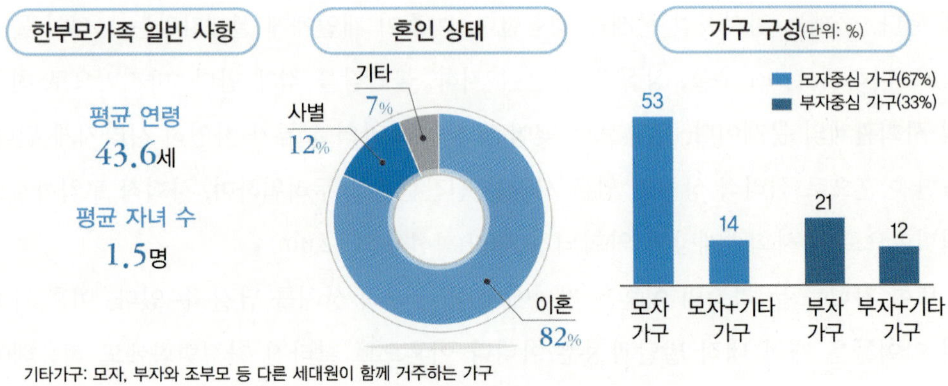

그림 12-2. 한부모 가족의 구체적인 현황

출처: 여성가족부, '2021년 한부모가족 실태조사' 결과 보도자료. 2022. 05. 23(만 18세 이하 자녀를 양육하는 전국 한부모가족 가구주 3,300명, 면접조사, 2021.03~12.).

예전에는 사별에 의한 한부모 가족이 많았지만 현대로 오면서 사별에 의한 한부모 가족은 감소하고 있으며, 이혼과 미혼모에 의한 한부모 가족이 증가되는 추세를 보이고 있다. 이러한 증가 추세와는 달리 이들에 대한 사회적 인식은 매우 낮다고 할 수 있다. 한부모 가족은 현대사회에 나타나고 있는 다양한 형태의 가족구성이기 때문에 한부모 가족에 대한 부정적 시각을 버려야 한다. 한부모 가족은 배우자와의 이혼이나 사별 등으로 심리적인 갈등상태에 놓여 있는 것이 사실이지만 이러한 갈등 상황은 한부모 가족이 발생한 후 1~2년 사이에 거의 사라지고, 가족의 지지와 사회의 지원만 제공된다면 현실에 잘 적응해 나갈 수 있다.

(3) 재혼 가족

최근 남녀 모두 초혼 구성비는 감소하고 있지만 재혼은 계속 증가하는 추세이다. 즉, 2021년 남자는 16.1%, 여자는 18.5%가 재혼으로 보고되고 있으며, 남녀 모두 재혼의 경우는 12.4%로 나타났다〈그림 12-3〉.

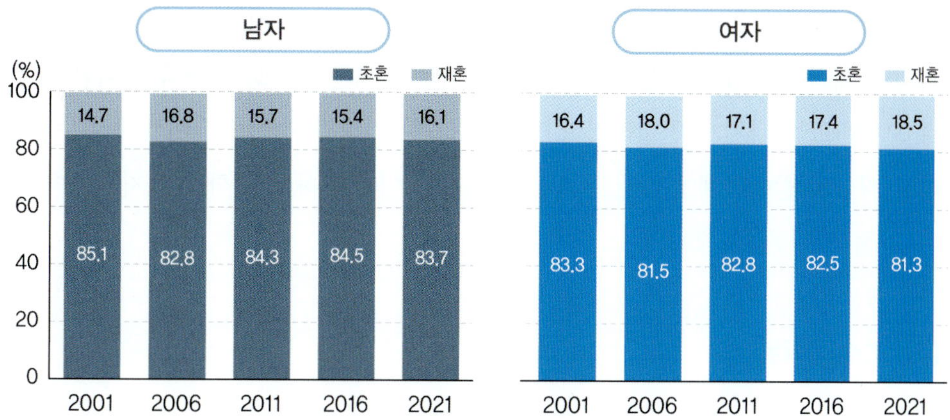

그림 12-3. 혼인종류별 구성비

출처: 통계청(2022). 2021년 혼인 · 이혼통계.

재혼 가정에 대한 연구결과들을 살펴보면, 재혼은 가족생활에 대한 현실적인 기대를 가지게 되며, 이전 가정에 대해 느끼는 상실감을 인정하고 수용 지지할 수 있기 때문에 재혼 생활의 만족도는 비교적 높은 것으로 보고되고 있다. 즉, 재혼은 비교적 정서적으로 성숙한 상태에서의 결혼이기 때문에 다소 적응력이 높고, 초혼에서 얻은 교훈을 바탕으로 결혼생활을 하기 때문에 만족감이 더 높을 수 있다.

그러나 동반자녀가 없이 재혼하는 경우에도 여러 가지 문제가 발생할 수 있는데, 재혼하는 성인에게 동반자녀가 있을 경우에는 훨씬 복잡한 가족관계가 나타나기 때문에 재혼생활에 영향을 미치게 된다. 따라서 행복한 재혼생활을 위해서는 부부 간의 노력뿐만 아니라 자녀들의 입장에서 이해하고 그에 따른 적절한 도움이 필요하다. 재혼 가정의 자녀들이 경험하게 되는 특징은 발달단계에 따라 좀 다르게 나타난다. 학령기 이전의 아이들은 현실과 상상을 구분할 수 있는 능력이 부족하기 때문에 자신의 잘못으로 인해 가족이 분리되었다고 생각하여 죄책감을 경험할 수 있다. 학령기(초등학교) 시절은 친부모의 재결합을 강하게 꿈꾸기 때문에 한쪽 부모의 재혼은 상실감을 느끼게 하여 우울해하거나 공격성향을 나타낼 수 있다. 마지막으로 청소년기 자녀들은 발달단계상 자아정체성을 발달시키고 성에 대해 관심이 높아지는 시기이기 때문에 자녀와의 약해진 친밀감과 이성가족에 대한 거리감을 재혼한 부모와 가족에 대한 거부감으로 오해하고 지나치게 친밀해지려고 노력하거나 가족관계가 매우 어색해질 수 있다. 따라서 자녀의 발단단계에 따른 특징을 이해하고 이에 대해 적절하게 대처하여 행복한 재혼 가정을 이룰 수 있도록 노력해야 한다.

(4) 조손 가족

이혼율의 증가와 함께, 혹은 부모의 직장 등의 이유로 농촌지역 중심으로 부모와 동거하지 않고 조부모에게서 길러지는 아동의 수가 빠르게 증가하고 있다. 부모와 동거하지 않고 조부모와 손자녀가 함께 살고 있는 가족의 형태를 조손 가족이라고 한다.

조손 가족은 가부장적인 친족관계의 유지와 평균수명의 연장이라는 사회적 현상과 맞물려 앞으로도 빠르게 증가할 것으로 예측되고 있다. 가정해체로 남겨진 자녀들은 조부모가 생존해 있을 경우 조부모에게 양육이 의뢰된다. 도시의 조손 가족은 "자녀세대의 가족해체"가 53%, "성인자녀의 경제활동 지원을 위해" 맡게 된 경우가 47.3%으로 나타났으며, 농촌의 조손 가족은 "성인자녀 부부가 맞벌이인 경우" 9.1%, 나머지는 "가족해체"로 인한 경우로 나타났다.

점점 조손 가족은 증가하고 있는데, 조손 가족은 구조적으로 여러 가지 문제들을 가지고 있다. 조부모는 자신의 자녀들을 제대로 양육하지 못했다는 죄책감, 양육의 부담, 노화로 인한 생활 곤란 등의 이유를 들 수 있다. 그리고 손자녀들은 부모의 부재로 인해 두려움, 당혹, 버림받았다는 배신감 등이 왜곡되게 표현되어 정서적인 혼란과 낮은 자아존중감을 나타낸다. 또한 손자녀들은 열악한 학습조건 때문에 교육 소외 계층으로 분류된다. 적절한 역할모델의 대상이 없어서 부모에 의한 가정교육의 기회를 상실하여 가치판단이나 사회적응에 영향을 받는다. 뿐만 아니라 정서적 상처, 애어른의 역할을 경험하는 등의 어려움도 있다(송정애 외, 2008).

(5) 노인 가족

현대사회의 과학과 의학의 발달은 인간수명의 연장을 가져왔고, 우리 사회는 고령사회로 진입하고 있다. 노인 인구학적 특성에서 연령계층별 고령인구 및 인구구조 변동 추이 및 전망을 살펴보면 〈그림 12-4〉와 같다.

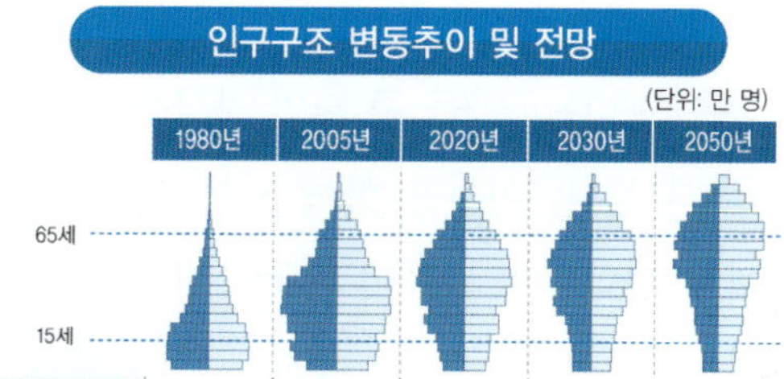

	1980년	2005년	2020년	2030년	2050년
총인구	3,812	4,829	5,009	4,933	4,235
생산가능인구	2,372	3,467	3,589	3,189	2,276
노인인구	146	437	786	1,174	1,536
유소년인구	1,295	924	630	554	380

그림 12-4. **연령계층별 고령인구와 변동추이**

총인구에서 65세 이상 고령자가 차지하는 비율인 노령인구는 1970년 3.1%에서 2013년 12.2%, 2021년 16.6%로 크게 증가하였으며, 2030년 24.3%, 2050년 37.4% 수준에 이를 것으로 전망되고 있다. 특히 85세 이상 초고령 인구 비율은 2013년 0.9%에서 2030년 2.5%, 2050년 7.7%로 크게 증가할 것으로 예상된다.

한국을 포함한 많은 나라들은 저출산과 고령화 현상을 동시에 경험하고 있다. 그 결과 노인인구의 비중이 급속하게 늘어나고 있다. 이에 따라 노인인구에 대해 어떤 정책을 펴는지가 중요한 사회적 이슈가 되고 있다. 앞으로 경제적 능력이 떨어지는 거대한 노인인구 집단을 어떻게 해야 하는지는 매우 중요한 과제가 될 것이다.

노인인구 중 특히 취약한 집단은 혼자 사는 노인이다. 한국은 일찍부터 고령화를 경험한 선진국들만큼 고령자를 위한 사회보장제도가 발달하지 못하였다. 그래서 한국

노인에게는 자녀를 포함한 가족이 가장 중요한 사회 · 경제적 지원자일 수밖에 없다. 배우자 등 가족과 함께 사는 노인은 가족으로부터 다양한 지원을 받을 수 있지만 혼자 사는 노인은 그럴 수 없다. 특히 노인은 다양한 만성질환에 자주 시달리기 때문에 때로는 혼자서는 기본적인 일상생활을 영위하기도 쉽지 않다. 때문에 독거노인은 사회복지의 주요 관심 대상일 수밖에 없다.

독거노인은 경제상황이나 신체건강의 어려움도 있지만 정신건강도 매우 취약하다. 한국은 OECD 국가들 중 노인 자살률이 높은 국가이다. 한국 노인 중 독거노인의 자살률은 더 높다. 이들은 함께 사는 가족이 없기 때문에 외로움이나 우울감을 더 많이 느끼게 된다. 따라서 이들에게 여러 가지 면에서 주의를 기울여야 한다.

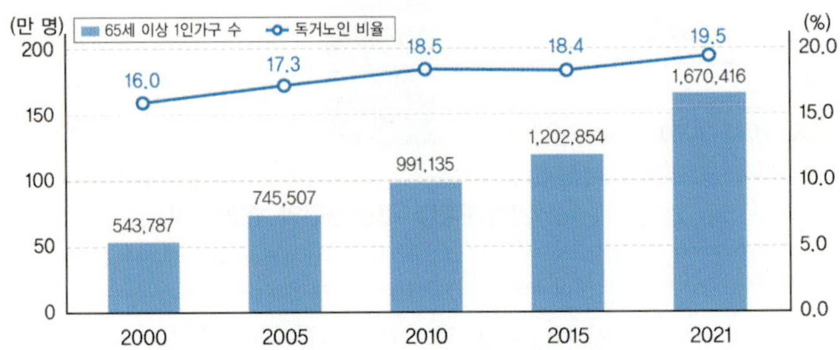

그림 12-5. 2000~2021년 독거노인 비율

출처: 통계청(2020). 장래가구추계.

전체 65세 이상 노인인구 중 독거노인의 수는 2021년 167만 명으로 전체 65세 이상 인구의 19.5%이다. 독거노인 비율은 2000년 16.0%에서 2005년 17.3%, 2010년 18.5%로 지속적인 증가추세를 보인 이후 2012년부터 18.4%에서 증가추세가 둔화되었으며, 2019년 19.5%에서 정체되어 있다. 65세 이상 노인인구가 2000년 339만 4천 명에서 2021년 857만 1천 명으로 2.5배 가량 증가한 데 비해 독거노인 수는 2000년 54만 3천 명에서 2021년 167만 명으로 3배 이상 증가하였다.

(6) 무자녀 가족

급속한 사회변화에 따른 현대사회의 두드러진 현상은 핵가족화가 가속화되고 있는 것이다. 즉, 자녀를 두지 않는 가족이 생겨나고 있다. 부부로만 구성된 가족이 점점 증가하는 원인에는 결혼이나 자녀출산의 문제가 필수가 아닌 선택사항으로 인식이 바뀌고 있기 때문이다. 딩크(DINK)족은 결혼해서 정상적인 부부생활을 하는 맞벌이 부부로, 수입은 두 배(Double Income)이지만 아이는 갖지 않는다(No Kids)고 주장하는 새로운 가족형태를 뜻하는 말이다. Double Income No Kids의 앞글자 DINK를 따서 만들었다. 듀크족, 즉 맞벌이 부부면서도 아이를 갖는 사람(Dual Employed With Kids: DEWK)과 대비되는 말이다. 이와 같은 딩크족에는 자발적 유형과 비자발적 유형이 있다. 자발적 유형의 딩크족은 인생이 황금기인 젊은 시절에 아이를 낳아 육아문제로 신경 쓰기보다는 인생을 즐기면서 사회적 지위를 달성하고자 하는 부류이며, 비자발적 유형은 국제통화기금(IMF) 금융위기 이후 평생고용에 대한 불안과 경제적 부담의 확산으로 자녀를 낳지 말자는 부부 간의 합의를 통해 자녀를 갖지 않는 경우이다. 여성들의 경우는 출산 후 상대적으로 자유롭지 못하고 아이를 낳아도 키워 줄 사람이 마땅치 않은 것이 또 다른 부담으로 작용하고 있다.

2. 집단

1) 집단의 개념

집단이란 상호작용을 통해 2명 이상이 공유된 목적이나 관심을 갖고 응집력을 발전시키는 사회적 집합체이다. 구성원들 간의 상호의존이나 상호작용을 통해 영향을 주고

받는 개인들의 집합으로 개인이 경험하는 집단 유형과 그 집단속에서 수행하는 과업과 역할은 성격형성, 인간관계의 질, 생활과업 수행에 영향을 미친다. 즉, 동일한 집합체에 소속되어 있다는 집단의식과 공동의 목적이나 관심사가 있으며 목적을 성취함에 있어 상호의존적이다.

배스(Bass, 1960)는 집단을 타인에게 보상을 주는 집합체로서 존재하는 인간의 모임체라고 정의하고 있다. 또한 피들러(Fiedler, 1967)는 구성원 간에 상호의존 의식과 공동운명체 의식을 가진 인간들의 모임이며, 스타이너(Steiner, 1972)는 상호반응하는 개인들의 단위라고 하였다. 따라서 집단은 서로서로 영향을 주고받는 둘 혹은 그 이상의 사람들로 정의하고 있다.

우리는 태어나면서부터 가족이라는 집단에 속해 있고, 자라면서 또래집단에 속해 있다. 사회집단(社會集團)은 같은 구성원이라는 의식을 가지고 있는 사람들의 모임이다. 운동 경기장에 우연히 모여 있는 군중은 사회집단이 아니며, 남자나 장애인 등과 같이 공통적 성격에 의해 구분된 사람들도 사회집단이 아니다. 이들은 함께 상호작용을 하고 있다는 집단속 의식이 없기 때문이다. 사회집단은 조직과도 다르다. 사회집단은 집단이 추구하는 뚜렷한 목적이 없거나, 있다 하더라도 구성원이 그것을 비교적 명확하게 이해하지 못하는 반면, 사회조직은 아름다운 무늬의 천을 짜듯이 명확하게 정의된 목적을 추구하기 위하여 의도적으로 세밀한 구조를 갖도록 짜여진 것이다(김경은 외, 2020).

다시 말해 집단은 동일한 관심을 갖고 모여 일관되고 획일적인 활동을 할 수 있는 사람들의 집합체로 집단의 주요 유형에는 회원들이 친밀한 관계를 유지하고 광범위한 특징과 상호작용을 공유하는 1차 집단(primary group) 및 회원들이 대면적인 접촉을 드물게 하거나 결코 하지 않으며 비개인적으로 제휴되어 있고 단지 하나 또는 약간의 특징과 공통 관심사를 공유하는 2차 집단(secondary group)이 있다.

2) 집단의 형태

(1) 1차 집단과 2차 집단

사회집단은 1차 집단과 2차 집단으로 분류할 수 있다. 1차 집단은 부모와 자식 간의 관계와 같이 선택의 여지가 없이 태어나면서부터 자연적으로 맺어진 관계를 말한다. 혈연과 지연에 의해 이루어진 소규모의 친밀한 사람들의 집단은 대체로 1차 집단으로 분류할 수 있다. 이 집단에 속하는 사람들은 서로 강한 감정적인 결속으로 연결되어 있다. 여기에서 '1차'라는 뜻은 사람의 사회화 과정에서 가장 중요한 역할을 하는 집단이라는 의미를 담고 있다. 이와는 달리, 인간관계가 부분적이고 공식적으로 맺어진 사람들로 이루어진 집단을 2차 집단이라고 한다. 2차 집단 안에서 사람들은 특정한 이익을 도모하기 위하여 서로 관계를 맺는다. 목돈 마련을 위해 만들어진 계(契)나 지역 재개발을 위해 구성된 지역조합 등이 2차 집단의 예이다.

미국의 사회학자 파슨스(Pasons)는 1차 집단과 2차 집단을 구별하는 요소를 다섯 가지로 구분하였다. 구체적으로 2차 집단과 대조적으로 1차 집단 구성원들 사이의 관계는, ① 특수하거나 한정적이기보다 분산되어 있으며, ② 보편주의적이기보다 특수주의적이고, ③ 무엇을 하는가 또는 해 왔는가 하는 업적에 바탕을 두기보다는 지위와 직업을 중요하게 평가하며, ④ 자기지향적이기보다 타자지향적이거나 집단지향적이고, ⑤ 감정적으로 중립적이기보다는 정서가 개입된다. 2차 집단은 구성원들 사이의 관계가 이 다섯 가지 요소와 정반대되는 경향이 있다.

(2) 게마인샤프트와 게젤샤프트

퇴니스(Tonnies)는 집단구성원들의 결합양식을 기준으로 하여 사회적 관계의 두 가지 기본적 유형을 대비시키기 위해 게마인샤프트(gemeinschaft)와 게젤샤프트(gesellschaft)라는 개념을 제시하였다. 게마인샤프트적 관계는 정서적, 비공식적, 전통적, 감상적, 미분화적이며, 실례로서 가족, 교회, 민족, 씨족, 중세적 소도시 등이 있다. 게젤샤프트적 관계는 비정의적(非情誼的), 공식적(계약적), 공리적, 현실적, 분화적이며, 인위적 · 계약적 결합으로서 판매자와 구매자 사이의 관계 같은 것이라고 정의 내릴 수 있다. 실례로서 대도시, 국가, 세계사회, 주식회사 등이 있다(김경은 외, 2020).

(3) 성장집단과 치료집단

성장집단은 '집중적인 집단경험'의 집단생활을 통해 사회화(社會化)와 퍼스낼리티의 성숙에 목적을 달성시키기 위해 조직된 것으로 훈련집단(T-group), 감각인식집단, 엔카운터집단, 감수성훈련집단, 유아원집단, 청소년집단, 경쟁집단 등이 이에 속한다. 이러한 성장집단을 통해 감정에 대한 자각 증진, 대인관계 의사소통의 향상, 가치의 탐색과 정립, 생활양식의 변화 등을 보이게 된다. 이러한 집단은 고도의 감정과 인간 상호 간의 승인을 토대로 구성되며, 기본적 목적은 구성원들의 자기인식의 변화, 자기 증진(self-improvement) 그리고 잠재력을 개발하는 것이다.

치료집단은 내적 심리상태에 갈등을 가진 사람들을 돌봐 주기 위해 구성된 집단으로, 흔히 이들 집단은 구성원들이 들락날락거리는 개방되고 장시간을 요하는 집단이다. 여기에는 비행청소년집단, 정신질환자집단, 소년원집단 등이 속하며, 치료집단의 일차적 목적은 성원들의 행동변화, 개인적 문제의 완화나 제거, 그리고 재활할 수 있도록 도와주는 것이다.

(4) 자조집단

자조집단은 공통된 문제에 대해 개인 또는 환경에 바람직한 변화를 가져오기 위해 함께하는 사람들로 구성된 집단으로서 이들은 비슷한 환경에 있으면서 공통의 이익을 도모하기 위해 서로 돕거나 공통의 문제를 함께 해결하려는 사람들이다. 카츠와 벤더(Katz & Bender, 1976)는 자조집단에 대해 〈표 12-2〉와 같이 분류하였다(김경은 외, 2020).

표 12-2. **자조집단의 분류**

- 개인적인 성장이나 자기충족에 일차적으로 초점을 두고 있는 집단(예: 치료적 집단)
- 사회적인 변화에 일차적으로 초점을 둔 집단(예: 복지권을 주장하는 집단)
- 생활의 대표적인 유형을 창조하려는 일차적인 기능을 가진 집단(예: 여성해방운동 집단 및 동성연애자 집단)
- 버림받은 자의 안식처 또는 밑바닥 인생집단(예: 수용시설 내 집단)

3) 집단과 인간행동

집단의 기본적 조건이 충족되면 각 집단에는 그 집단의 형태가 구체화되고, 집단의 기능이 작용하게 된다. 따라서 그 집단의 특성은 특유한 것으로 나타나게 되며, 이와 같은 집단의 특성은 여러 가지 관점에서 파악될 수 있다. 집단체계의 특성은 〈표 12-3〉, 집단체계의 기능은 〈표 12-4〉와 같다.

표 12-3. **집단체계의 특성**

- 집단은 최소 두 명 이상의 사람으로 이루어지며, 그것은 하나의 통일된 실체로서 인지할 수 있다.
- 집단은 최소한의 역할분화 수준이 특징이다.
- 모든 집단구성원은 공통된 집단정체성을 가지며 집단을 하나의 실체로 지각한다.
- 집단구성원들 간의 관계는 이성적 요소들보다는 정서적인 요소들에 의해 주로 유발된다.

표 12-4. **집단체계의 기능**

- 집단은 그 집단이 가지는 목표, 즉 공동의 목표를 달성하는 기능을 가지고 있다.
- 집단은 구성원들의 욕구를 충족시키고 그들의 매력을 느끼도록 하여 그 집단을 계속해서 유지하려는 기능을 가지고 있다.
- 개인적 기능은 구성원의 자기 가치감을 높여 주는 기능, 구성원의 구체적 행동을 규정하는 기능, 구성원에게 가치관과 그 가치관을 표현하는 행동방식을 습득하게 하는 기능, 구성원에게 장래의 생활준비로서 자세를 확립시키게 하는 기능으로 나눌 수 있다.

3. 가족과 집단 및 사회복지실천

가족과 집단 및 사회복지실천의 함의점을 구체적으로 살펴보면 다음과 같다(강세현 외, 2020).

1) 가족과 사회복지실천

가족은 사회복지실천의 중요한 기본단위로 간주되어 왔다. 가족복지실천은 가족구성원 개개인에게 초점을 맞추는 것이 아니라 한 단위로서의 가족 전체에 주목하면서 가족의 보호, 보장, 강화를 도모하는 조직적 제반 활동이다. 가족이라는 복합성 혹은 포괄성 때문에 가족복지실천은 사회복지의 다른 분야인 아동문제, 노인문제, 장애인문제, 여성문제 등의 분야와 중첩된다. 그러나 가족복지실천이 다른 사회복지 분야와의 차이점은 아동복지, 노인복지, 여성복지 등은 그 대상으로 특정인을 취급하는 데 비하여 가족복지는 가족구성원 개개인은 물론 가족 전체를 취급하는 것이라 할 수 있다. 가족복지실천의 주요 대상이 될 수 있는 가족은 한부모 가족, 배우자학대 가족, 장애인 가족, 비행청소년 가족, 알코올중독자 가족, 치매노인 가족 등이다. 가족복지실천의 접근방법은 〈표 12-5〉와 같이 크게 분류하여 거시적 접근방법과 미시적 접근방법으로 구분할 수 있다(조흥식 외, 2006).

표 12-5. **가족복지실천의 접근방법**

구분	내용
거시적 접근방법	거시적 접근방법은 가족문제를 사회 전체의 문제로서, 즉 가족이 전체 사회의 제도적 구조와의 관계에서 보다 잘 존속할 수 있는 조건 혹은 환경을 조성하는 접근방법으로서 직접적으로 가족과의 만남속에서 이루어지기보다는 간접적 정책의 차원에서 이루어진다. 거시적 접근방법의 대표적인 것은 가족정책이다. 가족정책은 문제가족에 대하여 사회복귀적

구분	내용
	처우라기보다는 예방적 처우라는 관점을 갖고서 사회의 구조적 문제에 대하여 제도적 · 환경적 · 거시적으로 접근하는 것이다. 그러므로 가족정책은 정부가 가족을 위하여 시행하는 모든 활동을 의미한다. 가족정책은 가족에 대한 소득보장, 인구정책, 부적응 가족에 대한 원조 대책 등을 중심으로 전개되어 왔으며, 최근에는 아동의 인권옹호 및 주부를 위한 정책, 특히 취업모를 위한 시책으로서의 가족정책을 강조하고 있다.
미시적 접근방법	미시적 접근방법은 문제 혹은 장애로 고통을 당하고 있는 가족에게 직접적으로 접근하는 방법으로서 서비스의 차원에서 논의될 수 있는 방법이다. 미시적 접근방법으로서의 가족복지서비스는 특수한 욕구를 가진 가족구성원의 특별한 문제를 취급하는 가족복지기관의 서비스 활동으로 다분히 가족복지의 제도적 개념을 보완하는 잔여적 성격을 가지고 있다. 가족복지기관의 목표는 가족내의 개인 및 그 구성원이 가족생활에서 원만한 인간관계를 갖도록 하는 것이다. 가족복지서비스의 대표적 프로그램에는 가정생활교육, 가족계획사업, 가족보존과 가정기반 서비스, 가족치료, 가족옹호 등이 포함된다.

2) 집단과 사회복지실천

집단사회복지실천은 집단이 개인에게 미치는 영향을 중요시하며, 개인 및 집단의 목표달성을 위해 집단과정을 활용한다. 집단사회복지실천은 사회적 기능의 향상과 사회적으로 바람직한 목표의 달성을 위해 집단속의 사람을 대상으로 하는 사회복지실천의 한 방법이다(강세현 외, 2020).

역사적으로 집단사회복지실천은 19세기 중반경 조직된 YMCA와 YWCA가 시행한 집단 프로그램 및 활동과 함께 시작되었다. 19세기 후반에는 영국의 토인비 홀, 미국의 헐 하우스 같은 세틀먼트(settlement)에서 집단 프로그램을 활용하여 빈민을 지원해 주는 활동을 하였다. 20세기에 와서는 보이스카우트, 걸스카우트, 4H 클럽 같은 여러 형태의 집단사회복지기관이 발전하기 시작하였다. 오늘날 수많은 청소년과 성인은 집단 상호작용에 기초한 조직에 속해서 살아가고 있다(Skidmore, Thackeray, & Farley, 1991). 집단사회복지실천 방법은 YMCA, YWCA와 같은 전통적 집단사회복지기관뿐만 아니라 범죄와 비행에 관한 교정 분야, 병원, 학교, 결혼과 가족관계, 아동 학대 등의 영역에서 폭넓게 활용되고 있다.

파펠과 로스만(Papell & Rothman)은 집단사회복지실천 모형을 사회적 목표 모형, 치료적 모형, 상호작용 모형으로 나누어 설명하고 있다(Skidmore, Thackeray, & Farley, 1991). 사회적 목표 모형은 집단의 이해관계와 목표를 달성하려는 집단의 노력과 관련된다. 그래서 사회적 목표 모형은 지역사회내의 문제를 제기하고 그 문제에 대한 해결책을 사회복지관, 사회복지협의회와 같은 기관내에서 실천하는 활동을 의미한다. 또한 사회적 목표 모형은 지역개발에 따르는 사회문제를 제기하고 해결하는 데 활용되기도 한다. 치료적 모형에서 집단은 변화의 도구로 활용된다. 사회복지사는 개인들이 변화를 일으킬 수 있도록 집단구성원 간의 상호작용을 촉진시킨다. 또한 사회복지사는 개인들이 자기인식을 갖고 사회적 기능을 향상할 수 있도록 돕기 위해서 여러 가지 지식과 기술을 활용한다. 치료적 모형은 정신병원, 교정기관, 가족복지기관, 학교, 상담기관 등 여러 기관에서 폭넓게 활용되고 있다. 상호작용 모형은 개인과 사회의 체계적인 관계를 전제로 한다. 개인과 사회의 상호의존성이 사회복지실천의 초점이 되며, 집단은 개인과 사회의 기능이 향상될 수 있는 장으로 활용된다. 치료적 모형과는 달리 상호작용 모형은 바람직한 결과를 설정하지 않는다. 다시 말해 상호작용 모형은 치료적 목표와 변화 프로그램을 전제로 하지 않는다. 문제의 방향 설정은 오로지 집단을 구성하는 개인들의 만남에서 생겨난다. 따라서 상호작용 모형에서는 인간관계의 과정에 대한 참여를 강조한다(강세현 외, 2020).

Chapter 13

조직과 지역사회

배울내용

1. 조직
2. 지역사회
3. 조직과 지역사회 및 사회복지실천

학습목표

1. 조직의 개념, 유형 및 구조를 설명할 수 있다.
2. 지역사회의 정의, 분류, 기능 및 특성을 설명할 수 있다.
3. 조직과 지역사회의 사회복지실천의 함의점을 파악하고 활용방안을 모색해 본다.

1. 조직

1) 조직의 정의

현대사회는 조직사회라고 할 수 있다. 왜냐하면 대부분의 사람들이 지역사회를 기반으로 많은 조직들에 참여하며 자신들의 삶을 관계 맺기 때문이다. 즉, 조직은 사람들의 일상생활에 중추적 역할 수행과 사회, 경제, 정치, 개인의 목적 달성을 위해 중요하다. 그래서 좋은 조직들이 많이 생겨나고 발전하는 것은 우리의 삶에서 좋은 가족과 좋은 친구를 가지는 것과 같이 중요하다. 이러한 조직들은 큰 사회 체계 안에서, 하나의 작은 체계로서 다른 조직들과 상호의존관계를 가지며 발전하고 있다. 조직은 사전적으로 일정한 목적을 달성하기 위한 여러 사람들의 협동 · 수단 · 시스템을 의미한다. 즉, 조직이란 두 사람 이상이 특정한 목적을 이루기 위해 지속적으로 협력해 나가는 일련의 체계이며 사회적 단위라고 할 수 있다.

2) 조직의 유형

조직은 추구하는 목표, 성격과 기능에 따라 여러 형태로 존재한다. 조직이론에서는 어떤 조직의 특성을 이해하기 위해 비슷한 특성을 가진 조직끼리 배합하여 연구하는 유형론이라 한다. 기관에서의 대표 조직유형론으로 조직의 수혜자 중심, 조직의 기능 중심, 조직의 참여에 대한 결정 중심, 권력과 복종의 유형 기준 중점, 카리스마(권력)의 분포 구조에 따른 유형으로 구분할 수 있다(김진숙 외, 2018; 오석홍, 2011; 이기원 외, 2022).

(1) 조직의 수혜자 중심

조직의 수혜자 중심의 조직유형은 조직에서 가장 많은 혜택을 받는 사람이 누구인가에 따라 분류하는 것으로, 블라우와 스콧(Blau & Scott)의 조직유형이 대표적이다. 블라우와 스콧은 조직유형을 호혜조직, 기업조직, 공익조직, 봉사조직으로 구분하였으며, 구체적인 내용은 〈표 13-1〉과 〈표 13-2〉와 같다.

표 13-1. **블라우와 스콧의 조직유형의 구분**

구분	내용
호혜조직	구성원의 참여와 구성원에 의한 통제를 보장하는 민주적 절차를 조직내에 유지하는 것이 가장 중요하다. 조직의 모든 구성원들을 위한 조직으로 공제회, 정당, 노동조합, 전문 조직, 재향군인회, 각종 회원제 클럽 등을 예로 들 수 있다.
기업조직	영리조직이라고도 하며, 경쟁적인 상황속에서 운영의 능률을 극대화하는 것에 초점을 둔다. 즉, 조직의 소유자나 경영자의 이익을 위한 조직으로 기업체, 판매회사, 은행 등을 예로 들 수 있다.
봉사조직	서비스조직이라고도 하며, 고객에 대한 전문적 봉사(서비스)와 행정절차 사이에서 발생하는 갈등에 초점을 둔다. 즉, 고객을 위한 조직으로 병원, 학교 등을 예로 들 수 있다.
공익조직	국민에 의한 외재적 통제가 가능하도록 민주적 장치를 발전시키는 데 초점을 둔다. 즉, 일반 대중의 이익을 위한 조직으로 정부기관, 경찰, 소방서, 우체국, 전화국 등을 예로 들 수 있다.

표 13-2. **블라우와 스콧의 조직유형의 특성**

조직유형	예	수혜자	중점
호혜조직	정당, 노조	구성원	구성원의 참여와 통제에 의한 민주적 절차
기업조직	기업체, 은행	소유주	능률의 극대화
봉사조직	병원, 학교,	고객	고객에 대한 봉사와 서비스
공익조직	행정기관	일반국민	국민에 의한 외재적 통제를 위한 민주적 장치

(2) 조직의 기능 중심

조직의 기능 중심은 사회적 기능에 따라 조직을 분류하는 것으로 파슨스, 카츠와 칸(Katz & Kahn)의 조직유형이 대표적이다. 그들은 조직유형을 체계적 기능, 적응기능, 목표달성기능, 통합기능 및 형상유지기능에 따라 분류하였는데, 구체적으로 파슨스는 경제적 조직, 정치조직, 통합조직, 형상유지조직으로 구분하였고, 카츠와 칸은 적응조직, 경제적 · 생산적 조직, 정치적 · 관리적 조직, 형상유지조직으로 구분하였다. 카츠와 칸의 조직유형은 〈표 13-3〉, 파슨스, 카츠와 칸의 조직유형의 특징은 〈표 13-4〉와 같다.

표 13-3. **카츠와 칸의 조직유형**

구분	내용
적응조직	지식을 창출하고 이론을 개발하여 검증하며, 사회문제의 해결에 정보를 적용하는 기능을 가진 조직으로 연구소, 학회를 예로 들 수 있다.
형상유지조직	사람들을 다른 조직이나 사회에서 역할을 수행할 수 있도록 사회화 교육을 훈련하는데 공헌하는 기능을 가진 조직으로 학교, 교회, 가정을 예로 들 수 있다.
정치적 · 관리적 조직	자원, 인간의 판별, 조정 및 통제와 관련된 기능을 지닌 조직으로 정부기관, 압력단체, 노동조합 등을 예로 들 수 있다.
경제적 · 생산적 조직	사회를 위해 부를 창조하고 물품을 제조하며 용역을 제공하는 일과 관련된 조직으로 광업체, 농장, 공장, 운수업체, 백화점 등을 예로 들 수 있다.

표 13-4. **파슨스, 카츠와 칸의 조직유형의 특징**

체제의 기능	적응기능	목표달성기능	통합기능	형상유지기능
파슨스의 조직유형	경제적 조직 (회사 등 사기업)	정치조직 (행정기관)	통합조직 (정당, 사법기관)	형상유지조직 (교회, 학교)
카츠와 칸의 조직유형	적응조직 (연구소)	경제적 · 생산적 조직(산업조직)	정치적 · 관리적 조직(정당)	형상유지조직

(3) 조직의 참여에 대한 결정 중심

조직의 참여에 대한 결정은 서비스 조직의 참여를 누가 결정하는가에 따라 분류하는 것으로 칼슨(Carlson)이 대표적이다. 그는 조직유형을 유형Ⅰ, 유형Ⅱ, 유형Ⅲ, 유형Ⅳ로 구분하였는데, 그 특징을 살펴보면 〈표 13-5〉와 같다.

표 13-5. **칼슨의 조직유형의 특징**

구분	내용
유형 I	조직과 고객이 독자적으로 고객의 참여를 결정하는 것으로 사립학교와 대학교, 사립 의료원과 공공복지 기관을 예로 들 수 있으며, 야생조직(집단 간 경쟁에서 생존)이라고도 한다.
유형 II	고객이 조직을 선택하는 것으로 주립대학을 예로 들 수 있다.
유형 III	실제적으로 발견하기 어려우며 이론적으로 존재하는 집단이다.
유형 IV	법규에 의해 고객을 수용할 수밖에 없는 조직으로 의무교육기관, 교도소를 예로 들 수 있으며, 온상조직(고객을 유치하는 데 경쟁 없이 법적으로 그 존재가 보장되는 조직)이라고도 한다.

조직의 고객 선택권 \ 고객의 참여 결정권	유	무
유	유형 I	유형 III
무	유형 II	유형 IV

(4) 권력과 복종의 유형 기준 중점

권력과 복종의 유형 기준 중점은 복종(compliance)에 입각한 분류를 하는 것으로 에치오니(Etzioni)의 조직유형이 대표적이다. 에치오니는 조직이 통합을 유지하고 기능을 수행하기 위해 참여자가 조직의 목적과 규칙에 복종하기 위해 참여하는 방식과 조직의 개인행동에 대한 통제 방법을 고려하여, 구체적으로 개인의 행동통제 방법에 따라 강제적 조직(coercive power), 보상적 조직(remunerative power), 규범적 조직(normative power)으로 구분하였고, 구성원의 참여 방식에 따라 소외적 참여(alienative involvement), 계산적 참여(calculative involvement), 도덕적 참여(moral involvement)로 구분하였는데, 그 특징은 〈표 13-6〉과 같다.

표 13-6. 에치오니의 조직유형의 특성

구분	항목	특징
개인의 행동 통제 방법	강제적 권력	물리적 힘을 가하는 것(위협, 매질, 감금, 체벌, 음식 등)
	보상적 권력	봉급이나 상여금, 특별급여 등 물질적 금전적 대가를 늘리거나 줄이는 형식
	규범적 권력	상징적 보상이나 제재를 통한 통제, 벌로서는 비난 배척 지위의 박탈, 낮은 고과 점수 등을, 상으로는 칭찬, 특권 높은 평가 등
구성원의 참여 방식	소외적 참여	자기의 의사에 반대되기 때문에 부정적이고 적대적인 감정이 강해 참여에 소극적임
	계산적 참여	조직에 대한 태도는 중립적이며 때에 따라 적극적이고 소극적일 수 있음
	도덕적 참여	조직의 존립 목적에 강한 신념을 가지고 참여하기 때문에 매우 적극적임

권력의 형태 \ 참여의 형태	소외적	타산적	도덕적
규범적	규범적 소외적	규범적 타산적	**규범적 조직** 종교단체, 종합병원, 학교, 자원단체, 전문직 단체
보상적	보상적 소외적	**공리적 조직** 공장, 회사, 협동조합	보상적 도덕적
강제적	**강제적 조직** 교도소, 수용소, 정신병자 수용소, 군대	강제적 타산적	강제적 도덕적

(5) 카리스마(권력)의 분포 구조에 따른 유형

카리스마의 분포 구조에 따른 유형은 T구조, L구조, R구조로 구분하는 것으로 그 특성은 〈표 13-7〉과 같다.

표 13-7. **카리스마(권력)의 조직유형**

구분	특징	예
T구조	Top 구조로서 카리스마 소유자가 상층부에 있음	회사 등 공리적 조직
L구조	Line 구조로서 카리스마 소유자가 조직의 상하로 걸쳐 있음	관료제 조직
R구조	Rank 구조로서 카리스마 소유자가 횡으로 분포	대학이나 연구소 등 동태적 조직

3) 조직의 구조

경영조직은 그 목적을 효율적으로 달성하기 위하여 일반적으로 4단계에 따라 조직하며, 각 단계에 따른 일정한 원칙이 있다. 그러나 그 원칙은 경영의 상황에 따라 적용의 효과가 달라질 수 있다. 조직화를 위한 단계는 다음과 같다(이기원 외, 2022).

(1) 1단계: 일의 분할

조직의 목표를 달성하기 위하여 필요한 전체적인 업무 활동을 파악하고 논리적 · 체계적으로 분류하여 업무를 세분화한다. 일의 분할과 관련된 조직화의 원칙에는 전문화의 원칙이 있다. 전문화의 원칙은 관련된 업무끼리 묶어서 분업화하여 전문적으로 수행함으로써 업무의 효율을 향상시키려는 원칙이다. 조직체 내의 업무를 세분화하여 조직구성원에게 배정하면 조직의 능률과 생산성이 향상되고 사회도 발전할 수 있다.

그림 13-1. **일의 분할과 전문화의 원칙**

(2) 2단계: 부문화

일의 분할이 끝나면 확정된 업무 수행을 위한 부서를 정하는데, 이를 부문화 또는 부서화라고 한다. 부문화를 통해 각 구성원이 특정 업무에 전념함으로써 업무의 효율성을 높일 수 있다. 부문화는 제품, 지역, 고객, 기능, 공정 등을 기준으로 채택할 수 있다. 부문화와 관련된 원칙에는 직능화의 원칙이 있다. 직능화의 원칙은 업무를 수행할 때 필요한 일을 중심으로 조직화하는 원칙이다. 직무를 할당할 때에는 사람 때문에 일자리를 만들지 않고 일 때문에 사람을 채용해야 한다.

그림 13-2. **직능화의 원칙**

(3) 3단계: 책임과 권한의 부여

경영자는 조직이 커지면 조직구성원에게 업무 중 일부의 권한을 위임한다. 책임과 권한의 부여와 관련된 조직화의 원칙에는 권한과 책임의 원칙, 권한 위양의 원칙, 감독 한계의 원칙, 명령 일원화의 원칙 등이 있다〈표 13-8〉.

표 13-8. **책임과 권한의 부여 원칙**

구분	내용
권한과 책임의 원칙	조직의 구성원은 그가 분담하고 있는 직무와 똑같은 범위의 책임과 권한을 가져야 한다는 원칙이다. 조직의 원칙에 직무 3면 등가의 원칙이 있다. 이는 직무를 명확히 하기 위해서는 직무의 책임 · 권한 · 의무를 같게 해야 한다는 것이다. 즉, 권한(결정권, 명령권, 행위권), 책임(업무 집행 방법과 결과에 대한 책임), 의무(일정 행위가 요청되는 것)를 동등한 가치를 갖도록 하는 것이다.
권한 위양의 원칙	조직의 규모가 확대되면 상위자는 하위자에게 직무에 따르는 권한을 위임해야 한다는 원칙이다. 권한 위양이 적정화되면 상위자는 보다 더 중요한 업무에 전념할 수 있게 되고, 하위자는 위양을 받은 범위내에서 창의성, 잠재적 능력 등을 발휘할 수 있다.
감독 한계의 원칙	한 사람의 상사가 직접 지휘 · 감독할 수 있는 부하의 수에는 한계가 있다는 원칙이다. 능률적인 감독을 하기 위해서는 한 사람의 상사가 통제할 수 있는 부하의 수가 정해져야 한다는 것이다. 감독의 범위가 너무 넓으면 의사소통이 어려워져서 조직의 능률이 떨어지고, 반대로 관리의 범위가 너무 좁으면 지나친 감독으로 부하의 창의성이 떨어지게 된다.
명령 일원화의 원칙	조직의 구성원은 한 사람의 상사로부터 명령과 지시를 받아야 한다는 원칙이다. 만일 한 사람이 두 사람 이상의 상사로부터 명령을 받는다면 명령에 중복과 마찰이 생기고 조직의 질서가 유지될 수 없으며, 책임 회피의 경향이 생겨 경영 능률이 떨어진다.

그림 13-3. **명령 일원화의 원칙**

(4) 4단계: 조정

부서마다 책임과 권한을 부여받아 업무를 수행하는 과정에서 갈등과 충돌이 발생할 수 있다. 조정은 부서 간의 마찰을 원활하게 조절하는 것이다. 조정과 관련된 조직화의 원칙에는 조정의 원칙이 있다. 조정의 원칙은 조직이 추구하는 전문화와 부문화로 인한 마찰을 최소화함으로써 조직의 효율성을 높여야 한다는 것이다. 즉, 조직의 각 구성원이 담당하는 업무의 중요성이 잘 조절되어 상호 통합되어야 한다는 원칙이다.

그림 13-4. **조정의 원칙**

조직은 세계화, 정보화, 기술의 변화, 정책의 변화, 조직내부의 통폐합, 조직개편, 새로운 사업 분야 확장 등으로 조직구조가 변경될 수 있다. 조직구조는 조직의 목표달성을 위하여 조직을 구성하는 각 부분의 위치와 역할 등을 합리적으로 배열한 구조적 틀이다. 따라서 조직구조는 조직효과성에 영향을 미치는 각종 변수가 무엇인지 파악하는 데 도움을 주며, 구성원의 행동방식이나 구성원 간 상호작용의 형태를 결정하는 데 매우 중요한 역할을 한다. 이러한 기관 조직화의 유형으로는 기능별 조직화, 사업부별 조직화, 매트릭스형 조직화, 팀 조직화 등으로 구분할 수 있다(오혁진, 2015; 이기원 외, 2022).

표 13-9. 조직화의 유형

구분	내용
기능별 조직화	기능별 조직화는 기능적으로 서로 관련이 있거나 동일한 작업이나 업무를 담당하는 사람들을 한 부서에서 일하게 하는 것이다. 예를 들어, 프로그램 운영부, 관리부, 총무부 등으로 나누는 것이다. 따라서 해당업무와 관련한 대부분의 사항을 책임지고 관리하게 되며, 개별 기능관리자들이 최고 경영자에게 업무를 보고하게 끔 설계되어 업무의 효율성을 극대화한다. 조직의 규모가 크지 않을 때 적합하다. 단점으로는 모두 자기 역할완수에 일차적인 초점을 두기 때문에 고객중심의 사고를 하기에는 부적합하다.
사업부별 조직화	사업부별 조직화는 기관의 규모가 증대되고 프로그램이 복잡해짐에 따라 지역이나 프로그램의 종류를 기초로 부분화하여 만들어지는 조직형태이다. 예를 들어, 노인교육 사업부, 여성교육 사업부, 청소년교육 사업부 등으로 나누는 것이다. 사업부별 조직화는 해당 사업부문의 책임자에 의해 이루어진다. 사업부의 책임자는 자주적이고 독립적인 지위를 갖게 되어 대부분의 권한을 보유하고 행사한다. 장점은 사업단위별로 권한과 책임을 부여함으로써 환경의 변화에 빠르게 대응할 수 있다는 점이다. 그러나 단점으로는 중복된 부서가 있어 낭비를 초래하거나 사업부 간 지나친 경쟁으로 기관 전체의 목표달성을 방해할 수 있다.
매트릭스형 조직화	매트릭스형 조직화는 한쪽에는 프로그램 개발, 재무, 마케팅, 인사 등과 같은 전통적 기능별 조직과 다른 한쪽에는 사업부별 조직을 결합한 형태이다. 사업부제 조직의 장점을 취하는 한편 단점(기능영역의 중복으로 인한 비용발생문제)을 해결하기 위해 시도된 것으로서 조직의 한 방향으로는 전통적인 기능별 또는 업무별 조직을 배치하는 한편 다른 방향에서는 프로젝트별, 제품별, 지역별 조직부문을 배치하여 종횡으로 엮어 구조를 형성한다. 따라서 조직의 각 구성원들은 기능 위주의 업무와 프로그램 위주의 업무를 동시에 담당하게 된다. 장점으로는 인적 자원을 효율적으로 활용하고 새로운 변화에 융통성 있는 대처를 할 수 있다는 것이다. 그러나 단점으로는 조정의 문제이기도 하면서 권한이나 주도권에 대한 갈등이 발생할 수 있다. 즉, 서로 다른 명령을 받을 경우 혼란이 발생할 수 있다.
팀 조직화	팀 조직화는 특정한 과업의 계획과 집행을 위해 비교적 소수의 구성원으로 구성된 기동성이 있는 조직을 의미한다. 기존의 조직구성원 가운데 프로젝트에 수행에 필요한 사람들로 팀을 구성하며 임무가 수행되면 팀은 해산하게 된다. 장점으로는 불필요한 부서 간의 장벽을 없앨 수 있고 신속한 의사결정체계를 갖출 수 있다는 점이다. 단점으로는 구성원들의 능력에 의존할 수밖에 없으므로 유능한 팀원을 구하지 못하면 효과가 떨어질 수 있다.

기관을 성공적으로 경영하기 위해서는 조직내부의 조직화, 권한과 임무부여 등의 조직관리가 이루어져야 한다. 조직화는 기관의 목표를 달성하는 데 합리적, 효율적이어야 한다. 조직구조는 평생교육기관의 본질적인 기능을 수행할 수 있도록 인적, 물적 자원을 조달하고 기관이 추구하는 목표를 달성할 수 있도록 기획, 조정, 집행하는 역할

을 한다. 따라서 기관이 추구하는 목표가 다르고 자원을 조달하는 방법이 다르기 때문에 조직구성도 이에 따라 달라져야 한다.

2. 지역사회

지역사회는 지정학적 경계와 공동가치 및 관심에 의해 특정 짓는 사회집단으로서 특정 사회구조내에서 기능하며, 서로 비슷한 혈연, 이웃, 친구들에 의한 전통적 사회안 전망을 갖고 있으므로 비슷한 규범, 가치관 및 사회조직을 만들어 낸다.

1) 지역사회의 정의

지역사회는 'community'를 번역한 것으로 이는 친하게 교제한다는 뜻(commune)에 '~ity'를 붙여서 공동체, 공동사회라는 명사가 된 것이며, 의사소통(communication)이라는 뜻도 지니고 있다. 따라서 지역사회란 특정 지역이나 마을을 의미하는 지역성보다는 공통된 당면 과제에 대한 연대적 협동성과 이익집단으로서 커뮤니케이션의 역동성과 네트워크화되어 가는 성향을 보이고 있다.

세계보건기구(WHO)는 지역사회의 여러 측면을 포괄적으로 개념화하여 지역사회란 지리적 경계 또는 공동가치와 관심에 의해 구분되는 사회집단으로 지역사회 구성원들은 서로를 알고 서로가 상호작용을 하고, 특정 사회구조내에서 기능하며, 규범, 가치, 사회제도를 창출한다고 정의하고 있다.

지역사회의 정의는 일정한 지리적 공유, 지역주민, 사회적 상호작용, 생활공동체 정신 등으로 구분할 수 있지만 학자별로 주장하는 내용에는 다소 차이를 보이고 있다.

구체적으로 지오핑거 등(Goeppinger, Lassiter & Wicox, 1982)은 지역사회에 의해서 수행되는 기능에 초점을 두어 지역사회는 집단구성원의 공동적 요구를 충족시키는 기능과 상호의존성에 의해서 이루어진 공식적 혹은 비공식적 집단체계라고 하였고, 조스텐(Josten, 1989)은 지역사회에 대한 기본원리로 장소에 초점을 두어 하나의 사회체계, 하나의 장소, 어느 집단의 사람들로 정의하였다. 샤민스키와 페즈네커(Shamansky & Pesznecker, 1981)는 공통의 목표를 지니고 있는 어느 특정한 시 · 공간에 있는 사람들의 집단이라고 하였으며, 또한 오르(Orr, 1992)는 사람(인간), 장소, 사회풍토, 사회구조, 사회활동 그리고 감정과 같은 구성요소들의 하나로 통합된 것으로 지역사회를 단순한 인구집단의 의미 이상으로 정의하고 있다.

또 다른 정의들 중 지역사회에 있는 단체에 초점을 두고 있는 경우는, 그들의 삶에 어떤 중요한 특징적인 것을 서로 나누며 사는 사람들의 집합체 혹은 가치관이나 공공시설들을 서로 나누어 갖는 사람들의 모임(Thompson & Kinne, 1990), 일정한 단위를 형성하고 있는 사람들 가운데 공통적인 생활을 취하고 있는 하나의 사회적 단위(Green & Anderson, 1986), 지리학적 위치, 직업, 인종, 주택 상태 등 최소한 한 가지 이상의 공통 특성을 공유한 집단 또는 사람들의 모임(Kathryn & Gardner, 1988)으로 지역사회를 정의하고 있다.

지역사회에 대한 학자들 간의 다양한 정의에도 불구하고 지역사회란 공통의 이익과 의식을 가진 사회적 상호작용이 있는 공동체적 집단이라고 할 수 있다. 따라서 사회복지사는 대상자로서의 지역사회 특성인 공통성을 이해하여야 하며, 단순한 지리적 경제 중심의 지역사회 개념보다는 인구학적, 사회적 특성을 포함한 전반적인 지역사회의 이해가 필요하다.

2) 지역사회의 분류

(1) 구조적 지역사회

구조적 지역사회는 지역사회 주민들 간에 시간적 · 공간적인 관계에 의해서 이루어지는 공동체를 의미한다. 예를 들어, 중소도시와 같은 시(市)는 물리적 집단으로 구조적 지역사회의 한 예이다. 구조적 지역사회에 대한 분류는 〈표 13-10〉과 같다.

표 13-10. **구조적 지역사회**

구분	내용
집합체	집합체(aggregate)는 일반적으로 사람들의 모인 이유에 관계없이 집합 그 자체를 말한다. 큰 집단에서 소수의 집단에 이르기까지 다양하며 동일한 문제를 가진 집단을 말한다. 예를 들어, 뇌졸중의 위험을 가진 집단이나 환경적으로 위험한 집단(제련소 부근, 광산촌 주민 집단 등)과 사람들의 행태에 의하여 나타나는 위험한 집단(매춘 관련 집단의 미혼모 집단, 노숙자 집단, 마약 중독자, 알코올 중독자 집단 등)을 들 수 있다.
대면 공동체	지역사회의 기본적인 집단으로 구성된 상호 간에 교류가 빈번함으로 해서 소식이 서로 쉽게 전달되고 모든 사람들은 서로의 상황에 대해 알고 있다. 친밀성과 공동의식을 소유하고 있는 집단으로 가족, 이웃, 교민회 등의 여기에 해당되며, 대면 공동체는 도시보다 농어촌 지역에서 흔히 볼 수 있다.
생태학적 문제의 공동체	생태학적 문제, 즉 지리적 특성, 기후, 환경 변화 등에 의한 영향이 동일하게 작용하는 집단을 말한다. 예를 들어, 산림 파괴, 산성비, 대기오염, 수질오염, 토양오염 등으로 문제가 있는 공동체를 말한다.
지정학적 공동체	지정학적 공동체는 우리에게 가장 친숙한 지역사회로서 정치적 관련 구역단위이며 시 · 군 · 읍 · 면 · 리 등 합법적인 지리적 경계에 의해서 구분되는 집단이다. 법적 · 정치적 힘의 통제를 받으며, 지역사회 주민의 대변 활동을 수행한다. 이 공동체에는 지역적 갈등, 타협 및 부적절한 계획이 발생할 수 있다.
조직	조직이란 일정한 환경하에서 특정 목표를 추구하는 일정한 구조를 지닌 사회 단위로, 목표 지향적이고 합리성과 보편성을 지니고 있다. 이 조직은 특정 목표를 달성하기 위하여 환경과 끊임없이 상호작용을 하는 체제이며, 구성원이 수행하는 활동을 경계하기 위한 힘을 가지고 있다. 여기에는 보건소, 병원, 교회, 노동조합, 산업장 그리고 그 외 관료적인 공동체 등이 있다.

구분	내용
문제해결 공동체	문제해결 공동체는 문제점이 확인되고 다루어져 해결될 수 있는 범위내의 경계면을 말하며, 문제해결을 위한 공동체는 특정 지역사회의 경계를 이루고 있지는 않다. 이 공동체는 문제를 해결하기 위하여 최대한의 지역을 확보하고자 할 때 지정학적 지역을 초월하며, 경우에 따라서는 생태학적인 문제를 지역사회와 일치할 수도 있다. 예를 들어, 오염지역과 오염문제해결을 위한 정부기관 등을 들 수 있다.

(2) 기능적 지역사회

기능적 지역사회는 어떤 것을 성취하는 데 도움이 될 수 있는 지역적 공감을 기반으로 한 집합체이다. 단순한 지리적 경계보다는 목표 성취라는 과업의 결과로 나타난 공동체이므로 지역사회 주민의 관심 및 목표에 따라 유동적이다. 기능적 지역사회를 분류해 보면 〈표 13-11〉과 같다.

표 13-11. **기능적 지역사회**

구분	내용
동일한 요구를 가진 공동체	주민들의 일반적인 공통의 문제 및 요구에 기초를 두고 나타난 공동체이다. 문제가 있는 영역과 이에 영향을 미치는 요인들이 있는 영역은 동일한 요구를 지니고 있는 지역사회로 볼 수 있으며, 이런 형태는 생태학적 문제의 공동체나 특수 흥미 공동체와 같다. 이는 지역사회 사회복지 접근 대상에 해당하며, 장애인 집단, 한부모 집단 등이 해당된다.
자원 공동체	자원 공동체는 지역적인 경계를 벗어나 어떤 문제를 해결하기 위한 자원의 활용범위내로 모인 공동체이다. 자원은 경제적, 인력, 소비자, 다른 지역사회에 대한 영향력, 물자 등으로 이러한 자원들은 문제해결, 요구충족 등에 제공된다. 예를 들어, 오염문제를 해결하기 위하여 요구되는 재원, 인력, 물자 등의 자원을 지리적 경계에서 제공하는 것이 아니라 동원이 가능한 범위로 확대하여 조달할 때 자원 공동체가 형성된다.

(3) 감정적 지역사회

감정적 지역사회는 지역사회에 대한 감각이나 감성이 중심이 되어 모인 공동체이다. 감정적 지역사회를 분류해 보면 〈표 13-12〉와 같다.

표 13-12. **감정적 지역사회**

구분	내용
소속 공동체	자기가 속한 장소가 어디인가 하는 관점과는 달리 출생지와 같은 지연, 졸업 배경과 같은 학연 또는 종친회와 같은 인맥을 중심으로 동지애와 같은 정서적인 감정으로 결속된 지역사회이다.
특수 흥미 공동체	이 집단은 특수 분야에 서로 같은 취미, 흥미, 관심, 기호로 모인 공동체로서 특별한 논제나 화제가 발생했을 때 특히 부각된다. 예를 들어, 알코올 환자들의 자조모임, 정신장애의 자조모임, 낚시 동호회, 등반 클럽, 일요 요가회 등이 있다.

3) 지역사회의 기능

지역사회가 수행하는 제 기능이란 자녀양육, 물자의 생산 · 분배 · 소비, 여가 등을 포함하는 인간의 활동을 의미하지만 모든 지역사회가 공통적으로 수행하는 기능은 〈표 13-13〉과 같이 다섯 가지로 요약할 수 있다.

표 13-13. **지역사회가 수행하는 기능**

구분	내용
경제적 기능	일상생활을 편안하게 영위할 수 있도록 생산을 통하여 분배하며, 일상의 소비생활로 우리 인간이 살아가는 데 가장 기초적인 제1차 기능이므로 지역사회의 기능 중 기본이 되는 기능이다. 지역사회라는 공간속에서 생산을 위해 가정에서 몸과 마음의 긴장을 풀고 체력과 심신을 단련하여, 직장에 나가서 각종 생산 활동에 참여하여 얻은 수입으로 가정생활과 사회생활을 하는 기능이다. 지역사회 자원으로 특산품을 개발한다든가 기업을 유지한다든가 하는 자립을 위한 활동들이 포함된다.
사회화 기능	사회화란 인간이 동물적 인간에서 출발하여 사회적 인간으로 성장하기까지 이루어지는 일련의 모든 학습의 과정이다. 그러므로 이 기능은 지역사회가 공유하는 일반적인 지식, 사회적 가치, 행동 양상들을 새로이 창출하고 유지, 전달하는 기능으로 이러한 과정을 통하여 사회구성원들은 다른 지역사회 구성원들과 구별되는 생활양식을 습득하게 된다.
사회통제의 기능	지역사회는 그 구성원들에게 사회의 규범인 법과 규칙 등에 순응하도록 하는 정치적 기능을 한다. 구성원들은 서로 간에 생각과 감정 또는 사상을 교환하며, 정부기관에서 강제력을 가지고 집행할 수 있는 통제력 이외에 지역사회 스스로 규칙이나 사회규범을 형성하고 구성원들의 행동을 통제하는 활동이다.

구분	내용
사회통합 또는 참여의 기능	사회를 구성하는 조직원 간에 관련된 기능으로 지역사회가 유지되기 위하여 사회의 구성원 사이에 서로가 믿음과 신뢰를 바탕으로 상호 존중하며 구성원 상호 간 결속력과 사명감이 필요하다. 구성원 공동의 문제해결을 위하여 공동 노력하는 활동들이 포함된다.
상부상조의 기능	지역사회내의 질병, 사망, 실업 등 경조사나 도움이 필요한 상황에 대하여 상호 간에 지지해 주고 조력해 주는 기능이다.

4) 지역사회의 특성

지역사회는 인간의 기능적 집단으로 볼 수 있기 때문에 공동체적 특징을 지니고 있다. 그러므로 지역사회의 가장 보편적 특성은 공동체적 사회집단을 기반으로 하는 공동생활권이라고 할 수 있다.

(1) 지리적 영역의 공유

지역사회가 성립되기 위해서는 주민 간의 정신적인 연계와 상호작용이 이루어질 수 있는 지리적 영역이 요구된다. 이러한 영역은 공간적 단위로 설명할 수 있으며, 상호교류가 가능하도록 근접성을 지니고 있어야 한다. 지역사회 주민은 같은 지역내 범위 안에서 그들의 생활이 하나의 생활공동체에 속한 상태에서 연대감이 생기고 상호작용이 활발하게 이루어지게 되며, 지역적 공간성을 공유하기 때문에 인간관계를 형성할 때 지역을 중시하게 된다.

최근에는 대중매체와 교통망이 잘 발달되어 있기 때문에 상호교류가 가능한 지리적 영역이 광역화되고 있다. 그러나 지역사회로서의 공간적 영역은 일방적인 의사소통으로 이루어지는 것이 아니라 상호 의사소통이 가능한 영역으로 이루어지기 때문에 무제한적인 광역화로 진행되지는 않는다.

상호교류가 가능한 지리적 영역이 되기 위해서는 그 지역에 거주하고 있는 지역주민들 간의 공동 생활환경이 요구된다. 비슷한 생활 욕구에서 나타나는 공동 생활환경은 그 환경을 지배하고 있는 문화권이 있어야 하며, 이러한 문화권 또는 공동 생활권이 지역사회의 지리적 영역이라고 할 수 있다.

(2) 사회적 상호작용

지역사회는 일정한 지리적 영역으로만 형성되는 것이 아니라 지리적 영역내에 거주하는 주민들 간의 상호교류가 있어야만 가능하다. 지역사회는 그 지역주민들의 공동 관심사 또는 공동 유대감이 이루어져야만 비로소 그 교류단위를 지역사회라고 할 수 있으며, 같은 생활권내에 살고 있으면서 상호교류가 없다면 공동 관심사 또는 공동 유대감이 이루어질 수 없기 때문에 지역사회라고 하기 어렵다.

지역주민은 상호교류를 통하여 안정된 자아를 형성할 수 있는 사회화 과정을 경험한다. 만약 사회화 과정을 위한 상호교류가 이루어지지 않는다면 공동 이해관계나 공동 욕구가 이루어질 수 없기 때문에 그 지역사회에 대한 공동체 운명이 약화되어 전체 사회문제로 등장하게 된다. 그러므로 일정한 지리적 영역내에 있는 주민들이 공동체적 운명체 또는 지역사회로서의 기능을 다하기 위해서는 주민들 간에 사회적 상호작용이 일어나야 한다. 예들 들어, 수많은 사람들이 아파트 건물에 인접하여 살고 있으면서 아파트 거주지로서 그리고 공동 주택에서 생활방식상의 결속을 가지고 있다. 그러나 사회적 상호작용이 없다면 지역사회라기보다는 고립된 개인들의 집합체로 남아 있는 것이다. 사회적 상호작용은 아이 돌보기를 서로 돕고 공동의 고충에 대해 단결된 행동을 취하는 것이다.

(3) 공동 유대감

지역사회는 일정한 지리적 영역내에 살고 있는 주민 간의 상호작용을 통하여 공동 유대감이 형성될 때 비로소 이루어진다. 여기서의 공동 유대감이란 혈연 또는 지연

등으로부터 나오는 원초적인 공동의식이라기보다는 그 지역사회의 주민들이 사회생활 등을 통하여 획득한 공동의식을 의미한다.

지역주민은 일정한 상호교류를 통하여 공통적인 경험을 지니게 되고, 이는 지역사회의 공통적인 가치체계를 형성하게 된다. 이러한 가치체계는 그 지역주민의 기존 태도와 행위의 변화를 요구하게 되어 결국 새로운 규범과 제도를 창출하여 지역변화의 원동력이 된다고 할 수 있다. 그러나 너무 강한 공동체 의식은 많은 사람들이 직면하고 있는 사회문제의 원인이 되기도 하므로, 지역사회 공동의 유대감과 더 넓은 지역사회로의 발전이 조화를 이룰 수 있는 조정이 필요하다.

지역사회의 구성요소를 특성과 연관지어 정리하면 〈표 13-14〉와 같으며, 이러한 특성은 다른 지역사회와의 지속적인 상호작용으로 형성된다.

표 13-14. **지역사회의 특성**

구분	내용
분리성	다른 지역사회와 물리적 · 지역적으로 구분 지을 수 있는 지역적 경계를 가지고 있다.
독특성	문화적 독특성을 가지고 있어 정체감으로서의 가치 및 태도 등이 주민의 행위를 결정한다.
동질성	이러한 문화는 주민들에게 공유됨으로써 동질적인 지역사회를 이루게 된다.
합의성	이들 지역사회는 공동의 목표를 가지고 합의함으로써 궁극적 목표인 자조성을 성취하려고 한다.
자조성	다른 형태의 지역사회와 상호작용을 한다.

3. 조직과 지역사회 및 사회복지실천

1) 조직과 사회복지실천

조직과 사회복지실천과의 관계를 살펴보면 다음과 같다. 첫째, 조직은 지역사회복지 실천기술의 하나인 조직화 기술과 관련된다. 조직화 기술은 사회복지실천을 위해 사람들을 모으고, 조직을 만들며 성공적으로 운영해 가는 기술이다. 따라서 조직에 대한 지식을 충분히 알고 있어야 그 지식을 활용하여 조직화 기술을 터득할 수 있을 것이다(최옥채 외, 2007). 둘째, 사회복지실천에서 조직은 자원체계로 간주한다. 사회복지실천에서는 조직의 속성을 지니고 있는 외부의 기관이나 단체로부터 재정 및 인적 자원을 동원하거나 지원을 받아 클라이언트에게 서비스를 제공한다. 그러므로 사회복지사는 자원체계인 조직의 속성을 정확히 이해해야만 보다 효율적으로 자원을 동원할 수 있게 된다(권중돈, 김동배, 2005). 셋째, 사회복지실천에서 제공되는 서비스는 여러 유형의 조직들 중에서도 특히 주 수혜자가 클라이언트인 봉사조직에 의해 제공된다. 봉사조직은 개인적인 속성을 규정하고 형성하며, 이의 변화를 꾀함으로써 각 개인의 복지를 보호 · 유지 또는 증진함을 주요 기능으로 한다. 봉사조직은 이들 조직이 발전시키고자 하는 어떠한 속성을 지닌 클라이언트와 직접 접촉을 하여 작업을 한다. 클라이언트는 어떤 의미에서 봉사조직의 원료가 되는 것이다. 또한 봉사조직은 서비스를 제공받는 클라이언트의 복지를 보호하고 증진하도록 사회로부터 위임을 받았고, 그래서 그들의 존재를 정당화한다(Hasenfeld, 1992).

봉사조직으로서의 사회복지조직은 클라이언트의 특성과 욕구, 문제에 맞춰 개별화된 서비스를 제공하는 것을 1차적 목적으로 삼고 있기 때문에 조직의 주된 활동이 일선 부서의 사회복지사와 클라이언트 사이에서 주로 이루어진다. 따라서 사회복지조직은 조직의 주도권이 일선 사무단위에 있는 일선조직(front line organization)의 형태를 취한다. 일선조직은 공식적인 위계구조가 존재하기는 하나 운영상의 통제가 조직 주변의 사무 단위에 귀속되고, 각 사무 단위는 상호 독립적으로 업무를 수행한다. 따라서 중앙의 관리자들에게 사무 단위의 활동을 직접 감독하기가 어려운 문제가 발생하며, 결과적으로 일선 사무 단위의 권한을 제한하기 위해 통제조치가 발전한다. 사회복지조직의 경우, 특히 두 가지의 중요한 통제수단이 있는데, 그것은 전문적 훈련과 의사소통이다(Smith, 1984).

사회복지조직에서 사회복지사와 클라이언트 관계의 성격과 질은 조직의 성패를 좌우하는 매우 중요한 결정요인이기 때문에 일선 업무를 담당하는 사회복지사의 역할은 매우 중요하다. 일선 부서에서 클라이언트와 직접적 관계를 맺고 서비스를 제공하는 사회복지사가 지쳐 있거나, 조직과의 부적응을 경험할 경우 사회복지조직 자체의 목적 달성이 어려워질 뿐만 아니라 클라이언트의 삶의 질에 부정적 영향을 미칠 수 있다. 그러므로 사회복지조직에서는 조직이 어떻게 기능하는지를 정확히 평가하고, 사회복지사들이 조직의 일부분으로 조직과 조화를 이룰 수 있도록 조직관리 업무를 성공적으로 이행해 나가야 한다(권중돈, 김동배, 2005).

2) 지역사회와 사회복지실천

지역사회는 ① 사회복지실천의 자원, ② 클라이언트, ③ 사회복지실천의 장으로서 의미를 지닌다(최옥채 외, 2007). 첫째, 지역사회는 사회복지실천의 중요한 자원이 된다. 사회복지실천에서 필요한 주요 자원은 인적 자원과 물적 자원으로 구성되는데, 이들 자원을 지역사회의 개인, 기관, 조직, 단체 등이 지니고 있기 때문에 지역사회는 사회복지실천의 자원으로 이해되어야 한다. 그러므로 사회복지사는 지역사회에 산재해 있는 주요 자원을 효율적으로 발굴·동원하기 위해서 지역사회를 중시해야 한다. 둘째, 지역사회는 욕구와 문제를 지니는 개인들과 마찬가지로 클라이언트이다. 지역사회는 한결 안정된 상태를 유지하기 위해서나 긍정적 변화를 꾀하기 위해 욕구를 지닌다.

이뿐만 아니라 제때에 해결하지 못한 지역사회의 욕구는 문제의 상황으로 번지게 된다. 이들 지역사회의 욕구나 문제는 사회복지실천의 전문지식과 기술 및 경험을 갖춘 사회복지사의 개입이 필요하다. 그러므로 사회복지사는 개인 클라이언트를 철저히 이해해야 하듯 지역사회에 관해서도 치밀하게 이해한 후 합당한 방법으로 지역사회의 변화를 위해 개입해야 한다. 셋째, 지역사회는 사회복지실천의 장으로서 중요한 의미를 지닌다. 사회복지실천은 클라이언트, 사회복지사, 자원봉사자, 후원자, 가족, 친구, 이웃, 그 외 관련인 등 여러 개인들과 기관, 단체, 시설들이 함께 어우러져 이루어진다. 이들 개인과 기관의 활동이 전적으로 지역사회 안에서 이루어진다는 점에서 사회복지실천에서 지역사회는 중요한 의미를 갖게 된다(강세현 외, 2020).

Chapter 14

문화와 다문화

배울내용

1. 문화와 다문화
2. 다문화사회로의 이행
3. 다문화 현황
4. 다문화사회와 사회복지실천

학습목표

1. 문화와 다문화의 개념을 파악한다.
2. 다문화사회로의 이행을 설명할 수 있다.
3. 다문화 현황을 파악한다.
4. 다문화사회와 사회복지실천의 함의점을 파악하고 활용방안을 모색해 본다.

1. 문화와 다문화

1) 문화의 개념

문화(culture)는 경작, 재배, 양육 등을 뜻하는 라틴어의 'cultura'에서 유래되었다. 따라서 문화란 자연 상태에 있는 것을 인간이 변화시키거나 새롭게 창조하여 만들어 낸 것을 의미한다. 문화의 좁은 의미는 교양이나 세련된 상태, 발전된 의식 등을 말하며, 넓은 의미는 인류학의 관점에서 인간의 모든 생활양식을 지칭한다. 영국의 인류학자인 타일러(Tylor)는 '문화는 지식과 신념, 예술, 도덕, 법률, 관습 등 인간이 사회의 구성원으로서 획득한 능력 또는 습관의 총체'라고 정의하였고(강혜영, 2018), 대한민국「문화기본법」3조에서는 문화를 '문화예술, 생활양식, 공동체적 삶의 방식, 가치 체계, 전통 및 신념 등을 포함하는 사회나 사회구성원의 고유한 정신적 · 물질적 · 지적 · 감성적 특성의 총체'로 정의하고 있다(법제처, 2020).

사회철학자 렌(Wren, 2012)은 문화에 대한 정의를 〈표 14-1〉과 같이 9가지 관점으로 구분하여 제시하고 있다(강혜영, 2018; 박혜숙 외, 2021).

표 14-1. **관점에 따른 문화의 정의**

구분	내용
주제 중심 관점	문화란 구성요소, 문화적 성향, 속성들과 같이 주제나 일반적인 범주들을 구체적으로 목록화한 모든 것을 말한다.
구조적 관점	문화란 하나의 공동체가 가지는 사회적 관습에 대한 총체적인 표현으로, 그들의 아이디어나 행위들이 통합된 하나의 패턴이다.
기능적 관점	문화란 개인이나 사회가 환경에 적응하거나 함께 살아가면서 생기는 문제를 해결하는 방식이다.
역사적 관점	문화란 한 집단이 공유하고 있는 유산이다.
규범적 관점	문화란 한 집단의 이상, 가치 또는 살아가기 위한 규칙이다.

구분	내용
행위론적 관점	문화란 함께 공유하고 배워 가는 인간 행위로, 누구나 공히 관찰할 수 있는 삶의 방식이다.
인지적 관점	문화란 충동을 자제하고, 의미와 목표를 공유하며 한 사회체계속에서 살아갈 수 있게 하는 아이디어와 태도의 복합체이다.
상징적 관점	문화란 한 사회속에서 함께 만들어서 공유하게 되는 모든 주장이나 의미들이다.
비판적 관점	문화란 한 사회속에서 나타나는 권력관계들을 나타내며 이를 촉진시키는 일련의 상징들과 그것들을 만들어 내는 활동들이다.

이와 같이 학자들은 관점에 따라 문화의 정의를 다양하게 내리고 있으나, 문화의 공통된 속성은 〈표 14-2〉와 같이 정리할 수 있다(정금희 외, 2012).

표 14-2. **문화의 공통된 속성**

구분	내용
문화는 학습된다	문화는 선천적으로 갖고 태어나는 것이 아니라 후천적으로 개인이 속한 문화를 배워 가는 '문화화'의 과정을 거쳐 습득되는 것이다.
문화는 공유된다	집단구성원 개인의 행위는 다르지만, 다른 집단과 구별되는 구성원 간의 공통 특성을 갖는다. 한 집단의 사회는 자신들이 문화화를 통해 배운 문화를 무의적으로 공유하며 생활하기 때문에 공유한 구성원 간의 행동 및 사고를 예측할 수 있다. 이런 문화의 속성이 사회생활을 원만하게 유지하게 한다.
문화는 누적된다	학습된 문화를 언어를 통해 다음 세대로 전달하고, 이를 통해 시간이 흐르면서 문화는 축적되고 팽창한다.
문화는 변화한다	문화는 역동적인 변화과정을 통해 다른 문화와 섞이면서 변화한다. 개인은 사회생활에 적응하기 위해 새로운 지식을 발견하고 이를 다른 사람에게 전달한다. 이런 지식이 받아들여지면 문화의 일부가 된다. 기존 문화가 다른 문화를 접하면 환경에 적합한 형태로 재창조되면서 발전하게 되며, 이런 과정을 거치지 않는 문화는 사라지게 된다.
문화는 통합된 전체이다	한 사회의 의 · 식 · 주, 가치와 상징체계 등과 같은 문화의 다양한 요소들이 서로 독립적으로 존재하지 않고 서로 연결되어서 통합적인 전체를 이룬다. 즉, 한 가지 요소가 변하면 나머지 다른 요소도 영향을 받게 된다.

문화적 가치는 특정 문화가 오랜 세월에 걸쳐 적절한 것으로 수용되어 온 독특한 표현으로 자신감과 자존감을 갖게 하는 행동과 결정을 이끌게 한다. 라이닝거(Leininger, 1991)는 문화적 가치란 행동하거나 인식하는 데 있어 개인이 원하고 선호하는 방식의 직접적인 결과로 발전하여 문화를 지탱하고 행동과 결정을 지배하는 것이라고 보았다(정금희 외, 2012). 따라서 다문화대상자의 환경에 대한 적응과 건강문제 해결을 돕기 위해서 사회복지사는 우선 대상자의 사회적응의 문제와 건강과 관련된 행위와 결정을 이끄는 그들의 문화에 대한 이해가 필요하다.

2) 다문화의 개념

다문화는 다양한 혹은 다수의 문화가 함께 공존하는 것을 말하며, 사전적 의미로 '여러 나라의 생활양식'을 의미한다. 즉, 다문화라는 용어는 여러 문화 간에 발생하는 충돌이 가시화되면서 문화 간에 생기는 여러 유형의 문제를 조화롭게 극복하자는 의도에서 만들어졌으며, 다문화란 여러 나라의 문화를 연결시키고 반영하고 적용하는 것으로 각 문화의 차별화를 강조하고 문화의 다양성을 추구하는 것이다(김성혁 외, 2012).

다문화사회는 '한 국가나 한 사회속에 다른 인종, 민족, 계급 등 여러 집단이 지닌 문화와 함께 존재하는 사회'를 의미하며, 가치 · 규범 · 생활 스타일 · 언어 · 기대 등 모든 영역에서 문화적 다양성이 존재한다(노인숙 외, 2018).

그리고 다문화주의(multiculturalism)란 한 국가 내에서 다양한 문화의 공존을 추구하는 이념이다. 문화의 우열을 가리지 않고 문화를 있는 그대로 인정하고 존중하며, 문화 차이에 대한 관용을 중시한다. 이는 다양한 문화와 인종이 어우러져 더 나은 미래를 열 수 있는 새로운 문화를 창출해 낼 수 있을 것이라는 이상적인 기대를 하는 형태를 말한다. 다문화주의의 이념은 1970년 서구 민주주의 국가인 캐나다, 호주 등에서 나타났으며, 우리나라도 1980년대 말 이후 외국인근로자, 결혼이주자 등이 증가하면서, 최근 들어 다문화주의에 대한 관심이 폭발적으로 증가하고 있다.

20세기 말의 신자유주의의 등장은 자본과 노동의 세계화에 따른 불가피한 이주노동자, 난민의 발생, 그리고 인종과 문화의 이동을 가져왔다. 신자유주의에 의한 세계화의 물결은 인종과 종교, 문화가 다른 소수자들이 단일문화 국가에 등장함에 따라 전통적인 개별 국민국가 내부의 국민적 단일성을 위협하고 여러 가지 갈등을 초래하고 있다. 현재 이러한 민족주의적 정서에 대한 도전, 근대성에 대한 인식론적 도전 그리고 세계화가 가져온 변화에 대처하거나 세계화로 초래한 갈등을 해결할 수 있는 하나의 대안으로 다문화주의가 제시되고 있다.

다문화주의는 하나의 '사회학적 사실'로서, 현재 서구사회는 다양한 관점과 요소(인종, 언어, 종교, 계급, 성, 이데롤로기, 민족성, 국가 등)에 있어서의 현저한 문화적 차이를 갖는 집단들로 구성되어 있다는 사실을 반영한다. 이러한 '기술적' 차원을 넘어서서 다문화주의가 비교적 새로운 현상으로 부각된 것은 그것이 '강력한 규범적 성격'을 가지는 윤리, 정치적 원리로서 제시된 데 있다. 즉, 다문화주의는 정치원리 또는 정책의 구상이 다양한 문화집단들의 목소리를 반영해야 할 뿐만 아니라 나아가서 모든 사회문제(행정과 법, 교육과 고용, 가족, 이민 등)에 관련된 정부정책의 기본목표로서 문화적 다양성을 추구해야 한다는 규범적 주장을 내포한다.

다문화주의에 대비되는 개념은 단문화주의(Monoculturalism)이다. 단문화주의는 하나의 국가나 민족이 하나의 문화를 가진다는 것을 의미하는 것으로 민족의 동질성을 강조하는 개념이다. 단일문화로서의 전통적 문화개념은 18세기 말 독일의 철학자 헤르더(Herder)에 의해 정립되었으며, 이는 우리가 강조해 온 단일민족, 단일문화라는 관념과 매우 비슷한 것이다. 단일문화로서의 전통적 문화개념은 사회적인 동질화, 인종적인 기반 그리고 상호 문화적 경계설정으로 특징지을 수 있다. 즉, 하나의 문화는 연관된 민족의 삶을 전체에서뿐만 아니라 개인적인 영역에서도 영향을 끼쳐야 하며, 문화는 문화로부터 특수하게 구별되고 경계를 갖고 있어야 함을 의미한다. 현재 세계적으로 단문화주의 국가는 10%도 되지 않는 것으로 알려져 있다.

한편 다문화주의와 유사한 개념으로 문화적 다원주의(cultural pluralism)가 있다. 이는 미국에서 널리 사용되는 개념으로 여러 집단이 고유한 문화를 유지하면서 전체 사회에 참여하는 것을 의미하는 것으로 지배적인 문화에서 다른 집단의 문화를 보유할 가치가 있다고 간주하는 것이다(김성혁 외, 2012). 다문화주의와 대비되는 동화주의(cultural assimilation)는 소수민족, 이민자, 혹은 정복당한 민족들이 지배 문화나 사회 주류 문화로 흡수 · 동화시키는 것을 장려하는 사회 정책을 말한다.

오늘날 다문화사회의 유형은 크게 2가지로 구분할 수 있다. 첫 번째 유형은 유럽국가(영국, 독일, 프랑스, 스웨덴)처럼 비교적 동질적인 문화를 가졌던 전통적인 국민국가들이 자본과 노동의 세계화를 겪게 되고, 그 결과 이민을 받아들이면서 문화적 다양성을 가지게 된 경우이다. 두 번째 유형은 미국, 캐나다, 호주 등 국가의 출범 초기부터 다양한 인종과 문화공동체가 국가를 이룬 경우이다. 단일민족과 단일문화를 강조해 온 우리나라는 첫 번째 유형에 가깝다(김남국, 2010).

유럽에서 이민자들의 유입과 함께 다문화주의로의 변화에 직면했을 때 대응 방식은 〈그림 14-1〉 '너그러운 관용', '비차별의 법제화', '다문화주의 인정'의 세 단계를 통해 이루어졌다(노인숙 외, 2018; 박혜숙 외, 2021).

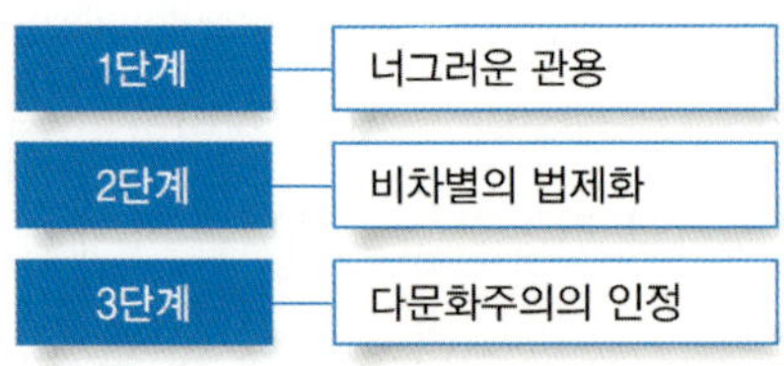

그림 14-1. 다문화사회로의 대응 방식

첫 번째 단계인 '너그러운 관용'은 다수가 소수의 다름을 사회 전체의 평화를 위해 너그러운 마음으로 참아 주는 것이다. 하지만 점차 증가하는 소수 민족 인구를 다수의 자민족이 이를 흡수 · 동화를 현실적으로 불가능하게 만들고, 소수 민족 집단의 숫자가 적다는 이유로 우월한 위치를 차지해 온 다수 인구 집단의 정당성을 부정하면서 더 이상 다수의 관용에 호소하지 않게 된다.

두 번째 단계인 '비차별의 법제화'는 다수 민족에 의한 소수 민족의 차별은 거친 말이나 특정 자격시험이나 집을 구하는 일 등 일상생활에서 접근을 방해하는 형태의 차별로, 더욱 심하게는 소수 민족에게 이유 없는 폭력을 행사하는 물리적 형태로 나타나기도 한다. 이러한 차별의 양상을 구체적으로 법제화하여 객관적이고 합리적으로 적용하는 것은 관용보다 한 단계 더 나아간 조치라고 할 수 있다.

세 번째 단계인 '다문화주의의 인정'은 단순히 단일문화에서 다양한 문화로 변화해 가는 사회의 현상을 가리키는 가치중립적 용어로 사용할 수 있고, 소수의 권리를 적극적으로 보호해야 한다는 규범적 의미로 사용하기도 한다.

현재 우리 사회는 아직 '관용'을 호소하는 단계에 있는 것이 현실이지만 국제결혼, 외국인근로자 등의 증가 추세를 감안할 때, 비차별의 법제화와 다문화주의 인정의 단계로 나아갈 것으로 예측된다.

이주자들과 소수 민족들은 다문화사회에서 주류 문화와 협상하면서 문화적응(acculturation)을 해 나간다. 베리(Berry, 1990)에 의하면, 이들은 네 가지 문화적응의 유형, 즉 동화(지배문화와 동일화), 통합(두 문화와 밀접한 동일화), 분리(민족문화와 밀접한 동일화) 및 소외(두 문화와 저조한 동일화) 중 한 유형으로 귀결하게 된다고 주장하고 있다(손수경 외, 2014). 이에 주류 문화에 속하는 사람들은 소수 문화 집단이 자신들과 평등한 문화적, 정치적 지위를 가질 수 있도록 편향된 시각으로 보거나 해석하는 자문화 중심주의에서 벗어나, 그들을 분리와 소외가 아닌 통합의 문화적응 단계로 나갈 수 있도록 다문화주의에 입각하여 도움을 주어야 한다.

2. 다문화사회로의 이행

오늘날 세계를 휩쓸고 있는 세계화의 물결은 과거 이데올로기적인 적대관계에서 벗어나 경제, 정보와 인적 교류가 활발해지면서 국가와 민족의 경계를 허물고 국경 없는 다문화사회로 급속히 변해 가고 있다. 그러나 다양한 인종과 종교 그리고 문화가 다른 소수자의 등장은 전통적인 개별 국민국가 내부의 국민적 단일성을 위협하고 사회통합과 정치적 정당성의 문제를 사회 전면에 제기하고 있다.

어떤 사회가 이주민을 받아들여 다문화사회로 이행되어 가는 과정은 〈그림 14-2〉와 같이 세 단계로 설명할 수 있다(김성혁 외, 2012).

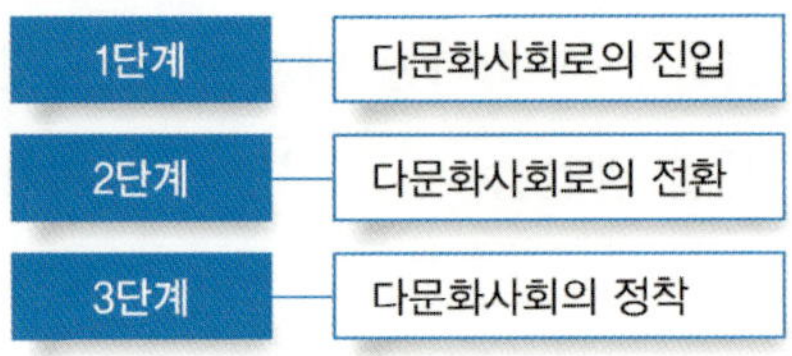

그림 14-2. **다문화사회로의 진행 과정**

첫 번째 단계는 '진입단계'로서 전체 인구에서 외국인 이주민이 차지하는 비율이 점차 증가하는 단계이다. 이 단계는 같은 민족으로 구성되었던 동질적 사회에 다른 민족이 유입되면서 통용되던 민족적 구성원에 대한 혼란이 유발된다. 주류 사회의 구성원들은 이주민에 대하여 진정한 관용의 태도를 갖기 어렵기 때문에, 상당수의 구성원은 이주자들에 대하여 낯설어하면서 함께 사는 것에 대하여 심리적 저항과 차별적, 편견적 태도를 보인다. 이주민들은 주류 사회구성원의 차별적, 배타적 태도로 인해 자신감과 자긍심이 저하되고 정체성의 문제를 나타낼 수 있다.

두 번째 단계는 '다문화사회로의 전환단계'이다. 이 시기는 외국 이주민들이 이주한

국가에서 체류기간이 길어지면서 이주한 국가에서 가족을 형성하고 이들 간의 교류가 활발해지면서 이주민 공동체가 형성되어 집단 거주지가 형성됨으로써 다문화사회로 전환되는 시기이다. 우리나라 결혼이주여성은 한국 남성과 결혼과 동시에 가족을 형성하여 이 단계가 생략되었다. 이 단계는 언어 장벽에 따른 의사소통 부재로 인하여 다문화가족구성원 간에 무관심과 정서적 지지 약화로 이혼율과 가족해체 증가 등의 문제를 나타낼 수 있다.

세 번째 단계는 '다문화사회의 정착단계'이다. 다문화가족내에서 자녀가 성장하여 사회진출이 본격화되는 시기이다. 이주민의 자녀들이 민족적 · 인종적 정체성의 혼란과 낮은 교육수준, 인종 간 사회적 마찰 및 주류 문화에 대한 저항을 나타낼 경우, 그들의 실업 문제, 범죄 및 집단 소요 등이 나타날 수 있다.

3. 다문화 현황

2000년대 중반 본격적으로 추진된 한국의 다문화가족정책은 우리 사회에서 다문화가족의 존재와 정책적 지원의 명분을 분명히 제시하고, 인도적 차원의 지원을 강화하는 등 사회적 이슈로 급속히 발전하여 우리나라 가족정책 및 외국인정책의 한 영역으로 자리매김하게 되었다. 그동안 다문화가족 관련 정책 환경은 빠른 속도로 변화하였고, 변화하는 정책만큼이나 우리 사회에서 다문화가족의 규모 또한 지속적으로 증가하였다. 다문화가구란 귀화자가 있는 가구 또는 외국인이 한국인(귀화자 포함) 배우자와의 혼인으로 이루어진 가구 또는 그 자녀가 포함된 가구를 말하며, 2018년도에 전국의 다문화가구 수는 33만 가구로 일반가구의 1.7%이며, 전체 가구원 수는 101만 명으로 총인구의 2.0%를 차지하고 있는 것으로 나타났다(통계청, 2019). 우리나라의 다문화 현황을 결혼이민자, 외국인근로자, 북한이탈주민 및 다문화가정의 자녀를 중심으로 살펴보면 다음과 같다.

1) 결혼이민자

우리나라에서 1980년대 전반까지의 국제결혼은 주로 외국인 남성과 한국인 여성 사이에서 이루어졌으나 1980년대 후반부터는 한국인 남성과 외국인 여성의 결혼 건수가 점차 증가하였다. 1990년대 초반까지는 국제결혼 건수가 전체 결혼건수에 비해 1% 수준에 불과하였다. 당시 한국인 남성과 결혼한 외국인 여성은 대부분 미국과 일본 여성이었다. 그러나 1992년 중국과의 수교 이후에는 한국계 중국인 여성과 한국인 남성의 결혼이 증가했으며, 1997~1999년 사이에는 증가 추세를 보이던 국제결혼 건수가 IMF 경제체제로 인한 경제 사정의 악화로 현저히 감소하였다. 우리나라의 결혼이민자 현황은 〈표 14-3〉과 같다. 2020년 9월 기준, 결혼이민자는 168,026명으로 전년 대비 2.2% 증감한 것으로 나타났다.

표 14-3. 결혼이민자 연도별 증감 추이 (단위: 명)

연도	2015년	2016년	2017년	2018년	2019년	'19년 9월	'20년 9월
인원	151,608	152,374	155,457	159,206	166,025	164,463	168,026
전년대비 증감률	–	0.5%	2.0%	2.4%	4.3%	–	2.2%

출처: 출입국, 외국인정책본부(2020). 2020년 9월 출입국 외국인정책 통계월보.

다문화 혼인 유형별로는 2019년 외국인 아내의 혼인이 69.3%로 가장 많았고, 외국인 남편(17.2%), 귀화자(13.5%) 순으로 나타났다. 외국인 아내의 혼인은 전년 대비 7.6% 증가한 반면, 외국인 남편은 2.7%, 귀화자는 4.0% 각각 감소하였다. 따라서 전체 국제결혼 중 한국남성과 외국인 아내의 결혼이 대부분을 차지하고 있음을 알 수 있다〈표 14-4, 그림 14-3〉.

표 14-4. **다문화 혼인 유형별 규모 및 비중(2017~2019년)**

(단위: 건, %)

구분		2017	비중	2018	비중	2019	비중	전년대비 증감	전년대비 증감률
다문화		21,917	100.0	23,773	100.0	24,721	100.0	948	4.0
	외국인 아내[1)]	14,245	65.0	15,933	67.0	17,136	69.3	1,203	7.6
	외국인 남편[2)]	4,294	19.6	4,377	18.4	4,260	17.2	−117	−2.7
	귀화자[3)]	3,378	15.4	3,463	14.6	3,325	13.5	−138	−4.0

1) 외국인 아내: 출생기준 한국인 남자 + 외국인 여자의 혼인
2) 외국인 남편: 외국인 남자 + 출생기준 한국인 여자의 혼인
3) 귀화자: 남녀 모두 또는 어느 한쪽이라도 귀화자인 경우
출처: 통계청(2020). 2019년 다문화 인구동태 통계.

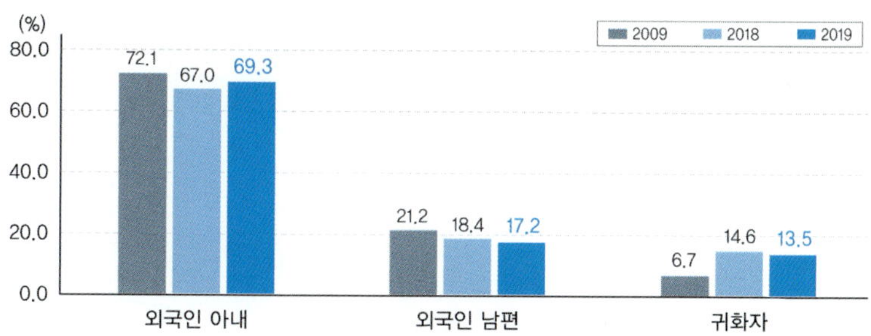

그림 14-3. **다문화 혼인 유형별 비중(2009년, 2018년, 2019년)**

출처: 통계청(2020). 2019년 다문화 인구동태 통계.

2019년 다문화 혼인을 한 외국 출신의 남편 국적은 중국이 8.2%로 가장 많았고, 미국 6.1%, 베트남 2.6% 순으로 나타났다. 최근에 이르러 그동안 절대 다수를 차지하던 중국 조선족 출신 여자 배우자의 비중이 점차 낮아지면서, 여자 배우자의 출신국가가 동남아시아와 미국 등 여러 국가로 다양해졌다. 중국인 여자 배우자와의 결혼건수가

2005년 이후 감소 추세로 반전된 것은 중국 조선족이 친지 방문의 목적으로 입국하여 취업이 가능하도록 정부가 관련 법규를 개정함에 따라 한국인과의 결혼에 대한 수요가 감소하였기 때문이다.

2) 외국인근로자

체류외국인이란 「출입국관리법」 제31조의 규정과 「재외동포의 출입국과 법적지위에 관한 법률」 제6조의 규정에 따라 입국한 날부터 90일을 초과하여 체류할 목적으로 출입국 · 외국인관서의 장에게 외국인등록이나 국내거소신고를 한 자 및 90일 미만 동안 체류할 목적의 단기체류외국인을 포함한 총 국내 체류외국인을 의미한다.

법무부 출입국과 외국인정책본부의 2020년 9월말 기준 통계자료에 의하면, 체류외국인은 2,100,436명으로 전월 2,110,610명보다 0.5%(10,174명) 감소하였다〈그림 14-4〉. 체류외국인 중 외국인등록자는 1,185,676명, 외국국적동포 국내거소신고자는 460,942명, 단기체류외국인은 453,818명이다〈표 4-5〉.

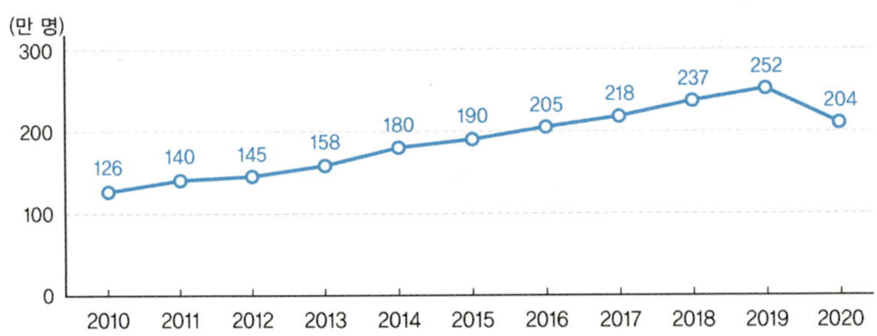

그림 14-4. **체류외국인 증감추이**

출처: 출입국, 외국인정책본부(2020). 2020년 9월 출입국 외국인정책 통계월보.

표 14-5. **체류외국인 연도별 현황**

연도	총계	장기체류			단기체류
		소계	등록	거소신고[1]	
2009년	1,168,477	920,887	870,636	50,251	247,590
2010년	1,261,415	1,002,742	918,917	83,825	258,673
2011년	1,395,077	1,117,481	982,461	135,020	277,596
2012년	1,445,103	1,120,599	932,983	187,616	324,504
2013년	1,576,034	1,219,192	985,923	233,269	356,842
2014년	1,797,618	1,377,945	1,091,531	286,414	419,673
2015년	1,899,519	1,467,873	1,143,087	324,786	431,646
2016년	2,049,441	1,530,539	1,161,677	368,862	518,902
2017년	2,180,498	1,583,099	1,171,762	411,337	597,399
2018년	2,367,607	1,687,733	1,246,626	441,107	679,874
2019년	2,524,656	1,731,803	1,271,807	459,996	792,853
2020년 9월	2,100,436	1,646,618	1,185,676	460,942	453,818

1) "외국국적동포" 거소신고 현황
출처: 출입국, 외국인정책본부(2020). 2020년 9월 출입국 외국인정책 통계월보.

국적별 체류외국인은 중국이 44.4%(932,503명)로 가장 많았으며, 베트남 10.1%(213,048명), 태국 8.9%(185,956명), 미국 7.0%(145,999명), 우즈베키스탄 3.2%(68,026명) 등의 순으로, 외국인등록자(1,185,676명)는 권역별로 수도권에 718,440명(60.6%) 거주하고 있으며, 영남권 211,523명(17.8%), 충청권 127,599명(10.8%), 호남권 86,640명(7.3%) 순으로 거주하고 있는 것으로 나타났다.

3) 북한이탈주민

「북한이탈주민의 보호 및 정착지원에 관한 법률」 제2조 1항에 따르면, 북한이탈주민이란 군사분계선 이북지역에 주소, 직계가족, 배우자, 직장 등을 두고 있는 사람으로서 북한을 벗어난 후 외국 국적을 취득하지 아니한 사람을 말한다. 우리나라에서 북한이탈주민에 대한 용어는 여러 번 바뀌어 왔다. 즉, 1993년 이전에는 귀순자, 귀순용사로, 1994년부터 2004년까지는 탈북자로, 2005년에서 2008년까지는 새터민으로, 2008년 이후에는 북한이탈주민으로 불리고 있다.

북한이탈주민의 현황을 살펴보면, 1990년 중반부터 북한의 식량 사정의 악화를 계기로 꾸준히 증가하기 시작하였으며, 2001년 1,000명을 넘어선 이래 2011년에는 2,706명이 입국하는 등 해마다 증가추세를 보였으나, 2012년부터 점차 감소추세를 보이며, 2020년에는 195명이 입국하였다. 또한 북한이탈주민 여성의 입국비율이 높아지고 있음을 알 수 있다〈표 14-6〉. 1998년 이전까지는 여성 비율이 12.2%로 남성에 비해 적었다. 하지만 2002년도에 들어와 여성 비율이 55.3%으로 남성을 앞서기 시작하여, 2018년도에는 85.2%로 가장 많은 여성 비율을 차지하고 있다.

연령대별 비율로는 30~39세가 가장 많았으며, 다음은 20~29세, 40~49세 순으로 나타났다〈표 14-7〉.

표 14-6. 북한이탈주민 입국현황

(단위: 명)

구분	~'98	~'01	'02	'03	'04	'05	'06	'07	'08	'09	'10	'11	'12	'13	'14	'15	'16	'17	'18	'19	'20.9 (잠정)	합계
남(명)	831	565	510	474	626	424	515	573	608	662	591	795	404	369	305	251	302	188	168	202	64	9,427
여(명)	116	478	632	811	1,272	960	1,513	1,981	2,195	2,252	1,811	1,911	1,098	1,145	1,092	1,024	1,116	939	969	845	131	24,291
합계(명)	947	1,043	1,142	1,285	1,898	1,384	2,028	2,554	2,803	2,914	2,402	2,706	1,502	1,514	1,397	1,275	1,418	1,127	1,137	1,047	195	33,718
여성 비율(%)	12.2	45.8	55.3	63.1	67.0	69.4	74.6	77.6	78.3	77.3	75.4	70.6	73.1	75.6	78.2	80.3	78.7	83.3	85.2	80.7	721	72.0

출처: 통일부(2020). 북한이탈주민정책.

표 14-7. 북한이탈주민 연령대별 입국현황

(단위: 명)

구분	0~9세	10~19세	20~29세	30~39세	40~49세	50~59세	60세 이상	계
남	651	1,697	2,615	2,142	1,376	573	342	9,396
여	646	2,103	6,952	7,523	4,581	1,453	994	24,252
합계(명)	1,297	3,800	9,567	9,665	5,957	2,026	1,336	33,648

* 입국당시 연령기준이며, 최근 입국하여 보호시설 등에 있는 일부인원은 제외된 수치로 입국인원과 차이가 있음.
출처: 통일부(2020). 북한이탈주민정책.

4) 다문화가정의 자녀

2019년 다문화출생아는 17,939명으로 전년 18,079명보다 140명(0.8%)이 감소하였다. 우리나라 2019년 전체 출생이 30만 3천 명으로 전년보다 7.4% 감소한 데 비해, 다문화 부모의 출생아는 0.8% 감소하여 상대적으로 감소 폭이 작았다. 전체 출생에서 다문화 출생이 차지하는 비중은 5.9%로 전년보다 0.4% 증가하였다. 또한 다문화출생아 중 남아는 9,194명, 여아는 8,745명, 성비(여아 100명당 남아)는 105.1명으로, 출생기준 한국인 부모의 출생성비 105.7명보다 낮았다〈그림 14-5〉.

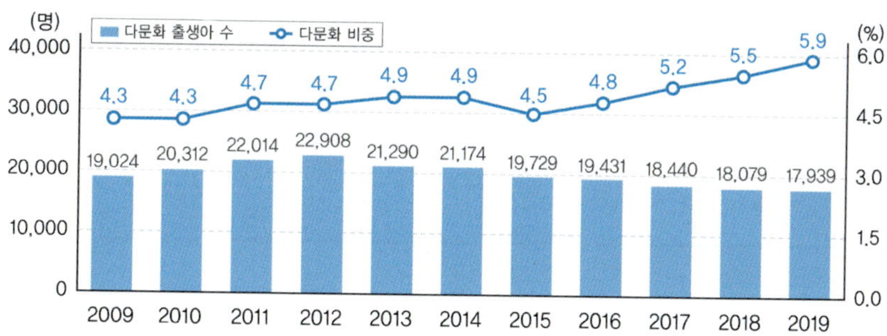

그림 14-5. 다문화 출생아 수 및 전체 출생 중 다문화 비중 추이(2009~2019년)

출처: 통계청(2020). 2019년 다문화 인구동태 통계.

2019년 현재 학교에 재학 중인 결혼이민자 가정 자녀는 108,069명으로 학교 급별 비율이 초등학교 75.7%, 중학교 15.8%, 고등학교 8.2%로 초등학교 재학생 비율이 월등히 높았다〈표 14-8〉. 그리고 학령기 인구 중 결혼이민자 가정 자녀가 차지하는 비율은 매년 계속 증가하고 있는 것으로 나타났다〈표 14-9〉.

표 14-8. 학교 급별(초 · 중 · 고) 다문화학생 수

(단위: 명)

구분	2016년				2017년				2018년					2019년				
	초	중	고	계	초	중	고	계	초	중	고	각종학교	계	초	중	고	각종학교	계
국내출생	59,988	11,489	7,657	79,134	68,610	12,265	8,439	197,756	76,181	13,599	8,361	122	98,263	83,602	15,891	8,464	112	108,069
중도입국	4,583	1,627	1,208	7,418	4,843	1,722	1,227	15,599	5,023	1,907	1,185	205	8,320	5,148	2,131	1,220	198	8,697
외국인자녀	9,453	1,989	1,192	12,634	9,280	1,958	1,043	34,431	11,823	2,562	1,142	102	15,629	15,131	3,671	1,550	107	20,459
계	74,024	15,105	10,057	99,186	82,733	15,945	10,709	109,387	93,027	18,068	10,688	429	122,212	103,881	21,693	11,234	417	137,225
비율	74.6%	15.2%	10.1%	100.%	75.6%	14.6%	9.8%	100%	76.1%	14.8%	8.7%	0.4	100%	75.7%	15.8%	8.2%	0.3%	100%

출처: 교육부(2020). 교육통계.

표 14-9. 다문화학생 증가 추이

(단위: 명)

연도 / 인원수	2012	2013	2014	2015	2016	2017	2018	2019
다문화학생 수 (A)	46,954	55,780	67,806	82,536	99,186	109,387	122,212	137,225
전체 학생 수 (B)	6,732,071	6,529,196	6,333,617	6,097,297	5,890,949	5,773,998	5,633,725	5,502,880
다문화학생 비율 (A/B*100)	0.70%	0.86%	1.07%	1.35%	1.68%	1.89%	2.17%	2.49%

출처: 교육부(2020). 교육통계.

4. 다문화사회와 사회복지실천

우리나라의 다문화사회는 다양한 문제점을 지니고 있다. 따라서 사회복지사는 이들 다문화사회에서 경험할 수 있는 문제점을 인식하고 이런 문제점들을 해결해 주려는 적극적인 노력이 필요하다. 다문화사회에서 경험하는 문제점을 결혼이민자, 외국인근로자 및 북한이탈주민을 중심으로 살펴보면 다음과 같다(박혜숙 외, 2021).

1) 결혼이민자

(1) 사회적 편견

우리나라는 다문화주의 전통이 없으며 단일민족이라는 문화적 자부심과 순혈주의를 중요시 여기는 풍토로 인해 결혼이민자에 대한 편견 및 차별이 존재하며, 결혼이민자를 비정상적인 가족 등 사회문제의 원천으로 보는 시각이 잔존하고 있다. 또한 불쌍하다고 보는 시각, 불행한 삶을 살고 있다고 판단하는 시각, 위장결혼자가 대다수라고 보는 시각 등 선입견도 팽배하다. 이러한 편견은 결혼이민자의 국적이 선진국인지, 후진국인지에 따라 사회적 시각에 차이가 있을 뿐 아니라 결혼이민자의 한국사회로의 문화적 흡수를 더디게 하는 요인으로 작용하고 있다. 이러한 사회적 분위기는 결혼이민자가 지역사회에서 소외감과 정신적 긴장감을 느끼게 할 뿐 아니라 한국사회의 적응과정에서도 문제를 야기할 수 있다.

(2) 언어 문제

결혼이민자는 서로 다른 언어를 사용하며 서로 다른 문화적 배경을 가지고 있기 때문에 한국사회생활에서의 적응에 있어 신체적으로나 정신적으로 갈등이 발생하게 된다. 특히 여성결혼이민자의 언어소통문제에 따른 가족 갈등과 자녀양육 문제가 많이 발생하고 있다. 그리고 의사소통의 어려움뿐만 아니라 한국의 가부장적 문화, 유교사상, 남성 중심의 한국문화는 한국사회에서의 적응에 가장 큰 어려움으로 나타나고 있다.

(3) 부모역할의 어려움

우리나라의 경우 자녀 양육과 교육의 역할은 어머니의 고유한 역할로 간주하고 있고 자녀와 관련된 모든 책임을 어머니의 책임으로 전가하는 문화이므로 결혼이주여성들의 경우 자녀 양육의 문제는 가장 흔하게 경험하는 어려움 중의 하나이다. 즉, 결혼이주여성들은 한국 생활에서 가장 어려운 점으로 자녀 양육의 문제를 보인다. 다문화가정의 자녀 양육상의 어려움은 한국어소통 능력 미흡, 양육비, 교육비지출, 자녀양육자 및 보육시설의 부재, 자녀 양육 방식의 갈등으로 분류할 수 있다.

결혼이주여성들이 한국어능력 부족은 자녀의 언어 수준 발달 차이뿐만 아니라 모자관계에도 영향을 미치게 되는데, 한국어를 가르칠 수 없으며 자녀의 숙제를 돕지 못하고 언어로 타이르기보다는 행동적 체벌이 더 강화되는 것으로 나타나고 있다. 어머니의 한국어능력 부족과 경제적 활동으로 자녀들은 조기에 어린이집에 위탁하게 되고, 그 결과 자녀들이 어머니보다 한국어를 더 빨리 습득하게 되어 어머니를 무시하거나 도움을 요청하지 않음으로써 모자 간의 부정적 상호작용을 보이고 있다.

한편 자녀들은 언어문제가 발생하여 언어치료 기관에서 검사와 치료를 받거나 전문병원에서 장애 진단을 받는 경우도 있으며, 이로 인하여 학습 부진과 정서적 문제가 유발되고 있다. 다문화가정의 자녀들은 어휘력이나 독해력, 언어 구사력 등이 낮고 학습이해도와 기초학습능력이 저하되는 것으로 보고되고 있다. 또한 정서적인 문제는 어머니에 대한 과도한 집착 및 중간 대상에 대한 과도한 집착, 학교 등교 거부 등의 문제로 이어지고 있다. 결혼이민자여성은 주위의 도움이 지원되지 않는 상황에서 자녀

양육과 관련된 어려움을 경험하고 있다.

그리고 다문화가족의 어머니인 결혼이민자여성의 언어능력 부족으로 가정의 자녀 교육 기능이 취약하며, 이로 인해 한국어에 많이 노출되어야 하는 유아기에 한국어가 미숙한 외국인 어머니와 함께 생활하므로 자녀의 언어발달이 지체되고 있다. 또한 다문화가정 자녀는 언어발달지체 및 문화부적응으로 인하여 또래 아동에 비해 학교수업 이해도와 기초학습능력이 낮은 경우가 많다. 지나치게 소극적이거나 반대로 폭력성을 가지고, 주의력결핍 과잉행동장애(ADHD)를 보이는 등의 정서장애도 보이는 경우도 있다.

(4) 이혼 문제

외국 여성과의 결혼이 증가한 반면, 그에 따른 부작용으로 인해 이혼도 상대적으로 증가하고 있다. 전체 이혼 중 국제결혼 부부의 이혼이 차지하는 비중 역시 2000년대 중반 이후 빠르게 증가하는 추세이다.

돈을 매개로 이루어진 상업화된 결혼, 시댁과 친지의 비우호적인 환경, 남편의 정서적 불안정 등의 이유로 인하여 가정폭력과 불화로 이어지는 경우가 적지 않다. 또한 알코올 중독, 성도착증, 습관적 폭력 등 결혼이 불가능한 상태인 사람이 국제결혼 시장에 유입되어, 이들이 결혼생활을 유지하기 위해 결혼이민자를 철저히 통제하고 성적 학대를 저지르는 등 심각한 수준인 경우가 많은 것으로 보고되고 있다(이정용, 2012).

여성결혼이민자와 결혼한 국내 남성들의 상당수가 빈곤, 저소득층, 장애인, 이혼자, 혼기를 넘긴 고령자임에도 국제결혼에서 많은 비용을 부담하였기 때문에 본인의 배우자를 평등관계로 인식하기보다는 소유물 성격을 지닌 대상으로 취급하는 경향이 있다. 이는 가정폭력과 인권침해를 일으키는 요인이 될 수 있다.

여성결혼이민자들은 가족내에서 무시를 당하거나 학대를 받음으로 인하여 가정에서의 지위 기반이 약해지기도 한다. 면담 대상자인 여성결혼이민자들은 한국인 배우자로부터 무시나 인격모독을 당하는 데 대한 어려움을 호소하였다. 특히 결혼 과정에서 많은 경제적 비용을 부담한 한국인 배우자는 여성결혼이민자를 평등관계의 배우자가 아닌 자신에게 종속된 관계로 생각하는 경우가 있기 때문이다. 이는 자녀 양육에서도 갈등의 요인이 되고 있다. 여성 결혼이민자의 모국의 문화나 언어를 가르치지 못하게 하거나, 어머니로서의 역할을 보육에만 한정하는 경우도 있기 때문이다(서종남, 2010).

(5) 경제적 어려움

결혼이민자 여성이 한국 남성과 결혼을 선택하는 가장 큰 이유는 경제적으로 더 나은 삶에 대한 동경 및 자국의 열악한 경제적 사정으로 인하여 상대적으로 부유한 한국 사회로의 유입을 희망하는 데 있다고 할 수 있다. 그러나 경제적으로 불안한 남성과 결혼한 결혼이민자 여성들은 심각한 수준의 생계문제로 어려움을 겪고 있다. 다문화가구의 월평균 가구소득은 200~300만 원 미만이 26.1%로 가장 많았고, 그 다음으로는 100~200만 원 미만(22.4%), 300~400만 원 미만(20.1%)의 순으로 나타났으며, 2015년과 비교해서도, 여전히 가구소득이 낮은 것을 알 수 있다〈그림 14-6〉.

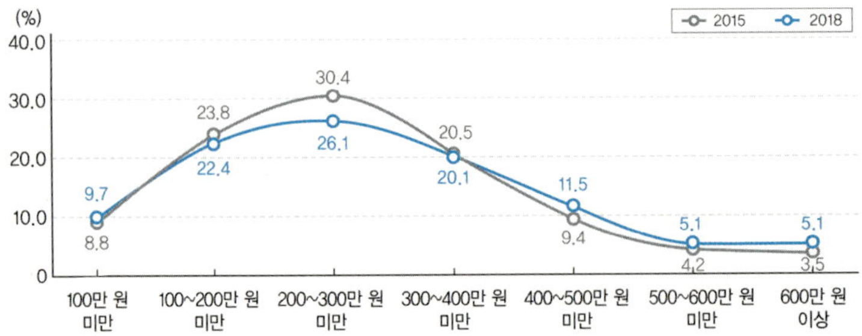

그림 14-6. **다문화가구의 월평균 가구소득(2015, 2018)**

출처: 통계청(2018). 한국의 사회 동향.

2) 외국인근로자

(1) 언어 문제

외국인근로자의 경우에도 입국 전에 준비되지 않은 한국어 수준으로 인해 유발되는 문제가 다양하게 나타나고 있다. 이들이 한국어 연수를 받는 기간은 너무 짧으므로 한국어를 이해할 수 있을 정도로 습득하기는 쉽지 않다. 한국어를 모르는 외국인근로자가 장비 조작법에 대한 설명을 이해하지 못하여 작업장에서 상해를 입거나 사고를 일으키는 경우가 종종 발생하고 있으며, 자신의 불합리한 근로 조건에 대하여 항의하거나 정당한 대우를 받기 위한 주장을 할 수 없는 경우도 있다. 이들을 위한 직장이나 단체에서의 한국어교육이 절실한 형편이지만 체계화되어 있지 않고, 홍보도 제대로 되고 있지 않는 실정이다.

(2) 문화 문제

종교적 혹은 문화적 요인으로 문화적 갈등을 낳을 수도 있다. 손으로 음식을 먹고 돼지고기를 먹지 못한다며 비웃고, 술을 억지로 먹이거나, 종교 활동을 강요하는 등 문화적 차이를 이해하지 못하는 사례도 있다. 더운 나라에서 온 근로자들의 경우 비교적 낙천적이고 여유로운 성격의 소유자들이라 할 수 있다. 그러나 빨리빨리 문화에 익숙한 한국인들은 그들이 게으른 것으로 오인하여 갈등을 빚거나 여유로움을 쉽게 받아들일 수 없는 부분으로 치부하기도 한다. 이처럼 서로 다른 문화에 대한 이해가 부족할 때 불필요한 마찰과 갈등이 유발되기 쉽다.

(3) 경제적 어려움

최저임금을 받으며 일하는 외국인근로자들이 임금을 제때 받지 못하거나 떼이는 것이 가장 큰 문제 중의 하나이다. 임금체불은 외국인근로자의 이직을 방지한다는 명분으로 남용되고 있다. 불법체류 외국인근로자의 임금체불 사례에서 가장 큰 문제점은 고용노동부 출석조사에 나오는 것을 매우 불안해한다는 것이다. 체불임금이 있는 미등록 외국인근로자가 건설현장에서 일을 하다가 사장이 잠적하여 고용노동부에 고소하는 경우도 있다. 이 경우 외국인근로자는 사실관계 조사를 위해 출석을 해야 되지만 미등록 외국인근로자들은 모두 출석할 수 없으며, 사업주도 연락이 되지 않는 등의 이유로 임금체불이 확정되지 않아 반려되는 경우도 있다. 또한 임금체불의 진정으로 고용노동부에서 사업주와 불법체류 외국인근로자가 함께 조사를 받은 경우, 사업주는 임금을 주지 않으면서 불법체류 외국인근로자에게 신고한다고 겁을 주며 협박을 하거나 미등록 외국인근로자가 조사를 받다가 뛰쳐나가는 사건 등 임금체불의 경우가 많이 발생하고 있다. 또한 경제적 이유로 좁은 공간에 많은 사람들이 기거하며 보온·냉방·샤워·세탁시설이 제대로 갖추어지지 않은 곳에서 집단 거주하는 경우도 많다.

3) 북한이탈주민

(1) 사회·심리적 문제

북한이탈주민의 경우에는 한국인들의 무관심, 냉대, 멸시 속에서 힘겨운 삶을 살고 있다. 특히 북한이탈주민이 남한 생활에서 겪는 가장 큰 어려움은 외로움이다. 즉, 남한사회에서 완전히 새로운 인간관계를 시작하는 데서 오는 외로움으로 고통받고 있다. 또한 단독으로 남한으로 온 북한이탈주민이 겪는 가장 큰 심리적 고통 중 하나는 북한에 두고 온 가족에 대한 죄책감이다. 이러한 죄책감이 직접적인 원인은 아닐지라도, 남한사회에 대한 적응이 어려울수록 우울감이 커지고 그것은 다시 죄책감으로 연결되어 적응에 어려움을 증가시키는 악순환이 될 가능성이 높다. 더구나 최근 가족 단위 입국이 많아지고 있어 가족을 데리고 오지 못한 심리적 갈등은 더욱 커지고 있다.

그리고 북한이탈주민은 미래의 불확실성으로 인한 심리적 불안을 경험하고 있다. 이러한 불안감은 북한이탈주민의 결혼 문제에서도 나타나고 있다. 북한이탈주민 신분으로서 남한사회의 일원으로 확실하게 편입되고 인간관계를 형성하는 방법은 남한 사람과 결혼하는 것이다. 실제로 남한에서 결혼을 한 북한이탈주민은 외로움 해소, 빠른 경제적 안정, 남한사회에 대한 소속감 등에 결혼이 매우 도움이 되기 때문에 주변 북한이탈주민에게 결혼을 권하고 있다. 그러나 북한에서 결혼을 했던 북한이탈주민은 남한에서 재혼 후 북에 두고 온 가족에 대한 미안함, 남존여비 관념이 강한 북한에서 살다가 그러한 개념이 상대적으로 적은 남한 여성과 결혼하는 경우 느끼는 어려움 등으로 심리적 갈등을 경험하고 있다.

(2) 언어 문제

북한이탈주민은 남한사회의 적응상의 어려움 중에서 '언어적 이질감'을 많이 이야기한다. 남한과 북한은 한국어를 사용하기 때문에 많은 사람들은 남북한의 언어적 특징이 유사하다고 생각한다. 그러나 남북한의 언어는 많은 부분에서 차이가 있다. 남한은 북한에 비해 개방된 문화를 가지고 있으며 외국과의 활발한 교류로 인해 외래어가 국어에 많이 유입되어 사용된다. 그러나 북한은 여전히 폐쇄적인 사회로서 우리말로 이루어진 표현이 더 많다. 예를 들어, 우리가 흔히 쓰고 있는 단어로 '아이스크림'을 북한에서는 '얼음과자'라고 하며, '에스컬레이터'는 '계단 승강기'라고 한다.

남북한 언어 차이는 외래어가 가장 대표적이지만 다른 영역에서도 나타난다. 남한에서 사용하는 언어와 북한에서 사용되는 언어에는 많은 차이가 있다. 가족을 지칭하는 단어로 장인(장모)을 '가시아버지(어머니)'라고 하며, 의붓아버지(어머니)=계부(계모)를 '홋아버지(어머니)'라고 한다. 한편 북한사회에서 혁명투사로 대접받으며 출신성분이 좋은 사람을 '백두산 줄기', 1980년대 중산 신흥세력으로 등장한 일본에 친척을 둔 사람을 '후지산 줄기', 월남자나 탈북자 가족은 '한라산 줄기'라고 한다.

(3) 문화 적응 문제

북한이탈주민 역시 문화적 이질감을 느끼면서 여러 방면에서 심리적 스트레스를 경험하고 있다. 북한이탈주민은 남한사회에 편입된 후 자본주의와 물질만능주의로 인한 무한 경쟁이 만연하고 학연 · 지연 · 인연을 중시하는 풍조에서 생존을 위해 고군분투하고 있다. 그들은 자본주의 경제 논리나 고용 원리에 익숙하지 않아 혼란을 겪기도 하고, 가치관이 다르고 도덕성을 평가하는 잣대가 달라 혼란을 겪기도 한다.

또한 북한사회가 주민에게 배급하는 식량, 진학, 대학 전공, 직장 배정 등은 위로부터 일률적이어서 남한사회에서의 민주주의, 다양성과 자유의지에 의한 선택과 결정은 이들의 혼란을 더욱 가중시킨다. 또한 북한 출신 근로자들이 직장문화와 노동 문화에 적응하는 데에도 많은 어려움이 따른다. 집단주의적 문화에서 살아온 그들은 개인주의적 성향이 강한 우리 사회의 분위기에 쉽게 적응하지 못하며, 공산주의 체제 아래 '느릿느릿 일하기'가 일반화되어 대충대충 일하는 것이 체질화되어 있는 그들을 용납하지 않는 우리 문화에서 심한 스트레스를 경험하기도 한다.

(4) 경제적 어려움

북한이탈주민이 남한사회에 적응하기 위해서는 무엇보다도 경제적 자립이 중요하다. 사회주의 체제에서 생활했던 북한이탈주민은 남한사회에 들어와 자본주의 세계에서 살아남기 위해서는 돈을 벌어야 한다는 강박관념을 가지고 있다. 따라서 북한이탈주민은 경제적으로 자립할 수 있는 능력을 가지지 못하기 때문에 남한사회 정착에 어려움을 겪는다.

북한이탈주민이 겪는 경제적 어려움의 일차적 원인은 이들을 원하는 직장이 없다는 것이다. 이들은 안정된 직장을 원하지만 전문성과 업무능력 부족 등으로 인해 대부분 일용직이며 불안정한 고용조건하에서 일하고 있어 장래가 불안한 상황에 놓여 있다. 이에 정부는 북한이탈주민이 정착 초기에 기초생계를 해결할 수 있도록 기본금과 가산

금, 주거지원금과 각종 장려금 등 일정 금액의 정착지원금을 지급하고 있다. 그러나 정부가 북한이탈주민에게 지급하는 정착금은 2018월 기준으로, 1인 세대 기준으로 주거지원금을 포함하여 총 2,000만 원으로 현실적으로 충분한 수준은 아니다. 또한 북한이탈주민의 경제활동 현황을 살펴보면, 우리나라 전체 국민의 실업률이 4.0%(통계청, 2020)인 반면에 북한이탈주민은 6.3%, 경제활동 참가율도 62.1%로 낮은 것을 알 수 있다〈표 14-10〉.

표 14-10. 북한이탈주민 경제활동 현황

(단위: %)

구분	'08	'09	'10	'11	'12	'13	'14	'15	'16	'17	'18	'19
경제활동 참가율	49.6	48.6	42.6	56.5	54.1	56.9	56.6	59.4	57.9	61.2	64.8	62.1
고용률	44.9	41.9	38.7	49.7	50	51.4	53.1	54.6	55	56.9	60.4	58.2
실업률	9.5	13.7	9.2	12.1	7.5	9.7	6.2	4.8	5.1	7.0	6.9	6.3

출처: 통일부(2020). 북한이탈주민정책.

참고문헌

강란혜(2008). **아동발달**. 서울: 창지사.

강문희, 김매희, 유정은(2011). **아동발달론(개정판)**. 경기: 공동체.

강문희, 정정옥, 김승경(2006). **영유아 발달의 이해**. 서울: 신정.

강문희, 정정옥, 김승경(2011). **영유아 발달의 이해**. 서울: 신정.

강세현, 서혜전, 오정영, 임원선, 전영록(2020). **인간행동과 사회환경**. 경기: 양성원.

강순희, 김연진, 김이영, 김재현, 김중기, 김현실, 배경란, 시옥진, 이용환, 장지현(2022). **영유아발달**. 경기: 수양재.

강정한, 김문조, 김종길, 김홍중, 유승호, 하홍규(2013). **현대사회학 이론: 패러다임적 구도와 전환**. 서울: 다산출판사.

강혜영(2018). **다문화와 건강: 문화다양성과 문화역량**. 서울: 현문사.

경찰청(2013). 경찰통계연보.

교육부(2020). 교육통계.

권석만(2008). **임상심리학**. 서울: 학지사.

권준수, 김재진, 남궁기, 박원명, 신민섭, 유범희, 윤진상, 이상익, 이승환, 이영식, 이현정, 임효덕(2015). **정신질환의 진단 및 통계 편람**. 서울: 학지사.

권중돈(2014). **인간행동과 사회복지실천**. 서울: 학지사.

권중돈, 김동배(2005). **인간행동과 사회환경**. 서울: 학지사.

권화숙, 권성민, 김근희, 김미진, 김민경, 김선, 박현숙, 윤혜영, 이은희, 임미혜(2020). **부모교육**. 경기: 수양재.

김경식, 이현철(2007). 청소년 비행이 영향 요인. **교육사회학 연구, 17**(2), 1-22.

김경은, 이화정, 최은희, 황명구, 송연선(2020). **인간행동과 사회환경**. 경기: 양성원.

김규수, 정운석(2001). 민간 사회복지서비스 전달체계에 관한 연구. **사회복지 개발연구원, 27**, 439-459.

김나영, 이경열, 정욱호, 홍계옥(2007). **영유아발달**. 경기: 양서원.

김남국(2010). 다문화의 도전과 사회통합: 영국, 프랑스, 미국 비교 연구. **유럽연구, 28**(3), 133-174.

김미영(2013). **영아발달**. 경기: 정민사.

김민서(2016). 여성성인학습자 특성유형과 학습참여요인 및 학습성과인식이 삶의 질에 미치는 영향. 동아대학교 대학원 박사학위논문.

김성혁, 안옥희, 최혜정, 박연숙, 백선숙, 전미순(2012). **다문화의 이해와 건강**. 서울: 정담미디어.

김영대, 조윤희, 서영조(2017). 장·노년층 정보화교육의 효과에 관한 연구: 디지털 역량과 삶의 질을 중심으로. **행정론총, 55**(1), 229-259.

김완균(2010). **청소년을 위한 뇌과학**. 서울: 비룡소.

김윤정(2015). **알기 쉬운 인간행동과 사회환경**. 서울: 학지사.

김이영, 배헌석, 이우언(2019). **인간이해를 위한 심리학**. 경기: 양성원.

김이영, 오성숙, 이시진, 이우언, 김정은, 한현지, 홍성희(2020). **영유아발달**. 경기: 양성원.

김진숙, 김규태, 서민호, 조정선(2018). **평생교육경영론**. 경기: 양성원.

김청자, 선우현, 유경훈(2012). **발달심리학의 이해**. 서울: 동문사.

나혜연(2016). 고등학생의 스마트폰 과다사용이 사이버볼링 행동에 미치는 영향: 학교폭력태도, 폭력성의 매개효과를 중심으로. 명지대학교 대학원 석사학위논문.

남선경(2012). 노년층 성인교육자의 실천적 지식을 활용한 교수활동 특성 탐색. 숙명여자대학교 대학원 석사학위논문.

노인숙, 정종희, 전상희, 전정희, 유장학, 장정미(2018). **다문화사회의 이해와 건강**. 서울: 현문사.

문혁준, 김정희, 안선희, 양성은, 임연진, 한세영(2013). **아동발달**. 서울: 창지사.

박선환, 박숙희, 신은영, 이주희, 정미경, 김혜숙(2010). **정신건강론**. 경기: 양서원.

박영아(2010). **아동발달**. 서울: 창지사.

박영아(2013). **아동동작교육**. 경기: 교육과학사.

박혜숙, 임정희, 성정혜, 신승이, 정정희, 조귀영, 허금희, 허현점(2021). **다문화의 이해와 건강**. 경기: 양성원.

백영균, 박주성, 한승록, 김정겸, 최명숙, 변호승, 박정환, 강신천, 김보경(2010). **유비쿼터스시대의 교육방법 및 교육공학**(3판). 서울: 학지사.

보건복지부, 육아정책연구소(2013). 영유아 문제행동지도를 위한 어린이집 보육교사 지침서.

서종남(2010). 결혼이민자 가정의 문제점과 해결방안 연구. **시민교육연구, 42**(1), 103-126.

손혜숙, 김승옥, 신현정(2019). **영유아발달 및 지도**. 경기: 양서원.

심의보, 김영희, 신성일, 정혜숙(2016). **인간행동과 사회환경**. 경기: 파워북.

어주경, 정문자(1999). 저소득층 가족의 경제적 어려움이 아동의 자존감에 미치는 영향. **아동학회지, 20**(2), 21-40.

여성가족부(2022. 05. 23.). '2021년 한부모가족 실태조사' 결과 보도자료.

오석홍(2011). **조직이론**(제7판). 서울: 박영사.

유안진, 김혜선(1996). **인간발달**. 서울: 한국방송대학교 출판부.

이광혁(2019). 노인의 지역사회만족도 예측요인에 관한 연구: 생태체계이론을 중심으로. 경희대학교 동서의학대학원 석사학위논문.

이기원, 헌형렬, 정예진, 김정숙, 김미경, 황세연(2022). **평생교육경영론**. 경기: 양성원.

이사라, 이주연, 박민선, 송승민, 박선영(2013). **영아발달**. 경기: 파워북.

이상일(1997). **치매가 무섭다고요? 치매 빨리 알면 쉬워요**. 서울: 동학사.

이선영(2004). 생태체계관점에서 본 정신장애인 삶의 질 영향요인 연구. 서울여자대학교 대학원 박사학위논문.

이시형(2010). **세로토닌하라!** 서울: 중앙books.

이인정, 최해경(2012). **인간행동과 사회환경**. 경기: 나남출판사.

이정아(2019.03.27.). 위기의 50~75세, '은퇴 후 우울증'이 위험하다. 동아사이언스.

이창호, 김경희, 장상아(2013). **스마트폰 확산에 따른 청소년보호방안연구**. 세종: 한국청소년개발원.

임승권(1995). **정신위생**. 서울: 민서원.

장휘숙(2001). **아동발달**. 서울: 박영사.

장휘숙(2010). **아동심리학**. 서울: 박영사.

장휘숙(2013). **발달심리학**. 서울: 박영사.

정금희, 남경아, 김영희, 박혜숙, 김선희(2012). **문화와 간호**. 강원도: 엑스엘엠아카이브.

정승환(2017). 사회교환이론과 사회적 자본을 통한 온라인 환경에서의 사회적 지식공유에 대한 논의: 게임이론과 행위자기반모형을 적용하여. 한양대학교 대학원 박사학위논문.

정옥분(2002). **아동발달의 이해**. 서울: 학지사.

정옥분(2005). **아동발달의 이해**. 서울: 학지사.

정옥분(2008). **사회정서발달**. 서울: 학지사.

정옥분(2014). **영아발달**. 서울: 학지사.

정옥분(2015). **청년심리학**. 서울: 학지사.

정옥분, 정순화(2016). **예비부모교육**. 서울: 학지사.

조선희, 엄애용, 전경숙(2012). 청소년의 흡연 및 음주 형태와 사회경제적 수준과의 관계. **보건의료산업학회지, 6**(4), 13-25.

조성연, 이정희, 천의영, 심미경, 황혜정, 나정혜(2009). **아동발달**. 서울: 신정.

조성연, 이정희, 천의영, 심미경, 황혜정, 나정혜(2010). **아동발달**. 서울: 신정.

중앙육아종합지원센터(2015). 존중받는 아이 함께 크는 부모(영아편).

중앙육아종합지원센터(2015). 존중받는 아이 함께 크는 부모(유아편).

최옥채, 박미은, 서미경, 전석균(2007). **인간행동과 사회환경**(제3판). 경기: 양서원.

출입국, 외국인정책본부(2020). 2020년 9월 출입국 외국인정책 통계월보.

통계청(2010). 장래인구추계.

통계청(2018). 한국의 사회 동향.

통계청(2020). 2019년 다문화 인구동태 통계.

통계청(2020). 경제활동인구조사.

통계청(2021). 장래가구추계/인구총조사.

통계청(2022). 2021년 혼인 · 이혼통계

통계청, 여성가족부(2021). 2021 청소년 통계.

통일부(2020). 북한이탈주민정책.

하미경(2021). 노인의 인구사회학적 특성에 따른 평생교육프로그램 참여형태에 관한 연구. 대구대학교 디자인 · 산업행정대학원 석사학위논문.

한국청소년정책연구원(2021). 아동청소년인권실태조사, 초(4~6) 중·고등학생 대상.

현외성 외(2001). **노인케어론**. 서울: 양서원.

황성현(2010). 청소년 지위비행에 관한 비행이론 비교연구. **청소년학 연구**, 17(5), 49-68.

Azar, B. (1999). Maternal emotions may influence fetal behavior. In K. L. Freiberg(Ed.), Human Development(27th ed.), 36.

Berk, L. E. (1999). *Infats and children: Prental through middle childhood*(3rd ed.). MA: Allyn & Bacon.

Berk, L. E. (2000). *Child development*(5th ed.). Boston, MA: Allyn & Bacon.

Berk, L. E. (2007). **아동발달**. [Infants and children: prenatal through middle childhood(5th)] (박낭자, 강숙현, 박경희, 백미열, 성정숙, 오채선, 유영의, 이시자, 이현경, 임명희, 조혜경, 홍연애, 황윤세 역). 서울: 정민사(원저출판: 2005).

Bishop, S. M., & Ingersoll, G. M. (1989). Effects of marital conflict and family structure on the self-concepts of pre-and early adolescents. *Journal of Youth and Adolescence, 18*, 25-38.

Bowlby, J. (1973). *Attachment and loss(Vol. 2). Separation, anxiety and anger*. New York: Basic Books.

Bradburn, N. M. (1969). *The structure of psychological well-being*. Chicago, IL: Aldine.

Branden, N. (1969). *The Psychology of self-esteem*. Los Angeles, California: Nash Publishing Corporation.

Bronfenbrenner, U. (1979). *The ecology of human development: Experiments by nature and design*. Cambridge, Mass: Harvard University Press.

Bronfenbrenner, U. (1994). Ecological models of human development. *International encyclopedia of education, 3*(2), 37-43.

Cross, K. P. (1982). *Adults as Learners.* San Francisco: Jossey-Bass Publishers.

Dayer-Berenson, L. (2014). **간호와 다문화 역량.** [Cultural Competencies for nurses](손수경, 권소희, 권수혜, 김민주 역). 경기: 수문사(원저출판: 2013).

Denham, S. A. (1986). Social cognition, presocial behavior, and emotion in preschoolers: Contextual validation. *Child Development, 57*, 194-201.

Duvall, E. M. (1977). *Marriage and family development*(5th ed.). Philadelphia: Lippincott.

Erikson, E. H. (1963). *Childhood and society*(Rev. ed.), New York: W. Norton.

Ertmer, P. A., & Newby, T. J. (1993). Behaviorism, cognitivism, constructivism: Comparing critical features from an instructional design perspective. *Performance improvement quarterly, 6*(4), 50-72. doi:10.1111/j.1937-8327.1993.tb00605.x

Frazer, J. G. (2010). *Totemism and exogamy* (Vol. 3). New York: Cosimo Inc(원저출판: 1910).

Friend, M., & Davis, T. (1993). Appearance-reality distinction: Childhood's understanding of the physical and affective domains. *Developmental Psychology, 29*, 907-913.

Gnepp, J. (1983). Children's social sensitivity: Inferring emotions from conflicting cues. *Developmental Psychology, 19*, 805-814.

Goeppinger, J., Lassiter, P. G., & Wilcox, B. L. (1982). Community health is community competence. *Nursing Outlook, 30*, 464-467.

Harlow, H. F., & Zimmerman, R. R. (1959). *Affectional responses in the infant monkey. Science, 130*, 421-432.

Harter, S. (1990). Issues in the assessment of the self-concept of children and adolescents. In A. LaGreca(Ed.), *Through the eyes of a child*(pp. 292-325). Boston: Allyn & Bacon.

Harter, S. (1990). *The construction of self.* NY: Guilford.

Harter, S. (1998). The development of self-representations. In N. Eisenberg (Ed.), *Handbook of child psychology: Vol 3. Social, emotional, and personality development* (5th ed., pp.553-618). New York: Wiley.

Hasenfeld, Y. (1992). **사회복지행정조직론.** [Human service organizations] (성규탁 역). 서울: 박영사(원저출판: 1983).

Izard, C. E. (1994). Innate and universal facial expressions: Evidence from developmental and cross-cultural research. *Psychological Bulletin, 115*, 288-299.

Kastenbaum, R. (1985). *Dying and Daeth: A Life-Span Approach. Handbook of the psychology of aging.* New York: Van Nostrand Reinhold Company.

Kiphard, E. J. (1987). Motopädagogik. Dortmund: Verlag Modernes Lernen.

Knowles, M. S. (1984). *The adult learner: A neglected species*(3rd ed.). Houston, TX: Gulf.

Kostelnik, M. J., Whiren, A., Soderman A. K., & Gregory K. M. (2010). **영유아의 사회정서발달과 교육.** [Guiding children's social development & learning(6th)] (박경자, 김송이, 권연희, 김지현 역). 서울: 교문사(원저출판: 2008).

Kübler-Ross, E. (1969). *Death: the final stage of growth.* Englewood Cliffs, NJ: Prentice-Hall.

Lenneberg, E. (1967). *The biological foundation of language.* New York: Wiley.

Levinson, D. (1986). *The Seasons of a Man's Life.* New York: Pantheon.

Levi-Strauss, C. (1969). *The elementary structures of kinship.* Boston: Beacon Press.

Marsh, H. W. (1990). The structure of academic self-concept: The Marsh/Shavelson model. *Journal of Educational Psychology, 82*, 623-636.

Marx, K., Engels, F., & Stedman, J. G. (2002). *The Communist manifesto.* London: Penguin Books(원저출판: 1848년).

Maslow, A. H. (1970). *The farther reaches of human nature.* New York: Viking.

Mead, G. H. (1934). *Mind, self, and society.* Chicago: University of Chicago Press.

Montemayor, R., & Eisen, M. (1977). The development of self-conceptions from childhood to adolescence. *Developmental Psychology, 13*, 314-319.

Oosterwegel, A., & Oppenheimer, L. (1993). *The self-system: Developmental changes beteween and within selfconcepts.* Hillsdale, NJ: Erlbaum.

Papalia, D. E., & Olds, S. W. (1998). *Human development*(7th ed.). New York: McGraw-Hill.

Parke, R. D. (1990). In search of fathers: A narrative of an empirical journey. In I. Sigel & G. Brody(Eds.), *Methods of family research*(Vol. 1). Hillsdale, NJ: Erlbaum.

Pavlov, I. P. (2013). *Conditioned reflexes and psychiatry-lectures on conditioned reflexes*(Vol. 2). Read Books Ltd(원저출판: 1928).

Perry, D., & Bussey, K. (1984). *Social Development.* Englewood Cliffs, NJ: Prentice Hall.

Piaget, J. (1954). *The construction of reality in the child.* New York: Basic Books.

Santrock, J. W. (1997). *Life-span development*(6th ed.). Madison, WI: Brown & Benchmark Publishers.

Senna, J., & Siegel, L. (2000). *Juvenile Delinquency: Theory, Practice and Law*(7th ed.), Stamford(CT): Wadsworth.

Shaffer, D. R. (1993). *Developmental psychology: Childhood and adolescence*(3rd ed.). CA:

Brooks/Cole.

Shaffer, D. R. (1999). *Developmental Psychology: Childhood and Adolescence*(5th ed.). CA: Books/Cole.

Simmel, G. (1978). *The philosophy of money*, (trans. T. Bottomore & D. Frisby). London: Routledge & Kegan Paul(원저출판: 1907).

Simmons, R. G., & Blyth, D. A. (1987). *Moving into adolescence: The impact of pubertal change and school context.* Hawthorne, New York: Aldine & de Gruyter.

Smith, G. (1984). **사회복지조직론.** [Social work and the sociology of organization] (장인협 역). 서울: 집문당(원저출판: 1970).

Thomas, A., & Chess, S. (1977). *Temperament and development.* New York: Brunner/Mazel.

Turner, J. H. (2001). **현대 사회학 이론**(6판). [Contemporary sociological throry] (정태환, 한상근, 정일준, 김윤태, 송영민 역). 서울: 나남출판(원저출판: 1997).

Watson, J. B. (1913). Psychology as the behaviorist views it. *Psychological review, 20*(2), 158-177. http://dx.doi.org/10.1037/h0074428.

Wintre, M. G., & Vallence, D. D. (1994). A developmental sequence in the comprehension of emotions: Intensity, multiple emotions, and valence. *Developmental Psychology, 30,* 509-514.

YTN(2015). 영국 더럼 대학의 나자 레이슬란드 교수: 임신 중 흡연, 태아 중추신경계 발달 저하 유발.

Yuill, N., & Pearson, A. (1998). The development of baese for trait attribution: Children's understanding of traits as causal mechanisms based on desire. *Developmental Psychology, 34*, 574-586.

Zastrow. C., & Kirst-Ashman. K. (2007). *Understanding Human Behavior and the Social Environment*(7th ed.), California: Thomson Brooks/Cole.

네이버 블로그(https://blog.naver.com/seoulx6/221317425780).

한국심리학회(https://www.koreanpsychology.or.kr).

한국정보화진흥원(http://www.iapc.or.kr).

찾아보기

ㄷ

ㅁ

ㅂ

ㅅ

ㅇ

ㅈ

저자 소개

■ 이기원

국제문화복지 사회교육학과 교육학석사/사회복지학박사(Ph.D.)
명지대학교 아동심리상담학과 겸임교수
숭실대학교 복지경영학과 겸임교수
국민대학교 사회복지학과 강사
현) 목포과학대학교 평생교육복지학과 교수
저서) 사회복지실천기술론, 사회복지와 문화다양성, 정신건강사회복지론, 노인복지론 외

■ 정혜선

서울사회복지대학원대학교 사회복지학석사
호서대학교 대학원 사회복지학박사
호원대학교 아동복지학과 강사
현) 서울사회복지대학원대학교 겸임교수
서울사회복지대학원대학교 평생교육원 주임교수
호서대학교 대학원 강사
저서) 행복을 주는 창의 · 인성 스피치

■ 남미예

국민대학교 대학원 석사
한세대학교 대학원 박사
현) 호원대학교 강사
사단법인 한국노인복지협회 교육국장
사단법인 NY컨설팅그룹 사업본부장
예원심리상담센터 연구원

■ 전영신

숭실대학교 경영대학원 복지경영학과 석사
현) 목포과학대학교 평생교육복지과 교수
마중물심리상담센터 대표

■ 임채윤

건국대학교 대학원 상담심리교육학 수료
국제문화대학원대학교 사회복지교육학 석사
현) 한국사회복지실천정책학회 교수
목포과학대학교 평생교육복지과 외래교수

■ 오함초롬

총신대학교 유아교육학 석사
전) 관인 한솔유치원 교사
구립 성아어린이집 교사
현) 온마음요양원 시설장

인간행동과 사회환경

1판 1쇄 발행 — 2023년 2월 10일
1판 2쇄 발행 — 2024년 8월 30일

저　　자 - 이기원 정혜선 남미애 전영신 임채윤 오함초롬
발 행 인 - 강철원
발 행 처 - 양성원
주　　소 - 경기도 파주시 검산로 173번길 29-12
전　　화 - 031-946-3861(代)
팩　　스 - 031-946-3864
이 메 일 - tnwpub@naver.com
홈페이지 - tnwpub.co.kr
출판등록 - 2015년 8월 31일 제 2015-000211 호

ISBN 979-11-6126-471-4

정가 22,000원